D1727355

David Gooding | John Lennox

WAS IST DER MENSCH?

Würde, Möglichkeiten, Freiheit und Bestimmung

WAS IST DER MENSCH?

WÜRDE, MÖGLICHKEITEN, FREIHEIT UND BESTIMMUNG

sie und
euch, ur
die Vög
... unterhalb der ... Und es wurde Abend, und
las oberhalb der ein fünfter Tag. ²⁴ Und Gott sp.
h so. ⁸ Und Gott bringe lebende Wesen hervor na.
l. Und es wurde Vieh und kriechende Tiere und
: ein zweiter Tag. der Erde nach ihrer Art! Und
: das Wasser un- ²⁵ Und Gott machte die wild
nach ih
und alle
...annte das Trock- nach ihrer Art. Und Gott s:
...mmlung des Wassers ²⁶ Und Gott sprach: Lasst u
Gott sah, dass es gut war. chen in unserm Bild, uns
Erde lasse Gras her- herrschen über die Fische d
...nen hervorbringt, die Vögel des Himmels und
über ui
den Tie
Gott scl
nach de
und Fra
und Go
vermehr
sie euch
des Me
und übe
²⁹ Und (
Samen
Fläche (
an dem
euch zu
der Erd
allem, w

DAVID GOODING
JOHN LENNOX

David Gooding | John Lennox
WAS IST DER MENSCH?
Würde, Möglichkeiten, Freiheit und Bestimmung

Best.-Nr. 271 651
ISBN 978-3-86353-651-0
Christliche Verlagsgesellschaft Dillenburg

Titel des englischen Originals:
Being Truly Human:
The Limits of our Worth, Power, Freedom and Destiny
Book 1, The Quest for Reality and Significance
Copyright © Myrtlefield Trust, 2018

Wenn nicht anders angegeben, wurde folgende Bibelübersetzung verwendet:
Elberfelder Bibel 2006, © 2006 by SCM R. Brockhaus in der
SCM Verlagsgruppe GmbH Witten/Holzgerlingen. (ELB)

1. Auflage
© 2020 Christliche Verlagsgesellschaft Dillenburg
www.cv-dillenburg.de

Übersetzung: Christiane Henrich
Satz und Umschlaggestaltung:
Christliche Verlagsgesellschaft Dillenburg
Umschlagmotiv: © Myrtlefield Trust/Frank Gutbrod

Druck: GGP Media GmbH, Pößneck
Printed in Germany

UNSEREN JÜNGEREN
KOMMILITONEN GEWIDMET,
IN DER ERINNERUNG,
DASS WIR SELBST
EINST STUDENTEN WAREN
UND IMMER NOCH SIND.

INHALTSVERZEICHNIS

ABBILDUNGEN

ZUR DEUTSCHEN AUSGABE

Liebe Leser,

vor Ihnen liegt der erste Band einer im Deutschen vierbändigen Buchreihe von David Gooding[1] und John Lennox zu den großen, existenziellen Fragen der Menschheit.

Dieses Buchprojekt war ursprünglich eine Antwort auf eine Bitte nach Literatur für Schulen und Bildungseinrichtungen in den Ländern der ehemaligen Sowjetunion. Nach dem Zusammenbruch der kommunistischen Ideologie ergab sich die Möglichkeit, pädagogisches Material zu erstellen, das einen umfassenderen Überblick über die unterschiedlichen Weltanschauungen bietet. Darüber hinaus hatten viele Lehrer den Wunsch, ihre Schüler und Studenten mit einem anderen Ansatz zu erreichen. Sie wollten vermitteln, wie man Themen durchdenkt und Argumente entwickelt, um sich schließlich selbst eine Meinung zu bilden.

Die Problematik ist aktueller denn je. Nicht nur in der ehemaligen Sowjetunion mangelt es heute an gründlichem Nachdenken über existenzielle Fragen.

Sogar der bedeutendste zeitgenössische Philosoph Deutschlands, Jürgen Habermas, schreibt in seiner gerade erschienenen Philosophiegeschichte:

> Bisher konnte man davon ausgehen, dass es auch weiterhin ernst zu nehmende Versuche geben wird, Kants Grundfragen zu beantworten: „Was kann ich wissen?", „Was soll ich tun?", „Was darf ich hoffen?" und: „Was ist der Mensch?" Aber ich bin unsicher geworden, ob die Philosophie, wie wir sie kennen, noch eine Zukunft hat – ob sich nicht das Format jener Fragestellungen überlebt hat.[2]

Habermas bedauert damit, dass die Philosophie ständig weiter zerfasert „in nützliche Angebote für einen wachsenden wirtschafts-, bio- oder umweltethischen Beratungsbedarf". Und er hält den Pragmatikern, die sich von den großen Fragen verabschieden wollen entgegen: „Die Philosophie würde … ihr

---

1   Verstorben im August 2019
2   Jürgen Habermas, *Auch eine Geschichte der Philosophie*, Bd. 1, 2019: Berlin, Suhrkamp, 11–12

Proprium verraten, wenn sie ... den ... Bezug auf unser Orientierungsbedürfnis preisgäbe." Philosophie muss immer den Blick fürs Ganze behalten und die großen Fragen stellen. Denn dabei geht es nicht um Spezialthemen, die nur für Philosophen und Intellektuelle im Elfenbeinturm interessant wären, sondern um die existenziellen Fragen, die jeder Mensch irgendwann in seinem Leben stellt und auf die er Antworten braucht.

Darum orientiert sich die deutsche Ausgabe des Werkes von Gooding und Lennox an den oben zitierten vier Fragen von Immanuel Kant, mit denen er das menschliche Denken zusammengefasst hat.

Jedes Buch der Reihe wird sich mit einer dieser Fragen beschäftigen, wobei wir mit der vierten Frage Kants beginnen: „Was ist der Mensch?" Es ist ein großer Verdienst der Autoren, dass das Ganze trotz umfassender Betrachtung immer noch für ein breites Publikum interessant und verständlich bleibt.

Wir sind überzeugt, dass diese großen Fragen nach wie vor bedeutend sind und Antworten verlangen. Das Format hat sich nicht überlebt! Es kann sich nicht überleben, weil der Mensch – im Gegensatz zum Tier und zur Maschine – eine tiefe Sehnsucht nach Sinn und Bedeutung in sich trägt. Gerade hier kann das Christentum Antworten liefern, die für unsere Zeit nicht nur hochaktuell, sondern auch attraktiv und schön sind. Wir hoffen, dass diese neue Buchreihe einen relevanten Beitrag für die bleibend wichtige Diskussion um existenzielle Fragen bieten wird.

Der Verlag, im März 2020

Viele Studenten haben ein Problem – viele Probleme sogar, aber eines ganz besonders: Ihre Kindheit ist vorbei, das Erwachsenenleben beginnt, und nun müssen sie sich einer Flut von Veränderungen stellen, die die Unabhängigkeit des Erwachsenseins mit sich bringt. Das kann spannend sein, ist manchmal aber auch beängstigend: Plötzlich muss man auf eigenen Füßen stehen und selbst entscheiden, wie man leben möchte, welche Berufslaufbahn man einschlagen will, welche Ziele man verfolgen und welche Werte und Prinzipien man sich zu eigen machen will.

Wie trifft man solche Entscheidungen? Zunächst einmal durch reichlich Nachdenken. Mit der Zeit werden wachsendes Wissen und Erfahrungen einem diese Entscheidungen leichter machen. Aber vernachlässigt man diese grundlegenden Entscheidungen zu lange, besteht die Gefahr, dass man sich einfach durchs Leben treiben lässt. Schnell vernachlässigt man dabei den charakterformenden Prozess, die eigene Weltsicht zu durchdenken. Denn genau das brauchen wir: Einen in sich stimmigen Rahmen, der dem Leben eine echte Perspektive und überzeugende Werte und Ziele gibt. Eine solche Weltsicht zu gestalten – besonders zu Zeiten, in denen die traditionellen Vorstellungen und Werte der Gesellschaft radikal infrage gestellt werden –, kann eine gewaltige Aufgabe für jeden sein, nicht zuletzt auch für Studenten. Schließlich bestehen Weltanschauungen normalerweise aus vielen Elementen, die unter anderem aus Wissenschaft, Philosophie, Literatur, Geschichte und Religion stammen. Und man kann von keinem Studenten erwarten, schon in einem dieser Bereiche ein Experte zu sein, geschweige denn in allen Bereichen (aber wer von uns ist das schon?).

Dabei müssen wir nicht auf die gesammelte Weisheit der späteren Lebensjahre warten, um zu erkennen, was die großen Themen des Lebens sind. Denn wenn wir erst einmal begriffen haben, was wirklich wichtig ist, wird es umso einfacher sein, fundierte und weise Entscheidungen jeder Art zu treffen. Als Beitrag dazu haben die Autoren diese Buchserie geschrieben, insbesondere für jüngere Menschen, die sich mit diesen Themen auseinandersetzen wollen. Dabei steht jedes Buch dieser Serie für sich, liefert gleichzeitig aber einen Beitrag zum umfassenden Bild des Gesamtprojektes.

Daher werden wir jeweils am Anfang die Themen in einer umfassenden Einleitung darlegen. Hier geben wir einen Überblick über die grundlegenden Fragen, die wir stellen müssen, über die wichtigsten Standpunkte, die wir kennen sollten, und warum die Bedeutung und das Wesen der letzten Wirklichkeit für jeden von uns wichtig sind. Denn es ist unvermeidbar, dass sich jeder von uns irgendwann und auf irgendeine Weise mit den grundlegenden Fragen unserer Existenz auseinandersetzt. Ist unser Dasein hier gewollt oder sind wir nur zufällig hier? In welchem Sinn – wenn es ihn denn gibt – sind wir wichtig, oder sind wir einfach winzige Staubkörnchen, die eine bedeutungslose Ecke des Universums bevölkern? Liegt in all dem ein Sinn? Und wenn unser Dasein wirklich wichtig ist, wo können wir verlässliche Antworten auf diese Fragen finden?

Im vorliegenden Buch 1, *Was ist der Mensch?*, betrachten wir Fragen rund um die Bedeutung des Menschen. Wir werden nicht nur über die Freiheit des Menschen nachdenken und wie diese oft auf gefährliche Weise abgewertet wird, sondern werden auch das Wesen und die Grundlage der Moral betrachten und dabei die Gemeinsamkeiten und Unterschiede verschiedener Moralvorstellungen untersuchen. Denn jede Interpretation der Freiheit, für die Menschen sich entscheiden, wirft Fragen nach der Macht auf, die wir über andere Menschen und auch über die Natur ausüben, manchmal mit katastrophalen Folgen. Was sollte uns leiten, wenn wir Macht ausüben? Was – wenn überhaupt etwas – sollte unseren Entscheidungen Grenzen setzen? Und in welchem Maß können diese Einschränkungen uns davon abhalten, unser volles Potenzial zu entfalten und unsere Bestimmung zu verwirklichen?

Die Gegebenheiten dieser Fragen führen uns zu einem weiteren Problem. Auch wenn wir uns für eine Weltanschauung entschieden haben, ist es nun einmal nicht so, dass sich das Leben dann automatisch vor uns entfaltet und wir keine weiteren Entscheidungen mehr zu treffen haben. Ganz im Gegenteil: Von Kindheit an werden wir immer mehr mit der praktischen Notwendigkeit konfrontiert, ethische Entscheidungen zu treffen, über Richtig und Falsch, Gerechtigkeit und Unrecht, Wahrheit und Lüge. Solche Entscheidungen beeinflussen nicht nur unsere individuellen Beziehungen zu den Menschen in unserer direkten Umgebung: Wir alle tragen unseren Teil dazu bei, den sozialen und moralischen Grundton einer Nation und sogar der ganzen Welt mitzuprägen. Wir brauchen daher jede mögliche Hilfe, um zu lernen, wie man wahrhaft ethische Entscheidungen trifft.

Aber alles Nachdenken über Ethik bringt uns unweigerlich zu der Frage, was die letzte Autorität hinter der Ethik ist. Wer oder was besitzt die Autorität, uns zu sagen: „Du solltest dies tun" oder „Du solltest dies nicht tun"? Wenn wir keine befriedigende Antwort auf diese Frage haben, fehlt unserer Vorstellung von Ethik eine ausreichend tragfähige und gültige Grundlage.

Letztendlich führt uns die Antwort darauf unweigerlich zu einer weiter reichenden philosophischen Frage: In welchem Verhältnis stehen wir zum Universum, dessen Teil wir sind? Was ist das Wesen der letzten Wirklichkeit? Gibt es einen Schöpfer, der uns geschaffen hat? Der uns mit einem moralischen Bewusstsein versehen hat und der von uns erwartet, nach seinen Gesetzen zu leben? Oder ist der Mensch das Produkt geistloser, amoralischer Kräfte, die sich nicht um Ethik scheren? Dann ist es der Menschheit selbst überlassen, ihre eigenen ethischen Regeln zu schaffen, so gut sie kann. Dann muss sie versuchen, einen größtmöglichen Konsens dafür zu erhalten, entweder durch Überzeugungsarbeit oder – leider – sogar durch Gewalt.

Wir werden dieses Thema im vierten Buch unter der Überschrift *Was ist Wirklichkeit?* abschließend besprechen. Dort werden wir die Sichtweisen und Glaubensüberzeugungen aus unterschiedlichen Teilen der Welt und aus verschiedenen Jahrhunderten vergleichen: die indische Philosophie des Shankara, die Natur- und Moralphilosophie der alten Griechen mit einem Beispiel aus der griechischen Mystik, den modernen Atheismus und Naturalismus und schließlich den christlichen Theismus.

Die Auseinandersetzung mit unterschiedlichen Sichtweisen wirft weitere Fragen auf: Wie können wir wissen, welche von ihnen wahr ist – wenn überhaupt eine wahr ist? Und was ist überhaupt Wahrheit? Gibt es überhaupt so etwas wie eine absolute Wahrheit? Und woran können wir diese erkennen, wenn wir auf sie stoßen? Daraus ergibt sich eine grundlegende Frage, die nicht nur unsere wissenschaftlichen und philosophischen Theorien beeinflusst, sondern auch unsere alltäglichen Erfahrungen: Wie können wir überhaupt irgendetwas wissen?

Den Teil der Philosophie, der sich mit diesen Fragen auseinandersetzt, nennt man Erkenntnistheorie, und diesem Thema widmen wir uns in Buch 2, *Was können wir wissen?*. Hier beschäftigen wir uns besonders mit einer Theorie, die in jüngerer Zeit sehr populär geworden ist: dem Postmodernen Denken. Damit werden wir uns intensiv auseinandersetzen, denn wenn diese Denkrichtung wahr wäre (und wir denken, sie ist es nicht), würde dies nicht nur ernsthafte Auswirkungen auf die Ethik haben, sondern auch die Wissenschaft und die Interpretation von Literatur beeinträchtigen.

Wenn wir grundlegende ethische Prinzipien beurteilen wollen, die allgemein befolgt werden sollten, sollten wir beachten, dass wir nicht die erste Generation sind, die über diese Frage nachdenkt. Daher stellt Buch 3, *Was sollen wir tun?*, eine Auswahl von namhaften ethischen Theorien vor, damit wir von solchen Einsichten profitieren können, die von bleibendem Wert sind. Gleichzeitig wollen wir herausfinden, wo eventuell ihre Schwächen oder sogar Irrtümer liegen.

Aber jede ernsthafte Untersuchung des ethischen Verhaltens der Menschheit wird letztendlich ein weiteres praktisches Problem aufwerfen: Wie Aristoteles vor langer Zeit bemerkte, kann uns die Ethik zwar sagen, was wir tun sollten, aber sie gibt uns selbst nicht die Kraft, die wir brauchen, um es auch wirklich zu tun. Es ist eine unbestreitbare Tatsache, dass es uns oft nicht gelingt, die Dinge zu tun, die richtig sind, obwohl wir wissen, dass sie aus ethischer Sicht richtig sind und es unsere Pflicht wäre, sie zu tun. Andererseits tun wir oft auch Dinge, von denen wir wissen, dass sie falsch sind und wir sie eigentlich nicht tun sollten. Warum ist das so? Wenn wir auf dieses Problem keine Antwort finden, wird sich die Ethiktheorie – wie auch immer diese aussehen mag – letztlich als unwirksam erweisen, weil sie nicht praktikabel ist.

Daher empfinden wir es als unzureichend, Ethik einfach nur als Philosophie zu behandeln, die uns sagt, welche ethischen Maßstäbe wir im Leben anstreben sollten. Unser menschliches Dilemma ist, dass wir Dinge tun, obwohl wir wissen, dass sie falsch sind. Wie können wir diese universale Schwäche überwinden?

Jesus Christus, dessen Betonung der ethischen Lehre unverkennbar und in mancher Hinsicht beispiellos ist, beharrte darauf, dass ethische Unterweisung unwirksam bliebe, wenn nicht zuvor eine geistliche Neugeburt stattgefunden habe (siehe Joh 3). Aber das führt uns auf das Gebiet der Religion, welches viele Menschen als schwierig empfinden. Welches Recht hat die Religion, über Ethik zu sprechen, sagen sie, wenn Religion doch die Ursache so vieler Kriege gewesen ist und noch immer zu so viel Gewalt führt? Dasselbe trifft jedoch auch auf politische Philosophien zu – was uns ja auch nicht davon abhält, über Politik nachzudenken.

Dann wiederum gibt es viele Religionen, und sie alle behaupten, ihren Anhängern beim Erfüllen ihrer ethischen Pflichten helfen zu können. Wie können wir wissen, ob sie wahr sind und uns wirkliche Hoffnung geben können? Es hat den Anschein, dass man eine Religion erst praktizieren und persönlich erfahren muss, bevor man wissen kann, ob die von der Religion angebotene Hilfe wirklich ist oder nicht. Wir, die Autoren dieses Buches, sind Christen und würden es als anmaßend betrachten, wenn wir die Bedeutung anderer Religionen für ihre Anhänger beschreiben würden. Daher beschränken wir uns im Abschnitt *Antworten einfordern* in Buch 4 darauf, darzulegen, warum wir die Behauptungen der christlichen Botschaft für gültig halten und die Hoffnung, die sie verspricht, für wirklich.

Wenn man über Gott spricht, stößt man dabei jedoch auf ein offensichtliches und sehr schwerwiegendes Problem: Wie kann es einen Gott geben, dem Gerechtigkeit wichtig ist, wenn er anscheinend nicht versucht, der Ungerechtigkeit ein Ende zu setzen, die unsere Welt zerstört? Und wie kann man an einen allliebenden, allmächtigen und allwissenden Schöpfer glauben, wenn so viele Menschen so viel Leid ertragen müssen, das ihnen nicht nur durch die Grausamkeit des Menschen, sondern auch durch Naturkatastrophen und Krankheiten zugefügt wird? Dies sind gewiss schwerwiegende Fragen. Es ist das Ziel des Abschnitts *Den Schmerz des Lebens ertragen* in Buch 4, diese Schwierigkeiten zu diskutieren und mögliche Lösungen zu betrachten.

Am Ende bleibt nun nur noch der Hinweis, dass die Teile dieses Buches durch Fragen ergänzt werden, die sowohl beim Verständnis des Themas helfen sollen als auch eine breite Diskussion und Debatte anregen wollen.

DAVID GOODING
JOHN LENNOX

KAPITELÜBERSICHT

KAPITELÜBERSICHT

KAPITELÜBERSICHT

EINFÜHRUNG
IN DIE SERIE

Unsere Weltanschauung ... umfasst all unsere Ansichten –
ob nun schlecht oder gut durchdacht, richtig oder falsch –
über die schweren, aber faszinierenden Fragen
zu unserer Existenz und dem Leben:

Wie erkläre ich mir das Universum?
Wo liegt sein Ursprung?
Wer bin ich?
Wo komme ich her?
Wie kann ich Dinge wissen?
Hat mein Leben irgendeine Bedeutung?
Habe ich irgendwelche Pflichten?

EINE WELTANSCHAUUNG ENTWICKELN
FÜR EIN LEBEN VOLLER MÖGLICHKEITEN

In dieser Einleitung werden wir uns mit der Notwendigkeit jedes Menschen befassen, eine eigene Weltanschauung zu entwickeln. Wir werden diskutieren, was eine Weltanschauung ist und warum es wichtig ist, eine zu bilden, und wir werden die Frage stellen, auf welche Stimmen wir dabei hören müssen.

Wenn wir anfangen, darüber nachzudenken, wie wir die Welt sehen, werden wir auch prüfen, ob wir überhaupt die letzte Wahrheit über die Wirklichkeit wissen können. So wird uns jedes der Themen in dieser Serie zurück zu folgenden beiden zusammenhängenden Fragen führen: Was ist real? Und warum ist es von Bedeutung, ob wir wissen, was real ist? Daher werden wir am Ende dieser Einleitung fragen, was wir mit „Realität" meinen und was das Wesen der letzten Realität ist.[1]

WARUM WIR EINE WELTANSCHAUUNG BRAUCHEN

In unserer modernen Welt gibt es die Tendenz, sich immer mehr zu spezialisieren. Die große Vermehrung des Wissens im vergangenen Jahrhundert hat zur Folge, dass wir nur dann mit der immer größer werdenden Flut von neuen Entdeckungen Schritt halten und deren Bedeutung erfassen können, wenn wir uns auf das eine oder andere Thema spezialisieren. In gewisser Hinsicht ist dies zu begrüßen, denn es ist das Ergebnis von etwas, das schon an sich eines der Wunder unserer modernen Welt ist: der fantastische Fortschritt in den Bereichen Wissenschaft und Technik.

---

1 Bitte beachten Sie, dass diese Einleitung in jedem Buch der Serie dieselbe ist, mit Ausnahme des letzten Abschnitts (Unser Ziel).

Dabei müssen wir uns jedoch auch daran erinnern, dass wahre Bildung ein größeres Ziel als das im Blick hat. Wenn wir beispielsweise den Fortschritt in unserer modernen Welt verstehen wollen, müssen wir ihn vor dem Hintergrund der Traditionen betrachten, die wir aus der Vergangenheit geerbt haben. Dafür brauchen wir ein gutes Geschichtsverständnis.

Manchmal vergessen wir, dass schon die antiken Philosophen sich mit den grundlegenden philosophischen Prinzipien auseinandergesetzt haben, die jeder Wissenschaft zugrunde liegen und uns Antworten geliefert haben, von denen wir noch immer profitieren können. Wenn wir dies vergessen, investieren wir vielleicht viel Zeit und Mühe darin, dieselben Probleme zu durchdenken, und doch sind vielleicht die Antworten, die wir finden, nicht so gut wie die der antiken Philosophen.

Außerdem besteht die Rolle der Bildung sicher darin zu versuchen zu verstehen, wie all die verschiedenen Wissens- und Erfahrungsbereiche im Leben zusammenpassen. Um ein großes Gemälde zu verstehen, muss man das Bild als Ganzes betrachten und den Zusammenhang all seiner Details begreifen, statt sich nur auf eines seiner Bestandteile zu konzentrieren.

Auch wenn wir zu Recht auf der Objektivität der Wissenschaft bestehen, dürfen wir nicht vergessen, dass wir es sind, die Wissenschaft betreiben. Und daher müssen wir früher oder später die Frage stellen, wie wir uns selbst in das Universum einordnen, das wir untersuchen. Dabei dürfen wir uns beim Studium nicht so sehr in die materielle Welt und ihre Technologien vertiefen, dass wir unsere Mitmenschen vernachlässigen; denn wie wir später noch sehen werden, sind sie wichtiger als der gesamte Rest des Universums.[2] Das Erforschen von uns selbst und unseren Mitmenschen erfordert natürlich mehr als naturwissenschaftliche Kenntnisse. Dazu gehören auch die Bereiche Philosophie, Soziologie, Literatur, Kunst, Musik, Geschichte und einiges mehr.

Aus pädagogischer Sicht sind daher die Wechselwirkungen und die Einheit allen Wissens wichtig und spannende Themen. Wie kann man zum Beispiel wissen, was eine Rose ist? *Was ist die Wahrheit über eine Rose?*

Um diese Frage angemessen zu beantworten, sollten wir eine ganze Reihe von Personen konsultieren. Als Erstes die Naturwissenschaftler. Wir beginnen mit den *Botanikern*, die ständig Listen mit allen bekannten Pflanzen und Blumen der Welt zusammenstellen und überarbeiten und diese dann nach Familien und Gruppen klassifizieren. Sie helfen uns, unsere Rose

---

2 Besonders im ersten Buch dieser Serie, *Was ist der Mensch?*

wertzuschätzen, indem sie uns sagen, zu welcher Familie sie gehört und was ihre Unterscheidungsmerkmale sind.

Als Nächstes werden wir von den *Pflanzenzüchtern* und *Gärtnern* erfahren, was die Geschichte unsere Rose ist, wie sie aus anderen Arten gezüchtet wurde und unter welchen Bedingungen ihre Sorte am besten gedeihen kann.

BILD I.1. *Eine Rose*

In William Shakespeares Stück *Romeo und Julia* spielt die Angebetete die Bedeutung der Tatsache herunter, dass ihr Geliebter aus dem rivalisierenden Haus Montague stammt, indem sie die Schönheit einer der bekanntesten und beliebtesten Blumen der Welt beschwört: „Was ist ein Name? Was uns Rose heißt, wie es auch hieße, würde lieblich duften."[3]

© unsplash.com/Ivan Jevtic

Dann würden uns die *Chemiker, Biochemiker, Biologen* und *Genetiker* etwas von den chemischen und biochemischen Bestandteilen unserer Rose und der verblüffenden Komplexität ihrer Zellen erzählen: von diesen mikrominiaturisierten Fabriken und ihren Mechanismen, die komplizierter sind als alle, die von Menschen gebaut werden, und dabei doch so klein sind, dass wir hoch spezialisierte Ausrüstung benötigen, um sie zu sehen. Sie werden uns etwas über die riesige codierte Datenbasis genetischer Informationen erzählen, mit denen die Zellfabriken die Bausteine der Rose produzieren. Sie werden neben einer Menge anderer Dinge den Prozess beschreiben, durch den die Rose lebt: wie sie durch Photosynthese die Energie des Sonnenlichts in Zucker umwandelt und durch welche Mechanismen sie bestäubt wird und sich verbreitet.

Danach werden uns die *Physiker* und *Kosmologen* sagen, dass die chemischen Bestandteile unserer Rose aus Atomen bestehen, die sich wiederum aus verschiedenen Partikeln wie Elektronen, Protonen und Neutronen

---

3   http://www.zeno.org/Literatur/M/Shakespeare,+William/Tragödien/Romeo+und+Julia/Zweiter+Aufzug/Zweite+Szene

zusammensetzen. Sie werden darlegen, woher das Grundmaterial des Universums stammt und wie es gebildet wurde. Wenn wir fragen, wie solches Wissen zu unserem Verständnis von Rosen beitragen kann, würden die Kosmologen vielleicht darauf hinweisen, dass die Erde der einzige Planet in unserem Sonnensystem ist, auf dem Rosen wachsen können! Nicht nur in dieser Hinsicht ist unser Planet sehr besonders – und das ist sicherlich etwas, über das man staunen kann.

Aber wenn uns die Botaniker, Pflanzenzüchter, Gärtner, Chemiker, Biochemiker, Physiker und Kosmologen alles erzählt haben, was sie wissen – und damit könnte man viele Bände füllen –, würden viele von uns immer noch das Gefühl haben, dass sie gerade erst begonnen haben, uns die Wahrheit über Rosen zu sagen. In der Tat haben sie uns nicht erklärt, was für die meisten von uns wohl das Wichtigste an einer Rose ist: die Schönheit ihrer Form, ihrer Farbe und ihres Duftes.

Denn eines ist dabei ganz wichtig: Wissenschaftler können zwar die verblüffende Komplexität der Mechanismen erklären, die hinter unserem Seh- und Geruchssinn liegen und es uns ermöglichen, die Rosen zu sehen und ihren Geruch wahrzunehmen. Aber wir müssen keinen Wissenschaftler fragen, ob wir Rosen als schön erachten sollen oder nicht: Das können wir selbst sehen und riechen! Wir nehmen dies *intuitiv* wahr. Wir schauen die Rose einfach an und können sofort sehen, dass sie schön ist. Wir brauchen niemanden, der uns sagt, dass sie schön ist. Wenn irgendjemand so töricht wäre und behaupten würde, Schönheit existiere nicht, weil die Wissenschaft Schönheit nicht messen könne, würden wir einfach sagen: „Sei nicht albern."

Aber die Wahrnehmung von Schönheit beruht nicht allein auf unserer eigenen Intuition. Wir könnten auch die *Künstler* fragen. Mit ihrem hoch entwickelten Sinn für Farbe, Licht und Form werden sie uns helfen, in der Rose eine Tiefe und Intensität von Schönheit wahrzunehmen, die uns ansonsten entgehen würde. Sie können unsere Augen schulen.

Und es gibt die *Dichter*. Mit ihren ausgefeilten Fähigkeiten als Wortkünstler werden sie Bildsprache, Metaphern, Anspielungen, Rhythmus und Reime verwenden, um uns zu helfen, die Gefühle zu formulieren und artikulieren, die wir beim Anblick von Rosen empfinden – Gefühle, die wir sonst nur vage und schwer ausdrücken könnten.

Wenn wir der Frage nach der Schönheit der Rose noch tiefer auf den Grund gehen wollten, könnten wir schließlich auch noch die *Philosophen* fragen, insbesondere Experten in Ästhetik. Für jeden von uns ist die Wahrnehmung der Schönheit einer Rose eine sehr subjektive Erfahrung, etwas,

was wir auf einer ganz tiefen Ebene in uns drin wahrnehmen und empfinden. Dennoch erwarten wir, wenn wir anderen Menschen eine Rose zeigen, dass diese uns zustimmen, die Rose sei schön. Und gewöhnlich wird ihnen das nicht schwerfallen.

Die Wertschätzung von Schönheit scheint also eine höchst subjektive Erfahrung zu sein, und doch lässt sich Folgendes beobachten:

1. Es gibt einige objektive Kriterien für die Entscheidung, was schön ist und was nicht.

2. Jeder Mensch besitzt einen Sinn für Ästhetik und die Fähigkeit, Schönheit wahrzunehmen.

3. Wenn manche Menschen in Dingen wie zum Beispiel einer Rose keine Schönheit sehen (vielleicht nicht sehen können) oder wenn sie sogar das Hässliche dem Schönen vorziehen, muss der Grund darin liegen, dass ihre innere Fähigkeit, Schönheit zu sehen, beeinträchtigt ist. Der Grund dafür kann zum Beispiel in einer Farbenblindheit oder der mangelhaften Fähigkeit, Formen zu erfassen, liegen oder aber in irgendeiner psychischen Störung (wie zum Beispiel bei Menschen, die sich eher an Grausamkeit als an Freundlichkeit erfreuen).

Nun könnten wir denken, wir hätten bei der Suche nach der Wahrheit über Rosen alle Möglichkeiten ausgeschöpft, aber das haben wir natürlich noch nicht. Wir haben über die wissenschaftlichen Erklärungen von Rosen nachgedacht. Dann haben wir den Wert betrachtet, den wir ihnen geben, ihre Schönheit und was sie uns bedeuten. Aber gerade weil sie eine Bedeutung und einen Wert haben, ergeben sich weitere Fragen – nach der moralischen, ethischen und letztendlich geistigen Bedeutung von dem, was wir mit ihnen tun. Bedenken Sie folgende beispielhafte Situationen:

Erstes Beispiel: Eine Frau hat mit dem wenigen Geld, das sie dafür erübrigen konnte, ein paar Rosen gekauft. Sie mag Rosen sehr und möchte sie so lange wie möglich behalten. Aber eine arme Nachbarin von ihr ist krank, und sie hat das starke Gefühl, dass sie zumindest ein paar dieser Rosen ihrer kranken Nachbarin schenken sollte. Also hat sie jetzt zwei Instinkte in sich, die im Widerspruch zueinander stehen:

1. einen Instinkt des Selbstinteresses – der starke Wunsch, die Rosen selber zu behalten, und
2. ein instinktives Pflichtgefühl – sie sollte ihren Nächsten lieben wie sich selbst und daher ihre Rosen ihrer Nachbarin schenken.

Dies wirft Fragen auf. Woher kommen diese Instinkte? Und wie soll sie sich für einen von ihnen entscheiden? Manche argumentieren vielleicht, dass ihr egoistischer Wunsch, die Rosen selber zu behalten, nur der Ausdruck der blinden, aber kraftvollen grundlegenden Antriebskraft der Evolution ist: Selbsterhaltung. Aber das uneigennützige Pflichtgefühl, ihrer Nachbarin auf Kosten ihres eigenen Verlustes zu helfen – wo kommt dies her? Warum sollte sie diesem nachgeben? Und sie hat noch ein weiteres Problem: Sie muss sich für das eine oder das andere entscheiden. Sie kann nicht darauf warten, dass Wissenschaftler oder Philosophen oder irgendjemand anderes ihr hilft. Sie muss sich auf eine Handlung festlegen. Wie und auf welcher Grundlage sollte sie sich zwischen den beiden konkurrierenden Forderungen entscheiden?

Zweites Beispiel: Ein Mann mag Rosen, hat aber kein Geld, sich welche zu kaufen. Er sieht, dass er Rosen aus dem Garten eines anderen stehlen könnte, und zwar so, dass er sicher sein könnte, dass der andere es nie herausfinden würde. Wäre es falsch, sie zu stehlen? Wenn weder der Besitzer der Rosen noch die Polizei noch die Gerichte jemals herausfinden würden, dass er sie gestohlen hat, warum sollte er sie nicht stehlen? Wer hat das Recht zu sagen, dass Stehlen falsch ist?

Drittes Beispiel: Ein Mann schenkt einer Frau zum wiederholten Mal einen Strauß Rosen, während ihr eigener Mann im Ausland auf Geschäftsreise ist. Der Verdacht liegt nahe, dass er ihr die Rosen schenkt, um sie zur Untreue gegenüber ihrem Ehemann zu verführen. Das wäre Ehebruch. Ist Ehebruch falsch? Immer falsch? Wer hat das Recht, dies zu sagen?

Um nun solche Fragen sorgfältig und angemessen beantworten zu können, müssen wir die viel grundlegenderen Fragen über Rosen – und auch über alles andere – stellen und beantworten:

Wo kommen Rosen her? Wir Menschen haben sie nicht erschaffen (und sind immer noch weit davon entfernt, irgendetwas dergleichen zu erschaffen). Gibt es einen Gott, der sie entworfen und erschaffen hat? Ist er ihr eigentlicher Eigentümer, der das Recht hat, die Regeln festzulegen, nach denen wir sie verwenden sollten?

Oder sind Rosen einfach aus ewig existierender anorganischer Materie entstanden, ohne irgendeinen Plan oder Zweck, ohne einen letzten Eigentümer, der die Regeln festlegt, wie sie zu verwenden sind? Und wenn dem so ist, ist der einzelne Mensch dann frei zu tun, was er will, solange es niemand herausfindet?

Bis jetzt haben wir die einfache Frage „Was ist die Wahrheit über eine Rose?" beantwortet und gemerkt, dass wir für eine angemessene Antwort nicht nur auf *eine* Wissensquelle (wie Wissenschaft oder Literatur) zurückgreifen müssen, sondern auf viele. Schon die Betrachtung von Rosen hat uns zu tiefen und grundlegenden Fragen über die Welt geführt, die weit über die Rosen selbst hinausgehen.

Es sind unsere Antworten auf solche Fragen, die in ihrer Gesamtheit den Rahmen bilden, in den wir unser ganzes Wissen über andere Dinge einfügen. Es ist dieser Rahmen, der aus all jenen bewussten oder unbewussten Ideen besteht, die wir über die Grundgegebenheiten der Welt, uns selbst und die Gesellschaft haben, den wir als unsere Weltanschauung bezeichnen. Sie umfasst all unsere Ansichten – ob nun schlecht oder gut durchdacht, richtig oder falsch – über die schweren, aber faszinierenden Fragen zu unserer Existenz und dem Leben: Wie erkläre ich mir das Universum? Wo liegt sein Ursprung? Wer bin ich? Wo komme ich her? Wie kann ich Dinge wissen? Hat mein Leben irgendeine Bedeutung? Habe ich irgendwelche Pflichten? Unsere Weltanschauung ist das Gesamtbild, in das wir alles andere einfügen. Sie ist die Brille, durch die wir blicken, um die Welt zu verstehen.

> ⊕ *Unsere Weltanschauung ist das Gesamtbild, in das wir alles andere einfügen. Sie ist die Brille, durch die wir blicken, um die Welt zu verstehen.*

DIE GRUNDLEGENDEN FRAGEN STELLEN

„Wer Erfolg haben will, muss die richtigen Fragen stellen", soll Aristoteles gesagt haben. Das müssen auch wir tun, wenn wir eine Weltanschauung entwickeln wollen.

Tröstlich ist, dass wir nicht die Ersten sind, die solche Fragen stellen. Das haben in der Vergangenheit schon viele getan (und tun es auch weiterhin in der Gegenwart). Das heißt, dass sie schon einen Teil der Arbeit für uns erledigt haben! Um von ihrem Denken und ihrer Erfahrung zu profitieren, wird es für uns hilfreich sein, einige dieser grundlegenden Fragen zusammenzutragen, die praktisch von allen gestellt werden. Dann wollen wir darüber nachdenken, warum diese besonderen Fragen als so wichtig erachtet werden. Anschließend werden wir kurz einige der verschiedenen

BILD I.2.

Die Schule von Athen von Raffael

Wahrscheinlich malte der italienische Renaissance-Maler Raffael zwischen 1509 und 1511 das Fresko *Scuola di Atene* (Die Schule von Athen) für den Vatikan – eine Versinnbildlichung der Philosophie. Viele glauben, dass die Handgesten der zentralen Figuren, Platon und Aristoteles, und die Bücher, die jeder von ihnen in der Hand hält, *Timaios* und *Nikomachische Ethik*, zwei Herangehensweisen an die Metaphysik symbolisieren. Zudem hat Raffael eine Reihe von weiteren großen griechischen Philosophen der Antike auf seinem Bild abgebildet, darunter Sokrates (die achte Figur links neben Platon).

© *commons.wikimedia.org*

Antworten zusammenfassen, bevor wir dann die Aufgabe in Angriff nehmen, unsere eigenen Antworten zu formulieren. Lassen Sie uns also eine Liste von „Weltanschauungs-Fragen" zusammenstellen. Am Anfang stehen Fragen über das Universum im Allgemeinen und unseren Heimatplaneten Erde im Besonderen.

Das erste Volk in Europa, das wissenschaftliche Fragen über die Bestandteile und die Funktionsweise der Erde und des Universums stellte, waren die Griechen. Scheinbar stellten sie ihre Fragen aus rein intellektueller Neugier. Ihre Forschung war absichtslos. Sie waren nicht zuerst an einer Technologie interessiert, die sich daraus ergeben könnte. Es war reine, nicht angewandte Wissenschaft. An dieser Stelle möchten wir kurz darauf hinweisen, dass es jedem Bildungssystem immer noch guttut, wenn auf seinem Lehrplan ein Platz für die reine Wissenschaft reserviert ist und intellektuelle Neugier um ihrer selbst willen gefördert wird.

Aber wir können es uns hier nicht leisten, uns nur auf reine Wissenschaft zu beschränken (und noch weniger nur auf Technik, so großartig diese auch sein mag). Dies wurde bereits Jahrhunderte zuvor von Sokrates erkannt. Zunächst interessierte er sich nur für das Universum, kam jedoch allmählich zu dem Schluss, dass es viel wichtiger sei, herauszufinden, wie sich Menschen verhalten sollten, als zu ergründen, woraus der Mond gemacht war. So wandte er sich von der Physik ab und widmete sich der Moralphilosophie.

Zudem kamen die Leiter der großen philosophischen Schulen des antiken Griechenlands zu der Erkenntnis, dass man keine angemessenen Lehrsätze über das moralische Verhalten des Menschen bilden könne, ohne zu verstehen, in welchem Verhältnis die Menschen zum Universum stehen und zu den Kräften und Prinzipien, die es kontrollieren. Damit lagen sie sicherlich richtig, was uns zu der grundlegendsten aller Fragen führt.[4]

Die erste grundlegende Frage einer Weltanschauung

Was liegt hinter dem beobachtbaren Universum? Die Physik lehrt uns, dass die Dinge nicht immer so sind, wie sie scheinen. Ein hölzerner Tisch, der stabil erscheint, ist in Wirklichkeit eine Zusammensetzung aus Atomen, die durch starke Kräfte zusammengehalten werden, die in den ansonsten leeren Zwischenräumen wirken. Auch ist jedes Atom in Wirklichkeit ein weitgehend leerer Raum und kann in gewisser Hinsicht als ein von Elektronen umkreister Zellkern beschrieben werden. Der Zellkern nimmt nur etwa ein Milliardstel des Raumes in einem Atom in Anspruch. Spaltet man

---

4   Siehe Buch 3, *Was sollen wir tun?*

den Zellkern, stößt man auf Protonen und Neutronen. Diese wiederum sind aus Quarks und Gluonen zusammengesetzt. Sind das nun die Grundbausteine der Materie oder gibt es vielleicht noch geheimnisvollere Elementarbausteine? Das ist eine der spannenden Fragen der modernen Physik. Und während die Suche weitergeht, bleibt eine brennende Frage: Was steckt überhaupt hinter der Grundmaterie?

Die Antworten auf diese Fragen lassen sich grob in zwei Gruppen aufteilen: Die einen vertreten die Ansicht, dass nichts „hinter" der Grundmaterie des Universums steckt, und die anderen, dass es da auf jeden Fall etwas geben muss.

Gruppe A: Es gibt nichts außer Materie. Sie ist die oberste Realität, selbstexistent und ewig. Sie ist von nichts und niemandem abhängig. Sie ist blind und zwecklos; dennoch steckt in ihr die Kraft, sich selbst – noch immer blind und zwecklos – in all die Varianten der Materie und des Lebens zu entwickeln und zu organisieren, die wir heute im Universum sehen. Das ist die Philosophie des Materialismus.

Gruppe B: Hinter der Materie, die einen Anfang hat, steht eine nichterschaffene, selbstexistente, kreative Intelligenz oder, wie Juden und Muslime sagen würden: „Gott", und Christen: „der Gott und Vater unseres Herrn Jesus Christus". Dieser Gott erhält das Universum und wirkt in ihm, ist aber selbst kein Teil von ihm. Er ist Geist, nicht Materie. Das Universum existiert als Ausdruck seiner Gedanken und zum Zweck der Erfüllung seines Willens. Das ist die Philosophie des Theismus.

Die zweite grundlegende Frage einer Weltanschauung

Das führt uns zu unserer zweiten grundlegenden (dreiteiligen) Frage zur Weltanschauung: *Wie ist unsere Welt entstanden, wie hat sie sich entwickelt, und wie kam es dazu, dass sie von einer so erstaunlichen Vielfalt des Lebens bevölkert wurde?*

Auch hier kann man die Antworten auf diese Fragen grundsätzlich in zwei Gruppen einteilen:

Gruppe A: Leblose Materie formte sich – ohne vorherigen Plan oder Ziel – in das Konglomerat, das zu unserer Erde wurde, und brachte dann irgendwie (was noch nicht erforscht oder erkannt wurde) als Ergebnis ihrer inhärenten Eigenschaften und Kräfte durch Spontanerzeugung Leben hervor. Die zunächst niederen Lebensformen entwickelten sich schrittweise in die gegenwärtige große Vielfalt des Lebens. Dies geschah durch natürliche Prozesse wie Mutation und natürliche Selektion – ebenfalls Mechanismen ohne Plan oder Ziel. Daher steckt weder hinter der Existenz des Universums noch hinter der Existenz der Erde oder ihrer Bewohner irgendein letzter rationaler Sinn.

Gruppe B: Das Universum, das Sonnensystem und der Planet Erde wurden erdacht und präzise konstruiert, um das Leben auf der Erde zu ermöglichen. Darauf weisen sowohl die verblüffende Komplexität der Lebenssysteme als auch die atemberaubende Perfektion ihrer Mechanismen hin.

Es ist nicht schwer zu erkennen, welche unterschiedlichen Auswirkungen diese zwei radikal unterschiedlichen Sichtweisen auf die Bedeutung und das Handeln des Menschen haben.

Die dritte grundlegende Frage einer Weltanschauung

Die dritte grundlegende Frage zur Weltanschauung besteht wieder aus mehreren zusammenhängenden Fragen. *Was ist der Mensch? Woher kommen seine Rationalität und sein Sinn für Moral? Welche Hoffnungen hat er für die Zukunft und auf ein Leben nach dem Tod (falls dieses existiert)?*

Die üblichen Antworten auf diese zentralen Fragen lassen sich erneut in zwei Gruppen einteilen:

Gruppe A: *Die menschliche Natur:* Menschen sind nichts als Materie. Sie besitzen keinen Geist, und ihr rationales Denkvermögen ist aus geistloser Materie durch nicht rationale Prozesse entstanden.

　　　　　　　Moral: Der Sinn des Menschen für Moral und Pflicht entstammt einzig und allein der sozialen Interaktion zwischen ihm und seinen Mitmenschen.

Menschenrechte: Menschen besitzen keine angeborenen natürlichen Rechte, sondern nur die Rechte, die ihnen von der Gesellschaft oder der aktuellen Regierung gewährt werden.

Sinn im Leben: Der Mensch schafft sich seinen eigenen Sinn.

Die Zukunft: Die erträumte und ersehnte Utopie wird erreicht werden, entweder durch die unaufhaltsamen Auswirkungen der inhärenten Kräfte der Materie und/oder Geschichte oder wenn der Mensch lernt, die biologischen Prozesse der Evolution selbst zu steuern und kontrollieren.

Der Tod und das Leben danach: Der Tod bedeutet für jedes Individuum die totale Auslöschung. Nichts überlebt.

Gruppe B: *Die menschliche Natur:* Die Menschen wurden von Gott geschaffen als sein Ebenbild (zumindest laut Judentum, Christentum und Islam). Die rationale Kraft der Menschen leitet sich vom göttlichen „Logos" ab, durch den sie erschaffen wurden.

Moral: Ihr Sinn für Moral basiert auf gewissen „Gesetzen Gottes", die ihr Schöpfer in sie hineingelegt hat.

Menschenrechte: Menschen besitzen gewisse unabdingbare Rechte, die alle anderen Menschen und Regierungen respektieren müssen, einfach weil sie Geschöpfe Gottes sind, geschaffen im Bilde Gottes.

Sinn im Leben: Der Hauptsinn im Leben ist, die Gemeinschaft mit Gott zu genießen und ihm wie auch ihren Mitgeschöpfen zu dienen, um ihres Schöpfers willen.

Die Zukunft: Die ersehnte Utopie ist kein Traum, sondern eine sichere Hoffnung, die sich auf den Plan des Schöpfers gründet, die Menschheit und die Welt zu erlösen.

Der Tod und das Leben danach: Der Tod bedeutet keine Auslöschung. Der Mensch wird nach dem Tod von Gott zur Rechenschaft gezogen. Sein letzter Zustand wird entweder die völlige Gemeinschaft mit Gott im Himmel sein oder aber der Ausschluss aus seiner Gegenwart.

Dies sind grob gesagt die Fragen, die Menschen immer wieder im Laufe der Geschichte gestellt haben, und ein kurzer Überblick über einige der Antworten, die die Menschen auf diese gegeben haben und immer noch geben.

Der grundlegende Unterschied zwischen den beiden Gruppen von Antworten

Nun ist es offensichtlich, dass die zwei Gruppen von Antworten sich diametral gegenüberstehen; aber wir sollten hier kurz innehalten, um sicherzugehen, dass wir auch wirklich verstanden haben, was genau die Art und die Ursache dieser Gegensätze sind. Wenn wir darüber nicht sorgfältig genug nachdenken, könnten wir schnell zu dem Schluss kommen, dass die Antworten der Gruppe A der Wissenschaft und die Antworten der Gruppe B der Religion zuzuordnen sind. Doch damit würden wir die Situation grundsätzlich falsch einschätzen. Es stimmt zwar, dass die Mehrheit der heutigen Wissenschaftler den Antworten der Gruppe A zustimmt, aber es gibt auch eine wachsende Anzahl von Wissenschaftlern, die die Antworten der Gruppe B unterstützen. Es handelt sich daher hierbei nicht um einen Konflikt zwischen Wissenschaft und Religion. Tatsächlich geht es um einen fundamentalen Unterschied zwischen den zugrunde liegenden Philosophien, die die Interpretation der Beweise bestimmen, die von der Wissenschaft geliefert werden. Atheisten werden die Beweise auf eine Art interpretieren, Theisten (oder Pantheisten) auf eine andere.

Das ist verständlich. Kein Wissenschaftler betreibt Forschung, ohne dabei völlig frei von Vorannahmen zu sein. Der Atheist betreibt Forschung mit der Vorannahme, es gebe keinen Gott. Das ist seine Grundphilosophie, das ist seine Weltanschauung. Er behauptet, er könne alles ohne Gott erklären. Manchmal wird er sagen, dass er sich überhaupt nicht vorstellen könne, welche wissenschaftlichen Beweise es für die Existenz eines Gottes geben könnte; und es überrascht nicht, dass er keine zu finden scheint.

Der Theist wiederum beginnt mit dem Glauben an Gott und findet in seinen wissenschaftlichen Entdeckungen zahlreiche – überwältigende, wie er sagen würde – Beweise für die Handschrift Gottes in der ausgeklügelten Gestaltung des Universums und seinen Mechanismen.

Es zeigt sich einmal mehr, wie wichtig es ist zu erkennen, mit welcher Weltanschauung wir beginnen. Manche von uns, die noch nie intensiver über diese Dinge nachgedacht haben, haben vielleicht das Gefühl, dass sie gar keine Weltanschauung haben und sich daher völlig unvoreingenommen den Fragen des Lebens im Allgemeinen und den Fragen der Wissenschaft im Besonderen nähern. Aber das ist äußerst unwahrscheinlich. Wir übernehmen Vorstellungen, Überzeugungen und Einstellungen von unserer Familie und der Gesellschaft. Dies geschieht häufig nebenbei und ohne dass wir erkennen, wie diese meist unbewussten Einflüsse und Vorannahmen unsere Antworten auf die Fragen bestimmen, die uns das Leben stellt. Deshalb ist es so wichtig, unsere Weltanschauung bewusst zu durchdenken und sie gegebenenfalls anzupassen, wenn die Beweise dies erfordern.

> ✦ *Wir übernehmen Vorstellungen, Überzeugungen und Einstellungen von unserer Familie und der Gesellschaft. Dies geschieht häufig nebenbei und ohne dass wir erkennen, wie diese meist unbewussten Einflüsse und Vorannahmen unsere Antworten auf die Fragen bestimmen, die uns das Leben stellt.*

Daher sollten wir in diesem Prozess der Wissenschaft auf jeden Fall Gehör schenken und auch zulassen, dass sie unsere Vorannahmen hinterfragt und korrigiert, falls das nötig ist. Aber um eine vernünftige Weltanschauung zu entwickeln, sollten wir genauso auf viele andere Meinungen und Stimmen hören.

STIMMEN, AUF DIE WIR HÖREN SOLLTEN

Bisher haben wir einige Fragen zur Weltanschauung aufgegriffen und die Antworten untersucht, die darauf gegeben werden. Jetzt müssen wir uns selbst diese Fragen stellen und anfangen, unsere eigenen Antworten zu finden.

Wir brauchen eine eigene Weltanschauung, die wir persönlich durchdacht und aus freiem Willen für uns angenommen haben. Niemand hat das Recht, uns seine Weltanschauung aufzuzwingen. Zum Glück sind die Zeiten vorbei, in denen die Kirche Galileo zwingen konnte, das zu leugnen, was ihn die Wissenschaft klar gelehrt hatte. Ebenfalls sind die Zeiten überwiegend vorüber, in denen der Staat dem Volk unter Androhung von Gefängnis oder Todesstrafe eine atheistische Weltanschauung aufzwingen konnte.

Die Menschenrechte fordern, dass es jedem freisteht, die Weltanschauung zu haben, an die er glaubt, und diese auch durch vernünftige Argumente zu verbreiten – natürlich nur so lange, wie dies keinem anderen schadet.

Wir, die Autoren dieses Buches, haben eine theistische Weltanschauung. Aber wir werden nicht versuchen, irgendjemandem unsere Sicht aufzuzwingen. Wir kommen aus einer Tradition, deren Grundprinzip lautet: „Jeder soll mit voller Überzeugung zu seiner Auffassung stehen!"

Daher muss jeder zu seiner eigenen Überzeugung gelangen und eine eigene Weltanschauung entwickeln. Dabei gibt es eine Reihe von Stimmen, auf die wir hören müssen.

Die Stimme der Intuition

Die erste Stimme, auf die wir hören müssen, ist die Intuition. Es gibt Dinge im Leben, die wissen wir nicht durch lange philosophische Überlegungen oder genaue wissenschaftliche Experimente, sondern durch direkte, instinktive Intuition. Wir „sehen", dass eine Rose schön ist. Instinktiv „wissen" wir, dass Kindesmissbrauch falsch ist. Ein Wissenschaftler kann manchmal „sehen", was die Lösung für ein Problem sein wird, noch bevor er durch wissenschaftliche Techniken den formalen Beweis geliefert hat.

Einige Wissenschaftler und Philosophen versuchen uns immer noch davon zu überzeugen, dass die Gesetze von Ursache und Wirkung im menschlichen Gehirn völlig deterministisch sind und unsere Entscheidungen deshalb im Voraus festgelegt sind: Eine echte Wahl sei nicht möglich. Aber, was auch immer sie sagen, wir wissen doch intuitiv, dass wir in Wirklichkeit frei entscheiden können – ob wir beispielsweise ein Buch lesen oder stattdessen spazieren gehen oder ob wir die Wahrheit sagen oder lügen wollen. Wir wissen, dass wir die Freiheit haben, uns für das eine oder das andere zu entscheiden, und alle anderen wissen es auch und handeln dementsprechend. Diese Freiheit ist so sehr Teil unserer ureigenen Vorstellung von Würde und Wert eines Menschen, dass wir (meistens) darauf bestehen, als eigenverantwortliche Menschen behandelt zu werden und andere ebenso zu behandeln. Aus diesem Grund wird der Richter, wenn wir ein Verbrechen begangen haben, uns fragen a) ob wir, als wir das Verbrechen begingen, wussten, dass wir etwas Falsches taten, und b) ob wir unter Zwang handelten oder nicht. Die Antwort auf diese Fragen wird das Urteil maßgeblich mitbestimmen.

Daher müssen wir der Intuition angemessene Beachtung schenken und dürfen nicht zulassen, dass uns mit pseudointellektuellen Argumenten Dinge eingeredet (oder ausgeredet) werden, von denen wir intuitiv wissen, dass sie richtig (oder falsch) sind.

Andererseits hat die Intuition auch ihre Grenzen. Sie kann irren. Als die antiken Wissenschaftler zuerst vermuteten, die Welt sei eine Kugel, wurde diese Vorstellung sogar von ansonsten großen Denkern abgelehnt. Sie empfanden es intuitiv als absurd, dass es auf der anderen Seite der Erde

Menschen geben könnte, die „verkehrt herum" laufen und deren Füße auf unsere Füße ausgerichtet sind (daher der Begriff „antipodisch"), während ihr Kopf gefährlich im leeren Raum hängt! Aber ihre Intuition hatte sie getäuscht. Die frühen Wissenschaftler, die an die Kugelform der Erde glaubten, hatten recht; die Intuition der anderen war falsch.

Die Lektion daraus ist, dass wir sowohl unsere Intuition als auch die Wissenschaft benötigen, damit diese sich gegenseitig kontrollieren und gegebenenfalls korrigieren.

Die Stimme der Wissenschaft

Die Wissenschaft spricht in unsere moderne Welt mit einer sehr kraftvollen und einflussreichen Stimme. Sie kann stolz auf eine Reihe von fulminanten theoretischen Durchbrüchen verweisen, die eine fast endlose Palette von technischen Nebenprodukten hervorgebracht hat: von der Erfindung der Glühbirne zur virtuellen Realität, vom Rad zur Mondrakete, von der Entdeckung von Aspirin und Antibiotika zum Entdecken des genetischen Codes, vom Staubsauger zum Smartphone, vom Rechenbrett zum Parallelrechner, vom Fahrrad zum autonomen Fahrzeug. Die Vorzüge dieser wissenschaftlichen Errungenschaften sind offensichtlich, und sie wecken nicht nur unsere Bewunderung, sondern verleihen der Wissenschaft auch eine immense Glaubwürdigkeit.

Doch für viele Menschen hat die Stimme der Wissenschaft auch eine gewisse Ambivalenz, denn ihre Errungenschaften wurden nicht immer nur zum Wohle der Menschheit eingesetzt. Im vergangenen Jahrhundert hat die Wissenschaft in der Tat die schrecklichsten hocheffektiven Vernichtungswaffen hervorgebracht. Der Laser, der zur Wiederherstellung der Sehkraft eingesetzt wird, kann genauso zur Steuerung von Raketen mit tödlicher Wirkung verwendet werden. Diese Entwicklung hat in der jüngeren Vergangenheit zu einer starken antiwissenschaftlichen Reaktion geführt.

Das ist verständlich, aber wir müssen uns vor dem offensichtlichen Trugschluss hüten, der Wissenschaft die Schuld für den Missbrauch ihrer Entdeckungen zu geben. So ist beispielsweise die Schuld an der durch die Atombombe bewirkte Verwüstung nicht in erster Linie bei den Wissenschaftlern zu suchen, die die Möglichkeit der Kernspaltung entdeckt haben, sondern bei den Politikern, die darauf bestanden, diese Entdeckungen für die Herstellung von Massenvernichtungswaffen für die globale Kriegsführung zu nutzen.

Die Wissenschaft an sich ist moralisch neutral. Die Christen unter den Wissenschaftlern würden sogar sagen, sie sei eine Form der Anbetung Gottes – durch das ehrfurchtsvolle Erforschen seiner Werke – und daher auf jeden Fall begrüßenswert. Aus diesem Grund ließ James Clerk Maxwell, ein schottischer Physiker des 19. Jahrhunderts, der die berühmten Gleichungen der elektromagnetischen Wellen entdeckte, den folgenden Vers aus den hebräischen Psalmen über die Tür des Cavendish-Labors in Cambridge schreiben: „Groß sind die Taten des Herrn, zu erforschen von allen, die Lust an ihnen haben" (Ps 111,2). Der Vers ist heute noch dort zu lesen.

Natürlich müssen wir unterscheiden zwischen der Wissenschaft als methodische Forschung und einzelnen Wissenschaftlern, die diese Untersuchungen durchführen. Wir müssen auch unterscheiden zwischen den Fakten, die sie über jeden (vernünftigen) Zweifel erhaben herausfinden, und den vorläufigen Hypothesen und Theorien, die sie auf Grundlage ihrer anfänglichen Beobachtungen und Experimente formulieren und von denen sie sich bei ihren weiteren Forschungen leiten lassen.

Diese Unterscheidungen sind wichtig, denn Wissenschaftler behandeln manchmal ihre vorläufigen Theorien fälschlicherweise als bewiesene Fakten und präsentieren diese in Lehrveranstaltungen und öffentlichen Vorlesungen so, obwohl sie nie wirklich bewiesen wurden. Manchmal passiert es auch, dass Wissenschaftler eine vorläufige Theorie vorschlagen, die die Aufmerksamkeit der Medien erregt, die diese an die Öffentlichkeit weitergeben. Dabei wird ein solcher Presserummel erzeugt, dass der Eindruck entsteht, diese Theorie sei unbestritten bewiesen.

> ✦ *Wissenschaftler behandeln manchmal ihre vorläufigen Theorien fälschlicherweise als bewiesene Fakten und präsentieren diese in Lehrveranstaltungen und öffentlichen Vorlesungen so, obwohl sie nie wirklich bewiesen wurden.*

Dann muss man sich wieder die Grenzen der Wissenschaft in Erinnerung rufen. Wie wir bei unseren Überlegungen über die Schönheit von Rosen festgestellt haben, gibt es Dinge, für die man von der eigentlichen Wissenschaft keine Erklärung erwarten kann oder sollte.

Manchmal vergessen Wissenschaftler dies und schaden dem Ansehen der Wissenschaft, indem sie sich mit höchst übertriebenen Behauptungen auf sie berufen. Der berühmte Mathematiker und Philosoph Bertrand Russell zum Beispiel schrieb: „Welches Wissen auch immer erlangt werden kann, es muss durch wissenschaftliche Methoden erlangt werden; und was die Wissenschaft nicht herausfinden kann, kann die Menschheit nicht wissen."[5]

---

5   Russell, *Religion and Science*, 243

Der Nobelpreisträger Sir Peter Medawar hatte eine vernünftigere und realistischere Sicht auf die Wissenschaft. Er schrieb:

„Ein Wissenschaftler kann sich und seinen Beruf auf keine andere Weise schneller in Misskredit bringen, als wenn er – zumal dann, wenn keinerlei Erklärung verlangt ist – rundheraus erklärt, dass die Wissenschaft die Antworten auf alle Fragen, die der Rede wert sind, bereits besitze oder bald besitzen werde und dass jene Fragen, die keine wissenschaftliche Beantwortung zulassen, auf irgendeine Art und Weise Unfragen oder ‚Pseudofragen‘ seien, die nur Einfaltspinsel stellen und nur Tölpel zu beantworten sich anmaßen."[6]

An anderer Stelle sagt Medawar: „Dass die Wissenschaft Grenzen hat, wird daran deutlich, dass sie nicht in der Lage ist, grundlegende kindliche Fragen zu beantworten, die die ersten und die letzten Dinge betreffen, wie: ‚Wie hat alles angefangen?‘, ‚Weshalb sind wir hier?‘, ‚Was ist der Sinn des Lebens?‘"[7] Er fügt hinzu, dass wir uns an die Dichtung und die Religion wenden müssten, um Antworten auf diese Fragen zu finden.

Wenn wir nun alles über die Grenzen der Wissenschaft gesagt haben, was gesagt werden muss, ist die Stimme der Wissenschaft dennoch eine der wichtigsten Stimmen, auf die wir hören müssen, wenn wir unsere Weltanschauung entwickeln. Natürlich können wir nicht alle wissenschaftliche Experten sein. Aber wenn die Experten ihre Ergebnisse den Studenten anderer Bereiche oder der allgemeinen Öffentlichkeit präsentieren (was sie immer häufiger tun), müssen wir ihnen zuhören – so kritisch, wie man Experten in anderen Bereichen auch zuhört. Aber zuhören müssen wir.[8]

Die Stimme der Philosophie

Die nächste Stimme, auf die wir hören sollten, ist die Stimme der Philosophie. Für manche ist allein der Gedanke an Philosophie einschüchternd, aber im Grunde genommen denkt bereits jeder philosophisch, der ernsthaft versucht, die Wahrheit einer Aussage zu ergründen. Der bedeutende Philosoph Anthony Kenny schreibt:

---

6   Medawar, *Ratschläge für einen jungen Wissenschaftler,* 61
7   Medawar, *Limits of Science,* 59–60
8   Die Leser, die sich gerne umfassender mit diesem Thema beschäftigen möchten, weisen wir auf den Text *Was ist Wissenschaft?* im Anhang hin (S. 283) sowie auf die dort gelisteten Bücher von John Lennox.

Philosophie ist spannend, weil sie die umfangreichste aller Disziplinen ist, denn sie erforscht grundlegende Konzepte, die sich durch unser gesamtes Reden und Denken über jedes Thema ziehen. Zudem kann man sie anwenden, ohne besondere vorhergehende Ausbildung oder Anweisung; jeder, der bereit ist, scharf nachzudenken und einer Argumentationslinie zu folgen, kann Philosophie betreiben.[9]

Ob uns dies bewusst ist oder nicht: Unsere alltägliche Art zu denken und zu argumentieren hat sehr viel mit Philosophie zu tun – wir haben also auch hier bereits auf ihre Stimme gehört!

Von der Philosophie können wir in vieler Weise profitieren. An erster Stelle steht das leuchtende Beispiel von Männern und Frauen, die sich geweigert haben, einfach die Sicht der Mehrheit ihrer Zeit zu übernehmen.

Sokrates sagte, dass „ein Leben ohne Selbsterforschung ... gar nicht verdient, gelebt zu werden."[10] Diese Männer und Frauen waren dazu entschlossen, ihre ganze intellektuelle Kraft einzusetzen, um zu verstehen, woraus das Universum besteht und wie es funktioniert. Was ist der Platz des Menschen im Universum? Was ist das Wesen der menschlichen Natur? Warum machen wir Menschen so oft Fehler und schaden so uns selbst und der Gesellschaft? Was könnte uns helfen, falsche Handlungen zu vermeiden? Und was könnte unser höchstes Ziel im Leben – unser *Summum Bonum*[11] (lateinisch für *höchstes Gut*) – sein? Ihr Eifer, die Wahrheit zu entdecken und dann gemäß dieser Wahrheit zu leben, kann uns beschämen. Es sollte uns jedenfalls ermutigen, ihrem Beispiel zu folgen.

Zweitens entdeckten Philosophen seit Sokrates, Platon und Aristoteles in ihrer Suche nach Wahrheit, wie wichtig präzises logisches Denken war und welchen Regeln es folgen sollte. Der Nutzen für die Menschheit davon ist unschätzbar, denn dadurch haben wir gelernt, klar zu denken und Vorannahmen, die manchmal sogar unbemerkt unseren wissenschaftlichen Experimenten und Theorien zugrunde liegen, aufzudecken. Wir haben gelernt, Denkvoraussetzungen offenzulegen, die Aussagen und Meinungen zugrunde liegen, auf Trugschlüsse in Argumentationen hinzuweisen, Zirkelschlüsse aufzudecken usw.

Jedoch hat die Philosophie, genau wie die Wissenschaft, ihre Grenzen. Sie kann uns nicht sagen, welche Prinzipien oder grundlegenden Prämissen

---

9   Kenny, *Brief History of Western Philosophy,* xi
10   Platon, *Des Sokrates Verteidigung,* 38a7, Übers. F. Schleiermacher
11   Höchstes Gut; höchster Wert

wir wählen sollen, aber sie kann und wird uns helfen zu erkennen, ob das Glaubenssystem, das wir auf diese Grundsätze aufbauen, in sich logisch schlüssig ist.

Es gibt noch einen dritten Nutzen, den wir aus der Philosophie ziehen können. Die Geschichte der Philosophie hat gezeigt, dass keines der vielen verschiedenen philosophischen Systeme oder keine Weltanschauungen, die von stringent denkenden Philosophen nur auf Grundlage menschlicher Argumentation entwickelt wurden, alle anderen Philosophen überzeugen konnten, geschweige denn die allgemeine Öffentlichkeit. Keines dieser Systeme hatte dauerhaft Bestand, eine Tatsache, die recht frustrierend sein kann. Aber vielleicht ist diese Frustration auch gar nicht schlecht, denn sie kann uns zu der Frage führen, ob es vielleicht noch eine andere Informationsquelle gibt, ohne die unser menschlicher Verstand allein per Definition unzureichend wäre. Und wenn wir in Bezug auf die Philosophie frustriert sind, weil sie uns erst so erfolgversprechend schien, aber am Ende so wenig geliefert hat, und wir deswegen nach einer anderen Informationsquelle Ausschau halten, könnte sich unsere Frustration sogar als großer Nutzen erweisen.

Die Stimme der Geschichte

Doch gibt es noch eine weitere Stimme, auf die wir hören sollten: die der Geschichte. Wir können uns glücklich schätzen, dass wir in einer Zeit leben, in der die Menschheitsgeschichte bereits so weit fortgeschritten ist. Schon im 1. Jahrhundert v. Chr. wurde von Heron von Alexandria eine einfache Form des Düsenantriebs beschrieben. Doch beim damaligen Stand der Technik kannte man keine Mittel, um diese Entdeckung irgendwie praktisch und sinnvoll einzusetzen. Es sollten noch 1800 Jahre vergehen, bevor es Wissenschaftlern gelang, Düsentriebwerke zu entwickeln, die stark genug für Flugzeuge waren.

Als in den 1950er- und 1960er-Jahren Wissenschaftler auf Grundlage einer Entdeckung Albert Einsteins behaupteten, es sei möglich, Laserstrahlen zu erzeugen, und dies dann auch wirklich taten, sagten viele Leute spöttisch, dass Laser die Lösung für ein nicht existierendes Problem seien, denn niemand konnte sich vorstellen, welchen praktischen Nutzen sie haben könnten. Die Geschichte hat gezeigt, dass diese Kritiker falschlagen, und hat die Wissenschaftler gerechtfertigt (als ob reine Wissenschaft irgendeine Rechtfertigung bräuchte!).

In anderen Fällen hat uns die Geschichte das Gegenteil gelehrt. So gab es eine Zeit, in der die Phlogistontheorie der Verbrennung fast überall Akzeptanz fand. Doch die Geschichte hat sie schließlich als falsch erwiesen.

Fanatische religiöse Sekten haben (trotz eines ausdrücklichen Verbots in der Bibel) immer wieder einmal vorhergesagt, dass das Ende der Welt zu dieser oder jener Zeit und an diesem oder jenem Ort stattfinden werde. Die Geschichte hat ausnahmslos gezeigt, dass diese Vorhersagen falsch waren.

Im letzten Jahrhundert erlebte das philosophische System des logischen Positivismus einen kometenartigen Aufstieg. Es schien die philosophische Landschaft zu beherrschen und verdrängte alle anderen Systeme. Doch die Geschichte offenbarte den fatalen Fehler in diesem System: Es basierte auf einem Nachweisprinzip, das prinzipiell nur zwei Arten von Aussagen als bedeutsam zuließ – *analytische* Aussagen (die per Definition wahr sind, wie zum Beispiel eine Tautologie wie „eine Füchsin ist ein weiblicher Fuchs") oder *synthetische* Aussagen (die man durch ein Experiment verifizieren kann, wie „Wasser besteht aus Wasserstoff und Sauerstoff"). Dabei wurden alle metaphysischen Aussagen als bedeutungslos zurückgewiesen. Doch wie der Philosoph Karl Popper sagte, ist das Verifikationsprinzip selbst weder analytisch noch synthetisch und daher bedeutungslos. Der logische Positivismus widerlegt sich somit selbst. Professor Nicholas Fotion sagt in einem Artikel über dieses Thema in *The Oxford Companion to Philosophy:* „Ende der 1960er-Jahre wurde deutlich, dass diese Bewegung überholt war."[12]

Zuvor hatte Marx mit Berufung auf Hegel seinen dialektischen Materialismus erst auf die Materie und dann auf die Geschichte bezogen. Er behauptete, er habe in den Abläufen der sozialen und politischen Geschichte ein Gesetz entdeckt, das unweigerlich zur Errichtung einer Utopie auf Erden führen könnte; und Millionen von Menschen setzten ihr Leben dafür ein, diesen Prozess voranzutreiben. Doch es hat sich gezeigt, dass die Geschichte ein solches unaufhaltsames Gesetz nicht zu kennen scheint.

Die Geschichte hat auch ein vernichtendes Urteil über die Theorie der Nationalsozialisten gefällt, die arische Rasse sei den anderen überlegen, was – so wurde es zugesichert – zu einer neuen Weltordnung führen würde.

Die Geschichte ist daher ein sehr wertvoller, wenn auch manchmal beängstigender Richter über unsere Ideen und Gedankensysteme. Wir sollten auf jeden Fall ihren Lektionen viel Beachtung schenken und für sie dankbar sein.

Aber es gibt noch einen weiteren Grund, aus dem wir auf die Geschichte hören sollten. Geschichte bringt uns in Berührung mit den großen Männern und Frauen, die sich weltweit als Vordenker erwiesen haben und deren Einfluss heute noch lebendig ist. Zu denen gehört natürlich auch Jesus Christus.

---

12 Fotion, *Logical Positivism*

Wie wir wissen, wurde er von seinen Zeitgenossen abgelehnt und hingerichtet. Aber das trifft auch auf Sokrates zu. Sokrates' Einfluss besteht weiter; doch der Einfluss von Christus war und ist noch immer unendlich viel größer als der des Sokrates oder jeder anderen weltweiten Führungsperson. Es wäre sehr seltsam, wenn wir zwar auf Sokrates, Platon, Aristoteles, Hume, Kant, Marx und Einstein hören würden, aber es versäumen oder uns weigern würden, auf Christus zu hören. Die zahlreichen (und teilweise sehr frühen) Manuskripte des Neuen Testaments liefern uns einen authentischen Bericht über seine Lehre. Nur Leute mit starken Vorurteilen würden ihn einfach ablehnen, ohne sich zuerst anzuhören, was er sagt.

> ⊙ *Geschichte bringt uns in Berührung mit den großen Männern und Frauen, die sich weltweit als Vordenker erwiesen haben und deren Einfluss noch heute lebendig ist. Es wäre sehr seltsam, wenn wir zwar auf Sokrates, Platon, Aristoteles, Hume, Kant, Marx und Einstein hören würden, aber es versäumen oder uns weigern würden, auf Christus zu hören.*

Die Stimme der göttlichen Selbstoffenbarung

Die letzte Stimme, die beansprucht, gehört zu werden, ist eine Stimme, die sich unentwegt durch die ganze Geschichte zieht und sich nicht zum Schweigen bringen lässt: Sie behauptet, es gebe eine andere Informationsquelle jenseits von Intuition, wissenschaftlicher Forschung und philosophischem Denken. Diese Stimme ist die Stimme der göttlichen Selbstoffenbarung. Ihr Anspruch lautet, dass der Schöpfer, dessen Existenz und Macht intuitiv durch seine geschaffenen Werke wahrgenommen werden kann, auch darüber hinaus nicht still und distanziert geblieben ist. Im Laufe der Jahrhunderte hat er durch seine Propheten und vor allem durch Jesus Christus zu unserer Welt gesprochen.

Natürlich werden Atheisten sagen, dass dieser Anspruch ins Reich der Märchen gehört. Atheistische Wissenschaftler werden einwenden, dass es keinerlei wissenschaftliche Beweise für die Existenz eines Schöpfers gebe (sie würden sogar behaupten, dass die Annahme der Existenz eines Schöpfers die Grundlage der wahren wissenschaftlichen Methodologie zerstöre – mehr dazu erfahren Sie im Anhang dieses Buches). Daher sei die Vorstellung, wir könnten direkte Informationen vom Schöpfer selbst erhalten, bereits vom Gedanken her absurd. Diese Reaktion stimmt natürlich vollkommen mit der Grundannahme des Atheismus überein.

Doch scheinbare Absurdität ist jedoch kein positiver Beweis dafür, dass etwas nicht möglich oder nicht wahr ist. Denken Sie daran, dass viele

Vordenker, als sie zuerst mit der Vermutung in Berührung kamen, die Erde sei keine Scheibe, sondern eine Kugel, diese sofort zurückwiesen, weil ihnen der Gedanke absurd erschien.

Im 2. Jahrhundert v. Chr. beschloss ein gewisser Lukian von Samosata, das zu entlarven, was er für fantasievolle Spekulationen der frühen Wissenschaftler und groteske Reiseberichte von sogenannten Entdeckern hielt. Er schrieb ein Buch, das er augenzwinkernd *Verae historiae* (Wahre Geschichten) nannte. In dem Werk erzählte er von seiner Reise durch den Weltraum zum Mond. Er habe entdeckt, dass die Mondbewohner eine besondere Art von Spiegel hätten, mit dem sie sehen könnten, was die Menschen auf der Erde tun. Sie besäßen auch so etwas wie einen Brunnenschacht, durch den sie sogar hören könnten, was die Menschen auf der Erde sagen. Seine Erzählung war so nüchtern, als hätte er tatsächliche Ereignisse aufgeschrieben. Aber er erwartete, dass seine Leser sofort erkennen würden, dass dies gedanklich völlig absurd war, was wiederum bedeutete, dass diese Dinge unmöglich existieren konnten und dass das auch für immer so bleiben würde.

Doch ohne dass er davon wusste, existierten in der Natur bereits die Kräfte und Stoffe, die es der Menschheit einmal ermöglichen würden (als sie lernte, diese Kräfte zu nutzen), Astronauten in die Umlaufbahn des Mondes zu senden, auf ihm zu landen und Bild- und Ton-Kommunikation zwischen Mond und Erde herzustellen!

Wir sollten auch daran denken, dass atomare Strahlung und Radiofrequenzemissionen aus fernen Galaxien nicht erst von Wissenschaftlern in den letzten Jahrzehnten erfunden wurden. Sie waren die ganze Zeit da, wenn auch unsichtbar und unentdeckt, und jahrhundertelang hatte niemand an sie geglaubt oder noch nicht einmal darüber nachgedacht. Doch entdeckt wurden sie erst in jüngerer Zeit, als brillante Wissenschaftler sich die Möglichkeit vorstellen konnten, dass entgegen jeder öffentlichen Erwartung solche Phänomene existieren könnten. Sie suchten nach ihnen und fanden sie.

Ist es also gedanklich wirklich so absurd zu glauben, dass unser menschlicher Intellekt und unsere Rationalität nicht aus geistloser Materie durch unpersönliche und ziellose Kräfte entstanden sind, sondern von einem höheren persönlichen Intellekt und einer höheren Vernunft stammen?

Eine alte, aber immer noch gültige Analogie wird uns an dieser Stelle helfen. Wenn wir im Hinblick auf einen bestimmten Automotor fragen: „Wo liegt der Ursprung dieses Automotors?", wäre eine Antwort: „Er hat seinen Ursprung in der Produktionsanlage dieser oder jener Fabrik und wurde von Menschen und Robotern zusammengebaut."

Eine weitere, tiefer gehende Antwort wäre: „Er hat seinen Ursprung in den Materialien, aus denen seine Bestandteile gefertigt wurden."

Aber im eigentlichen Sinn des Wortes „Ursprung" hat das Automobil, von dem dieser besondere Motor nur ein Teil ist, seinen Ursprung weder in der Fabrik noch in seinen Grundmaterialien, sondern in etwas ganz anderem: im intelligenten Geist einer Person – seinem Erfinder. Das wissen wir natürlich durch die Geschichte und aus eigener Erfahrung, aber wir wissen es auch intuitiv: Es ist offensichtlich wahr.

Millionen von Menschen haben es ebenfalls intuitiv wahrgenommen – und spüren es noch immer –, dass auch das, was Christus und seine Propheten über den „Anfang" unserer menschlichen Rationalität sagten, offensichtlich wahr ist: „Am Anfang war das Wort – der Logos –, und der Logos war bei Gott, und der Logos war Gott ... Alle Dinge sind durch ihn geschaffen ..." (Joh 1,1-2; unsere Übersetzung). Das ist auf jeden Fall eine um einiges wahrscheinlichere Geschichte als die, dass unsere menschliche Intelligenz und Rationalität ursprünglich geistloser Materie entsprungen sein sollen, durch zufällige Mutationen, selektiert durch eine nicht zielgerichtete Natur.

Der Begriff „Logos" steht sowohl für Rationalität als auch für die Ausdrucksform dieser Rationalität durch verständliche Kommunikation. Wenn diese rationale Intelligenz Gott ist und zugleich persönlich ist und wir Menschen unser Menschsein und unsere Intelligenz von ihm erhalten haben, dann ist es alles andere als absurd zu denken, dass der göttliche Logos mit uns auch kommuniziert. Denn das entspricht seinem eigenen Wesen und dem Ausdruck dieser Intelligenz, dass sie kommuniziert. Im Gegenteil, wenn man von vornherein die Möglichkeit einer göttlichen Offenbarung ausschließt und seine Ohren vor dem verschließt, was Jesus Christus zu sagen hat, ohne sich seine Lehre zuvor anzuhören, um zu sehen, ob sie nun wahr ist oder nicht, ist das keine wahre wissenschaftliche Einstellung: offen zu sein für Neues und jeden vernünftigen Weg zur Wahrheit zu erkunden.[13]

Außerdem wird die Befürchtung, die Annahme der Existenz eines Schöpfergottes würde wahre wissenschaftliche Methodologie untergraben, durch reine geschichtliche Fakten widerlegt. Sir Francis Bacon (1561–1626), der weitestgehend als Vater der modernen wissenschaftlichen Methode betrachtet wird, glaubte, dass Gott sich in zwei großen Büchern offenbart habe: dem Buch der Natur und dem Buch des Wortes Gottes, der Bibel. In

---

13 Diese Fragen und damit zusammenhängende Themen werden ausführlicher im vierten Buch dieser Serie im Abschnitt *Antworten einfordern* behandelt.

seinem berühmten Werk *Advancement of Learning* (1605) schrieb Bacon: „Kein Mensch ... sollte denken oder behaupten, ein Mensch könnte zu sehr im Buch des Wortes Gottes oder im Buch von Gottes Werken ... nachforschen oder bewandert sein. Vielmehr sollten die Menschen einen unaufhörlichen Fortschritt oder Sachverstand in beidem anstreben."[14] Es ist dieses Zitat, das Charles Darwin an den Anfang seines Werkes *Die Entstehung der Arten* (1859) stellte.

Wissenschaftshistoriker weisen darauf hin, dass es diese theistische Sicht der „zwei Bücher" war, die maßgeblich für den kometenhaften Aufstieg der Wissenschaft am Anfang des 16. Jahrhunderts verantwortlich war. C. S. Lewis bezieht sich auf eine Aussage eines der bedeutendsten Historiker aller Zeiten, Sir Alfred North Whitehead: „Professor Whitehead weist darauf hin, dass erst Jahrhunderte des Glaubens an einen Gott, der ‚die persönliche Energie Jahwes' mit ‚der Rationalität eines griechischen Philosophen' verbindet, jene feste Erwartung einer systematischen Ordnung bewirken konnten, die die Geburt der modernen Wissenschaft möglich machte. Die Menschen wurden zu Wissenschaftlern, weil sie erwarteten, dass es in der Natur ein Gesetz gäbe; und sie erwarteten ein Gesetz in der Natur, weil sie an einen Gesetzgeber glaubten."[15] Mit anderen Worten: Der Theismus war die Wiege der Wissenschaft. In der Tat waren die meisten führenden Wissenschaftler zu jener Zeit weit davon entfernt, die Vorstellung eines Schöpfers als gedanklich absurd abzutun, sondern glaubten an einen Schöpfer.

Johannes Kepler	1571–1630	Himmelsmechanik
Blaise Pascal	1623–1662	Hydrostatik
Robert Boyle	1627–1691	Chemie, Gasdynamik
Isaac Newton	1642–1727	Mathematik, Optik, Dynamik
Michael Faraday	1791–1867	Magnetismus
Charles Babbage	1791–1871	Computerwissenschaft
Gregor Mendel	1822–1884	Genetik
Louis Pasteur	1822–1895	Bakteriologie
Lord Kelvin	1824–1907	Thermodynamik
James Clerk Maxwell	1831–1879	Elektrodynamik, Thermodynamik

---

14 Bacon, *The Advancement of Learning*, 8
15 Lewis, *Wunder*, 125–6

Alle diese berühmten Männer hätten Einstein zugestimmt: „Wissenschaft ohne Religion ist lahm, Religion ohne Wissenschaft blind."[16] Die Geschichte zeigt uns also sehr deutlich, dass der Glaube an Gott für die Wissenschaft kein Hindernis ist, sondern vielmehr einen der wichtigsten Impulse für ihre Entwicklung gegeben hat.

Auch heute gibt es viele hochrangige Wissenschaftler, die an Gott glauben. Zum Beispiel ist Professor William D. Philips, der 1997 den Nobelpreis für Physik erhielt, praktizierender Christ, wie auch der weltberühmte Botaniker und ehemalige Direktor der Königlichen Botanischen Gärten in London, der *Kew Gardens*, Sir Ghillean Prance. Ebenso trifft dies auf den ehemaligen Direktor des Nationalen Gesundheitsinstituts der Vereinigten Staaten zu, den Genetiker Francis S. Collins, der durch seine Leitung des internationalen Humangenomprojekts bekannt wurde, das 2003 seinen Höhepunkt in der vollständigen Entschlüsselung der menschlichen DNA fand.[17]

Viele Menschen haben aber folgenden Einwand: Wenn man sich nicht sicher sein kann, ob Gott überhaupt existiert, ist es dann nicht unwissenschaftlich, nach Beweisen für die Existenz Gottes zu suchen? Sicher nicht. Nehmen wir als Beispiel Professor Carl Sagan und das von ihm geförderte SETI-Projekt (SETI = The Search for Extra Terrestrial Intelligence; auf Deutsch: Die Suche nach außerirdischer Intelligenz). Sagan war ein berühmter Astronom, aber als er seine Suche begann, hatte er keine verbindlichen Beweise, auf die er aufbauen konnte. Er ging einfach auf Grundlage einer Hypothese vor: Wenn sich intelligentes Leben auf der Erde entwickelt hat, ist es auch möglich – vielleicht sogar wahrscheinlich –, dass es sich auch auf anderen geeigneten Planeten im Universum entwickelt hat. Er hatte keine Garantie, dass sich diese Hypothese als wahr erweisen würde oder dass er auf Leben stoßen würde, selbst wenn es existierte. Aber trotzdem fand er und auch die NASA (die Nationale Luft- und Raumfahrtorganisation) es für sinnvoll, viel Aufwand, Zeit und erhebliche Geldsummen zu investieren, um mit Radioteleskopen entfernte Galaxien abzuhören, um herauszufinden, ob es irgendwo im Universum sonst noch intelligentes Leben geben könnte.

Warum sollte es also weniger wissenschaftlich sein, nach einem intelligenten Schöpfer zu suchen, insbesondere, wenn es Belege dafür gibt, dass

---

16 Einstein, *Science and Religion*
17 Diese Liste könnte weitergeführt werden, wie eine Internetsuche nach „berühmte christliche Wissenschaftler" zeigen wird.

das Universum den Stempel seines Geistes trägt? Die einzig gültige Rechtfertigung dafür, dass man nicht nach Gott sucht, wären überzeugende Beweise dafür, dass Gott nicht existiert beziehungsweise nicht existieren kann. Aber niemand hat solche Beweise.

Doch für viele Menschen scheint die göttliche Offenbarung trotzdem vollkommen unmöglich zu sein, weil sie den Eindruck haben, die Wissenschaft sei aus der Wiege herausgewachsen, in der sie geboren wurde, und habe dann irgendwie bewiesen, dass es doch keinen Gott gibt. Aus diesem Grund werden wir im Anhang dieses Buches ausführlicher darauf eingehen, was Wissenschaft eigentlich ist, was es heißt, eine wirklich wissenschaftliche Perspektive einzunehmen, was die Wissenschaft bewiesen hat und was nicht und wie die Wissenschaft oftmals allgemein missverstanden wird. Doch hier müssen wir zunächst noch weiter gehende Fragen über die Realität betrachten.

> ✦ *Die einzig gültige Rechtfertigung dafür, dass man nicht nach Gott sucht, wären überzeugende Beweise dafür, dass Gott nicht existiert beziehungsweise nicht existieren kann. Aber niemand hat solche Beweise.*

Die Bedeutung der Realität

Eine der zentralen Fragen, die wir jetzt untersuchen werden, lautet: Können wir die letzte Wahrheit über die Realität wissen? Bevor wir verschiedene Aspekte der Realität betrachten, müssen wir definieren, was wir mit „Realität" meinen. Lassen Sie uns daher mit dem üblichen Gebrauch in unserer Alltagssprache beginnen. Danach können wir dann den Gebrauch des Begriffs auf höheren Ebenen betrachten.

In unserer Alltagssprache haben das Substantiv „Realität" sowie das Adjektiv und das Adverb „real" mehrere, unterschiedliche Bedeutungen, je nachdem, in welchem Kontext sie stehen. Hier ein paar Beispiele:

Zum einen ist das Gegenteil von „real" in manchen Situationen „eingebildet" oder „imaginär". So könnte beispielsweise ein durstiger Reisender in der Sahara in der Ferne etwas sehen, was er für eine Oase mit Wasser und Palmen hält, obwohl da eigentlich keine Oase ist. Was er zu sehen glaubt, ist eine Luftspiegelung, eine optische Illusion. Die Oase ist nicht real, sagen wir, sie existiert nicht wirklich.[18] Oder eine Patientin, der während einer

---

18 Luftspiegelungen entstehen, „wenn sich große Unterschiede in der Temperatur und folglich auch in der Dichte zwischen zwei dünnen Luftschichten auf oder direkt über dem Boden entwickeln. Dadurch wird das Licht gebrochen oder abgelenkt, während es

schweren Operation starke Medikamente injiziert wurden, kann aus der Narkose aufwachen und unter Halluzinationen leiden. Sie kann glauben, sie sehe alle möglichen seltsamen Wesen durch ihr Zimmer laufen. Aber wenn wir sagen, dass diese Dinge, die sie zu sehen glaubt, nicht real sind, meinen wir damit, dass diese eigentlich nicht existieren. Wir könnten natürlich argumentieren, dass etwas im Gehirn der Patientin geschieht und sie ähnliche Eindrücke erlebt, als wären diese seltsamen Wesen real. Ihre Eindrücke sind daher in dem Sinne real, dass sie in ihrem Gehirn existieren, aber sie entsprechen nicht der äußeren Realität, von der die Patientin glaubt, sie sei der Ursprung dieser Sinneseindrücke. Die Mechanismen ihres Gehirns erzeugen ein falsches Bild: Die seltsamen Wesen existieren nicht. Sie sieht nicht *sie*. Sie sind nicht real. Auf Grundlage solcher Beispiele (der Reisende und die Patientin) haben manche Philosophen argumentiert, dass keiner von uns sich jemals sicher sein kann, ob die Sinneseindrücke, die wir von der äußeren Realität zu empfangen glauben, die äußere Welt auch wirklich darstellen und keine Illusionen sind. Ihre Argumente werden wir ausführlich in Buch 2 dieser Serie, *Was können wir wissen?*, behandeln und dabei auch auf die Erkenntnistheorie und verwandte Themen eingehen.

Zusammenfassend lässt sich Folgendes sagen: Weder der Reisende noch die Patientin nahmen die äußere Realität so wahr, wie sie wirklich war. Aber die Gründe für ihr Unvermögen waren unterschiedlich: Beim Reisenden war es eine äußere Illusion (möglicherweise verstärkt durch den Durst), die ihn dazu brachte, die Realität falsch zu interpretieren und sich vorzustellen, es gebe dort eine wirkliche Oase, obwohl diese nicht da war. Bei der Patientin gab es in ihrem Raum nichts Ungewöhnliches, was ihre Wahrnehmungsstörung verursacht hätte. Das Problem lag vollständig in ihrem Inneren. Die Medikamente hatten die Wahrnehmungsmechanismen ihres Gehirns verzerrt.

---

durch eine Schicht zur nächsten wandert. Am Tag, wenn sich eine warme Schicht direkt über dem Boden befindet, werden Objekte nahe des Horizontes oftmals auf flachen Oberflächen widergespiegelt, wie zum Beispiel Strände, Wüsten, Straßen und Wasser. Dies erzeugt die flimmernden, schwebenden Bilder, die man oft an sehr heißen Tagen beobachten kann." *Oxford Reference Encyclopaedia*, 913.

Aus diesen beiden Beispielen können wir einige praktische Lektionen lernen:

1. Es ist für uns alle wichtig, von Zeit zu Zeit die Frage zu stellen, ob das, was wir einfach so als Realität empfinden, auch wirklich der Realität entspricht.

2. In Fällen wie den gerade beschriebenen muss die externe Realität der Maßstab sein, anhand dessen wir darüber urteilen, ob unsere Sinneswahrnehmungen richtig oder falsch sind.

3. Ob man Menschen von ihren inneren subjektiven Fehlwahrnehmungen befreien kann, hängt davon ab, ob man sie irgendwie dazu bringen kann, sich der externen, objektiven Realität zu stellen und sie wahrzunehmen.

Zweitens lautet in anderen Situationen das Gegenteil von „real" in der Alltagssprache „gefälscht", „unecht", „betrügerisch". Wenn wir zum Beispiel ein Stück Metall als „reales" oder „wirkliches Gold" bezeichnen, meinen wir damit, dass es echtes Gold ist und nicht so etwas wie Messing, das nur wie Gold aussieht. Die praktische Bedeutung davon, dass man in der Lage ist, zwischen dem zu unterscheiden, was in diesem Sinne real ist und was wiederum unecht oder gefälscht, lässt sich leicht aufzeigen.

Nehmen wir als Beispiel die Münzprägung. In vergangenen Jahrhunderten, als Münzen aus echtem Gold oder Silber hergestellt wurden (oder hergestellt werden sollten), verunreinigten Betrüger oft das Material der Münzen durch die Beimischung von minderwertigem Metall. Wenn die Käufer oder Verkäufer keine Möglichkeiten hatten zu überprüfen, ob die Münzen echt waren oder den vollen Wert besaßen, konnten sie leicht betrogen werden.

In unserer modernen Welt drucken Fälscher falsche Banknoten und bringen sie heimlich in Umlauf. Wenn der Betrug schließlich aufgedeckt wird, verweigern Banken und Händler die Annahme dieser falschen Banknoten, und unschuldige Leute bleiben auf wertlosen Fetzen Papier sitzen.

Oder ein unehrlicher Juwelier zeigt einer reichen Frau eine Halskette und erzählt ihr, sie sei aus wertvollen Edelsteinen gefertigt worden; und die reiche, arglose Frau bezahlt einen hohen Preis dafür, nur um später festzustellen, dass die Edelsteine nicht echt sind: Sie waren Nachahmungen, die aus einer Art Glaspaste oder Strass hergestellt wurden.

Im umgekehrten Fall bringt eine ältere Frau ihre Halskette, die aus echten Edelsteinen besteht, zu einem Juwelier und bietet sie ihm zum Verkauf an, um etwas Geld für ihren Lebensunterhalt zu erhalten. Doch der skrupellose Juwelier behauptet, die Edelsteine seien nicht so wertvoll, wie sie gedacht hatte: Sie seien aus Glaspaste hergestellte Nachahmungen. Durch diese Täuschung kann er die zögerliche Frau überzeugen, ihm die Halskette für einen viel geringeren Preis zu verkaufen, als sie eigentlich wert ist.

Erneut wird es aufschlussreich sein, die diesen Beispielen zugrunde liegenden Prinzipien genauer zu betrachten, denn später, wenn wir dazu kommen werden, die Realität auf einer höheren Ebene zu studieren, können sie uns hilfreiche Analogien und Gedankenmodelle liefern.[19]

Beachten Sie, dass den letzten drei Beispielen Prinzipien zugrunde liegen, die sich signifikant von den Prinzipien der Beispiele unterscheiden, die wir zuvor betrachtet haben. Die Oase und die seltsamen Wesen waren nicht real, weil sie in der äußeren Welt nicht wirklich existierten. Aber die gefälschten Münzen, die betrügerischen Banknoten sowie die echten und die nachgeahmten Edelsteine existierten alle in der äußeren Welt. In diesem Sinne waren sie alle real, Teil der externen Realität, wirkliche Stücke Materie.

Was war dann das Problem mit ihnen? Es waren die Betrüger, die für die Münzen und die Banknoten einen Wert und eine Kaufkraft beanspruchten, die sie in Wirklichkeit nicht besaßen; und bei den zwei Halsketten hatten die skrupellosen Juweliere in beiden Fällen das Wesen der Materie, aus der die Edelsteine bestanden, falsch dargestellt.

Das führt uns zur Frage: Wie können Menschen vermeiden, auf solche falschen Behauptungen und Falschdarstellungen hereinzufallen? Es ist nicht schwer zu erkennen, warum solche Fragen wichtig werden, wenn wir uns mit der Materie des Universums und seinen Eigenschaften befassen.

Zur Überprüfung, ob ein Objekt aus reinem Gold besteht oder nicht, wird damals wie heute ein schwarzes, feinkörniges, kieselhaltiges Gestein eingesetzt, das als Prüfstein bezeichnet wird. Wenn man reines Gold an diesem Prüfstein reibt, hinterlässt es auf dem Stein besonders beschaffene Streifen. Wenn ein Objekt aus verunreinigtem Gold oder aus minderwertigerem Metall besteht, werden die Streifen, die es auf dem Stein hinterlässt, anders beschaffen sein.

---

19 Siehe dazu besonders den Abschnitt *Was ist Wirklichkeit?* in Band 4.

BILD I.3. *Ein Prüfstein*
Prüfsteine wurden zum ersten Mal von Theophrastos (um 372 bis 287 vor Chr.) in seiner Schrift *De lapidibus* (Über die Steine) erwähnt. Prüfsteine sind Tafeln aus feinkörnigem schwarzen Stein, die dazu verwendet werden, den Gold- oder Silberanteil in einer Metallprobe zu bestimmen oder abzuschätzen. Auf dem Stein sieht man Spuren von Gold.

© *jcw – Eigenes Werk, CC BY-SA 3.0/commons.*
wikimedia.org, ursprünglich in Farbe

In der Antike trugen Händler immer einen Prüfstein mit sich, doch man brauchte auch beachtliches Wissen und Erfahrung, um die Prüfung korrekt zu interpretieren. Bei Banknoten und Edelsteinen können Nachahmungen so geschickt gemacht sein, dass nur ein Experte den Unterschied zwischen echt und falsch erkennen kann. In diesem Fall müssten sich Nichtexperten wie wir auf das Urteil von Experten verlassen.

Aber was sollen wir tun, wenn die Experten sich nicht einig sind? Wie entscheiden wir, welchem Experten wir vertrauen wollen? Gibt es eine Art Prüfstein, den gewöhnliche Leute bei den Experten selbst anwenden können oder zumindest bei ihren Interpretationen?

Es gibt noch eine weitere Situation, die wir an dieser Stelle genauer betrachten sollten, bevor wir uns unserem Hauptthema widmen.

Drittens: Wenn wir mit etwas konfrontiert werden, das beansprucht, ein Bericht über ein vergangenes Ereignis und seine Ursachen zu sein, stellen wir zu Recht folgende Fragen: „Hat dieses Ereignis wirklich stattgefunden? Hat es so stattgefunden, wie der Bericht behauptet? War die vermutete Ursache auch die tatsächliche Ursache?" Die Schwierigkeit bei Ereignissen aus der Vergangenheit ist, dass wir sie nicht einfach in die Gegenwart holen können und ihren Ablauf in unseren Laboren noch einmal beobachten können. Wir müssen deshalb nach vorhandenen Beweisen suchen, sie analysieren und dann entscheiden, welche Interpretation der Beweise das Geschehene am besten erklärt.

Das ist natürlich nichts Ungewöhnliches. Polizisten, die versuchen, einen Mord aufzuklären und den Mörder ausfindig zu machen, befinden sich konstant in dieser Situation, und auch Historiker, Archäologen und

Paläontologen machen dies ständig. Aber beim Umgang mit Beweisen und ihrer Interpretation können Fehler gemacht werden. Ein Beispiel: Im Jahr 1980 campte eine Familie im australischen Outback, als sie plötzlich von einem Dingo (einem australischen Wildhund) angegriffen wurde. Dabei kam das kleine Kind der Familie ums Leben. Als die Polizei jedoch den Fall untersuchte, glaubten sie die Geschichte der Eltern nicht. Sie unterstellten der Frau, das Kind tatsächlich selbst getötet zu haben. Das Gericht befand sie für schuldig, und sie wurde verurteilt. Doch später tauchten neue Beweise auf, die die Geschichte der Eltern bestätigten und bewiesen, dass wirklich ein Dingo für den Tod des Kindes verantwortlich gewesen war. Erst 2012 wurde das Paar vollständig von den Beschuldigungen freigesprochen.

Zeigt uns dies, dass wir uns nie wirklich sicher sein können, ob ein historisches Ereignis tatsächlich stattgefunden hat? Oder, dass wir uns nie über seine wahren Ursachen gewiss sein können? Natürlich nicht! Es steht völlig außer Zweifel, dass beispielsweise Napoleon Russland eroberte und Dschingis Khan Peking (das damals Zhongdu genannt wurde) belagerte. Wie wir bereits festgestellt haben, lautet die Frage: Was für Beweise müssen wir haben, um uns sicher zu sein, dass ein historisches Ereignis wirklich stattgefunden hat?

Doch genug von diesen Vorübungen – es ist jetzt an der Zeit, den ersten Schritt zur Beantwortung folgender Frage zu tun: Können wir die letzte Wahrheit über die Realität erfahren?

WAS IST DAS WESEN DER LETZTEN REALITÄT?

Wir haben über die Bedeutung von Realität in verschiedenen praktischen Situationen des täglichen Lebens nachgedacht. Jetzt müssen wir anfangen, die Realität auf den höheren Ebenen unserer eigenen individuellen Existenz zu betrachten sowie die unserer Mitmenschen und schließlich die des gesamten Universums.

Wir selbst als Individuen

Lassen Sie uns mit uns selbst als Individuen beginnen. Wir wissen, dass wir existieren. Wir müssen keine langen philosophischen Diskussionen führen, bevor wir wissen, dass wir existieren. Wir wissen es intuitiv. In der Tat können wir dies nicht logisch leugnen. Wenn ich behaupten sollte: „Ich existiere nicht", würde ich meine Behauptung allein dadurch widerlegen, dass ich sie mache. Eine nicht existente Person kann nun einmal nichts behaupten.

Wenn ich nicht existieren würde, könnte ich noch nicht einmal sagen: „Ich existiere nicht", da ich dazu existieren müsste, um dies zu behaupten. Daher kann ich nicht auf logische Weise meine eigene Nichtexistenz behaupten. Es gibt noch mehr Dinge, die wir intuitiv über uns selbst wissen.

Erstens besitzen wir Selbstbewusstsein, das heißt, wir sind uns unserer selbst als einzelne Individuen bewusst. Ich weiß, dass ich nicht mein Bruder bin oder meine Schwester oder mein Nachbar. Ich bin das Kind meiner Eltern, aber ich bin nicht einfach nur eine Weiterentwicklung meines Vaters und meiner Mutter. Ich bin ein einzelnes Individuum, ein eigenständiger Mensch. Mein Wille ist keine Fortführung ihres Willens, das heißt, wenn sie etwas wollen, will ich nicht automatisch dasselbe. Mein Wille ist mein eigener Wille.

Mein Wille wurde vielleicht geprägt durch viele Erfahrungen in der Vergangenheit, von denen die meisten nun in mein Unterbewusstsein gelangt sind, und wird vielleicht von vielen inneren Wünschen oder Ängsten bedrängt und von den äußeren Umständen. Aber was immer deterministische Philosophen behaupten – tief in unserem Herzen wissen wir, dass wir uns frei entscheiden können. In diesem Sinn ist unser Wille frei. Wäre er es nicht, könnte niemand jemals für sein Fehlverhalten angeklagt werden oder für gute Taten gelobt werden.

Zweitens sind wir uns selbst auch intuitiv als Personen bewusst, die sich wesentlich von unpersönlichen Dingen unterscheiden und ihnen überlegen sind. Es ist keine Frage der Größe, sondern des Geistes und der Persönlichkeit. Ein Berg mag groß sein, aber er ist ohne Geist und unpersönlich. Er besteht aus nicht rationaler Materie; er ist sich nicht bewusst, dass wir da sind. Er ist sich auch seiner selbst nicht bewusst. Ein Berg liebt weder, noch hasst er, er erwartet weder Dinge, noch reflektiert er sie, er hat weder Hoffnungen noch Ängste. Und doch könnte er uns vernichten, wenn er zu einem Vulkan wird – obwohl wir rationale Wesen sind und er ohne Geist ist. Trotzdem sollten wir aus der Tatsache, dass unpersönliche, nicht rationale Materie größer und stärker ist als wir, nicht schlussfolgern, dass sie auch eine höhere Existenzform ist als ein persönlicher, rationaler Mensch. Doch dadurch stellt sich uns folgende Frage: Was ist nun die Stellung unserer menschlichen Existenz in dieser materiellen Welt und dem Universum?

Unsere Stellung in der Welt

Wir wissen, dass wir nicht immer existiert haben. Wir können uns daran erinnern, dass wir einmal kleine Kinder waren. Nun sind wir zu Männern und Frauen herangewachsen. Wir haben auch gesehen, dass Menschen früher oder später sterben und dass die unpersönliche und geistlose Erde zu ihrem Grab wird. Was ist also die Bedeutung eines einzelnen Menschen und seines vergleichsweise kurzen Lebens auf der Erde?

Manche denken, dass es auf die Menschheit als Ganzes ankommt: Das Individuum zählt nur wenig. So gesehen ist die Menschheit wie ein großer Apfelbaum. Jedes Jahr bringt er eine reiche Ernte an Äpfeln hervor. Jeder Apfel ist mehr oder weniger gleich. Ein einzelner Apfel hat keine besondere Bedeutung. Er ist für ein kurzes Leben bestimmt, bevor er wie der Rest der Ernte verspeist und vergessen wird und so Platz macht für die Ernte des nächsten Jahres. Der Baum selbst lebt weiter und bringt Jahr für Jahr neue Ernten hervor, in einem scheinbar endlosen Kreis von Geburt, Wachstum und Verschwinden. So gesehen ist der Baum das bedeutende und dauerhafte Phänomen; der einzelne Apfel dagegen ist fast bedeutungslos.

BILD I.4. *Ein Apfel*
Apfelbäume brauchen vier bis fünf Jahre, bevor sie die erste Frucht bringen, und die Bildung eines Apfels erfordert die Energie von 50 Blättern. Archäologen haben Beweise entdeckt, dass die Menschen seit Beginn der aufgezeichneten Geschichte Äpfel essen.

©unsplash.com/Fumiaki Hayashi

Unser Ursprung

Aber diese Sicht des Einzelnen im Verhältnis zu seiner Art bringt uns nicht zur Wurzel unserer Frage, denn auch die Menschheit hat nicht immer existiert, sondern hatte einen Anfang, wie auch das Universum selbst. Dadurch wird die Frage nur noch eine Stufe weiter zurückgeschoben: Wem verdanken die Menschheit als Ganzes und das Universum selbst letztlich ihre Existenz? Was ist die große Realität hinter der nicht rationalen Materie des Universums und hinter uns rationalen, persönlichen, individuellen Mitgliedern der menschlichen Art?

Bevor wir beginnen, die Antworten zu untersuchen, die im Laufe der Jahrhunderte auf diese Fragen gegeben wurden, sollten wir beachten, dass uns die Wissenschaft zwar auf eine Antwort hinweisen kann, eine endgültige und vollständige Antwort kann sie uns aber nicht liefern. Das liegt nicht daran, dass mit der Wissenschaft etwas nicht stimmt, die Schwierigkeit liegt einfach in der Natur der Dinge. Die heute am weitesten verbreitete (wenn auch nicht die einzige) wissenschaftliche Theorie zur Entstehung des Universums ist die des Urknalls. Doch die Theorie sagt uns, dass wir hier auf eine Singularität stoßen, auf einen Punkt, an dem alle Gesetze der Physik in sich zusammenbrechen. Wenn das stimmt, folgt daraus, dass uns die Wissenschaft selbst keinen wissenschaftlichen Bericht darüber liefern kann, was davor gewesen ist und durch den Urknall zum Universum geführt hat und letztendlich zu uns als einzelnen Menschen.

Unsere Bestimmung

Die Tatsache, dass die Wissenschaft diese Fragen nicht beantworten kann, heißt natürlich nicht, dass es sich dabei um Pseudofragen handelt, die es nicht wert wären, gestellt zu werden. Adam Schaff, der polnische marxistische Philosoph, beobachtete vor langer Zeit:

„‚Sinn des Lebens‘ oder ‚Mensch und Welt‘, das klingt schrecklich, und man kann schwerlich behaupten, dass es möglich ist, sich in einer so nebelhaften Angelegenheit vernünftig zu äußern. Und dennoch! Wenn wir auch zehnmal sagen, es sei ein typisches Pseudoproblem, *liquidieren wir das Problem damit nicht.*"[20]

Ja, natürlich würden Probleme bestehen bleiben, und sie sind die wichtigsten Fragen des Lebens. Nehmen wir an, wir würden mithilfe der Wissenschaft alles über jedes Atom, jedes Molekül, jede Zelle, jeden elektrochemischen Strom und jeden Mechanismus unseres Körpers und Gehirns wissen. Wie viel weiter wären wir dann? Wir würden wissen, aus was wir bestehen und wie wir funktionieren. Aber wir würden noch immer nicht wissen, wozu wir gemacht wurden.

Stellen wir uns folgende Analogie vor: Eines Morgens wachen wir auf und sehen einen neuen, leeren Geländewagen vor unserem Haus parken, den irgendein anonymer Spender auf unseren Namen zugelassen und zu unserem Gebrauch bestimmt hat. Wissenschaftler könnten jedes Atom und Molekül beschreiben, aus dem das Auto besteht. Ingenieure könnten uns erklären, wie es funktioniert und dass es für den Transport von Menschen

---

20 Schaff, *Marx oder Sartre?*, 32 (Kursivsetzung durch uns)

entwickelt wurde. Der Jeep ist offensichtlich dazu gedacht, an andere Orte zu fahren. Aber wohin? Weder die Wissenschaft noch die Ingenieure könnten uns sagen, wohin wir mit dem Geländewagen fahren sollen. Sollten wir dann nicht herausfinden, wer der anonyme Spender ist, und klären, ob wir mit dem Geländewagen tun und lassen können, was wir wollen, ohne jemandem dafür Rechenschaft ablegen zu müssen? Oder ob der Geländewagen uns vom Hersteller und Besitzer als dauerhafte Leihgabe zur Verfügung gestellt wurde in der Erwartung, dass wir die Absichten des Spenders berücksichtigen, die Regeln im Fahrerhandbuch befolgen und uns am Ende vor dem Spender dafür verantworten, wie wir das Auto eingesetzt haben?

Das ist genau die Situation, in der wir uns als Menschen befinden. Wir sind ausgestattet mit einem großartigen Exemplar physikalischer und biologischer Ingenieurskunst – unserem Körper und unserem Gehirn. Und wir haben uns weder selbst geschaffen noch die „Maschine", für die wir verantwortlich sind. Müssen wir uns nicht fragen, wie unser Verhältnis zu dem ist, dem wir unsere Existenz verdanken? Was wäre, wenn sich letztendlich herausstellen würde, dass wir unsere Existenz nicht einem unpersönlichen Etwas verdanken, sondern einem persönlichen Jemand?

Für manche erscheint die zweite Möglichkeit intuitiv unattraktiv, wenn nicht sogar beängstigend; sie würden lieber denken, dass sie ihre Existenz unpersönlicher Materie und unpersönlichen Kräften und Prozessen verdanken. Jedoch hat auch diese Sicht bei manchen sonderbare Ängste ausgelöst. Der Wissenschaftler Jacob Bronowski (1908–74) bekannte sich zu der tiefen, intuitiven Sehnsucht, nicht einfach nur zu existieren, sondern ein erkennbar eigenständiges Individuum zu sein – nicht nur einer von Millionen ansonsten nicht unterscheidbarer Menschen:

> ✦ *Müssen wir uns nicht fragen, wie unser Verhältnis zu dem ist, dem wir unsere Existenz verdanken? Was wäre, wenn sich letztendlich herausstellen würde, dass wir unsere Existenz nicht einem unpersönlichen Etwas verdanken, sondern einem persönlichen Jemand?*

„Wenn ich sage, ich möchte ich selbst sein, meine ich so wie der Existentialist damit, dass ich frei sein möchte, um ich selbst zu sein. Dies impliziert, dass ich von Zwängen befreit sein will (inneren wie äußeren), um auf überraschende Weise zu handeln. Doch damit meine ich nicht, dass ich zufällig oder unberechenbar handeln möchte. Nicht in diesem Sinne möchte ich frei sein, sondern so, dass es mir erlaubt ist, anders als andere zu sein. Ich möchte meinen eigenen Weg gehen –

aber ich möchte, dass dieser Weg als mein eigener wahrgenommen wird und nicht als Zickzackkurs. Und ich möchte, dass andere dies bemerken: Ich möchte, dass sie sagen: „Wie ungewöhnlich!"[21]

Doch gleichzeitig bekannte er, dass ihn bestimmte Interpretationen der Wissenschaft erschrecken und ihm die Zuversicht rauben:

„Dort liegt der Dreh- und Angelpunkt unserer Ängste: dass sich der Mensch als Spezies und wir als denkende Wesen uns als reine Maschinen von Atomen erweisen. Wir bekennen uns zum Eigenleben der Amöbe und der Käsemilbe, doch was wir verteidigen, ist der menschliche Anspruch, ein Komplex aus Willen, Gedanken und Emotionen zu sein – einen Geist zu besitzen. ...

Die Krise der Zuversicht ... entspringt dem Wunsch des Menschen, ein Geist und eine Person zu sein, angesichts der nagenden Angst, nur ein Mechanismus zu sein. Die zentrale Frage, die ich stelle, lautet: Kann der Mensch sowohl eine Maschine als auch ein Selbst sein?"[22]

Unsere Suche

Und so kommen wir zu unserer ursprünglichen Frage zurück; aber nun wird deutlich, dass es sich um eine doppelte Frage handelt: Es geht nicht nur darum, was oder wem die Menschheit als Ganzes ihre Existenz verdankt, sondern auch, was der Status des einzelnen Menschen im Verhältnis zu seiner eigenen Art ist und zu den unzählbaren Myriaden von Einzelphänomenen, aus denen das Universum besteht. Oder anders gefragt: Was ist unsere Bedeutung innerhalb der Realität, in der wir uns befinden? Das ist die letzte Frage, die über jedem einzelnen Leben steht, ob wir nun nach Antworten suchen oder nicht. Die Antworten, die wir finden, werden unser Denken in allen wichtigen Lebensbereichen beeinflussen.

Es handelt sich also nicht um rein akademische Fragen, die für unser praktisches Leben ohne Bedeutung wären. Sie stehen im Zentrum des Lebens selbst, und natürlich wurden im Laufe der Jahrhunderte bemerkenswerte Antworten darauf gegeben, von denen viele auch heute noch vertreten werden.

---

21 Bronowski, *Identity of Man,* 14–15
22 Bronowski, *Identity of Man,* 7–9

Wenn wir verstehen wollen, warum viele unserer Mitmenschen so ernsthaft an ihren Sichtweisen festhalten, müssen wir versuchen, ihre Ansichten zu verstehen und die Gründe zu erkennen, warum sie diese haben. Aber an dieser Stelle müssen wir eine Warnung äußern, die wir auch im Laufe dieser Bücher mehrmals wiederholen werden: Wer anfängt, ernsthaft nach der Wahrheit zu fragen, wird herausfinden, dass er – egal, wie niedrig die Ebene ist, auf der er anfängt – aus logischen Gründen nicht widerstehen kann, auch nach der letzten Wahrheit über alles zu fragen.

Darum wollen wir im Geist der Wahrheit und Aufrichtigkeit direkt sagen, dass wir, die Autoren dieses Buches, Christen sind. Wir geben nicht vor, neutrale Führer auf dieser Reise zu sein. Wir empfehlen Ihnen die Antworten, die wir selbst gefunden haben, von ganzem Herzen. Wir werden Ihnen begründen, warum wir die Aussagen der christlichen Botschaft für gültig halten und glauben, dass sie wirkliche Hilfe bieten können. Dies schließt jedoch nicht aus, dass wir uns in diesem Geiste der Aufrichtigkeit und Fairness auch mit anderen Ansichten auseinandersetzen werden. Wir hoffen, dass jene unter Ihnen, die unsere Ansichten nicht teilen, sich mit diesen im selben Geist auseinandersetzen werden. Mehr können wir nicht verlangen, wenn wir uns gemeinsam auf die Suche machen – die Suche nach Realität und Bedeutung.

UNSER ZIEL

Unseren kleinen Beitrag zu dieser Suche finden Sie in den vier Bänden dieser Serie. In diesem, dem ersten Buch der Serie, befassen wir uns mit Fragen rund um den Wert des Menschen. Wir werden nicht nur über die menschliche Freiheit nachdenken und die gefährlichen Ansätze, mit denen sie oft abgewertet wird, sondern auch über das Wesen und die Grundlage der Moral und wie die unterschiedlichen Moralvorstellungen im Verhältnis zueinander stehen. Jede Diskussion der Freiheit des Menschen wirft auch die Frage nach der Macht auf, die wir über andere Menschen und die Natur haben, manchmal mit desaströsen Folgen. Was sollte unsere Machtausübung kennzeichnen? Was, wenn überhaupt etwas, sollte unsere Entscheidungen begrenzen, und in welchem Maß wird uns dies davon abhalten, unser volles Potenzial und unsere Bestimmung zu entfalten?

1

DER GRUNDWERT
EINES MENSCHEN

*Wir sagen, dass das menschliche Leben wertvoll ist.
Damit meinen wir jedoch nicht, dass Eltern,
die sich ein Kind wünschen und es lieben,
es leben lassen; Eltern dagegen, die ihr Neugeborenes
weder wollen noch lieben, es einfach töten dürfen.
Das würde den Wert des Lebens
auf eine rein willkürliche Frage
des persönlichen Geschmacks reduzieren.*

DER WERT DES LEBENS

Bevor wir versuchen, menschliches Leben zu definieren – denn das könnte eine langwierige, wenn nicht sogar unmögliche Aufgabe sein –, lassen Sie uns zunächst einmal folgende Frage stellen: Welchen Wert messen wir persönlich menschlichem Leben bei? Schließlich sind wir alle Menschen, wir leben und haben zudem alle unmittelbar selbst erfahren, was es heißt, lebendig zu sein. Daher sollten wir in der Lage sein zu beurteilen, welchen Wert wir dem menschlichen Leben beimessen; angefangen natürlich bei unserem eigenen Leben, doch auch bei dem anderer Menschen.

Und wir sollten uns darüber im Klaren sein, was wir genau meinen, wenn wir sagen, dass wir „dem menschlichen Leben Wert beimessen". Wir fragen ja nicht: Wie sehr haben wir das Leben in der Vergangenheit genossen? Oder: Machen wir momentan irgendwelche lohnenden Erfahrungen im Leben? Wir fragen: Welchen Wert messen wir dem menschlichen Leben an sich bei? Ist menschliches Leben, unser eigenes oder das irgendeines anderen Menschen, so wertvoll, dass es falsch wäre, es zu schädigen oder es auf irgendeine Weise zu beeinträchtigen oder gar zu vernichten? Die Antwort auf diese Frage ist grundlegend für unsere Einstellung – sowohl anderen Menschen gegenüber als auch uns selbst gegenüber.

Lassen Sie uns also mit einem konkreten, praktischen Beispiel beginnen, das uns sofort zum Kern dieser Frage bringt.

DIE FRAGE NACH DER KINDSTÖTUNG

Wir alle waren einmal neugeborene Babys, und vermutlich sind wir alle dankbar, dass niemand an uns eine Kindstötung begangen hat. Aber ist eine Kindstötung grundsätzlich falsch? Und wenn ja, was ist daran falsch und warum?

Im antiken Griechenland war es dem Vater (oder beiden Elternteilen) eines ungewollten Kindes erlaubt, es in eine offene Kiste oder ein Gefäß zu legen und in den Bergen auszusetzen, damit es von wilden Tieren gefressen wurde (auf diese Weise versuchten die Eltern, ihr Gewissen zu schonen, indem sie sich einredeten, nicht sie hätten das Kind getötet, sondern wilde Tiere). Die Geschichtsprofessoren M. Cary und T. J. Haarhoff schrieben, dass dieser Weg, sich ungewollter Kinder zu entledigen, nach dem Jahr 200 v. Chr. „anscheinend so weit verbreitet gewesen" sei, „dass die Größe der griechischen Bevölkerung stagnierte und in einigen Städten sogar stark zurückging."[23] Ob dies nun beabsichtigt war oder nicht – Kindstötung scheint nicht nur ein Mittel gewesen zu sein, mit dem eine Familie ihr Überleben sicherte, weil nun ein Mund weniger zu stopfen war, sondern auch eine Art Bevölkerungskontrolle.

Daraus ergibt sich unmittelbar folgende Frage: Sind solche Kindstötungen moralisch zu rechtfertigen? Die Frage betrifft auch uns, weil es sich hier nicht allein um ein Problem der Antike handelt. Auch wir waren einmal Babys. Wenn unsere Eltern uns aus irgendeinem Grund nicht gewollt hätten, hätten sie dann die moralische Berechtigung gehabt, uns zu töten? In den letzten Jahrzehnten sind hunderte Millionen von Föten, deren Gehirne und Nervensysteme bereits ausgebildet waren, abgetrieben worden, weil ihre Mütter (oder ihre Mütter und Väter) sie nicht wollten.[24] Waren sie nicht auch Menschen? Und wenn ja (auch wenn viele diese Frage verneinen würden), könnten wir im Hinblick auf sie ebenfalls die Frage stellen: War es moralisch vertretbar, sie zu töten?

Aber um wieder auf die neugeborenen Babys zurückzukommen, bei denen wohl keiner leugnen würde, dass es sich um Menschen handelt: Ist ihr Leben so absolut wertvoll, dass es falsch wäre, sie zu töten, auch wenn ihre Eltern es sich nicht leisten könnten, sie zu behalten, oder sie aus irgendeinem Grund nicht wollen oder der Staat einem massiven Bevölkerungswachstum entgegenwirken will?

Zu Beginn des letzten Jahrhunderts hielten sich viele Leute eine Katze, um die Mäuse im Zaum zu halten, die sonst das Haus besetzt hätten. Manche Leute tun dies auch heute noch. Wenn jedoch die Katze vier oder fünf Junge bekam und der Hausbesitzer diese nicht haben wollte und auch sonst niemand bereit war, sie zu sich zu nehmen, war es üblich, dass er sie in einem Wasserbecken ertränkte. Niemand hielt das für moralisch verwerflich.

---

23 *Life and Thought in the Greek and Roman World,* 143

24 Diese Zahl ist nicht übertrieben, wie Zahlen des Guttmacher-Instituts zeigen. Siehe zum Beispiel den 2016 erschienenen Artikel von Dr. Gilda Sedgh et al. in *The Lancet.*

Heute wollen uns viele Leute glauben machen, Menschen seien einfach nur Tiere, die sich nur durch eine zufällige Mutation der Gene und durch natürliche Auslese zufällig weiterentwickelt hätten als die anderen Primaten. Wenn dem so ist, auf welcher Grundlage könnten wir dann sagen, dass die Tötung eines neugeborenen Kätzchens moralisch nicht verwerflich sei, wohl aber die Tötung eines neugeborenen Menschen? Was ist am Menschen so besonders?

Wenn es im Universum nichts als Materie gibt, wie viele glauben, und die Menschen weder Seele noch Geist besitzen, sondern wie die Tiere nur eine hoch entwickelte Form von Materie sind, warum sollte man sich dann neugeborener Menschen nicht ebenso entledigen können wie dem Nachwuchs von Tieren? Wo liegt hier der Unterschied?

Manche geben vielleicht folgende Antwort darauf: „Der Unterschied liegt darin, dass Menschen wertvoller sind als Tiere, und aus diesem Grund ist es falsch, menschliche Babys beziehungsweise überhaupt irgendeinen Menschen zu irgendeinem Zeitpunkt zu töten."

Richtig – das Empfinden, dass das menschliche Leben irgendwie besonders wertvoll ist, ist ein guter Anfang. Die Begriffe „Wert" und „wertvoll" werden jedoch häufig mit verschiedenen Bedeutungen verwendet. Daher müssen wir prüfen, in welchem Sinn man sagen kann, dass Menschen zunächst einmal wertvoll sind, und dann, dass sie wertvoller als Tiere sind.

DER WERT DES MENSCHLICHEN LEBENS KANN NICHT VOM SUBJEKTIVEN URTEIL VON MENSCHEN ABHÄNGEN

Manche Dinge haben keinen Wert an sich; im Hinblick auf die Frage nach ihrem Wert kann man sie als neutral bezeichnen. Sie werden erst dann wertvoll, wenn Menschen sie mögen. Nehmen wir zum Beispiel Zigaretten. Manche Menschen mögen sie, und für solche Menschen ist ein Päckchen Zigaretten wertvoll. Andere wiederum mögen sie nicht; sie finden sogar, man könnte sie gleich verbrennen. Für sie haben sie keinerlei Wert.

Wenn wir also sagen, das menschliche Leben sei wertvoll, meinen wir dann wirklich Folgendes: Wenn man einen bestimmten Menschen mag, ist dieser Mensch für einen wertvoll, und man sollte ihn nicht umbringen; aber wenn man einen bestimmten Menschen nicht mag, ist dieser Mensch für einen nicht wertvoll, und daher könnte man ihn ruhig umbringen?

Das hört sich grauenvoll an und ist es auch, aber in bestimmten Nationen wird dies manchmal tatsächlich so praktiziert. Viele chinesische

Eltern ziehen offensichtlich Söhne aus verschiedenen Gründen Töchtern vor. Alarmiert von dem starken Anstieg der Geburtenrate, erließ die chinesische Regierung im Jahr 1979 ein Gesetz, das Eltern untersagte, mehr als ein Kind zu bekommen. Es gibt viele Berichte darüber, dass in entlegeneren Landesteilen die Eltern ihr erstgeborenes Kind in aller Stille töteten, wenn es sich um ein Mädchen handelte, in der Hoffnung, ihr nächstes Kind würde ein Junge. Und in der Antike legte einer der ägyptischen Pharaonen als Teil seiner Regierungspolitik fest, dass die neugeborenen Töchter der Leibeigenen am Leben bleiben sollten, die Söhne jedoch von den Hebammen unmittelbar nach der Geburt getötet oder im Fluss ertränkt werden sollten. Er wollte so seine Sklaven kontrollieren.

Wir sagen, dass das menschliche Leben wertvoll ist. Damit meinen wir jedoch nicht, dass Eltern, die sich ein Kind wünschen und es lieben, es leben lassen; Eltern dagegen, die ihr Neugeborenes weder wollen noch lieben, es einfach töten dürfen. Das würde den Wert des Lebens auf eine rein willkürliche Frage des persönlichen Geschmacks reduzieren. Wenn menschliches Leben überhaupt wertvoll ist, dann sollte man annehmen, dass es immer und überall den gleichen Wert hat, egal, ob man den, dem dieses Leben gehört, mag oder nicht.

Aber vielleicht wird jemand einwenden: „Neugeborene Babys und Erwachsene sind nicht gleich wertvoll. Ein voll entwickelter Mensch ist sicherlich wertvoller als ein neugeborenes, noch nicht voll entwickeltes Baby, und ein Erwachsener, der – sagen wir mal – brillante künstlerische Fähigkeiten besitzt oder ein begabter Ingenieur ist, ist wertvoller als ein Erwachsener, der keine dieser Begabungen aufweist oder sogar eine Lernbehinderung hat. Ist ein berühmter Fußballer oder Filmstar für die allgemeine Öffentlichkeit nicht wertvoller als ein Fabrikarbeiter oder ein behindertes Kind?"

Nun, natürlich erachten wir es als wertvoll, wenn ein Kind heranwächst, und sind traurig, wenn es sich nicht normal entwickelt (und das sollten wir auch); und natürlich erachten wir es richtigerweise als wertvoll, wenn jemand gut kochen kann oder ein gut ausgebildeter Arzt ist, und schätzen die besonderen Begabungen von brillanten Lehrern, Schriftstellern oder Musikern.

Aber wenn wir zugeben, dass wir begabte Leute aufgrund ihrer Begabungen bewundern und wertschätzen, was genau implizieren wir damit? Wir meinen damit ja nicht, dass man erst dann als Mensch klassifiziert werden kann, wenn man begabt ist, oder dass die alte Großmutter weniger Mensch ist als ein Filmstar, oder? Nehmen Sie die am wenigsten begabte oder am wenigsten gebildete Person, die Sie sich vorstellen können: Besitzt diese Person menschliches Leben? Und muss dieses Leben nicht wertge-schätzt und als unantastbar und unverletzbar angesehen werden, einfach weil es menschliches Leben ist?

Oder sagen wir, dass es verschiedene Rangstufen menschlichen Lebens gibt und dass die höheren Rangstufen geschützt und ernährt werden müs-sen, die niedrigeren Rangstufen es aber kaum wert sind, geschützt zu wer-den, und mit Recht vernachlässigt oder sogar umgebracht werden können?

DER WERT DES MENSCHLICHEN LEBENS KANN NICHT DAVON ABHÄNGIG GEMACHT WERDEN, WELCHE BEGABUNGEN EIN MENSCH BESITZT

Auch dies ist keine rein akademische Frage, denn die Sichtweise, der Wert des menschlichen Lebens variiere je nach seinem Entwicklungsstand, ist mehr als einmal im letzten Jahrhundert weit verbreitet gewesen, mit weit-reichenden Auswirkungen. Lassen Sie uns ein paar Beispiele genauer be-trachten.

Hitlers Antisemitismus

Prof. Z. Sternhill hat aufgezeigt, welche Werturteile zu Hitlers Auslöschung von mindestens sechs Millionen Juden und einigen Millionen anderer Menschen geführt haben. Auf Grundlage einer extremen und pervertier-ten Sicht des Sozialdarwinismus (die moderne Sozialdarwinisten ablehnen) erklärten Leute wie der Franzose G. Vacher de Lapouge[25] und der Deutsche Otto Ammon[26]

nicht nur die absolute physische, moralische und soziale Überlegen-heit des Ariers (die sie mit den Abmessungen des Schädels sowie anderen sozialen, anthropologischen und wirtschaftlichen Gesichts-punkten begründeten), sondern stellten auch ein neues Konzept der menschlichen Natur und eine neue Sicht auf die Beziehungen zwi-schen Menschen vor. ...

Der Sozialdarwinismus, verbündet mit Rassismus, hatte den un-mittelbaren Effekt, dass der Mensch entheiligt wurde und soziale mit

---

25 *Les Sélections Sociales*
26 *Die Gesellschaftsordnung und ihre natürlichen Grundlagen.* Siehe auch Bidiss, *Father of Racist Ideology*

physischer Existenz gleichgesetzt wurde. Für solche Rassisten war die Gesellschaft ein Organismus, der von denselben Gesetzen reguliert wurde wie lebende Organismen; in ihren Augen war die menschliche Spezies denselben Gesetzen unterworfen wie andere tierische Spezies, und das menschliche Leben war nichts anderes als ein ewiger Kampf um die Existenz. Die Welt, so glaubten sie, gehöre dem Stärksten, der dementsprechend auch der Beste sei, und so entstand eine neue Moral (die Vacher de Lapouge als „selektionistisch" bezeichnete), um die traditionelle christliche Moral zu ersetzen. Die Idee der ethnischen Ungleichheit der verschiedenen Völker war zur Jahrhundertwende weit verbreitet.[27]

Vermischt mit arischem Antisemitismus eroberte dieses politische Gedankengut Hitlers durch eine Flut von Veröffentlichungen Deutschland und Frankreich – mit den schrecklichen Folgen, die wir nur allzu gut kennen.

Die Massaker in Kambodscha
Auch Pol Pot vertrat die Ansicht, manche Menschen seien wertvoller als andere. Aber für ihn waren es die Nichtintellektuellen, die den anderen übergeordnet und daher schützenswert waren. Die Intellektuellen, so seine Meinung, seien deutlich minderwertiger, und auf dieser Grundlage richtete er etwa zwei Millionen von ihnen hin.

Straßenkinder auf der ganzen Welt
Diese Kinder sind entweder Waisen oder wurden von ihren Eltern verlassen, als sie noch klein waren. Sie leben auf der Straße und wachsen ohne Begleitung auf. Ihren Lebensunterhalt verdienen sie sich mit einfachen Jobs oder Diebstählen. Für die Allgemeinheit sind sie ein Ärgernis. Dass sie Menschen sind, lässt sich nicht leugnen. Aber sie werden von niemandem wertgeschätzt oder gewollt. In manchen Ländern fährt die Polizei gelegentlich durch die Straßen und erschießt sie, als seien sie Ungeziefer. Sie werden als minderwertige und folglich unerwünschte Menschen behandelt.

Die körperlich Schwachen
Aber wir sollten unsere Aufmerksamkeit nicht nur auf diese extremen Beispiele beschränken. Wenn der Wert des menschlichen Lebens von den Begabungen und Fähigkeiten seines Besitzers abhängt oder von seinem

---

27   Miller et al., *Blackwell Encyclopaedia of Political Thought,* 414–416

Nutzen für die Gesellschaft und nicht nur von der einfachen Tatsache, dass es sich um menschliches Leben handelt und als solches unantastbar ist, was sollen wir dann über Opa und Oma sagen? Früher waren sie fitte und nützliche Mitglieder der Gesellschaft. Aber nun haben ihre Fähigkeiten abgenommen, ihre Gesundheit lässt zu wünschen übrig. Nun können sie nur noch wenig oder gar nichts zur Gesellschaft beitragen, für ihre Familien stellen sie sogar eine Last dar. In manchen Ländern gibt es heute eine starke, laute Lobby, die die Regierung auffordert, ein Gesetz zu erlassen, das den Verwandten oder Freunden von Opa und Oma unter diesen Umständen gestatten würde, ihm oder ihr beim Sterben zu „helfen". Assistierten Suizid nennt man das. Wäre das moralisch gerechtfertigt?

Und was ist mit behinderten Kindern oder Erwachsenen mit Lernbehinderung? Legt nicht die Tatsache, dass sie Menschen sind, die menschliches Leben besitzen, uns (beziehungsweise dem Staat) die Pflicht auf, uns mit unseren Fähigkeiten und Ressourcen bestmöglich um sie zu kümmern – trotz ihrer Behinderung? Oder haben wir das Recht, sie wie Tiere in ihrem Elend verrotten zu lassen?

Bis jetzt haben wir mehr Fragen gestellt als beantwortet. Aber Folgendes sollte deutlich geworden sein:

1. Der Wert des menschlichen Lebens kann nicht einfach vom subjektiven Urteil irgendeiner Person oder Nation abhängig gemacht werden. Er kann keine Frage des willkürlichen, persönlichen Geschmacks oder der Präferenz sein.

2. Es ist höchst gefährlich, den Wert des menschlichen Lebens vom Stand seiner Entwicklung oder seinem „Nutzen" für die Gesellschaft abhängig zu machen.

Nachdem wir dies festgestellt haben, lassen Sie uns nun eine weitere Möglichkeit betrachten, nämlich dass der Wert des menschlichen Lebens dem Leben selbst innewohnt und es damit einen objektiven Wert besitzt.

DER INHÄRENTE WERT DES MENSCHLICHEN LEBENS UND SEIN OBJEKTIVER WERT

Wenn eines Abends die untergehende Sonne den westlichen Himmel in ungewöhnlich prächtige Farben taucht, kann es gut sein, dass wir unwillkürlich rufen: „Wie großartig!" Zudem erwarten wir von allen anderen, die dies auch gesehen haben, dieselbe Reaktion. Wenn jemand nicht so reagiert, denken wir, dass mit ihm wohl etwas nicht stimmt – dass er vielleicht farbenblind oder einfach unsensibel ist. Wir reagieren so, weil wir wirklich glauben, dass dem Sonnenuntergang selbst eine gewisse Schönheit innewohnt. Es waren nicht unsere Gefühle, die ihm seine Schönheit verliehen. Und die meisten von uns würden auch nicht bezweifeln, dass der Sonnenuntergang schön gewesen war, ob wir ihn nun gesehen haben oder nicht.

Außerdem haben wir seine Schönheit nicht erst nach einer ausführlichen logischen Analyse erkannt. Weil der Sonnenuntergang eine innere Schönheit hatte, bewunderten wir ihn und stellten fest, wie schön er ist. Auch musste der Sonnenuntergang nicht erst das übereinstimmende Urteil der Mehrheit unserer Mitmenschen erhalten, dass er großartig sei, bevor er uns von seiner erhabenen Schönheit überzeugen konnte. Er überzeugte uns mit der Kraft seiner ihm innewohnenden Schönheit.

In der Natur gibt es natürlich viele solcher Dinge. Manche Wissenschaftler sagen, es würde sie mit einem Gefühl von Ehrfurcht erfüllen, wenn sie die Funktionsweise gewisser Teile des physischen Universums und die vollkommene Perfektion und dabei doch grundlegende Einfachheit der herrschenden Gesetzmäßigkeiten und Prozesse wahrnähmen. Ihre Arbeit, Experimente und logische Analyse haben sie in die Lage versetzt, diese Gesetze verstehen und ihre Eleganz wahrnehmen zu können. Aber es waren nicht ihre Arbeit, ihre Experimente oder eine logische Analyse, die diese anmutigen Gesetze geschaffen haben. Deren Schönheit ist eine objektive, intrinsische Schönheit; und es ist diese Schönheit, die die Ehrfurcht und das Staunen der Wissenschaftler hervorruft. Gewiss trifft dies auch auf das menschliche Leben zu: Es ist sein objektives, ihm innewohnendes Wesen und seine Natur, die uns zwingt, seinen Wert anzuerkennen.

Aber nun sollten wir uns den reduktionistischen Erklärungen[28] jener zuwenden, die uns davon überzeugen wollen, das menschliche Leben habe nicht wirklich den ihm innewohnenden Wert, von dem wir ausgehen.

---

28 Reduktionismus ist eine philosophische oder naturwissenschaftliche Lehre, nach der alles, was existiert, auf physikalisch-materielle Ursachen reduziert werden kann, die nach

REDUKTIONISTISCHE ERKLÄRUNGEN

Lassen Sie uns für einen Moment zum Sonnenuntergang zurückkehren. Die Reduktionisten würden uns sagen, dass das, was wir als erhabene Schönheit wahrgenommen haben, nur unsere subjektive Reaktion auf materielle Phänomene gewesen sei. Sie behaupten, dass die Wissenschaft erklären könne, wie diese materiellen Phänomene entstehen – durch solare Strahlen, Photonen und Nervenimpulse im Gehirn –, und dass die Wissenschaft eine vollständige Erklärung für diese Photonen und Kräfte geben könne, ohne auf solche Konzepte wie Bedeutung, Wert, Erhabenheit und Schönheit zurückzugreifen. Und da solche Dinge nicht von der Wissenschaft gemessen werden könnten, hätten sie auch keine objektive Realität. Sie seien nur Illusionen, die wir in unserer Vorstellung von Sonnenuntergängen ersinnen würden. Somit würden wir die Auswirkungen abmildern, die die reinen, rohen, unpersönlichen Fakten der Natur, die von der Wissenschaft enthüllt werden, sonst auf uns hätten.

Dasselbe sagen Reduktionisten auch über das menschliche Leben. Das menschliche Leben ist für sie nichts anderes als belebte Materie. Durch ihre inhärenten Qualitäten habe Materie spontan (wenn auch eher unbeabsichtigt) Proteine, Zellen, Gene und Chromosomen produziert, die sich schließlich durch Zufall so arrangiert hätten, dass (ohne jeglichen Sinn und Zweck) eine niedere Form des Lebens entstanden sei, die sich wiederum schrittweise in menschliches Leben weiterentwickelt habe.

Diese Materie und diese Kräfte hätten das, was sie taten, ohne bewussten Vorsatz oder ein Wertgefühl getan. Die Materie, aus der die Gene beständen, würde noch immer kein bewusstes Ziel verfolgen. Gene könnten ja nicht denken. Es sei einfach so, dass die Materie, aus der wir beständen, folgendes Merkmal besäße: Wenn sich ihr die Möglichkeit dazu biete, würde sie blind versuchen, die Fortpflanzung ihrer selbst in folgenden Generationen zu maximieren.[29]

Wie könnte dann menschliches Leben, das auf diese Weise entstanden ist, irgendeinen intrinsischen Wert haben? Und wenn Menschen das Gefühl haben, dass das Leben irgendeinen inhärenten Wert habe, sagen ihnen die

---

dem kausalen Ursache-Wirkungs-Schema beschrieben werden können. (Anmerkung des Verlags)

29 Gene als eigennützig zu beschreiben, wie es Richard Dawkins in seinem berühmten Buch *The Selfish Gene* (dt. *Das egoistische Gen*) tut, ist höchst irreführend. Im normalen Sprachgebrauch impliziert der Begriff „eigennützig" oder „egoistisch" eine selbstbewusste Persönlichkeit, die sich bewusst behauptet. Jedoch ist dies genau das Merkmal, das Dawkins der Materie abspricht, aus der Gene bestehen.

Reduktionisten, dass es die Neuronen in ihrem Gehirn seien, die ihre emotionalen Reaktionen und ihr eigenes Gefühl für Werte steuerten. Ein bloßes Empfinden von Werten, das im menschlichen Gehirn von derart geistlosen, unpersönlichen, elektrochemischen Prozessen produziert wird – welchen ihm innewohnenden, objektiven Wert kann das Leben da schon haben?

Natürlich sind nicht alle Wissenschaftler solche extremen Reduktionisten.[30] Und wenn wir uns mit dem zentralen Mysterium des Menschen befassen, nämlich mit der Frage, wie das Gehirn arbeitet und wie das Gedächtnis funktioniert, mit der chemischen Grundlage von Emotionen sowie der höchsten Frage nach dem Verhältnis von Gehirn und Geist, sind wir auf jeden Fall dankbar für die Arbeit aller Wissenschaftler (einschließlich der Reduktionisten), ungeachtet ihrer Weltanschauung!

Wenn es andererseits darum geht, die wesentliche Natur und den Wert des menschlichen Lebens zu verstehen, sind wir nicht allein von der Wissenschaft und ihren empirischen Methoden abhängig: Es gibt einen anderen, direkteren Weg zur Erkenntnis, der offen vor uns liegt. Wir können auf die Stimme unserer Intuition hören.

UNSERE DIREKTE ERFAHRUNG DES MENSCHLICHEN LEBENS

Man sagt, ein Gramm Erfahrung sei besser als eine Tonne Theorie; und dies trifft besonders auf die Frage zu, was Leben eigentlich ist.

Wir Menschen wissen aus Erfahrung, was es heißt, am Leben zu sein. Wir müssen keinen Wissenschaftler fragen, ob wir lebendig sind oder nicht oder wie sich das genau anfühlt. Wir haben direkte Erfahrungen damit. Daher wird uns bei der Erfassung ihrer Bedeutung eine philosophische Reflektion über diese Erfahrung mehr helfen als empirische Wissenschaft. Der Wissenschaftler versucht, mit seinen empirischen Methoden herauszufinden, was Leben ist; wir dagegen leben es!

Aufgrund unserer direkten Erfahrung weiß jeder von uns mit absoluter Gewissheit mindestens zwei Dinge. Jeder kann über sich selbst sagen:

1. „Ich bin am Leben."
2. „Ich bin mir bewusst, dass ich es bin, der dieses Lebendigsein erfährt. Ich bin, wie die Philosophen sagen würden, das Subjekt dieses Lebens; das heißt, ich bin es, der lebt."

---

30 Siehe den Anhang dieses Buches: *Was ist Wissenschaft?*, 283

Dasselbe gilt für das Denken. Ich kann mein Gehirn mit Informationen füttern und es an einem Problem arbeiten lassen, und auch wenn ich schlafe, wird es nicht aufhören, diese Informationen durch seine computerähnlichen Neuronen zu verarbeiten. Aber denken und die Ergebnisse interpretieren muss ich selbst. Ich kann dies nicht den elektrochemischen, neuronalen Prozessen in meinem Gehirn überlassen. Denn solcher Reduktionismus ist letztendlich suizidal, weil er die Rationalität zerstört, wie Professor John Polkinghorne betont. Lesen Sie, wie er die Auswirkungen des Reduktionismus beschreibt:

> Denken wird ausgetauscht durch elektrochemische, neuronale Prozesse. Zwei solcher Prozesse können nicht in einen rationalen Diskurs miteinander treten. Sie sind weder richtig noch falsch. Sie passieren einfach. Wenn unser mentales Leben nichts anderes ist als die pulsierende Aktivität eines computerähnlichen Gehirns mit überaus komplexen Zusammenhängen, wer kann dann sagen, ob das Programm, das auf dieser komplizierten Maschine läuft, korrekt ist oder nicht?
>
> Möglicherweise wird dieses Programm von Generation zu Generation durch DNA-Codierung weitergegeben, aber es könnte auch nur die Verbreitung von Fehlern sein. Wenn wir in der Reduktionismus-Falle gelandet sind, haben wir kein Mittel, um intellektuelle Wahrheit zu beurteilen. Sogar die Behauptungen des Reduktionisten selbst sind dann bloß Signale im neuronalen Netz seines Gehirns. Die Welt des rationellen Diskurses reduziert sich auf das absurde Geschwätz feuernder Synapsen. Offen gesagt kann das nicht richtig sein, und das glaubt auch niemand von uns.[31]

Wenn also elektrochemische, neuronale Ereignisse aufgrund ihrer Natur nicht in einen rationalen Diskurs miteinander treten können, kann das „Ich", das dies sehr wohl tun kann und auch tut, nicht einfach nur eine Ansammlung von elektrochemischen Zellen oder einfach Materie in irgendeiner Form sein. Das „Ich" ist die Seele beziehungsweise der Geist. Aristoteles hat das schon vor langer Zeit erkannt, und auch die Bibel beschreibt es so. Das menschliche Leben und das „Ich", welches das Subjekt dieses Lebens ist, können nicht auf Materie reduziert werden; und es ist das „Ich" in jedem von uns, das im Hinblick auf das Leben, dessen Subjekt es ist, fragt: Was ist menschliches Leben wert? Was bin ich wert?

---

31 *One World,* 92–93

Und dann gibt es ein weiteres charakteristisches Merkmal dessen, was es heißt, ein Mensch zu sein. Die Philosophen nennen es Transzendenz; und jeder von uns kann für sich selbst testen, ob dieses Merkmal wirklich existiert.

DIE TRANSZENDENZ DES MENSCHLICHEN LEBENS

Ein Moment der Reflektion reicht aus, um uns zu zeigen, dass wir die mentale Fähigkeit besitzen, über unser eigenes Leben hinauszugehen (denn das bedeutet Transzendenz). Wir können uns zum Beispiel selbst vergessen und über ferne Galaxien nachdenken, sie erforschen. Und wir können es den Eigenschaften, Qualitäten, Funktionen und Gesetzen ihrer Existenz erlauben, Eindruck auf uns zu machen, bis wir sie erkennen, wie sie in sich selbst sind – statt ihnen unsere menschlichen Charakteristika aufzuzwingen. Ebenso hängen unsere Liebe zu anderen Menschen im engsten Sinn, unser Respekt für sie und unser moralisches Verhalten ihnen gegenüber von der Fähigkeit ab, uns von uns selbst zu distanzieren, unsere eigenen Interessen und Gefühle zu transzendieren. Ein Hund wird auf Sie mit einer Art Zuneigung reagieren, weil er Ihre Freundlichkeit erfahren und das Futter genossen hat, das Sie ihm gegeben haben. Doch als Menschen können wir sogar Leute bewundern, die wir noch nie getroffen haben, die wir nur vom Hörensagen oder aus dem Fernsehen kennen. Obwohl sie noch nie irgendetwas für uns getan haben, bewundern wir sie für das, was sie sind, für ihre Qualitäten und ihren Charakter. Auf dieselbe Art und Weise können wir auch leblose Dinge wie einen Sonnenuntergang oder ein Gemälde für ihre innere Schönheit bewundern.

Als Menschen können wir die Materie transzendieren, aus der das Universum besteht, und über die mathematischen Gesetze nachdenken, nach denen es funktioniert, wirkt und reagiert.

In Gedanken können wir unsere eigene gegenwärtige Existenz transzendieren. Wir können uns die Zeit vorstellen, als wir noch nicht existierten. Auch können wir uns die Zeit vorstellen, wenn unser Leben auf der Erde vorbei sein wird. Bei solchen Gedanken kommt folgende Frage auf: Wo kommen wir her?

Unsere Transzendenz bringt mit sich, dass wir unaufhaltsam nach dem Sinn in allem fragen. Wir weigern uns beharrlich, uns mit dem Wissen um die bloße Existenz von irgendetwas, einer Tat und sogar unser selbst zufriedenzugeben. So kommen wir unweigerlich zu der Frage nach unserer eigenen Existenz, ihres ultimativen Zweckes, Wertes und ihrer Bedeutung.

„Nur menschliche Wesen", sagen Peter B. Medawar und Jean S. Medawar, „gestalten ihr Verhalten im Wissen davon, was geschah, bevor sie geboren wurden, und in einem Vorbegriff davon, was nach ihrem Tode geschehen wird: So finden nur menschliche Wesen ihren Weg mithilfe eines Lichtes, das mehr erhellt als den kleinen Platz, auf dem sie stehen."[32]

Tatsache ist, dass wir uns als Menschen wahrnehmen – dass wir nicht einfach nur Materie sind, sondern Personen, nicht nur Nervenzellen oder elektrochemische Ereignisse. Wir sind zum Teil Materie, aber auch Geist; und weil wir Geist sind, wissen wir, dass wir etwas Höheres sind als Materie. Jeder von uns ist in der Tat bedeutender und wertvoller als die Gesamtheit der reinen Materie im Universum.

> ✝ In Gedanken können wir unsere eigene gegenwärtige Existenz transzendieren. Wir können uns die Zeit vorstellen, als wir noch nicht existierten. Auch können wir uns die Zeit vorstellen, wenn unser Leben auf der Erde vorbei sein wird. Bei solchen Gedanken kommt folgende Frage auf: Wo kommen wir her?

Es ist also diese Transzendenz gegenüber dem Universum, zusammen mit der nicht zu leugnenden Gewissheit, dass wir uns nicht selbst erschaffen haben, die Menschen (oder zumindest ein paar Menschen) dazu führt, den Ursprung ihrer Existenz in einem Schöpfergott zu suchen. Dieser ist laut Bibel Geist und hat uns als sein Ebenbild erschaffen – als Geschöpfe, die in der Lage sind, seinen Charakter teilweise zu verstehen und ihn – als wertschätzende Antwort auf seine vollkommene Güte – zu lieben und anzubeten.

Wenn das wahr ist, kann man leicht verstehen, wie Juden, Christen und Muslime auf die Frage antworten, was so besonders am menschlichen Leben sei und was ihm den höchsten Wert verleihe: weil der Mensch als Ebenbild Gottes geschaffen wurde, von Gott und für Gott. Und daher ist das Leben des Menschen unantastbar (1Mo 1,26-27; 9,6; Kol 1,16-17) und hat eine ewige Bedeutung (Mt 22,31-32).

Christen würden dem noch hinzufügen: Der Wert eines Menschen als Geschöpf Gottes wird unermesslich durch die Tatsache gesteigert, dass Christus zum Preis seines eigenen Blutes den Weg zu Gott geschaffen hat. So können Menschen von ihrer tiefen Entfremdung von Gott gerettet werden,

---

32 *Life Science*, 171, wie zitiert von Karl Popper und John C. Eccles in *Das Ich und sein Gehirn*, 5

die durch ihre Verfehlungen und ihre Sünde verursacht wurde (1Petr 1,18-19; Offb 5,9-10).

Andererseits glauben viele Menschen nicht, dass das menschliche Leben auch nur ansatzweise so wertvoll ist. Viele Atheisten reagieren in der Tat heftig auf diese Sichtweise auf den Wert des Menschen. Sie sind der Ansicht, dass die Vorstellung von einem Schöpfergott die Menschen erniedrige und ihnen ihre Freiheit und ihre essenzielle Würde nehme.

Daher werden wir im nächsten Kapitel auf dieses Thema eingehen.

2

MENSCHLICHE FREIHEIT UND DIE GEFAHR IHRER ABWERTUNG

*Jeder Mensch – ob Mann oder Frau, Junge oder Mädchen,
gleich welcher ethnischen Herkunft, Hautfarbe oder
religiösen Überzeugung, aus welchem Teil der Welt
auch immer – hat das Recht, als ein Zweck an sich behandelt
zu werden, nicht als bloße statistische Angabe oder
als Mittel zur Produktion, sondern als Person
mit einem Namen und einer einzigartigen Identität,
geboren, um frei zu sein. Das fühlen wir alle,
und das sagen wir alle.*

FREIHEIT: DAS GEBURTSRECHT JEDES MENSCHEN

Was auch immer unsere Weltanschauung sein mag, wir alle erachten die Freiheit als eines unserer höchsten Ideale. Wir empfinden sie als das Geburtsrecht jedes Menschen: Niemand hat das Recht, sie uns gegen unseren Willen zu nehmen (mit Ausnahme natürlich in Fällen von bewiesener Kriminalität). Allein der Versuch, jemandem die Freiheit zu nehmen, ist ein Verbrechen gegen die fundamentale Würde der Menschlichkeit.

Tatsächlich gibt es jedoch Situationen im praktischen Leben, in denen wir alle freiwillig einen Teil unserer persönlichen Freiheit für das Gemeinwohl aufgeben. Wir tun dies bei einfachen Dingen, wie zum Beispiel einem Fußballspiel. Auf dem Spielfeld erklären sich zehn der Spieler bereit, den Anweisungen des Kapitäns zu folgen, und alle elf Spieler sind einverstanden, die Spielregeln zu beachten und die Autorität des Schiedsrichters anzuerkennen. Kein Spieler beansprucht für sich die Freiheit, nach seinen eigenen Regeln spielen zu dürfen, denn unter solchen Bedingungen wäre kein Spiel möglich. Aber auch in viel wichtigeren Kontexten geben wir freiwillig einen Teil unserer persönlichen Freiheit auf. Als Bürger eines Staates verzichten wir zum Beispiel freiwillig (zumindest theoretisch) auf einen Teil unserer Freiheit als Individuum, so wie das alle Mitbürger tun, und unterwerfen uns den Gesetzen des Landes. Wir tun dies um eines höheren Gutes willen, um die Vorzüge des friedlichen Zusammenlebens in einer kultivierten Gesellschaft zu genießen.

Aber wenn es um das Recht jedes Menschen auf seine grundsätzliche Freiheit geht, werden wir alle – ganz gleich, welche Weltsicht wir haben – zustimmen, dass dieses Recht unantastbar ist oder zumindest sein sollte.[33]

---

33 Vielleicht ist dies eine Übertreibung. Zu oft werden diese grundlegenden Menschenrechte nicht als unantastbar betrachtet, werden nicht respektiert und geschützt. In einigen Teilen der Welt sind die vier grundlegenden Freiheiten eines Menschen leider immer noch nicht gewährleistet: 1. Rede- und Meinungsfreiheit, 2. die Freiheit jedes

Daher sind wir zu Recht empört, wenn wir sehen, dass Menschen versklavt werden, wenn sie wie ein Zahnrad in einer Maschine behandelt werden oder nur als Mittel zum Vergnügen oder für den Gewinn einer anderen Person. Jeder Mensch – ob Mann oder Frau, Junge oder Mädchen, gleich welcher ethnischen Herkunft, Hautfarbe oder religiösen Überzeugung, aus welchem Teil der Welt auch immer – hat das Recht, als ein Zweck an sich behandelt zu werden, nicht als bloße statistische Angabe oder einfach als Mittel zur Produktion, sondern als Person mit einem Namen und einer einzigartigen Identität, geboren, um frei zu sein. Das fühlen wir alle, und das sagen wir alle.

UNEINIGKEIT ÜBER DIE GRUNDBEDINGUNGEN, DIE FÜR DIE FREIHEIT DES MENSCHEN NOTWENDIG SIND

Doch wenn es um die Grundbedingungen geht, die für die Realisierung menschlicher Freiheit notwendig sind, sehen wir, dass die zwei Typen von Weltanschauungen – die theistische und die atheistische – dazu völlig unterschiedliche Ansichten vertreten.

Die grundlegende Frage lautet: Ist die Menschheit die höchste und einzige rationale Autorität in unserer Welt – oder im uns bekannten Universum? Und ist die Menschheit daher völlig frei zu entscheiden, wie sie handeln soll, was falsch und was richtig ist, was die ultimativen Werte der Menschheit sind, was der Zweck ihres Daseins ist (sofern es ihn denn gibt) und was ihr höchstes Ziel, ihr *Summum Bonum*, sein sollte? Und sind die Menschen letztendlich nur sich selbst gegenüber verantwortlich und müssen niemandem sonst Rechenschaft ablegen?

Oder gibt es einen Gott, der (weil er das Universum und die Menschheit darin geschaffen hat) das Recht besitzt, nicht nur die physikalischen Naturgesetze, die Rahmenbedingungen der menschlichen Existenz, zu bestimmen, sondern ebenso die moralischen und geistigen Gesetze, die das Verhalten der Menschen bestimmen sollen (und dies auch getan hat)? Und ist es so, dass die Menschheit im Allgemeinen (und jeder Mensch als Individuum) sich vor Gott für ihr Verhalten verantworten und ihm einmal dafür Rechenschaft ablegen muss?

Menschen, Gott auf seine eigene Art und Weise zu verehren und seinen Glauben zu verbreiten (oder ihn nicht zu verehren und Atheismus zu unterstützen), 3. Freiheit von Not und 4. Freiheit von Furcht.

Es ist kein Geheimnis, dass die Ansichten von Atheisten und Theisten zu dieser Frage völlig auseinandergehen. Aber es ergäbe nur wenig Sinn, wenn man diese Tatsache einfach nur zur Kenntnis nimmt und anmerkt, dass die unterschiedlichen Ansichten in der Vergangenheit von einem großen Maß an Intoleranz begleitet wurden. Rationaler wäre es, wenn Theisten und Atheisten versuchen würden, einander zu verstehen: nicht nur die Überzeugungen der anderen, sondern auch die tief sitzenden Gründe, die hinter solchen Überzeugungen liegen und sie antreiben. Das daraus erwachsende Verständnis der anderen Position und der Gründe, warum diese Position so hartnäckig verteidigt wird, sollte zumindest jener blinden Intoleranz entgegenwirken und zu einem größeren Respekt vor dem anderen und seiner Würde als Mensch führen. Lassen Sie uns also diesen Versuch starten.

VERSCHIEDENE ARTEN DES ATHEISMUS

Wenn wir die atheistische Position verstehen wollen, müssen wir zuallererst feststellen, dass Atheismus sehr unterschiedlich sein kann. Zum Beispiel ist Atheismus an sich mit keiner bestimmten politischen Philosophie verknüpft. Manche Positionen sind eng verbunden mit dem Kommunismus oder dem Sozialismus, manche mit unterschiedlichen Arten von Demokratie, manche sind politisch eher links, manche wiederum eher rechts angesiedelt. Im Folgenden werden wir uns nicht mit den politischen Präferenzen von Atheisten auseinandersetzen, sondern allein mit ihrem Atheismus an sich.

Dann sollten wir uns deutlich machen, dass Atheismus unterschiedlich stark ausgeprägt sein kann.

Manche Atheisten sind beinahe Agnostiker, die sich einfach nicht sicher sind, ob es einen Gott gibt oder nicht. Sie sagen, es gebe keine oder nicht genügend Beweise, die den Glauben an die Existenz irgendeines Gottes rechtfertigten. Und da solche Beweise fehlen, bezeichnen sie sich als Atheisten. Manche gehen noch weiter und geben zu, dass sie einen zufriedenstellenden Beweis für die Existenz Gottes akzeptieren würden, wenn sie darauf stießen. Sie wären dann bereit, ihren Atheismus aufzugeben.

> ✢ *Wenn wir die atheistische Position verstehen wollen, müssen wir zu allererst feststellen, dass Atheismus sehr unterschiedlich sein kann.*

Manche Atheisten behaupten, dass es ihre wissenschaftliche Einstellung zum Leben sei, die sie zwingt, Atheisten zu sein, trotz der Tatsache, dass ihre atheistische Interpretation der Wissenschaft dem Universum und der menschlichen Existenz eine trostlose Bedeutungslosigkeit verleiht. Dazu gehört auch der Humanist Kurt E. M. Baier:

> Der wissenschaftliche Ansatz verlangt, dass wir nach einer natürlichen Erklärung für alles suchen. Die wissenschaftliche Art, Dinge zu betrachten und zu erklären, bietet uns ein weitaus größeres Maß an Verständnis und Kontrolle des Universums als jede andere Art. Und wenn man die Welt auf diese wissenschaftliche Art betrachtet, scheint es keinen Raum für eine persönliche Beziehung zwischen Menschen und einem übernatürlichen vollkommenen Wesen zu geben, das die Menschen leitet und über sie herrscht. Daher empfinden viele Wissenschaftler und gebildete Menschen christliche Einstellungen gegenüber der Welt und der menschlichen Existenz als unangemessen. Sie sind zu der Überzeugung gelangt, dass das Universum und die menschliche Existenz darin ohne Zweck und daher ohne Bedeutung sind.[34]

Andere Atheisten geben zu, dass die Wissenschaft nicht beweisen kann, dass es keinen Gott gibt; dann aber wiederum bekennen sie, dass sie eine emotionale Präferenz für den Atheismus haben. Isaac Asimov, der in den Jahren 1985 bis 1992 Präsident der *American Humanist Association* war, sagte in einem Interview:

> Ich bin Atheist, durch und durch. Ich habe lange gebraucht, um dies auszusprechen. Schon seit vielen Jahren bin ich Atheist, aber irgendwie fand ich es intellektuell nicht korrekt zu sagen, dass man Atheist ist, denn damit setzt man ein Wissen voraus, das man nicht hat. Irgendwie war es besser zu sagen, man sei Humanist oder Agnostiker. Schließlich habe ich beschlossen, dass ich sowohl ein emotionales als auch ein vernunftorientiertes Wesen bin. Emotional bin ich Atheist. Ich habe keine Beweise, die die Nichtexistenz Gottes belegen könnten, aber ich habe einen so starken Verdacht, dass er nicht existiert, dass ich damit nicht meine Zeit verschwenden möchte.[35]

Manchen Atheisten ist ihr Atheismus sogar peinlich. Der berühmte französische Existenzialist Jean-Paul Sartre bemerkte:

---

34 *Meaning of Life*, 296
35 *Interview with Isaac Asimov*, 9

Der Existenzialist denkt im Gegenteil, es sei sehr störend, dass Gott nicht existiert, denn mit ihm verschwindet alle Möglichkeit, Werte in einem intelligiblen Himmel zu finden; es kann nichts a priori Gutes mehr geben, da es kein unendliches und vollkommenes Bewusstsein mehr gibt, um es zu denken. Nirgends steht geschrieben, dass das Gute existiert, dass man ehrenhaft sein soll, dass man nicht lügen soll; genau aus dem Grunde, weil wir auf einer Ebene uns befinden, wo es nur Menschen gibt. Dostojewski hatte geschrieben: „Wenn Gott nicht existierte, so wäre alles erlaubt." Das ist der Ausgangspunkt des Existenzialismus. In der Tat, alles ist erlaubt, wenn Gott nicht existiert, und demzufolge ist der Mensch verlassen, da er weder in sich noch außerhalb seiner eine Möglichkeit findet, sich anzuklammern. Vor allem findet er keine Entschuldigungen.[36]

Andere Atheisten mögen den Ausdruck „Atheist" nicht und würden eine neutrale Bezeichnung wie „Nicht-Theist" bevorzugen. Der Grund dafür ist, dass das Wort „Atheismus" in seiner linguistischen Struktur bereits einen Bezug zum Gottesglauben herstellt (und diesen verneint). Es ist eine Verneinung eines Glaubens an Gott, eines Glaubens, der einmal da war oder noch besteht. Aus diesem Grund lehnte Karl Marx den Begriff ab:

Der Atheismus ... hat keinen Sinn mehr, denn der Atheismus ist die Negation des Gottes und setzt durch diese Negation das Dasein des Menschen; aber der Sozialismus als Sozialismus bedarf einer solchen Vermittlung nicht mehr; er beginnt von dem theoretisch und praktisch sinnlichen Bewusstsein des Menschen und der Natur als des Wesens. Er ist positives, nicht mehr durch die Aufhebung der Religion vermitteltes Selbstbewusstsein des Menschen.[37]

Es gibt auch noch andere Atheisten, die kaum die Bezeichnung „Atheist" verdienen, einfach aus dem Grund, weil sie sich niemals ernsthaft mit der Frage auseinandergesetzt haben, ob es einen Gott gibt oder nicht. Sie haben einfach, ohne darüber nachzudenken oder zu hinterfragen, eine völlig säkulare Denkweise über das Leben und die Lebensführung verinnerlicht.

---

36 *Ist der Existentialismus ein Humanismus?* in: *Drei Essays,* 16.
37 *Ökonomisch-Philosophische Manuskripte,* 128–129

DIE MOTIVATION HINTER
EINEM DOGMATISCHEN ATHEISMUS

Von dem ausgehend, was wir bis jetzt herausgefunden haben, ist eines offensichtlich: Es wäre falsch, alle Atheisten in einen Topf zu werfen und allen dieselbe Motivation für ihre atheistischen Anschauungen zu unterstellen oder anzunehmen, dass sie alle mit gleicher Überzeugung an ihrem Atheismus festhalten.

Wenn wir uns allerdings die führenden atheistischen Philosophen des 19. Jahrhunderts und der ersten Hälfte des 20. Jahrhunderts einmal genauer ansehen, sehen wir, dass hinter ihren philosophischen Systemen eine ähnliche Motivation steht, die erstaunlich deutlich wird. Diese Motivation hat wenig oder gar nichts mit Wissenschaft zu tun. Nicht die Wissenschaft hat den Atheisten den Glauben an Gott unmöglich gemacht und sie dazu gezwungen, eine vollkommen säkulare Philosophie zu entwickeln. Vielmehr haben sie den Entschluss gefasst, für die totale und absolute Freiheit und Autonomie des Menschen einzutreten. Gott, oder die Anerkennung irgendeiner Vorstellung von Gott als Schöpfer und oberster moralischer Autorität, würde ihrer Meinung nach den Menschen degradieren, seine Freiheit kompromittieren und seine wesentliche Würde zerstören. Aus diesem Grund muss jede Vorstellung von Gott abgelehnt werden, und sie versuchen, durch die Wissenschaft Bestätigung für ihren Standpunkt zu erhalten.

> ⚏ *Es wäre falsch, alle Atheisten in einen Topf zu werfen und allen dieselbe Motivation für ihre atheistischen Anschauungen zu unterstellen oder anzunehmen, dass sie alle mit gleicher Überzeugung an ihrem Atheismus festhalten.*

Der Existenzialist Sartre zum Beispiel geht mit diesem Thema sehr offen und ehrlich um. Seine Position ist vollkommen atheistisch, aber ihre Grundlage und ihr Kern gründen sich nicht auf Beweise für die Nichtexistenz Gottes. Wie wir bereits festgestellt haben, gibt er zu, dass er aus gewissen Gründen die Nichtexistenz Gottes für sich selbst und den Existenzialisten im Allgemeinen als störend empfindet. Dabei macht er deutlich, dass der Mensch, selbst wenn Gott existieren würde und sein Schöpfer wäre, dennoch – um der totalen Willensfreiheit des Menschen willen – immer in radikaler Unabhängigkeit entschlossen gegen Gott kämpfen würde.[38]

---

38 Siehe Sartre, *Ist der Existenzialismus ein Humanismus?* in: *Drei Essays,* 31–36

Im Geiste dieser entschlossenen Unabhängigkeit von Gott lässt Sartre in einem seiner Theaterstücke Oreste zu Jupiter sagen: „Was gibt es von mir zu dir? Wir werden aneinander vorübergleiten wie zwei Schiffe. Du bist ein Gott, und ich bin frei."[39]

Mit anderen Worten: Für Sartre würde es keinen Unterschied machen, ob die Wissenschaft Gottes Existenz oder Nichtexistenz beweisen könnte. Die motivierende Kraft hinter seiner Philosophie ist seine Entschlossenheit zur absoluten Freiheit in dem Sinn, ganz und gar von Gott unabhängig zu sein.

Aber nicht alle Atheisten waren oder sind Existenzialisten wie Sartre. Schauen wir uns ein paar typische Sichtweisen anderer repräsentativer Philosophen aus Deutschland, Frankreich und den USA an: Einer ist vormarxistisch, einer ist Marx selbst, einer vertritt eine weitere Art von Existenzialismus, und der Rest sind Humanisten.

Ludwig Feuerbach (1804–1872)

Wir haben das außerweltliche, übernatürliche und übermenschliche Wesen Gottes reduziert auf die Bestandteile des menschlichen Wesens als seine Grundbestandteile. Wir sind im Schlusse wieder auf den Anfang zurückgekommen. Der Mensch ist der Anfang der Religion, der Mensch der Mittelpunkt der Religion, der Mensch das Ende der Religion.[40]

Der *andere* ist *an und für sich* der *Mittler* zwischen mir und der heiligen Idee der Gattung. „Der Mensch ist dem Menschen Gott."[41]

Dieser deutsche Philosoph hatte beträchtlichen Einfluss auf Marx.

Karl Marx (1818–1883)

Im Vorwort zu seiner Doktorarbeit schrieb Marx:

Das Bekenntnis des Prometheus ... („Mit einem Wort, ganz hass' ich all' und jeden Gott") ist ihr eigenes Bekenntnis, ihr eigener Spruch gegen alle himmlischen und irdischen Götter, die das menschliche

---

39 *Die Fliegen*, in: *Die Fliegen / Die schmutzigen Hände*, 71–72
40 *Das Wesen des Christentums*, 238
41 *Das Wesen des Christentums*, 250 (Kursivsetzung auch im Original)

Selbstbewusstsein nicht als die oberste Gottheit anerkennen. Es soll keiner neben ihm sein.[42]

An anderer Stelle schrieb er:

Ein Wesen gilt sich erst als selbstständiges, sobald es auf eignen Füßen steht, und es steht erst auf eignen Füßen, sobald es sein Dasein sich selbst verdankt. Ein Mensch, der von der Gnade eines andern lebt, betrachtet sich als ein abhängiges Wesen. Ich lebe aber vollständig von der Gnade eines andern, wenn ich ihm nicht nur die Unterhaltung meines Lebens verdanke, sondern wenn er noch außerdem mein Leben geschaffen hat; wenn er der Quell meines Lebens ist.[43]

Daher war Marx nicht bereit, Gott als Ursprung, Schöpfer und Erhalter der Menschheit zu akzeptieren, denn anzuerkennen, dass irgendein solches Wesen dem Menschen selbst überlegen wäre, wäre in seinen Augen ein Kompromittieren der absoluten Autonomie des Menschen gewesen:

Die Religion ist nur die illusorische Sonne, die sich um den Menschen bewegt, solange er sich nicht um sich selbst bewegt.[44]

Die Kritik der Religion endet mit der Lehre, dass der Mensch das höchste Wesen für den Menschen sei.[45]

Maurice Merleau-Ponty (1908–1961)
Professor Patrick Materson äußert sich zur Philosophie des französischen Philosophen Merleau-Ponty wie folgt:

Offenbar schließt diese metaphysische Sichtweise die Bekräftigung einer göttlichen Absolutheit aus. Laut Merleau-Ponty schließt sie den christlichen Glauben an Gott den Vater als Schöpfer des Himmels und der Erde aus. So ein Glaube, argumentiert er, untergrabe die Vorstellung des Menschen als nicht herabsetzbare Quelle von echter

---

42 *Differenz der demokritischen und epikureischen Naturphilosophie* in: Marx/Engels, *Werke*, Band 4, 262
43 *Ökonomisch-Philosophische Manuskripte*, 127
44 Marx/Engels, *Werke*, Band 1, 279
45 Marx/Engels, *Werke*, Band 1, 385

historischer Bedeutung und Wert und rufe eine stoische Einstellung des vergeblichen Quietismus hervor. Denn sie stelle sich Gott als absolutes Wesen vor, in dem alles Wissen, alle Schönheit und alle Güte seit Ewigkeit beständen. Die Bemühungen des Menschen würden dadurch bedeutungslos und der Status quo mit dem Stempel der göttlichen Zustimmung versehen. Kein Bemühen unsererseits könne der Vollkommenheit der Realität etwas hinzufügen, da diese bereits vollständig und unbegrenzt verwirklicht worden sei. Es gebe absolut nichts, was man tun oder erreichen könne. Wir seien gelähmt und ohnmächtig unter einem göttlichen Blick, reduziert auf den Status von sichtbaren Dingen. Alle unsere inneren Ressourcen würden verdrängt durch eine unendliche Weisheit, die bereits alle Dinge gut angeordnet habe.[46]

Christen würden zweifellos erstaunt sein über diese – in ihren Augen bizarre – Beschreibung der Wirkung des Glaubens an Gott. Sie würden protestieren, weil sie Gott nie so oder in ähnlicher Weise erfahren hätten.

Doch solche Proteste werden wir im Moment außer Acht lassen. Was wir bei Merleau-Ponty feststellen sollten, ist eine immer wiederkehrende Idee bei der Ablehnung des Glaubens an Gott: Man hat den Eindruck, er gefährde, beschränke, verneine und verwerfe praktisch die Freiheit und das Potenzial des Menschen.

Ansichten führender moderner säkularer Humanisten

Zunächst sollten wir die Bedeutung des Adjektivs „säkular" in der Bezeichnung „säkulare Humanisten" klären. Der Humanismus hat eine lange Tradition. Seine Ursprünge liegen in der Renaissance; berühmte Vertreter waren zum Beispiel Erasmus von Rotterdam und Leonardo da Vinci. Dem Humanismus wurden (und werden in manchen Ländern noch heute) die Fächer zugeordnet, die von den Vertretern der Humanwissenschaften gelehrt wurden: Literatur, Philosophie, Geisteswissenschaften, Altgriechisch und Latein, literarische und philosophische Anthropologie. In einem noch allgemeineren Sinn wird heute auch eine mitfühlende, praktische Fürsorge für das Wohl anderer als Humanismus bezeichnet. Diese Buchserie, mit ihrer Suche nach Realität und Bedeutung, könnte so ebenfalls zu Recht als humanistisch bezeichnet werden.

---

46 *Atheism and Alienation,* 143–144

Doch im Laufe des 20. Jahrhunderts haben sich in manchen Ländern, insbesondere in Großbritannien und den USA, Menschen aus allen Bereichen des Lebens in einem bestimmten Sinn als „Humanisten" bezeichnet, unter ihnen viele einflussreiche Akademiker, Lehrende, Rechtswissenschaftler und Politiker. Sie haben die Ansicht vertreten, die Menschheit könne ihr volles Potenzial nur dann entfalten, wenn sie die Existenz eines Gottes (oder mehrerer Götter) leugne und damit jegliche Art von Religion und Supranaturalismus ablehne und eine vollkommen anthropozentrische Gesellschaft schaffe. Diese Interpretation von Humanismus fasst Professor Paul Kurtz sehr gut zusammen: „Niemanden, der noch an Gott als Ursprung und Schöpfer des Universums glaubt, kann man wirklich dem Humanismus im Sinne des Wortes zuordnen."[47]

Um Verwirrung zu vermeiden, werden wir deshalb im Rest dieses Buches die Begriffe Humanismus und Humanist nur in Zusammenhang mit dieser Art von säkularem, atheistischen Humanismus verwenden. Wir hoffen, dass unsere Leser dies im Hinterkopf behalten.

Betrachten wir nun einige repräsentative Aussagen der säkularen humanistischen Sichtweise.

Arthur E. Briggs: „Ein Humanist ist jemand, der an den Menschen als Mittelpunkt des Universums glaubt."[48]

J. A. C. F. Auer (von der Harvard-Universität): „Der Mensch würde Gott verehren, wenn er das Gefühl hätte, er könnte ihn bewundern. Aber wenn dies nicht so ist, wenn Gott nicht den Grad der moralischen Exzellenz erreicht, den der Mensch bestimmt hat, wird er ihm die Verehrung verweigern. Das ist Humanismus – der Mensch als Maß aller Dinge, einschließlich der Religion."[49]

Blanche Sanders: „Ein Humanist hat das alte Joch des Supranaturalismus mit seinen Bürden der Angst und der Knechtschaft abgeschüttelt und bewegt sich in der Welt als freier Mensch, als Kind der Natur und nicht irgendwelcher menschengemachter Götter."[50]

---

47 *Is Everyone a Humanist?*, 177
48 *Third Annual Humanist Convention*, 53
49 *Religion as the Integration of Human Life*, 161
50 *The Humanist 5* (1945), 226

Sir Julian Huxley: „Ich kann nur für mich sagen, dass das Gefühl von geistiger Erleichterung durch die Ablehnung der Vorstellung von Gott als übernatürliches Wesen enorm ist."[51]

Es ist also klar, welche Motivation hinter diesen Äußerungen von vormarxistischem, marxistischem, existenzialistischem und humanistischem Atheismus steht. Sein Herzschlag und sein entschlossenes Streben gelten der Freiheit des Menschen: Der Mensch als völlig unabhängig von Gott und absolut autonom als Maß aller Dinge und Zentrum des Universums. Diese Motivation verlangt die Leugnung der Existenz Gottes und die Abschaffung jedes Konzepts eines übernatürlichen Schöpfers, denn wenn man die Existenz Gottes zugäbe, würde man die Freiheit des Menschen einschränken.

> ⚑ *Diese Motivation verlangt die Leugnung der Existenz Gottes und die Abschaffung jedes Konzepts eines übernatürlichen Schöpfers, denn wenn man die Existenz Gottes zugäbe, würde man die Freiheit des Menschen einschränken.*

Das ist es also, was viele Atheisten als notwendige, grundlegende Bedingung für die Verwirklichung der menschlichen Freiheit betrachten. Was sagen die Theisten dazu? Sie nehmen dieses Thema und die dazugehörigen Argumente natürlich ernst, und wir werden hier auch diese (in den Augen von Theisten) „Flucht von Gott" im Detail analysieren. Doch zuvor könnte es zunächst hilfreich sein, den Standpunkt der Atheisten aus theistischer Sicht zu kommentieren, um einige potenzielle Missverständnisse aufzuklären.

Der Ruf nach Freiheit

Das Erste, was Theisten vielleicht sagen möchten, ist, dass sie – genau wie die Atheisten – den instinktiven Wunsch des menschlichen Herzens nach Freiheit anerkennen, begrüßen und wertschätzen. Dieser Wunsch an sich ist durchweg gesund und – wie Theisten sagen würden – gottgegeben. Zudem ist er fundamental und zentral für ihre Gotteserfahrung.

Religiöse Juden zum Beispiel werden auf die Erfahrung hinweisen, die das ursprüngliche, prägende Element für ihre Existenz und Identität als Nation waren: Die Befreiung als Volk (die sie Gott zuschreiben) von den Zwangsarbeitslagern im pharaonischen Ägypten des 2. Jahrtausends v. Chr. Der deutliche Ruf von Gottes Propheten Mose zum Pharao: „Lass mein Volk ziehen, damit sie mir dienen", hallt seit Jahrhunderten in den jüdischen Herzen wider. Seit dieser Zeit feiern die Juden ihre Befreiung mit dem

---

51 *Religion without Revelation,* 32

jährlichen Passahfest (Pessach). Der dadurch geförderte Glaube an Gott als ihren Erhalter und Befreier hat ihre Hoffnung durch viele Zeiten der Unterdrückung hindurch, die sie im Laufe der Jahrhunderte durch totalitäre, antisemitische Regierungen erdulden mussten, am Leben erhalten.

Christen würden hinzufügen, dass Befreiung und Freiheit den wesentlichen Kern des Evangeliums von Christus bilden. Sie werden Christi programmatische Aussage zu seiner Sendung zitieren:

> Der Geist des Herrn ist auf mir, weil er mich gesalbt hat, Armen gute Botschaft zu verkünden; er hat mich gesandt, Gefangenen Freiheit auszurufen und Blinden, dass sie wieder sehen, Zerschlagene in Freiheit hinzusenden, auszurufen ein angenehmes Jahr des Herrn. (Lk 4,18-19)

Oder sie werden Christi Versprechen an seine Jünger zitieren:

> Wenn ihr an meiner Lehre festhaltet, seid ihr wirklich meine Jünger. Dann werdet ihr die Wahrheit erkennen, und die Wahrheit wird euch frei machen. ... Ich sage euch die Wahrheit: Jeder, der sündigt, ist ein Sklave der Sünde. ... Wenn nun der Sohn euch frei machen wird, werdet ihr wirklich frei sein. (Joh 8,31-36; unsere Übersetzung)

Es wäre müßig, wenn Atheisten hier einwenden würden, Christus spräche hier nur über moralische und geistliche Freiheit, während Atheisten an wirklicher Freiheit interessiert seien, das heißt, sozialer und politischer Freiheit. Wenn Sie sich noch einmal die eben zitierten Aussagen der atheistischen Philosophen ansehen, werden Sie Folgendes erkennen: Wenn sie die Unabhängigkeit von Gott fordern, geht es dabei klar um eine moralische und geistige Freiheit, die sie für den autonomen Menschen beanspruchen. Marx lehnt Gott als seinen Schöpfer ab; er will lieber sein eigener Herr sein, der seine Existenz sich selbst verdankt. Julian Huxley drückt sein Gefühl von geistiger Erleichterung aus, das aus seiner Ablehnung der Idee von Gott als übernatürliches Wesen resultiert. Er spricht nicht über eine Freiheit zum Wechseln der politischen Partei.

> ✠ *Dann werdet ihr die Wahrheit erkennen, und die Wahrheit wird euch frei machen. ... Ich sage euch die Wahrheit: Jeder, der sündigt, ist ein Sklave der Sünde. ... Wenn nun der Sohn euch frei machen wird, werdet ihr wirklich frei sein. (Joh 8,31-36)*

Und hinsichtlich der Beziehung der Christen zu Gott und dem Gefühl, das diese Erfahrung mit sich bringt, werden Christen die Worte des Apostels Paulus bestätigen:

> Denn ihr habt nicht einen Geist der Knechtschaft empfangen, wieder zur Furcht, sondern einen Geist der Sohnschaft habt ihr empfangen, in dem wir rufen: Abba, Vater! Der Geist selbst bezeugt zusammen mit unserem Geist, dass wir Kinder Gottes sind. Wenn aber Kinder, so auch Erben, Erben Gottes und Miterben Christi, wenn wir wirklich mitleiden, damit wir auch mitverherrlicht werden. (Röm 8,15-17)

Wenn Christen daher eine Atheistin wie Blanche Sanders hören, die davon spricht, „das alte Joch des Supranaturalismus mit seinen Bürden der Angst und der Knechtschaft" abzuschütteln, würden sie sie vielleicht fragen, auf welche Art von Supranaturalismus oder Religion sie sich bezieht. Dazu gleich mehr.

Aber damit rückt ein wichtiger Punkt in der Debatte zwischen Atheismus und Theismus in den Fokus. Beide versprechen Freiheit. Aber was genau ist jeweils mit „Freiheit" gemeint? Und bei welchem Versprechen ist die Wahrscheinlichkeit größer, dass es sich auch tatsächlich erfüllen wird?

Die Kritik der Atheisten an der Religion

Die Entschlossenheit der Atheisten, jedes Konzept eines Schöpfergottes zu verwerfen, gründet sich oft auf ihre Kritik an der Religion – wer weiß, vielleicht aufgrund persönlicher Erfahrungen? Sie sehen Religion als unterdrückende Versklavung des menschlichen Geistes und als Ursache für die Entfremdung des Menschen von sich selbst an.

Christen würden dieser Kritik durchaus zustimmen, zumindest in dem Maß, dass reine Religion im Unterschied zu einem lebendigen persönlichen Glauben an den lebendigen Gott schnell zu einer Form von Sklaverei entarten kann. Wichtig ist zu beachten, dass die Bibel selbst auf diese Gefahr hinweist. Als der Apostel Paulus seine Mitchristen ermahnt: „Für die Freiheit hat Christus uns frei gemacht. Steht nun fest und lasst euch nicht wieder durch ein Joch der Sklaverei belasten" (Gal 5,1), meint er mit dem „Joch der Sklaverei" eine Form von gesetzlicher Religion. Zuvor hat er dies wie folgt beschrieben:

> Damals jedoch, als ihr Gott nicht kanntet, dientet ihr denen, die von Natur nicht Götter sind; jetzt aber habt ihr Gott erkannt – vielmehr

seid ihr von Gott erkannt worden. Wie wendet ihr euch wieder zu den schwachen und armseligen Elementen zurück, denen ihr wieder von neuem dienen wollt? Ihr beobachtet Tage und Monate und bestimmte Zeiten und Jahre. Ich fürchte um euch, ob ich nicht etwa vergeblich an euch gearbeitet habe. (Gal 4,8-11)

☩ *Hier irren die Atheisten – so sehen es die Christen –, wenn sie bei dem Versuch, einer unterdrückenden, gesetzlichen, abergläubischen und opiaten Religion zu entgehen, Gott an sich ablehnen, der doch selbst eine solche Art der Religion verurteilt.*

Hier irren die Atheisten – so sehen es die Christen –, wenn sie bei dem Versuch, einer unterdrückenden, gesetzlichen, abergläubischen und opiaten Religion zu entgehen, Gott an sich ablehnen, der doch selbst eine solche Art der Religion verurteilt.

Die Sünden und Verbrechen der Christenheit

Zweifellos sind sie der Grund, weshalb viele Menschen jede Form von Religion zugunsten des Atheismus ablehnen. Die christliche Antwort lautet, dass diese rückhaltlos aufgeklärt und bekannt werden müssen. Sie sind falsch gewesen und unentschuldbar. Der Einsatz des Schwertes durch Christen zum Schutz und zur Ausbreitung des Christentums; die Folter und das Verbrennen von Juden und sogenannten Häretikern; die Unterstützung der Kreuzzüge, die Plünderung von Byzanz und das Abschlachten der Türken angeblich im Namen Christi; die häufige Akzeptanz der Unterdrückung der Armen – all das war falsch und ist Sünde. Und es schmälert auch keinesfalls die Verfehlungen der Christenheit, wenn man darauf hinweist, dass atheistische Regierungen sich oft ähnlicher Unterdrückung schuldig gemacht haben. Die Christenheit hat keine Ausreden dafür. Ihr Verhalten war eine offene, eklatante Missachtung der klaren Lehre Christi. Dieses Verhalten ist alles andere als christlich gewesen, denn Christus verbot seinen Jüngern strikt den Einsatz des Schwertes zum Schutz oder zur Ausbreitung seines Reiches (Joh 18,10-11; 33-37; 2Kor 10,4-5).

Andererseits wäre es ungerecht, Gott, Christus oder seine Apostel für den Ungehorsam und die Sünden der Christenheit anzuklagen, so wie es ebenfalls nicht fair wäre, Marx' Lehren für Stalins Säuberungsaktionen verantwortlich zu machen.

Und was Marx' Mitgefühl und seinen Einsatz für das Proletariat angeht, verurteilt das wahre Christentum nicht weniger deutlich Kapitalisten, die ihre Arbeiter unterdrücken:

Nun also, ihr Reichen, weint und heult über eure Plagen, die über euch kommen! Euer Reichtum ist verfault, und eure Kleider sind von Motten zerfressen worden. Euer Gold und Silber ist verrostet, und ihr Rost wird zum Zeugnis sein gegen euch und euer Fleisch fressen wie Feuer; ihr habt Schätze gesammelt in den letzten Tagen. Siehe, der von euch vorenthaltene Lohn der Arbeiter, die eure Felder geschnitten haben, schreit, und das Geschrei der Schnitter ist vor die Ohren des Herrn Zebaoth gekommen. Ihr habt auf der Erde in Üppigkeit gelebt und geschwelgt; ihr habt eure Herzen gemästet an einem Schlachttag. Ihr habt verurteilt, ihr habt getötet den Gerechten; er widersteht euch nicht. (Jak 5,1-6)

Und nebenbei bemerkt war es ein Christ, William Wilberforce, der sich für die Abschaffung der Sklaverei im ganzen britischen Empire einsetzte und sie schließlich durchsetzen konnte.

Die Behauptung der Atheisten bezüglich der menschlichen Freiheit

Die Behauptung lautet, der Weg zur menschlichen Freiheit sei die Ablehnung aller menschengemachter Götter. Lassen Sie uns noch einmal die Aussage von Blanche Sanders betrachten:

Ein Humanist hat das alte Joch des Supranaturalismus mit seinen Bürden der Angst und der Knechtschaft abgeschüttelt und bewegt sich in der Welt als freier Mensch, als Kind der Natur und nicht irgendwelcher menschengemachter Götter.[52]

Juden, Christen und Muslime würden gemeinsam applaudieren, wenn alle menschengemachten Götter abgeschafft würden. Menschengemachte Götter zu verehren und ihnen zu dienen erniedrigt den Menschen und führt dazu, ihn zu versklaven. Aber den wahren, lebendigen und ewigen Gott, Schöpfer des Himmels und der Erde, mit menschengemachten Göttern zu verwechseln, ist ein Kategorienfehler erster Ordnung. Juden, Christen und Muslime würden darauf hinweisen, dass es eben genau diese Ablehnung des einen wahren Gottes ist, die ständig und sogar unausweichlich die Menschheit in ihrer ganzen Geschichte dazu gebracht hat, menschengemachte Götter zu übernehmen. Seien es Götter physischer, metaphysischer,

---

52   *The Humanist 5* (1945), 226

philosophischer oder politscher Art – Götter, welche die Menschen letztendlich sowohl ihrer Würde als auch ihrer Freiheit berauben.

FREIHEIT UND DIE GEFAHR IHRER ABWERTUNG

Einleitung

Bis jetzt haben wir eine Reihe von Atheisten aufgeführt, die uns mit eigenen
Worten erzählt haben, was ihre Motivation hinter ihrem Atheismus war beziehungsweise ist. Es zeigte sich, dass es sich dabei um den tiefen und starken
Wunsch nach Freiheit handelt, die den Menschen in ihren Augen von jeder
höheren Macht unabhängig macht und ihm damit vollkommene Autonomie verleiht. Um eine solche Freiheit durchzusetzen und zu genießen, sei es
notwendig – so ihre Argumentation –, jeden Glauben an Gott zu beseitigen.

Nun sollten wir einen Theisten zu Wort kommen lassen und seine Analyse der Situation des Menschen hören. Er wird argumentieren, dass die
Ablehnung Gottes die menschliche Freiheit keinesfalls fördern, sondern in
Wirklichkeit verringern wird. Sie führe zu einer anthropozentrischen, pseu-
doreligiösen Ideologie und impliziere, dass jeder Einzelne ein Gefangener
nicht rationaler Kräfte sei, die ihn letztendlich zerstören würden, völlig ungeachtet seiner Rationalität.

Diese Analyse stammt von dem christlichen Apostel Paulus. Paulus war
Jude und hatte zudem die bürgerliche Ehre geerbt, ein „Bürger Roms" zu
sein. Er sprach fließend Aramäisch und Griechisch, hatte in Jerusalem und
Tarsus Theologie studiert und war im Römischen Reich weit herumgekom-
men. Somit hatte er aus erster Hand Kenntnisse über die zahlreichen Arten
von Religion, die in der damaligen Welt verbreitet waren.

Er hatte auch sowohl mit stoischen als auch mit epikureischen Philosophen diskutiert (siehe Apostelgeschichte 17). Die Stoiker glaubten, im Zentrum des Universums existiere eine schöpferische und lenkende Intelligenz,
die jeden Winkel durchdringe. Diese Intelligenz sei jedoch Teil des Universums, materiell und unpersönlich. Die Stoiker können daher als Pantheisten
bezeichnet werden. Für uns heute sind sie insofern von Bedeutung, weil sie
ein frühes Beispiel für den Versuch sind, die Ordnung der Welt zu erklären
und ein durchgehendes Ethiksystem zu entwickeln, ohne dabei die Existenz
einer jenseitigen Welt vorauszusetzen.

Die Epikureer wiederum waren durch und durch Materialisten. Sie
glaubten, im Universum gebe es nichts als Materie und Raum. Körper,

Gehirn, Geist und Seele des Menschen beständen einzig und allein aus Atomen. Nach dem Tod zerfalle der Mensch. Ein Leben nach dem Tod gebe es nicht und somit auch kein Endgericht (worüber der berühmte römische Epikureer Lucretius ausgiebig jubelte).[53] Welche Art von Göttern auch immer existierten – und die Epikureer leugneten nicht, dass es welche gab –, sie interessierten sich nicht für die Welt der Menschen und ihr Verhalten. Die Menschen seien vollkommen frei und autonom, und ihr *Summum Bonum* das Vergnügen.

Daran können wir sehen, dass der philosophische Materialismus, den die meisten Atheisten in den letzten Jahrhunderten vertreten haben, keine neue Idee ist. Manche Philosophen hatten diesen schon Jahrhunderte vor Paulus' Geburt propagiert.[54]

Paulus war sich also der sehr unterschiedlichen Einflüsse in der Gesellschaft seiner Zeit bewusst. Er war weit davon entfernt zu denken, dass alle Menschen exakt das Gleiche glaubten oder nicht glaubten (und dafür jeweils die gleichen Beweggründe hatten).

Er war der Ansicht, dass die Abkehr der Menschen von Gott schon am Anfang der Menschheit begonnen habe. Er glaubte sogar – was uns vielleicht zunächst überraschen wird –, dass ein großer Teil der Religionen mit ihrem Glauben an Götter und das Übernatürliche seine tief sitzenden Wurzeln in dieser ursprünglichen Bewegung weg von Gott hatte. Außerdem konnte er nachvollziehen, dass manche Philosophen Atheisten wurden, weil sie die Absurditäten und Unmoral des polytheistischen Götzendienstes ihrer Umwelt intellektuell und moralisch verabscheuten.

> ✠ *Paulus konnte nachvollziehen, dass manche Philosophen Atheisten wurden, weil sie die Absurditäten und Unmoral des polytheistischen Götzendienstes ihrer Umwelt intellektuell und moralisch verabscheuten.*

Andererseits erkannte Paulus, dass es inmitten der Flut von zeitgenössischen Weltanschauungen auch Menschen gab, die nach besten Kräften versuchten, die Wahrheit über Gott herauszufinden – ob er existierte oder nicht und wie sein Wesen war, wenn es ihn denn gäbe. Dies sagte er über die stoischen und epikureischen Philosophen auf

---

53 *De Rerum Natura*, Buch 1
54 Wahrscheinlich im ersten Jahrzehnt des 1. Jahrhunderts n. Chr.

dem Areopag in Athen, wo er unter der Zustimmung der Zuhörer zwei griechische Poeten zitierte, Epimenides von Kreta und Aratos (Apg 17,28).[55]

In seiner Analyse beginnt Paulus mit einer Beschreibung der ursprünglichen Flucht des Menschen vor Gott und mit den immer größer werdenden Auswirkungen auf die folgenden Generationen – denn damit wurde das Grundmuster ihres Denkens festgelegt. Er forderte seine Zeitgenossen heraus, sich selbst zu fragen, ob sie nicht ebenfalls auf der Flucht vor Gott seien wie ihre Vorfahren, aus denselben Motiven. Genau dazu fordert Paulus auch uns heute heraus, wenn wir seinen Text lesen.

Diese Analyse bildet den ersten Teil eines langen Briefs, den er um das Jahr 57 n. Chr. an die christliche Gemeinde in Rom schrieb. Wir werden jetzt hier nicht die ganze Analyse behandeln, sondern uns die zentralen Punkte genauer ansehen, die für unsere jetzige Diskussion unmittelbar relevant sind. Aber zu Referenzzwecken ist hier der Text des ganzen Abschnitts zu lesen:

> Denn es wird offenbart Gottes Zorn vom Himmel her über alle Gottlosigkeit und Ungerechtigkeit der Menschen, welche die Wahrheit durch Ungerechtigkeit niederhalten, weil das von Gott Erkennbare unter ihnen offenbar ist, denn Gott hat es ihnen offenbar. Denn sein unsichtbares Wesen, sowohl seine ewige Kraft als auch seine Göttlichkeit, wird seit Erschaffung der Welt in dem Gemachten wahrgenommen und geschaut, damit sie ohne Entschuldigung seien; weil sie Gott kannten, ihn aber weder als Gott verherrlichten noch ihm Dank darbrachten, sondern in ihren Überlegungen in Torheit verfielen und ihr unverständiges Herz verfinstert wurde. Indem sie sich für Weise ausgaben, sind sie zu Narren geworden und haben die Herrlichkeit des unvergänglichen Gottes verwandelt in das Gleichnis eines Bildes vom vergänglichen Menschen und von Vögeln und von vierfüßigen und kriechenden Tieren. Darum hat Gott sie dahingegeben in den Begierden ihrer Herzen in die Unreinheit, ihre Leiber untereinander zu schänden, sie, welche die Wahrheit Gottes in die Lüge verwandelt und dem Geschöpf Verehrung und Dienst dargebracht haben

---

55 Die Worte „denn in ihm leben wir und bewegen uns und sind wir" bilden die vierte Zeile eines Vierzeilers, der einem Gedicht entnommen wurde, das Epimenides aus Kreta zugeschrieben wird (um 600 v. Chr., aber in Wirklichkeit aus jüngerer Zeit). Der Ausdruck „denn wir sind auch sein Geschlecht" ist Teil der fünften Zeile des Gedichts *Phainomena* des sizilischen Dichters Aratos (geboren im Jahr 310 v. Chr.).

statt dem Schöpfer, der gepriesen ist in Ewigkeit. Amen. Deswegen hat Gott sie dahingegeben in schändliche Leidenschaften. Denn ihre Frauen haben den natürlichen Verkehr in den unnatürlichen verwandelt, und ebenso haben auch die Männer den natürlichen Verkehr mit der Frau verlassen, sind in ihrer Begierde zueinander entbrannt, indem die Männer mit Männern Schande trieben, und empfingen den gebührenden Lohn ihrer Verirrung an sich selbst. Und wie sie es nicht für gut fanden, Gott in der Erkenntnis festzuhalten, hat Gott sie dahingegeben in einen verworfenen Sinn, zu tun, was sich nicht ziemt: erfüllt mit aller Ungerechtigkeit, Bosheit, Habsucht, Schlechtigkeit, voll von Neid, Mord, Streit, List, Tücke; Verbreiter übler Nachrede, Verleumder, Gotteshasser, Gewalttäter, Hochmütige, Prahler, Erfinder böser Dinge, den Eltern Ungehorsame, Unverständige, Treulose, ohne natürliche Liebe, Unbarmherzige. Obwohl sie Gottes Rechtsforderung erkennen, dass die, die so etwas tun, des Todes würdig sind, üben sie es nicht allein aus, sondern haben auch Wohlgefallen an denen, die es tun. (Röm 1,18-32)

Der fortschreitende Freiheitsverlust der Menschheit

Aus biblisch-historischer Sicht kannte die Menschheit ursprünglich Gott. Sie kannten die Wahrheit über das Universum und sie selbst: Beides verdankt seine Existenz einem Schöpfergott (1,18-21). Aber die Menschheit verdrängte oder unterdrückte diese Erkenntnis von Gott (1,18); es war nicht mehr wichtig, dass Gott Teil ihres Wissens war oder blieb. Die Menschen empfanden die Vorstellung eines Gottes als unangemessen und weigerten sich, Gott anzuerkennen (1,25). Und der nächste Schritt auf dieser Flucht weg vom wahren und lebendigen Gott war die Vergötterung von Menschen, Tieren und Naturgewalten (1,23.25). Die Folge war Polytheismus und der geistliche und moralische Verfall der Menschheit.

Sofort wird eingewendet, dass die Behauptung, die Menschheit habe ursprünglich den einen wahren Gott gekannt und sich erst später dem Polytheismus und Animismus zugewandt, allgemein anerkannten Vorstellungen über die historische Entwicklung der Religion widerspreche. Bevor wir fortfahren, müssen wir uns zunächst mit dieser sehr einflussreichen Theorie befassen.

• *Die Theorie von der evolutionären Entwicklung der Religion*

Diese Theorie fand seit Darwin bis in die Mitte des 20. Jahrhunderts (und an manchen Orten vielleicht auch noch heute) breite Akzeptanz. Auf den ersten Blick hört sie sich recht plausibel an: Wenn sich die Menschheit aus niederen Primaten entwickelt hat (wie Darwin behauptete), ist die logische Folge davon, dass auch die Religion der Menschheit eine Entwicklung durchgemacht hat. Dazu schrieb Julian Huxley:

> Im stammesgeschichtlichen Gedankengebäude ist weder Bedarf noch Raum für das Übernatürliche. Die Erde ist nicht geschaffen worden, sie entwickelte sich. Entwickelt haben sich desgleichen alle Tiere und Pflanzen, die sie bevölkern, einschließlich unser selbst, Geist und Seele genau wie das Hirn und der Leib. Entwickelt hat sich auch die Religion.[56]

Laut dieser Theorie hätte es also eine Zeit gegeben, in der die frühe Menschheit keine Religion hatte, nur eine grundsätzliche Angst vor Fremdem und Bedrohlichem, so wie bei Tieren.[57] Danach, so die Theorie, hat sich die Religion schrittweise aus Zauberei und Animismus[58] über Polytheismus und Henotheismus[59] bis hin zum Monotheismus entwickelt.[60] Schließlich, so die Prognose vieler, wird die Menschheit auch den Monotheismus hinter sich lassen, da die Evolution

> ✝ *Das Problem bei dieser Theorie ist jedoch, dass sie auf unzureichender und unangemessener Feldforschung beruht und größtenteils spekulativ ist und nicht auf Fakten beruht.*

---

56 *Ich sehe den künftigen Menschen,* 80
57 Was A. C. Bouquet als „Animismus" bezeichnete, das heißt „der Glaube an eine unbestimmte, mächtige, beängstigend undurchschaubare Macht" (*Comparative Religion,* 42).
58 Die Vorstellung, dass es Geister gibt oder in allem eine spirituelle Kraft, *Mana,* liegt, die mit religiösem Respekt behandelt werden muss.
59 Das heißt ein Hauptgott pro Familie, Stamm oder Nation
60 Der Begriff „Monismus" (im Unterschied zu „Monotheismus") bezeichnet die religiös-philosophische Idee, dass alles wahre Sein eins ist. Diese Idee durchzieht einen Großteil des buddhistischen, hinduistischen und New-Age-Denkens. „Es gibt eine Sache, die wirklich existiert – Brahman, und es gibt nichts neben diesem. Wie Salz das Wasser durchdringt Brahman das weite Universum. Der Atman – das Prinzip des Lebens im Menschen – ist das Gleiche wie Brahman" (Eastwood, *Life and Thought in the Ancient World,* 62).

sie weiter zum wissenschaftlichen Atheismus und zur Freiheit von aller Religion und irrationalen Überzeugungen geführt hat.

Diese evolutionäre Theorie wurde durch Gelehrte wie der berühmte Sir J. G. Frazer (1854–1941) sehr populär, dessen Buch *Der goldene Zweig* in einigen Kreisen auch heute noch populär ist. Das Problem bei dieser Theorie ist jedoch, dass sie auf unzureichender und unangemessener Feldforschung beruht und größtenteils spekulativ ist und nicht auf Fakten beruht. Hierfür zwei Beispiele:

> Als Charles Darwin 1833 nach Tierra del Fuego kam, glaubte er, er habe Ureinwohner ohne jegliche Religion entdeckt. Der gewaltige Eindruck, den diese Nachricht auf das britische Volk hinterließ, ist heute noch zu spüren. Und dies trotz der Tatsache, dass vor 50 Jahren ein Gelehrter, der sich die Zeit nahm, mit den Fuegianern zu leben und ihre Sprache und Bräuche zu lernen, berichtete, dass die Vorstellung eines Gottes dort weit entwickelt sei und dass es keinerlei Beweise dafür gebe, dass es einmal eine Zeit gegeben habe, in der sie keinen Gott kannten. Sein Name ist Watauinaiwa, was „der Ewige" bedeutet.[61]
>
> Ein Forscher ... der der Royal Geographical Society von seiner Safari nilaufwärts durch den Sudan im Jahr 1861 berichtete, sagte: „Wie alle anderen Stämme des Weißen Nils glauben sie an keine Gottheit, sie sind auch nicht eine Spur abergläubig. Sie sind einfach nur Rohlinge, deren einzige Vorstellung von irdischem Glück ist, grenzenlos Frauen, Rinder und ... Bier zur Verfügung zu haben."[62]

Doch das vielleicht bedeutendste Buch, das jemals über die Religion einer vorliterarischen Gemeinschaft geschrieben wurde, ist *Nuer Religion* von Professor E. E. Evans-Pritchard (ehemals Leiter des Instituts für Sozialanthropologie in Oxford). Er schreibt: „Die Nuer sind nach den üblichen Maßstäben ein primitives Volk, aber ihr religiöses Denken ist bemerkenswert sensibel, ausgeklügelt und intelligent. Es ist zudem höchst komplex."[63]
Ähnlich gründliche und sorgfältige Feldforschung bei anderen vorliterarischen Gemeinschaften ist durchweg zu denselben Ergebnissen gekommen.

---

61 Zitiert aus Newing, *Religions of pre-literacy societies*, 14–15
62 Baker, *Albert Nyanza*
63 S. 311

Daher hat die Vorstellung, es seien primitive Volksstämme entdeckt worden, die keine Religion hätten und dass dies die Theorie der Evolution der Religion beweise, ihre Glaubwürdigkeit verloren.

Doch nicht nur das: Auch die Stufenfolge, der laut dieser Theorie die Evolution der Religion folgt – von der Zauberei bis hin zum Monotheismus –, ist ebenfalls nicht länger glaubwürdig. Denn Religion und Zauberei kommen bis heute sogar in hoch entwickelten Gesellschaften vor. Zum Beispiel findet man beides in Japan. Daher sei es unmöglich, sagte E. O. James, „weiter an der Idee eines evolutionären Ablaufs festzuhalten, an die Tylor, Frazer und ihre Zeitgenossen glaubten."[64]

Zudem ist hinsichtlich der Vorstellung, Religion habe sich vom Polytheismus schließlich zum Monotheismus entwickelt, zu sagen, dass Feldforschungen von Anthropologen in vielen vorliterarischen Gesellschaften oftmals das Gegenteil gezeigt haben, dass die eigentliche Entwicklung genau andersherum verläuft: vom einfachen Monotheismus über einen Monotheismus, der durch geringere Götter ergänzt wurde, bis hin zum Polytheismus.

- *Beispiele für die Weltsichten von vorliterarischen Gesellschaften*

Wilhelm Schmidt (1868–1954) berichtete, dass er bei den Pygmäen in Zentralafrika ein klares Bewusstsein für die Existenz eines einzigen höchsten Wesens wahrgenommen habe, dem alle anderen Existenzen, natürliche wie übernatürliche, unterworfen seien.[65] Er und seine Mitarbeiter führten im Folgenden aus, dass der Glaube an ein höheres Wesen fast universell sei. Man finde ihn im altertümlichen Ägypten, in Mesopotamien, im Iran und in China, doch in jedem Fall sei er kombiniert oder überlagert worden mit polytheistischen Glaubensvorstellungen und Praktiken.[66]

Dr. E. K. Victor Pearce zitiert folgende Bemerkung von Evans-Pritchard als bemerkenswert:

Während vor den 1930er-Jahren das evolutionäre Konzept der Religion lautete, sie habe sich von Animismus und Zauberei zum

---

64 *Christianity and Other Religions*, 22
65 *Origin and Growth of Religion*, 88, 191 f und andere Stellen
66 Schmidt, *Origin and Growth of Religion*, 251 ff; James, *Christianity and Other Religions*, 51–54; 60–62

Polytheismus und dann schließlich zum Monotheismus entwickelt, hat die Feldforschung dies widerlegt. Nun haben Anthropologen erkannt, dass der Glaube an einen Schöpfergott vor allen anderen religiösen Konzepten existiert hat. Dieser wurde dann schrittweise über den Polytheismus bis hin zur Besänftigung von zahllosen Naturgeistern verdrängt.[67]

In den Jahren 1954 und 1955 begann Dr. Leo Pospisil, das Papuavolk in Neuguinea zu erforschen. Da sie im Hochgebirge lebten und vom Kontakt mit den umliegenden Stämmen völlig abgeschnitten waren, kannten sie den Rest der Welt nicht. Ihre Kultur war noch immer eine Steinzeitkultur in ihrem ursprünglichen Zustand. In seinem Buch *The Kapauku Papuans* berichtet Dr. Pospisil über ihren Glauben:

Das Universum selbst und jegliche Existenz war *ebijate*, „gestaltet von *Ugatame*", dem Schöpfer. *Ugatame* hat eine doppelte Natur: Er soll männlich und weiblich zugleich sein, wird als zwei Personen gesehen und manifestiert sich für das Volk in der Dualität von Sonne und Mond. Auf meine Frage, ob *Ugatame* die Sonne und der Mond sei, wurde dies entschieden verneint. ... Sonne und Mond sind nur Manifestierungen von *Ugatame*, der so seine Gegenwart dem Volk vermittelt ... *Ugatame* ist allwissend, allmächtig und allgegenwärtig; ihm wird die Schöpfung aller Dinge und die Vorbestimmung aller Ereignisse zugeschrieben.[68]

Edward G. Newing teilt uns nach einigen Jahren Erfahrung in Afrika mit:

Die meisten, wenn nicht alle, vorliterarischen Völker glauben an ein höchstes Wesen, das die meisten Gelehrten als „hoher Gott" bezeichnen, um ihn von den niedrigeren Gottheiten zu unterscheiden. Es wurde argumentiert: „Heidnische Völker haben erst jetzt eine klare Vorstellung eines hohen Gottes, die zuvor nur als vage Idee existiert hat", und zwar aufgrund des Einflusses der christlichen Missionen. In manchen Fällen mag dies zutreffen, aber im Großen und Ganzen war die Vorstellung der meisten vorliterarischen Gesellschaften von Gott schon vor der Ankunft der Missionare recht klar und gut ausgebildet.

---

67 *Evidence for Truth*, 191
68 S. 84

Es stimmt, in den meisten Fällen zeigt er kein großes Interesse an den Angelegenheiten der Menschen und gibt sich damit zufrieden, die Rolle des desinteressierten Beobachters zu spielen. Und doch ist es interessant, festzustellen, dass unter den am wenigsten entwickelten Völkern der Welt klare und erhabene Vorstellungen von Gott zu finden sind. ... Im Allgemeinen ist das höchste Wesen eine himmlische Gottheit. Er ist der Schöpfer beziehungsweise Urheber der Schöpfung. Er wird oft nicht verehrt, Schreine für ihn sind selten. Wenn jedoch alles andere scheitert, wird er angerufen, da er mehr Macht besitzt als jeder andere Geist oder Mensch. Wenn man ihn zu oft belästigt, bringt einem das (so der Glaube der meisten Afrikaner) nur Schwierigkeiten. Für gewöhnliche, alltägliche Angelegenheiten sind die lebenden Toten, Naturgötter und die Manipulation des *Mana* von weit höherer Bedeutung.[69]

Nun liefern diese und viele andere Beispiele von Weltanschauungen vorliterarischer Gesellschaften keinen absolut sicheren Beweis dafür, dass der primitive Glaube von allen diesen Gesellschaften der Monotheismus war. Doch wie Robert Brow bemerkt: „Der ursprüngliche Monotheismus liefert eine Erklärung für viele historische Fakten, die nur schwer mit der Hypothese der Religionsevolution vereinbar sind."[70]

So viel nun zu den von erfahrenen Anthropologen bei vorliterarischen Gesellschaften gesammelten Belegen, die darauf hinweisen, dass ein ursprünglicher Monotheismus später durch Polytheismus und Animismus überlagert wurde.

Aber uns stehen noch zwei viel stärkere Zeugen zur Verfügung, die die beständige Neigung der Menschheit bestätigen, den Glauben an *einen* Gott aufzugeben und sich dem Götzendienst der einen oder anderen Art zuzuwenden.

---

69 *Religions of pre-literary societies*, 38
70 *Religion, Origins and Ideas*, 13. Dies ist ein Beispiel für eine abduktive Folgerung aus der einfachsten Erklärung (siehe Anhang, S. 283), hier im Bereich Sozialanthropologie.

- *Die Religionsgeschichte des Judentums und des Christentums*

Der Monotheismus der Juden hatte laut ihrer eigenen heiligen Aufzeichnungen seine Wurzeln in Gottes Selbstoffenbarung als der eine wahre Gott gegenüber Abraham. Dieser wurde aus seinem Heimatland herausgerufen, als Reaktion auf den dort damals allgemein üblichen Polytheismus. Doch das Judentum kompromittierte häufig diesen ursprünglichen Monotheismus, wie es selbst bekannte. Nicht nur das Volk, sondern auch ihre Priester verfielen dem Götzendienst, Aberglauben und Polytheismus, der unter den umliegenden Nationen vorherrschte. Immer wieder mussten ihre Propheten wie Elia, Hesekiel und Jeremia sie dazu aufrufen, zur Anbetung des einen wahren Gottes zurückzukehren, denn immer wieder kam es zu Kompromissen mit dem Götzendienst. Erst im Exil in Babylon fand das ein Ende.

Das Christentum wiederum entstand aus dem streng monotheistischen Judentum heraus, doch in späteren Jahrhunderten gab es auch dort die Tendenz, in heidnischen Götzendienst zu verfallen (was zu großer und verständlicher Entrüstung vonseiten des Islams führte). Bei den heidnischen Griechen wurden Männer nach ihrem Tod zu „Helden" emporgehoben, wenn sie im Leben Herausragendes geleistet hatten. An ihren Schreinen wurden kultische Rituale praktiziert, man betete zu ihnen und glaubte, dass von Zeit zu Zeit in ihrem Namen Wunder geschehen würden. Schließlich entwickelte sich im Christentum eine ähnliche Praktik: Herausragende Männer und Frauen wurden nach ihrem Tod zu Heiligen erhoben. Man fertigte Statuen von ihnen an, verehrte ihre Schreine und Reliquien, richtete Gebete an sie und erwartete von ihnen Hilfe, wenn nicht sogar Wunder. In manchen Ländern kann man bis heute Gemeinden finden, die ihre christlichen Traditionen um jede Menge heidnische Rituale und Praktiken ergänzt haben.

> ✝ *Das Christentum wiederum entstand aus dem streng monotheistischen Judentum heraus, doch in späteren Jahrhunderten gab es auch dort die Tendenz, in heidnischen Götzendienst zu verfallen (was zu großer und verständlicher Entrüstung vonseiten des Islams führte).*

Die Theorie der evolutionären Entwicklung der Religion mit der Vorstellung eines linearen Aufstiegs der Religion vom Animismus über den Polytheismus hin zum Monotheismus hat den Ergebnissen gründlicher Feldforschung und Recherche nicht standgehalten. Außerdem widerspricht sie der Neigung des menschlichen Herzens, den wir in der Geschichte beobachten können. Sie hat mittlerweile ihre Glaubwürdigkeit verloren. Daher können wir die Diskussion dieser Theorie nun beenden und zu unserem Hauptthema zurückkehren.

Der fortschreitende Freiheitsverlust der Menschheit und die Ursache dafür

Die Flucht der Menschheit vor Gott hat bewusst stattgefunden, so Paulus. Sie sei weder unbeabsichtigt noch gedankenlos geschehen. Die Menschen hätten die Wahrheit verdrängt und unterdrückt (Röm 1,18). Sie hielten sie für unangemessen und weigerten sich, Gott in ihrer Erkenntnis festzuhalten (1,28). Obwohl sie Gott gekannt haben, haben sie ihn nicht als Gott verherrlicht oder ihm ihren Dank dargebracht (1,21).

Gerade die letzten Worte aus Vers 21 „noch ihm Dank darbrachten" sind wichtig für das Verständnis ihrer Motivation. Man kann jemandem für seine Hilfe oder ein Geschenk, ob groß oder klein, danken, man kann sogar einem Chirurgen für die Rettung des eigenen Lebens danken, ohne dabei das Gefühl für die eigene Freiheit aufzugeben. Bei Gott ist dies anders. Wenn man anfängt, ihm zu danken, wird man damit nie fertig. Denn ihn als Gott zu verherrlichen bedeutet, anzuerkennen, dass wir in allem von ihm abhängig sind, weil alles von ihm stammt: vom Planeten, auf dem wir leben, bis zu den Elementen, die zum Aufbau unseres Körpers notwendig sind; vom Sonnenlicht und der Ozonschicht, die die schädlichen Strahlen der Sonne filtert, bis hin zur Atemluft für unseren Körper; von der Nahrung, die wir essen, unserem funktionierenden Gehirn und der Intelligenz unseres Geistes bis hin zum Code in unseren Zellen und den moralischen Gesetzen, die in unser Herz geschrieben sind. Kurz gesagt – alles stammt von Gott: das Leben und alles sonst. Gott als Gott zu verherrlichen und ihm Dank darzubringen bedeutet, mit Freude und Dankbarkeit unsere absolute Abhängigkeit von Gott zu bekennen. Und laut Paulus' Analyse ist es das, was den Menschen nicht geschmeckt hat, und deswegen haben sie ihm ihre Anerkennung verweigert.

Wie zutreffend ist diese Analyse? Und wie weit lässt sie sich auf die moderne Menschheit übertragen? Denken Sie an das Zitat von Marx, das Sie ein paar Seiten zuvor gelesen haben:

> Ein Wesen gilt sich erst als selbstständiges, sobald es auf eignen Füßen steht, und es steht erst auf eignen Füßen, sobald es sein Dasein sich selbst verdankt. Ein Mensch, der von der Gnade eines andern lebt, betrachtet sich als ein abhängiges Wesen. Ich lebe aber vollständig von der Gnade eines andern, wenn ich ihm nicht nur die Unterhaltung

meines Lebens verdanke, sondern wenn er noch außerdem mein Leben geschaffen hat; wenn er der Quell meines Lebens ist.[71]

Marx war nicht bereit, eine solche Abhängigkeit von Gott anzuerkennen. Denken Sie auch an Sartre und seine Entschlossenheit, sich in radikaler Unabhängigkeit entschieden gegen Gott zu stellen.

Der Wunsch nach Unabhängigkeit von Gott hat nach Paulus in der Geschichte der Menschheit eine lange Tradition. Sie ist ein wesentlicher Bestandteil des Gefallenseins des Menschen. Nach der Bibel war die erste Sünde keine schreckliche Tat wie ein Mord, sondern geschah, als der Mensch auf die Stimme des Verführers hörte. Und der suggerierte, der Mensch könne erst dann sein volles Potenzial entfalten, wenn er nach Unabhängigkeit von Gott strebe und die verbotene Frucht nehme, trotz der Warnung Gottes vor den tödlichen Konsequenzen: „Da sagte die Schlange zur Frau: ‚Keineswegs werdet ihr sterben! Sondern Gott weiß, dass … ihr sein werdet wie Gott, erkennend Gutes und Böses‘.“ – Ihr müsst nicht länger von Gott abhängig sein, damit er euch sagt, was richtig und was falsch ist (siehe 1Mo 3,1-5).

Der Mensch erlag der Versuchung, so die Geschichte, obwohl er sich der Existenz Gottes noch voll bewusst war. Es war nicht so, dass ihm Zweifel gekommen wären, ob es denn genügend Beweise gebe, die den Glauben an Gott weiterhin rechtfertigen würden, und er daraufhin beschlossen hätte, sein Schicksal in die eigenen Hände zu nehmen. Auch wenn er nach der Unabhängigkeit von Gott griff, glaubte er weiter an ihn – und floh vor ihm und versuchte, sich hinter den Bäumen im Garten zu verstecken (1Mo 3,9-10).

> ✝ Auch heute denken noch viele, dass sie ihrem angeborenen Bewusstsein für die Existenz Gottes entfliehen können, wenn sie sich in Betriebsamkeit oder wissenschaftliches Studium des Universums stürzen.

So begann also nach dem Bericht der Bibel die Flucht des Menschen vor Gott: ein Prototyp für das Verhalten nachfolgender Generationen. Auch heute denken noch viele, dass sie ihrem angeborenen Bewusstsein für die Existenz Gottes entfliehen können, wenn sie sich in Betriebsamkeit oder wissenschaftliches Studium des Universums stürzen.

Aber wenn ein Geschöpf versucht, in völliger Unabhängigkeit von seinem Schöpfer zu leben, lebt es an der Wirklichkeit vorbei. Deswegen folgt nach

---

71 *Ökonomisch-Philosophische Manuskripte*, 127

Paulus' Analyse „weil sie Gott kannten, ihn aber weder als Gott verherrlichten noch ihm Dank darbrachten" eine Beschreibung der logischen Konsequenzen: „... sondern in ihren Überlegungen in Torheit verfielen und ihr unverständiges Herz verfinstert wurde." Oder, wie eine andere Übersetzung es ausdrückt: „Stattdessen verloren sich ihre Gedanken ins Nichts, und in ihrem uneinsichtigen Herzen wurde es finster" (1,21; NeÜ). Das soll nicht heißen, Atheisten seien nicht intelligent. Das sind sie – manche sogar auf geniale Weise. Es heißt, dass ihr Atheismus sie zu einer Weltsicht führt, die – um die Terminologie der Existenzialisten zu verwenden – letztlich absurd ist, wie wir später sehen werden.

Die Flucht der Menschheit vor Gott, so Paulus' Analyse, geschah nicht nur bewusst und gewollt; sie war schuldhaft. „... damit sie ohne Entschuldigung seien" (1,20) – für ihr Verhalten gibt es keine Entschuldigung. Warum? Weil die Menschen sich weigerten, die Belege für Gottes unvergängliche Kraft und sein göttliches Wesen zu sehen, die sie direkt vor Augen hatten, weil Gott sie ihnen deutlich gezeigt hatte. Der Bibeltext sagt:

> Denn seit der Erschaffung der Welt sind Gottes unsichtbare Eigenschaften, das heißt seine ewige Kraft und Göttlichkeit, deutlich zu sehen gewesen und wurden wahrgenommen durch die Dinge, die er geschaffen hat. (1,20; unsere Übersetzung)

Nun ist allerdings die Aussage, dass wir durch den Blick auf die Schöpfung um uns herum deutliche Beweise für seine Macht und Göttlichkeit sehen können, bei manchen höchst umstritten. „*Wir* können sie aber nicht sehen", protestieren sie. „Wir würden an Gott glauben, wenn man ihn beweisen könnte. Aber das kann man nicht."

Paulus' Analyse wurde jedoch sehr sorgfältig formuliert. Sie sagt nicht, man könne Gottes Existenz aus der Natur anhand abstrakter philosophischer Schlussfolgerungen beweisen. Und es ist in der Tat sehr vernünftig, dass sie dies nicht sagt. Viele von Gottes Geschöpfe sind nicht mit solch hoch entwickelten abstrakten Denkfähigkeiten gesegnet, wie die Philosophie sie zum Beispiel voraussetzt. Wenn also nur Menschen zur Erkenntnis Gottes gelangen könnten, die solche logischen Fähigkeiten besitzen, wären große Gruppen der Menschheit dauerhaft davon ausgeschlossen – was

✚ *Auf jeden Fall werden Dinge wie die Schönheit von Musik oder Poesie oder von Liebe und Treue nicht nur durch abstrakte philosophische Schlussfolgerungen wahrgenommen, begriffen und genossen. Ebenso wenig wie die Existenz Gottes.*

höchst ungerecht wäre. Auf jeden Fall werden Dinge wie die Schönheit von Musik oder Poesie oder von Liebe und Treue nicht nur durch abstrakte philosophische Schlussfolgerungen wahrgenommen, begriffen und genossen. Ebenso wenig wie die Existenz Gottes.

Paulus verwendet zwei griechische Wörter. Eines ist *kathoraō*, was „etwas aufmerksam mit den Augen beobachten" bedeutet. Das zweite ist *noeō* und bedeutet sowohl „etwas mit den Augen sehen" als auch „etwas mit dem Geist wahrnehmen".

So kann man ein Gemälde aufmerksam mit den Augen betrachten und dann mit dem Geist wahrnehmen, wie hervorragend es ist und was für ein Genie der Künstler gewesen sein muss, solch ein großartiges Bild in seinem Geist zu entwerfen und es dann mit solch brillantem Erfolg auf die Leinwand zu bringen.

Genauso ist es mit der Welt und dem Universum um uns herum: Je genauer und aufmerksamer wir beides betrachten, desto deutlicher nehmen wir wahr, dass es klar von jemandem gestaltet oder designt wurde. Das bedeutet aber, dass es auch einen Designer gegeben haben muss, und dieser Designer muss nicht nur große Macht haben, sondern auch übernatürlich, das heißt göttlich, sein. Jeder kann dies sehen, wenn er will. Um dies wahrzunehmen, braucht man keine herausragenden Fähigkeiten in philosophischer Logik.

Aber Paulus argumentiert, dass viele Menschen dies nicht sehen wollen. Es sei nicht so, dass sie es nicht sehen könnten oder einfach nicht sehen würden; vielmehr sähen sie es und würden auch erkennen, welche Folgerungen sich daraus ergeben müssten, aber sie würden diese bewusst ignorieren. Ist diese Analyse fair? Lassen Sie uns noch mal einen Blick auf ein paar moderne Beispiele werfen.

Sir Francis Crick, der Entdecker der DNA-Doppelhelix, äußert folgende Ansicht: „Der Ursprung des Lebens scheint beinahe ein Wunder zu sein, so zahlreich sind die schwierigen Aspekte dieses Geschehens." Dennoch bleibt er ein entschiedener Atheist, und anstatt einen Schöpfer anzuerkennen, sucht er die Antwort auf die Frage nach dem Ursprung des Lebens im Weltall und vermutet, das Leben müsse dort entstanden und dann in der Folge zur Erde transportiert worden sein.

Professor Richard Dawkins bemerkt: „Biologie ist das Studium komplizierter Dinge, die so aussehen, als seien sie zu einem Zweck entworfen worden."[72] Er kann also sehen, was jeder Mensch sehen kann und von dem jeder

---

72 *Der blinde Uhrmacher*, 13

in seinem Herzen weiß, dass es wahr ist. Aber dann lehnt er die Theorie des „bewussten Designers" ab zugunsten der trostlosen Theorie der natürlichen Selektion, die er wie folgt beschreibt: „Die natürliche Zuchtwahl, der blinde, unbewusste, automatische Vorgang, den Darwin entdeckte ... zielt auf keinen Zweck. Sie hat keine Augen und blickt nicht in die Zukunft. Sie plant nicht voraus. Sie hat kein Vorstellungsvermögen, keine Voraussicht, sieht überhaupt nichts."[73]

Warum also, könnte man fragen, zieht Dawkins die Darwin'sche Theorie der Theorie des bewussten Designers vor? Denn er selbst gibt zu: „Es sieht fast so aus, als wäre das menschliche Gehirn spezifisch dafür eingerichtet, den Darwinismus misszuverstehen und schwer verständlich zu finden."[74]

Seine Beweggründe scheinen durchzuscheinen, wenn Dawkins das Gefühl eines vordarwinistischen Atheisten beschreibt:

Ein Atheist vor Darwin hätte in Anlehnung an Hume sagen können: „Ich kann komplexe biologische Baupläne nicht erklären. Ich weiß nur, dass Gott keine gute Erklärung dafür ist; so müssen wir eben warten und hoffen, dass jemand eine bessere vorschlägt." Wie soll eine solche Meinung, auch wenn sie logisch gesehen vernünftig ist, irgendjemanden sehr zufriedengestellt haben. Auch wenn der Atheismus vor Darwin logisch haltbar war, so ermöglichte Darwin es dem Atheisten, auch intellektuell zufrieden zu sein.[75]

Mit anderen Worten: Atheismus war einfach die vorrangige, bevorzugte Haltung. Humes philosophisches Argument hat die Position eines Atheisten vielleicht logisch möglich gemacht; aber es blieb dennoch ziemlich unbefriedigend, bis Darwin für Abhilfe sorgte und es möglich machte, dass man nicht nur weiterhin Atheist bleiben konnte, sondern sich nun als intellektuell vollwertiger Atheist fühlen konnte. Atheismus war offenbar die ganze Zeit ohne Überprüfung einfach als Sichtweise bevorzugt worden, trotz des überwältigenden Zeugnisses von einem hochkomplexen Design in der Natur, das auf einen bewussten Designer hinwies.

---

73 *Der blinde Uhrmacher*, 18
74 *Der blinde Uhrmacher*, 9
75 *Der blinde Uhrmacher*, 19

Hier kann man erneut Francis Crick zitieren: „Biologen müssen immer im Hinterkopf behalten, dass das, was sie sehen, nicht entworfen wurde, sondern sich vielmehr entwickelt hat."[76] Die Beweise für ein Design sind anscheinend so deutlich, dass Biologen sich ständig bewusst darum bemühen müssen, ihnen zu widerstehen.

> ☫ „Biologen müssen immer im Hinterkopf behalten, dass das, was sie sehen, nicht entworfen wurde, sondern sich vielmehr entwickelt hat." Francis Crick, „Lessons from Biology"

Das SETI-Programm, von dem wir bereits sprachen,[77] versucht, anhand von Radioteleskopen Signale aus dem Weltall zu empfangen, die von einer intelligenten Quelle stammen könnten. Die Hypothese lautet, dass jedes Signal, das als Code (und nicht nur als Geräusch) analysiert werden kann, damit zeigt, dass es von einer intelligenten Quelle ausgeht. Warum? Weil es eine bekannte grundlegende Tatsache ist, dass blinde, unpersönliche Materie keine intelligente Sprache spricht; nur Personen tun dies. Alle Wissenschaftler stimmen dieser Hypothese zu.

Doch dann hat sich gezeigt, dass die DNA-Doppelhelix eine komplexe Information darstellt, die einen Code übermittelt. Gemäß jener Hypothese muss sie also ebenfalls ihren Ursprung in einer intelligenten Quelle haben. Ah, doch nicht! Diesmal lehnen viele Leute die Hypothese ab. Warum? Weil diesmal die intelligente Quelle nur Gott, der Schöpfer, sein könnte.

Der berühmte marxistische Genetiker Richard Lewontin erklärt seine Position als philosophischer Materialist: „Der Materialismus ist absolut, deshalb können wir keinen göttlichen Fuß in der Tür zulassen."[78]

Denn sie hielten es nicht für gut, „Gott in der Erkenntnis festzuhalten", sagt die Analyse von Paulus und fügt hinzu, dass eine solche Einstellung aus moralischer und geistlicher Sicht schuldhaft ist: Menschen werden sich dafür vor Gott verantworten müssen. Damit spricht Paulus ganz klar nicht nur darüber, was mit der frühen Menschheit geschehen ist, sondern auch, was mit der heutigen Menschheit geschieht.

---

76 *Lessons from Biology*, 36
77 „Einführung", S. 49
78 *Billions and Billions of Demons*

Der fortschreitende Freiheitsverlust der Menschheit und seine Folgen
Wir haben nun genügend Hinweise darauf, dass die Flucht der Menschheit vor Gott in allen Zeitaltern durch den Wunsch nach moralischer und geistiger Unabhängigkeit und Freiheit motiviert war. Doch Paulus' Analyse will aufzeigen, dass die Flucht der Menschheit vor Gott weit davon entfernt ist, ihr tatsächlich Unabhängigkeit und Freiheit zu gewährleisten. Im Gegenteil entwertet diese Flucht zunächst die Freiheit und führt letztendlich und unvermeidbar in ein geistiges Gefängnis. So ist es immer gewesen und so ist es auch heute noch.

Paulus zeigt zunächst, dass dies bei der frühen Menschheit der Fall war. Die Menschen suchten nach Unabhängigkeit von dem einen wahren Gott, ihrem Schöpfer, nur um sich dann einer ganzen Reihe falscher Götter zu unterwerfen. Sie haben „die Wahrheit Gottes in die Lüge verwandelt" und sahen sich nun gezwungen, Geschöpfe zu verehren und anzubeten anstelle des Schöpfers (vgl. Röm 1,25).

Im ersten Moment mag es seltsam erscheinen, dass die Menschheit sich so herabwürdigt, doch wenn man genauer darüber nachdenkt, kann man dieses Verhalten leicht verstehen. Als der Mensch Gott noch treu und von ihm abhängig war, wusste er, dass er im Bilde Gottes geschaffen war. Er lebte in Gemeinschaft mit seinem Schöpfer, und da dies eine Gemeinschaft mit dem ewigen Gott war, sollte sie ewig dauern und konnte nicht einmal durch den physischen Tod zerstört werden (siehe Mt 22,31-32).

Daher wusste der Mensch, dass er in Rang, Würde und Bedeutung der bloßen Materie und den Kräften des Universums überlegen war. Natürlich konnte er ihre Kräfte nicht kontrollieren; in wissenschaftlicher und technischer Hinsicht war er quasi noch ein Kind. Doch da er in vertrauensvoller Abhängigkeit von seinem Schöpfer lebte, wusste er, dass ihm diese Kräfte unter der Kontrolle Gottes, seines Vaters, dienen sollten.

Doch nachdem er beschlossen hatte, seinen eigenen Weg unabhängig von seinem Schöpfer zu gehen, entfremdete er sich immer mehr von ihm. Da ihm der vertrauensvolle Glaube an ihn fehlte, hatte der Mensch nun das Gefühl, ganz auf sich gestellt zu sein mit diesen starken (und für ihn mysteriösen) Kräften, von denen sein Leben abhing und die ihn so leicht vernichten konnten. Er musste sie respektieren: Nun waren sie seine Herren. Jetzt kontrollierten sie ihn, nicht er sie.

Also vergöttlichte er sie. Er verneigte sich vor der Sonne und dem Mond und den Sternen, vor der geheimnisvollen Kraft der Fruchtbarkeit, vor dem Sturm, vor den eigenen physischen Kräften wie Sex oder Gewalt, vor dem blinden Schicksal und Zufall. Er behandelte all diese Kräfte wie Götter. So viel zum Thema Freiheit und Unabhängigkeit! Aber was für eine Freiheit ist das, wenn sich ein rationaler Mensch wie ein Sklave vor geistloser Materie und nicht rationalen Kräften verneigt?

> ✠ *Was für eine Freiheit ist das, wenn sich ein rationaler Mensch wie ein Sklave vor geistloser Materie und nicht rationalen Kräften verneigt?*

Aber er hatte das Gefühl, dass er dies tun musste. Er konnte diese Kräfte nicht kontrollieren. Das Beste, was er tun konnte, war, die Naturgewalten zu verehren, sie anzubeten und ihnen Opfer darzubringen in der Hoffnung, ihnen zu schmeicheln und sie zu manipulieren. Vielleicht konnte er sie überzeugen, ihm gewogen zu sein. Jetzt war sein Leben nicht mehr gekennzeichnet durch die Freiheit als Geschöpf Gottes, sondern durch Unterwürfigkeit unter die nicht rationalen Kräfte des Universums.

Aber vielleicht fragt nun jemand: „Was hat das alles mit uns zu tun? Wir verneigen uns doch nicht vor den nicht rationalen Kräften des Universums und beten sie auch nicht an. Dank Wissenschaft und Technik verstehen wir sie. Wir können sie uns sogar zunutze machen, um unser Leben zu verbessern. Genau damit heben wir uns doch von der Ignoranz, Angst und dem Aberglauben der vorwissenschaftlichen Menschheit ab."

Ja, das stimmt, und welch wundervoller Epos ist die Geschichte der Wissenschaft und der menschlichen Entdeckungen! Doch trotz all des Fortschritts erinnert uns unser Realitätssinn daran, dass die Menschheit im letzten Sinn die großen Kräfte des Universums heute auch nicht mehr kontrollieren kann als früher. Nehmen wir als Beispiel die wesentlichen Voraussetzungen für die Erhaltung des menschlichen Lebens auf der Erde: Licht und Wärme. Die Quelle dafür, von der wir hilflos abhängig sind, können wir nicht kontrollieren und werden es auch nie, ganz zu schweigen von all den anderen Kräften und Bedingungen, die so genau aufeinander abgestimmt sind, dass Leben auf der Erde möglich ist. Außerdem sagt uns die Wissenschaft selbst, dass letztendlich unsere Sonne explodieren und die Erde in diesem Moment verdampfen wird. Es spielt keine Rolle, wie weit in der Zukunft dieses Ereignis liegt: Aus logischer Sicht macht es keinen Unterschied für die Tatsache, dass das menschliche Leben auf diesem Planeten, so wie wir es kennen, ein temporäres Phänomen ist. Eines Tages wird es der Vergangenheit angehören. Der Mensch ist nur ein vorübergehender Pächter der Erde.

Aber lassen Sie uns mehr auf unser Leben hier und jetzt als Individuen blicken. Fragen Sie mal einen Atheisten, welche letzten Kräfte dafür verantwortlich sind, dass er auf der Welt ist, und welche letzten Kräfte schließlich sein Ableben bewirken werden, und der Atheist wird (wenn auch in gehobenerer Ausdrucksweise) das Gleiche sagen wie der antike Götzenanbeter. Er wird sagen, dass dafür die grundlegenden Kräfte und Prozesse der Natur verantwortlich sind: Energie, schwache und starke Kernkräfte, Elektromagnetismus, die Schwerkraft, die Gesetze der Physik, Chemie, Biochemie, Physiologie usw. Wie Professor George Gaylord Simpson bemerkt: „Der Mensch ist das Ergebnis eines ziellosen natürlichen Prozesses, der nicht an ihn gedacht hat. Er war nicht geplant."[79] Der Atheist wird diese Kräfte und Prozesse nicht Götter nennen, noch sich vor ihnen verneigen und sie anbeten. Aber es macht keinen Unterschied: Am Ende, wie am Anfang, kontrollieren sie ihn, nicht er sie.

Und die bemerkenswerte, wenn auch melancholische Tatsache ist, dass der Atheist ein warmherziger, gefühlvoller, zielstrebiger und intelligenter Mensch ist. Doch die Kräfte, die ihn, seine Gefühle und Leidenschaften, seine Absichten und seine Intelligenz hervorgebracht haben und eines Tages auch wieder vernichten werden, diese Kräfte sind alle laut eigener Definition des Atheisten nicht rational, gefühllos, geistlos und ziellos.

Der Atheist wird behaupten, dass Materie in ihm Intelligenz entwickelt hat, sodass er die Funktionsweise dieser Kräfte und Prozesse verstehen kann – obwohl die Kräfte und Prozesse selbst nicht wissen, wie sie funktionieren. Da gab es keine Absicht in ihren Gedanken – sie haben ja gar keine Gedanken[80] –, als sie ihn ins Leben riefen. Seine Existenz dient daher keinem letzten Zweck und hat auch keine letzte Bedeutung. Eines Tages werden dieselben geistlosen Kräfte beginnen, ihn zu zerstören. Er hat die Intelligenz, um zu sehen, was sie mit ihm tun werden, aber keine Macht, sie aufzuhalten. Die endgültige Ironie wird sein, dass diese geistlosen Kräfte, wenn sie ihn und seine Intelligenz vernichtet haben, noch nicht einmal wissen werden, was sie getan haben. Geistlose Nichtrationalität wird über die bewusste menschliche Rationalität und Intelligenz triumphiert haben.

> ⚜ *Die endgültige Ironie wird sein, dass diese geistlosen Kräfte, wenn sie ihn und seine Intelligenz vernichtet haben, noch nicht einmal wissen werden, was sie getan haben.*

Für einen Theisten kann die Position des Atheisten daher nur sinnlos erscheinen. Er begann seine Flucht vor Gott, um seiner Rationalität freien Lauf zu lassen, ohne dass diese durch die Anerkennung eines Schöpfers eingeschränkt wurde. Dann benutzte er seine Rationalität ausgiebig – nur um

---

79 *Meaning of Evolution,* 345
80 Siehe Dawkins' Zitat auf S. 166

zu entdecken, dass geistlose Materie und Kräfte seine Rationalität letztendlich verhöhnen werden und diese und ihn selbst auch vernichten werden, ohne zu wissen, dass sie es getan haben. Für den Theisten bestätigt dieser Gebrauch der Rationalität die Aussage von Paulus' Analyse: „Trotz allem, was sie von Gott wussten, ehrten sie ihn aber nicht als Gott und brachten ihm auch keinerlei Dank. Stattdessen verloren sich ihre Gedanken ins Nichts" (Röm 1,21; NeÜ).

Der Atheist könnte darauf erwidern, dass Theisten ja ebenso wie Atheisten sterben. Geistlose Kräfte und Prozesse würden ihren Körper und ihr Gehirn ebenfalls vernichten.

Ja, doch mit diesem Unterschied: Der Theist weiß, dass er von Anfang an kein Produkt blinder Materie und Kräfte ist, sondern ein Geschöpf Gottes, geschaffen in seinem Bilde. Zweitens ist er nicht nur Materie, sondern auch Geist und in der Lage, eine geistige Beziehung mit Gott einzugehen, die wie Gott selbst ewig ist. Und was die Kräfte der Natur betrifft, schlussfolgert Paulus Folgendes:

> Denn ich bin überzeugt, dass weder Tod noch Leben, weder Engel noch Gewalten, weder Gegenwärtiges noch Zukünftiges, noch Mächte, weder Höhe noch Tiefe, noch irgendein anderes Geschöpf uns wird scheiden können von der Liebe Gottes, die in Christus Jesus ist, unserem Herrn. (Röm 8,38-39)

Der Atheist kann das nicht (oder will das vielleicht nicht) sagen. Doch damit bleibt er sozusagen Gefangener eines materialistischen Universums mit der festen Erwartung, dass letztendlich geistlose Kräfte über ihn triumphieren werden und ihn, seinen Geist, seine Rationalität und seine Intelligenz vernichten werden. Das hört sich nicht unbedingt nach Freiheit an. Professor William Provine von der Cornell-Universität, ein führender Geschichtswissenschaftler, bekennt dies:

> Am Ende existiert der freie Wille so, wie er traditionell wahrgenommen wird, einfach nicht – als die Freiheit, sich ungezwungen und unvorhersehbar unter alternativen Handlungsmöglichkeiten zu entscheiden. ... Es ist unmöglich, dass die Evolutionsprozesse, wie sie momentan ausgelegt werden, ein Lebewesen hervorbringen, das wahrhaft frei in seinen Entscheidungen wäre.[81]

---

81 *Evolution and the Foundation of Ethics*

Der fortschreitende Freiheitsverlust der Menschheit und ihre Entwürdigung

Nach Paulus führt die ursprüngliche Flucht der Menschen vor Gott zu abwegigen Formen von Religion: Sie „haben die Herrlichkeit des unvergänglichen Gottes verwandelt in das Gleichnis eines Bildes vom vergänglichen Menschen und von Vögeln und von vierfüßigen und kriechenden Tieren" (Röm 1,23).

Der Atheist mag dazu erwidern – vielleicht etwas triumphierend –, dass dies doch typisch für alle Religionen sei: Menschen würden durch sie abgewertet und durch ihre absurden, erniedrigenden Rituale und Aberglauben ihrer wahren Würde beraubt, und aus diesem Grund sei der Atheismus so beharrlich gegen Religion.

Lenin schrieb:

> Gerade deshalb, weil jede religiöse Idee, jede Idee von einem Gott, selbst jedes Kokettieren mit einem Gott eine unsagbare Abscheulichkeit ist …, gerade deshalb ist sie die gefährlichste Abscheulichkeit, die widerlichste „Seuche". Millionen von Sünden, Gemeinheiten, Gewalttaten und Seuchen physischer Art … sind daher viel weniger gefährlich als die raffinierte, vergeistigte … Idee von einem Gott.[82]

Andere Atheisten benutzen eine sanftere Sprache, aber auch sie kritisieren den Glauben an Gott und Religion: Er diene bestenfalls als Krückstock für schwache, unzulängliche Menschen – eine Krücke, von der die Atheisten stolz behaupten, sie nicht zu brauchen.

Aber so einfach sind die Dinge nicht. Säkulare Humanisten (Humanisten im philosophischen Sinn, wie wir uns erinnern) sind per Definition Atheisten. Doch in Amerika wurde im Vorwort des 1980 erschienenen *Humanistischen Manifest I & II* verkündet: „Der Humanismus ist ein ethischer, religiöser und philosophischer Standpunkt."[83]

1934 schrieb der bedeutende Humanist John Dewey, der das Übernatürliche im Allgemeinen und den übernatürlichen Gott im Besonderen ablehnte, ein Buch mit dem Titel *Ein gemeinsamer Glaube*, in dem er feststellte:

---

82 Lenin, *Werke*, Band 35, 99
83 Kurtz (Hg.), 3

Hierin liegen alle Elemente religiösen Glaubens, und sie sollen nicht in den engen Rahmen einer Sekte, Klasse oder Rasse gesperrt werden. ... Es ist an uns, ihn nach außen zu kehren und ihn mit Kraft zu beseelen.[84]

In einer Feierstunde anlässlich des hundertjährigen Jubiläums der Veröffentlichung von *Die Entstehung der Arten* in der Universität von Chicago im Jahr 1959 verkündete Sir Julian Huxley in seinem Vortrag:

Schließlich gibt uns die entwicklungsgeschichtliche Schau die Möglichkeit, die – wenn auch noch verschwommenen – Grundzüge der neuen Religion zu erkennen, die den Bedürfnissen der kommenden Zeit entsprechen wird.[85]

Auch der Marxismus selbst – so schockierend das für Marxisten erscheinen mag – erschien in der Vergangenheit Außenstehenden oft als Religion. Er hatte ein grundsätzliches Glaubensbekenntnis, das man im Glauben annehmen musste: dass es im Universum nichts als Materie gibt (was natürlich nicht bewiesen werden kann). Er hatte sein eigenes Evangelium für die Erlösung der Menschheit: das unwiderstehliche Gesetz der historischen Dialektik.[86] Der Marxismus hatte seinen Mittler: die Partei mit ihrer Diktatur. Er hatte sein gelobtes Land: die endgültige Erscheinung des vollkommenen Kommunismus, in dem jede Unterdrückung, jeder Kampf, jede Entfremdung und jede Regierung für immer der Vergangenheit angehören würden; und er hatte seine starken Missionare, die sich der Verbreitung der marxistischen Botschaft in der ganzen Welt widmeten. Auch unterdrückte er entschieden seine „Häretiker" oder Revisionisten, wie sie genannt wurden.[87]

---

84 *Ein gemeinsamer Glaube* in: Dewey, *Pädagogische Aufsätze und Abhandlungen (1900–1944)*, 225. In der jüngeren Vergangenheit haben amerikanische Humanisten aus verschiedenen praktischen und politischen Gründen die Begriffe „religiös" und „Religion" in ihren Manifesten weggelassen.

85 *Ich sehe den künftigen Menschen*, 89

86 Vgl. N. Berdjaevs Hervorhebung, dass dialektische Materialisten „dem Wort ‚Materie' einen vollständig neuen Sinn geben und mit diesem Ausdruck nicht nur geistige, sondern geradezu göttliche Attribute bezeichnen". Zitiert aus: Wetter, *Der dialektische Materialismus*, 569.

87 Vgl. die Einschätzung des berühmten humanistischen Atheisten Bertrand Russell: „Diese als Religionen zu bezeichnen [das heißt Kommunismus und Nationalsozialismus], mag sowohl bei ihren Freunden als auch bei ihren Feinden auf Ablehnung stoßen, doch tatsächlich besitzen beide Merkmale einer Religion. Sie verfechten eine Lebensweise,

Wie dem auch sei – wichtig ist nicht, ob man einigen Formen von Atheismus den Stempel „Religion" verpassen könnte. Entscheidend ist, dass wir verstehen, warum nach der Bibel die Unterdrückung des Glaubens an Gott unweigerlich zum Götzendienst führt.

Der Grund ist folgender: In der Praxis ist es für einen Menschen sehr schwer, sein Vertrauen auf gar nichts zu setzen und an gar nichts zu glauben, wie G. K. Chesterton schon vor langem beobachtete.[88] Wenn man aufhört, sein letztes Vertrauen in Gott zu setzen, wird man es unweigerlich in etwas oder jemand anderen setzen – oder riskiert, dem Sinn, der Bedeutung und dem Reichtum des Lebens gegenüber als grundsätzlicher Skeptiker gegenüberzustehen.

Laut biblischer Definition ist ein Götze etwas oder jemand, in das oder den ein Mensch sein letztes Vertrauen setzt, statt es in Gott zu setzen. Wenn also Feuerbachs Ausspruch „Der MENSCH ist des Menschen Gott" (Feuerbachs eigene Hervorhebung) das wesentliche Prinzip seiner Philosophie richtig zusammenfasst, dann ist seine Philosophie reiner Götzendienst.

Dieser Punkt wurde bereits Jahrhunderte zuvor von antiken Schriftstellern wahrgenommen. Im 8. bis 7. Jahrhundert v. Chr. beschrieb zum Beispiel der Prophet Jesaja in einer Folge von anschaulichen Charakterskizzen, was in den Köpfen seiner Zeitgenossen vor sich ging, als sie Götzen erschufen:

Mit wem wollt ihr Gott vergleichen,
und was für ein Abbild wollt ihr ihm gegenüberstellen?
Der Kunsthandwerker gießt das Götterbild,
der Goldschmied beschlägt es mit Gold
und mit silbernen Ketten vom Goldschmied.
Maulbeerholz wählt er, ein Holz, das nicht fault.
Er sucht sich einen geschickten Kunsthandwerker,
um ein Götterbild aufzustellen, das nicht wackelt.
(Jes 40,18-20)

---

die auf irrationalen Dogmen basiert; sie haben eine heilige Geschichte, einen Messias und ein Priestertum. Ich sehe nicht, was man noch mehr verlangen könnte, um eine Lehre als Religion zu qualifizieren." (*Understanding History*, 95).

88 „Wenn ein Mann aufhört, an Gott zu glauben, dann glaubt er nicht an nichts, er glaubt an alles." Dieses Zitat, das im Allgemeinen Chesterton zugeschrieben wird, setzt sich eigentlich aus zwei separaten Chesterton-Zitaten zusammen. Die genaue Geschichte des Zitates und seine verschiedenen Versionen wurden hilfreich in einem Artikel der American Chesterton Society zusammengefasst (https://www.chesterton.org/ceases-to-worship/).

Er macht es wie das Bild eines Mannes, wie das Prachtstück von einem Menschen ... Und den Rest davon macht er zu einem Gott, zu seinem Götterbild. Er beugt sich vor ihm und wirft sich nieder, und er betet zu ihm und sagt: Errette mich, denn du bist mein Gott! (Jes 44,13b;17)

Wie alle Menschen überall und zu allen Zeiten hatten diese Menschen im Altertum das Verlangen nach Erlösung im weitesten Sinn des Wortes – von den immer wiederkehrenden Schwierigkeiten und Lebenskrisen. Also brauchten sie einen Gott, der sie rettete, und sie machten sich einen. Natürlich hatten sie ihre Vorstellungen, welche Qualitäten ihr Gott haben müsste, um sie zu retten. Die erste war Beständigkeit. Also suchten sie entweder nach Metall oder nach Holz, das nicht so leicht verrotten würde. Es wäre nicht gut, einen Gott zu haben, der anfällig wäre für Verfall und Fäulnis!

Die zweite Qualität, nach der sie in ihrer Vorstellung eines Gottes suchten, war Stabilität. Ein Gott, der wackelt oder umzukippen droht, wäre nutzlos! Also stabilisierten sie ihren Gott mit Ketten oder Nägeln, damit er nicht umkippte.

Die dritte Anforderung war, dass ihr Gott reich an Majestät und Reichtum sein sollte. Also schmückten sie ihn mit ihrem Silber und Gold.

Sie schufen diesen Gott in der Gestalt eines Menschen, und dann verbeugten sie sich vor ihm und beteten zu ihm, er möge sie retten. Aber was war ihr Gott in Wirklichkeit? Es war natürlich nicht der lebendige Gott, der Schöpfer des Himmels und der Erde, an den Jesaja glaubte. Es war nur die Vergegenständlichung ihrer eigenen Vorstellungen, projiziert auf die Gestalt eines Menschen.[89]

Doch hören Sie nun die grundlegende These von Feuerbachs Philosophie: „Wir haben das außerweltliche, übernatürliche und übermenschliche Wesen Gottes reduziert auf die Bestandteile des menschlichen Wesens als seine Grundbestandteile. Wir sind im Schlusse wieder auf den Anfang zurückgekommen. Der Mensch ist der Anfang der Religion, der Mensch der Mittelpunkt der Religion, der Mensch das Ende der Religion."[90]

---

89 In diesem Punkt, so könnte man vermuten, hätte Jesaja Freuds Sicht der menschengemachten Religion zugestimmt, obwohl er natürlich Freud stark dafür kritisiert hätte, dass er menschengemachte Religion mit dem Glauben an den lebendigen Gott verwechselte.

90 *Das Wesen des Christentums*, 283

Was er damit meint, fasst M. J. Inwood vom Trinity College in Oxford gut zusammen:

> Gott ist in Wirklichkeit das Wesen des Menschen selbst, das dem individuell verkörperten Menschen entnommen und als selbstständige Einheit vergegenständlicht und angebetet wird. ... Wir müssen den Riss zwischen Himmel und Erde heilen, die Liebe Gottes durch die Liebe des Menschen ersetzen und den Glauben an Gott durch den Glauben an den Menschen, um zu erkennen, dass das Schicksal des Menschen allein vom Menschen abhängt und nicht von übernatürlichen Kräften.[91]

Wenn man also sagt, Gott sei Liebe, dann bedeutet dies laut Feuerbach nicht, dass es einen selbstexistierenden Gott gibt, der die Menschen liebt; es bedeute einfach, dass die Liebe – menschliche Liebe – ein Absolutum sei. Ebenso bedeutet laut Feuerbach die Aussage, dass Gott uns rettet, dass der individuelle Mensch schwach sei und Rettung brauche, doch dass der Gott, der ihn rette, nicht der allmächtige Gott sei, sondern die Menschheit als Ganzes:

> Aber der Begriff der Gottheit fällt mit dem Begriff der Menschheit in eins zusammen. Alle göttlichen Bestimmungen, alle Bestimmungen, die Gott zu Gott machen, sind *Gattungsbestimmungen* – Bestimmungen, die in dem Einzelnen, dem Individuum beschränkt sind, aber deren Schranken in dem Wesen der Gattung und selbst in ihrer Existenz – inwiefern sie nur in allen Menschen zusammengenommen ihre entsprechende Existenz hat – aufgehoben sind. Mein Wissen, mein Wille ist beschränkt; aber meine Schranke ist nicht die Schranke des andern, geschweige denn der Menschheit; was mir schwer, ist dem andern leicht; was einer Zeit unmöglich, unbegreiflich, ist der kommenden begreiflich und möglich. Mein Leben ist an eine beschränkte Zeit gebunden, das Leben der Menschheit nicht.[92]

Gemäß diesem Prinzip bedeutet also die Aussage „Gott ist allmächtig", dass die Menschheit als Ganzes allmächtig ist. Natürlich nicht jede Generation der Menschheit für sich, denn jede Generation hat Fehler, wird alt, verfällt

---

91 Inwood, „Feuerbach, Ludwig Andreas", 276b
92 *Das Wesen des Christentums,* 239–240

und stirbt. Aber auf irgendeine Weise sind alle Generationen zusammengenommen als Ganzes allmächtig.

Hier sind zwei Kommentare angebracht. Erstens ist es ohne jeden Zweifel Ausübung von Religion, wenn Menschen ihr letztes Vertrauen so auf die Menschheit setzen. Zweitens würde die Menschheit als Gott unter denselben Nachteilen leiden wie die alten hölzernen und metallenen Götzen, die dazu neigen, zu verrotten und umzukippen. Die Geschichte verweist darauf, dass die Menschheit weit davon entfernt ist, uns zu retten. Vielmehr ist es die Menschheit selbst, die gerettet werden muss.

3

DAS WESEN UND
DIE GRUNDLAGEN DER MORAL

Aus dem Gesagten ist also klar,
dass man weder im eigentlichen Sinn gut sein kann
ohne die Klugheit noch klug ohne die Tugend des Charakters ...
Und klar ist auch, dass ein Vorsatz nicht richtig sein wird
ohne Klugheit, aber auch nicht ohne Gutheit des Charakters.
Denn diese lässt uns das Ziel setzen, jene das tun,
was zum Ziel führt.

Aristoteles, Nikomachische Ethik

EINIGE ALLGEMEINE ÜBERLEGUNGEN
ZUM MENSCHLICHEN VERHALTEN

Unser Thema in diesem Kapitel ist „menschliches Verhalten". Lassen Sie uns damit beginnen, zunächst die Begriffe zu klären. Mit „menschlichem Verhalten" meinen wir nicht einfach „wie Menschen sich verhalten", sondern „wie Menschen sich verhalten sollten". Wenn man den Begriff auf diese Weise versteht, suggeriert der Originaltitel unseres Buches, *Being Truly Human* (wörtlich übersetzt: Wahrhaft menschlich sein), dass es so etwas wie ein wahrhaft menschliches Verhalten gibt, das sich beispielsweise von unmenschlichem oder rein tierischem Verhalten unterscheidet, und dass man, um wahrhaft menschlich zu sein, sich auch wahrhaft menschlich verhalten muss.

Natürlich haben wir mit Tieren vieles gemeinsam, und zum Teil verhalten wir uns auch so. Wenn Tiere hungrig sind, nehmen sie Nahrung zu sich, so wie wir. Wenn sie durstig sind, trinken sie, so wie wir. Sie paaren sich und bekommen Nachwuchs, so wie wir. Die Natur oder der Instinkt – nennen Sie es, wie Sie möchten – diktiert dieses Verhalten.

Doch sehr schnell entdecken wir, dass das menschliche Verhalten eine weitere Dimension besitzt, die Tieren gänzlich fehlt: Wir haben einen Sinn für Moral, Tiere hingegen – soweit wir dies beobachten können – haben das nicht. Man kann seinem Hund (wenn man einen hat) beibringen, nicht ins Haus des Nachbarn zu laufen und Fleisch vom Tisch zu stehlen. Man kann ihm dies beibringen, indem man ihm jedes Mal, wenn er versucht, ins Haus zu laufen, einen Klapps verpasst. Danach wird er das Betreten des Hauses mit dem durch den Klapps zugefügten Schmerz in Verbindung bringen und es daher unterlassen. Man kann einem Hund zwar beibringen, nicht das Fleisch des Nachbarn zu stehlen, aber er wird nie verstehen, warum Stehlen moralisch falsch ist. Der Versuch, dem Hund dies durch Gründe zu vermitteln, ist sinnlos.

Doch Gründe sind genau das, was Menschen verlangen, wenn man ihnen sagt, dass sie bestimmte Dinge tun oder nicht tun sollen. Sagen Sie zu einem Jugendlichen: „Du solltest deinen Eltern gehorchen!", und Sie werden wahrscheinlich als Antwort erhalten: „Warum sollte ich?" Sagen Sie jemand anderem: „Du solltest keine Lügen erzählen!", wird er womöglich erwidern: „Warum nicht, wenn es mir passt?" Und wenn Sie darauf antworten: „Es ist moralisch falsch, Lügen zu erzählen; deswegen solltest du es nicht tun!", dann lautet die Reaktion wahrscheinlich: „Wer bist du, dass du mir deine moralischen Maßstäbe aufzwingen willst?"

Gründe, Gründe, Gründe – wir alle fordern sie, wenn man uns sagt, es sei unsere Pflicht als Menschen, uns moralisch auf diese oder jene Art zu verhalten.

Ethik und Moral

Zwei Fachbegriffe, die für gewöhnlich in Verbindung mit dem Thema „menschliches Verhalten" verwendet werden, sind „Ethik" und „Moral" (oder „Moralphilosophie"). Bevor wir fortfahren, lassen Sie uns erklären, wie wir diese Begriffe verwenden werden: Zum einen ist „Ethik" der Name eines Fachgebiets (wie „Mathematik" oder „Physik"), und in diesem Fall ist die Moralphilosophie ein Thema dieses Fachgebiets. So bezeichnen wir Aristoteles' Abhandlung über die Moral als seine *Nikomachische Ethik*.[93] „Ethik" und „Moralphilosophie" sind dabei als Begriffe austauschbar.

Manchmal ist es aber auch hilfreich, beides zu unterscheiden, zum Beispiel, wenn wir von „Medizinethik" sprechen. Mit „Medizinethik" meinen wir einen Verhaltenskodex für Ärzte, Chirurgen und Psychiater, der sich natürlich auf allgemeine moralische Prinzipien gründet und angibt, wie diese Prinzipien in besonderen Situationen und bei speziellen Entscheidungen, vor denen Ärzte in der täglichen Behandlung ihrer Patienten stehen, angewendet werden sollten. „Wäre es ethisch vertretbar", fragen wir, „dass ein Chirurg einer verstorbenen Frau die Nieren entnimmt und sie einem anderen Patienten implantiert, ohne zuvor das Einverständnis der Angehörigen der Verstorbenen (oder der Frau vor ihrem Tod) eingeholt zu haben? Und wäre es ethisch vertretbar, dass der Chirurg die Nieren heimlich einer reichen Person verkauft und das Geld für sich behält?"

In diesem Fall bezieht sich „Ethik" auf das richtige praktische Verhalten, während es bei der „Moral" um die Grundprinzipien geht, die dieses Verhalten leiten und kontrollieren. Letzteres bezieht sich mehr auf die Theorie der Moral, das Erste auf die praktische Umsetzung der Theorie.

---

93 Nikomachos war der Name von Aristoteles' Sohn. Dieses Buch wurde nach ihm benannt, entweder weil Aristoteles es ihm widmete oder weil er es herausgab.

Warum ist es wichtig und hilfreich, diese Unterscheidung zu machen? Lassen Sie uns ein paar praktische Fälle betrachten.

- *Manchmal kann derselbe moralische Grundsatz in der Praxis auf verschiedene, sogar gegensätzliche Weise angewendet werden*

Nehmen wir den moralischen Grundsatz, dass wir unseren Nächsten lieben sollen wie uns selbst und ihm daher in keiner Weise Schaden zufügen sollen. Es gibt Tausende von Möglichkeiten, wie dieses Prinzip unser Verhalten beeinflussen kann, zum Beispiel wie wir Auto fahren. Wir müssen alles tun, um Unfälle zu vermeiden. Zu diesem Ziel hat die Regierung vernünftigerweise gesetzlich festgelegt, auf welcher Seite der Straße wir fahren sollen. In manchen Ländern ist dies die rechte Seite, in anderen genau das Gegenteil, nämlich die linke Seite. An sich ist es eigentlich egal, auf welcher Seite man fährt, solange jeder in diesem Land sich an dieselbe Vorschrift hält. Ob dies nun rechts oder links ist, ist moralisch neutral. Beide Vorschriften erfüllen gleichermaßen die moralische Direktive: Vermeide Unfälle, die deinem Nächsten Schaden zufügen könnten.

Doch nun zu einem ernsteren Beispiel:

- *Ein moralisch gutes Ziel kann nicht durch moralisch schlechte Mittel erreicht werden*

Nehmen wir das moralische Grundprinzip, dass ein Mann seine Frau und Kinder lieben soll. In der Praxis heißt dies, dass er arbeiten soll, um sie zu versorgen. Angenommen, er hat Schwierigkeiten, eine Arbeit zu finden, doch dann bekommt der Mann die Möglichkeit, Drogen zu verkaufen. Dies würde das Problem der Versorgung seiner Familie lösen, denn durch den Verkauf von Drogen könnte er viel Geld verdienen. Aber sollte er das tun? Das Ziel, warum er Geld verdienen will, ist moralisch gut: die Versorgung seiner Familie. Doch das vorgeschlagene Mittel zur Erreichung dieses Zieles ist moralisch schlecht. Drogen können zu Abhängigkeit, Gehirnschäden und einem kriminellen Leben führen (um die Drogensucht zu finanzieren). Am Ende steht häufig der physische und moralische Ruin.

Das ist ein Beispiel für die Wichtigkeit der folgenden ethischen Regel: Der Zweck heiligt nicht die Mittel. Es ist moralisch nicht akzeptabel, moralisch schlechte Mittel unter dem Vorwand einzusetzen, sie dienten der

Erreichung eines moralisch guten Zieles. Die Mittel selbst müssen sich als moralisch richtig rechtfertigen lassen. Ihre Rechtfertigung ist nicht vom Zweck abhängig, dem sie dienen.

- *Manchmal muss man den Wortlaut eines moralischen Gesetzes brechen, um seine Absicht zu bewahren*

Ein von antiken Moralphilosophen oft zitiertes Beispiel ist das folgende. Ein moralisches Prinzip besagt, dass es moralisch falsch ist, ein feierliches Versprechen zu brechen.

Ein Mann borgt sich von seinem Freund ein scharfes Messer und gelobt feierlich, es ihm in dem Moment zurückzugeben, in dem der Freund ihn darum bittet. Doch als der Freund auf ihn zukommt und um Rückgabe des Messers bittet, ist deutlich zu sehen, dass der Freund den Verstand verloren hat. Er besteht darauf, das Messer sofort zurückzubekommen, um seine Frau zu ermorden!

Was soll derjenige tun, der sich das Messer geliehen hat? Sollte er sich an sein gegebenes Versprechen halten und das Messer sofort seinem Eigentümer zurückgeben? Das Messer würde ja das beabsichtigte Verbrechen des Wahnsinnigen ermöglichen und das Mittel zur Tötung der Frau sein. Damit würde man aber gegen das moralische Gesetz verstoßen, seinem Nächsten keinen Schaden zuzufügen.

Sollte er sich also weigern, das Messer augenblicklich zurückzugeben? Ja, denn auch wenn er damit sein ursprüngliches Versprechen bricht, würde er den Geist des Versprechens halten. Denn das moralische Gesetz, das vorschreibt, man sollte Versprechen einhalten, zielt darauf ab, Schaden zu verhindern, der normalerweise einer Person entsteht, wenn ein ihr gegebenes Versprechen gebrochen wird. Doch unter diesen außergewöhnlichen Umständen würde die wörtliche Einhaltung des Versprechens der Person Schaden zufügen und diesen nicht verhindern.

- *Wo es unmöglich ist, zwei moralische Gesetze gleichzeitig zu befolgen, muss dem höheren der beiden Gesetze Priorität gegeben werden*

Ein Beispiel: Auch wenn wir sagen, Lügen sei moralisch falsch, verurteilen wir dennoch nicht die Menschen, die während des Zweiten Weltkriegs die Gestapo lieber anlogen, anstatt die Verstecke der Juden preiszugeben.

Hätten sie die Wahrheit gesagt oder einfach nur geschwiegen, hätte dies für die Juden den sicheren Tod bedeutet. Diese Menschen hatten die moralische Pflicht, Gutes zu tun und den Juden gegenüber barmherzig zu sein. Sie hatten auch die moralische Pflicht, die Wahrheit zu sagen. Aber in ihrer Situation konnten sie nicht beides tun. Sie mussten sich entscheiden. Zu Recht räumten sie dem höheren moralischen Gesetz Priorität ein. Und nebenbei bemerkt fügte es den Gestapo-Beamten keinen Schaden zu, dass sie angelogen wurden. Vielmehr hat es ihnen geholfen: Es bewahrte sie davor, ein schlimmes Verbrechen zu begehen.

Die bisherigen Erkenntnisse

Anhand dieser Beispiele können wir sehen, dass moralische Grundprinzipien sehr klar sein können, ihre Umsetzung jedoch manchmal auch schwierig sein kann. Doch wir sehen auch, dass die Befolgung eines moralischen Grundprinzips komplexe Fragen und unterschiedliche Lösungen mit sich bringen kann, was nicht heißt, dass diese Schwierigkeiten die Prinzipien an sich ungültig machen.

Nebenbei gesagt gibt es hierzu viele Parallelen auf wissenschaftlicher und technologischer Ebene. Zum Beispiel ist das Grundprinzip, nach dem Flugzeuge funktionieren, das Prinzip des Flügels (durch die aerodynamische Form der Tragfläche wird dem Flugzeug der nötige Auftrieb verliehen). Dieses Prinzip ist ziemlich einfach, aber es beim Bau des Flugzeugs in die Praxis umzusetzen, ist äußerst kompliziert. Dabei wird von diesen Schwierigkeiten die Gültigkeit des Grundprinzips nicht infrage gestellt.

Theoretische moralische Prinzipien allein sind sicherlich nicht ausreichend; sie müssen durch das richtige ethische Verhalten umgesetzt werden. Der berühmte römische stoische Philosoph und Plutokrat Seneca (1. Jahrhundert n. Chr.) schrieb einige Traktate über Moralphilosophie, in denen er den Leuten sagte, wie sie sich verhalten sollten. Doch als der römische Kaiser Nero seine eigene Mutter Agrippina ermordete, half Seneca ihm, einen Brief an den römischen Senat zu schreiben, der sein Verbrechen verschleierte und Agrippinas Tod falscherweise einer anderen Ursache zuschrieb![94]

Andererseits, wenn wir tugendhaft handeln sollen, wird die Praxis allein nicht ausreichen; unser Handeln muss durch richtige moralische Theorien und Prinzipien geleitet sein. Wie Aristoteles sagte:

---

94 Tacitus, *Annalen*, XIX.11, 642-645

Aus dem Gesagten ist also klar, dass man weder im eigentlichen Sinn gut sein kann ohne die Klugheit noch klug ohne die Tugend des Charakters ... Und klar ist auch, dass ein Vorsatz nicht richtig sein wird ohne Klugheit, aber auch nicht ohne Gutheit des Charakters. Denn diese lässt uns das Ziel setzen, jene das tun, was zum Ziel führt.[95]

Eine weitere Voraussetzung

Bis jetzt haben wir von theoretischer Moral und von praktischer Moral (d. h. Ethik) gesprochen und davon, dass beides notwendig ist. Doch es gibt noch eine weitere Notwendigkeit. Wenn wir uns tugendhaft verhalten wollen, müssen wir die Moralgesetze nicht nur intellektuell begreifen, wir brauchen auch eine angemessene emotionale Reaktion auf die Werte, für die diese Gesetze stehen. Natürlich keine reine Emotionalität und Sentimentalität, sondern tief empfundene Gefühle, die diesen moralischen Werten angemessen sind.

Unser Wertegefühl bestimmt auf eine sehr reale und praktische Art unser Verhalten. Wenn das Haus eines Mannes in Flammen steht, wird er sich kaum mutig den Flammen stellen und hineingehen, nur um eine Tafel Schokolade zu retten. Hätte er einen Goldbarren im Haus versteckt, würde er es vielleicht wagen. Doch wenn zwei seiner kleinen Kinder, bedroht von den Flammen, in ihrem Zimmer festsäßen, würde er höchstwahrscheinlich sein eigenes Leben aufs Spiel setzen, um sie zu retten.

> ✚ *Wenn wir uns tugendhaft verhalten wollen, müssen wir die Moralgesetze nicht nur intellektuell begreifen, wir brauchen auch eine angemessene emotionale Reaktion auf die Werte, für die diese Gesetze stehen.*

In Zeiten der Gefahr oder wenn Menschen vor möglichen Verlusten oder Versuchungen stehen, reicht ein rein intellektuelles Begreifen der Grundprinzipien und Gesetze der Moral oft nicht aus, um diesen Prinzipien treu zu bleiben. Während der Herrschaft despotischer, tyrannischer und grausamer römischer Kaiser wie Nero oder Domitian gab es viele Senatsmitglieder, die sich ihren Anweisungen widerstandslos fügten – nicht, weil sie kein klares intellektuelles Verständnis von moralischen Prinzipien gehabt hätten, sondern weil ihnen die emotionale Verbundenheit mit diesen Prinzipien fehlte. Ihr Leben war ihnen mehr wert als ihre Integrität.

Nach diesen einleitenden Beobachtungen und Erklärungen müssen wir uns im Rest dieses Kapitels nun mit der wichtigsten Frage im Zusammenhang

---

95 *Nikomachische Ethik*, VI 13 (1144b30, 1145a3, Übersetzung U. Wolf)

mit der Moral beschäftigen. Wie ethisches Verhalten im Einzelnen aussieht, werden wir hier nicht diskutieren, obgleich dies sehr wichtig ist. Dafür ist hier nicht der richtige Ort. Vielmehr müssen wir die Frage diskutieren, die im Zentrum jeglicher Moralsysteme steht, nämlich: Was sind die Quelle und das Wesen des Moralgesetzes und moralischer Werte?

DIE QUELLE UND DAS WESEN DES MORALGESETZES

Wir alle wissen, dass dies ein heiß diskutiertes Thema ist, zu dem es viele sehr unterschiedliche Ansichten gibt. Wie auch immer unsere eigene Sicht aussieht – als wichtigen Teil unserer Bildung sollten wir uns über diese unterschiedlichen Sichtweisen informieren und besonders versuchen, die Gründe zu verstehen, warum Menschen diese Ansichten vertreten. Der vielleicht beste und wahrscheinlich auch einfachste Ausgangspunkt dafür ist die persönliche Erfahrung von uns selbst und anderen Menschen.

Unser angeborener Sinn für Fairness

Wir alle haben von Geburt an einen Sinn für Fairness. Man findet ihn bereits bei sehr kleinen Kindern. Zwei Brüder spielen miteinander, und der Ältere schnappt sich das Spielzeug des Jüngeren und weigert sich, es zurückzugeben. Daraus entwickelt sich ein Streit mit lautem Geschrei. Dann kommt die Mutter, die den Krach gehört hat, genau in dem Moment in das Zimmer, als der Jüngere seinem Bruder eine Backpfeife verpasst. Nun war die Mutter nicht da, als der Streit begann, und hat also nicht gesehen, dass es der große Bruder war, der angefangen hat. Doch der ältere Junge ist ihr Lieblingssohn, und zu sehen, wie der jüngere Bruder ihn ins Gesicht schlägt, erregt ihren Zorn. Sie bestraft den jüngeren Bruder, sagt beiden, sie sollen still sein, nimmt ihnen das Spielzeug weg und geht. Und wenn sie weg ist, protestiert der jüngere Bruder unter Tränen: „Das ist nicht fair! Es war nicht mein Fehler! Ich habe nicht angefangen!" usw.

> ✝ *Welche Autorität und welche Bedeutung sollten wir diesem Sinn für Fairness beimessen? Wir haben ihn nicht selbst erfunden. Woher kam er? Ist er gültig?*

Wir könnten die Frage stellen, woher dieses enttäuschte kleine Kind die Vorstellung hat, dass die Welt fair sein sollte. Doch davon abgesehen sollten wir auch fragen, woher das Kind seine Vorstellung von Fairness hat, die es mit minimalem Nachdenken erkennen ließ, dass dieser ganze Vorfall extrem unfair war. Zweifellos hat ihn die Strafe der Mutter emotional schockiert. Doch wenn unsere eigenen Kindheitserinnerungen und unsere Erwartungen als Erwachsene ein guter Leitfaden für kindliche Gefühle sind, vermuten wir wohl, dass der größte Schmerz der innere Schmerz des jüngeren Kindes war, weil sein Sinn für Fairness verletzt wurde.

Diesen Sinn für Fairness und Gerechtigkeit haben wir auch noch als Erwachsene, obwohl wir durch langjährige Erfahrung mit den Ungerechtigkeiten dieser Welt dazu neigen, dass unser Empfindungsvermögen abnimmt und wir zynisch werden. Manchmal haben wir das Gefühl, dass unser Sinn für Fairness nutzlos ist, da er so oft durch Ereignisse verhöhnt wird. Die Frage lautet: Welche Autorität und welche Bedeutung sollten wir diesem Sinn für Fairness beimessen? Wir haben ihn nicht selbst erfunden. Woher kam er? Ist er gültig?

In diesem Zusammenhang könnte es hilfreich sein, noch über andere Sinne von uns nachzudenken.

Unser Sinn für Ästhetik

Auch diesen Sinn haben wir nicht erfunden. Wir wurden mit ihm geboren. Wir schätzen ihn sehr, denn er erlaubt uns, die Schönheit von Formen und Farben wahrzunehmen und zu genießen, und gleichzeitig merken wir, wie Hässlichkeit ihn beleidigt und schmerzt. In der Tat merken wir oft, dass unser Sinn für Ästhetik uns dazu bringt, Schönheit zu verteidigen und Hässlichkeit abzulehnen (und wenn möglich zu beseitigen).

Die Wahrnehmung der Schönheit einer Rose (worüber wir in der Einleitung nachgedacht haben) ist eine höchst subjektive Erfahrung – etwas, was wir tief in uns erkennen und fühlen. Aber wenn wir anderen eine Rose zeigen, erwarten wir dennoch, dass sie uns zustimmen, die Rose sei schön, und normalerweise fällt ihnen das auch nicht schwer. Daraus lassen sich zwei Dinge schließen: 1. dass zwar die Wertschätzung von Schönheit eine höchst subjektive Erfahrung ist, es aber dennoch ein paar objektive Kriterien für die Beurteilung gibt, ob etwas schön ist und oder nicht, und 2. dass wir davon ausgehen, dass jeder von Geburt an diese Kriterien in sich trägt, durch die er Schönheit wahrnehmen kann. Wenn manche Menschen diese nicht in sich tragen oder sogar Hässlichkeit bevorzugen, haben wir das Gefühl, dass mit ihnen etwas nicht stimmt (zum Beispiel, dass sie farbenblind sind oder ihr Gehirn nicht richtig funktioniert, weshalb sie Formen und Farben nicht richtig wahrnehmen können).

Unsere angeborene Sprachfähigkeit

Der zweite angeborene Sinn ist unsere Sprachfähigkeit. Früher dachte man, dass sich die menschliche Sprache aus Tierschreien entwickelt habe. Das könnte man sich dann so vorstellen: Als ein primitives Schwein beispielsweise einem Löwen begegnete, ließ das Tier aufgrund des Schockes einen erschrockenen Grunzlaut los. Als sich dieses Ereignis mehrmals wiederholte (vermutlich mit anderen Löwen und anderen Schweinen), assoziierten alle anderen Schweine diesen besonderen Grunzlaut mit „Löwe!"; und so erhielt dieser die *Bedeutung* „Löwe". Aus solchen primitiven Anfängen und aus Tausenden von anderen differenzierten Grunzlauten soll sich innerhalb von Millionen von Jahren die menschliche Sprache entwickelt haben. Um diese Theorie zu stützen, wurden lange Experimente mit Menschenaffen durchgeführt, um zu beweisen, dass man ihnen Sprache beibringen kann. Bis heute sind all diese Experimente gescheitert. Der Evolutionist Professor George Gaylord Simpson äußerte sich entschieden zu diesem Thema:

> Die menschliche Sprache unterscheidet sich vollkommen von jedem Kommunikationssystem anderer Tiere. Das wird am deutlichsten, wenn man sie mit anderen tierischen Lauten vergleicht, die der menschlichen Sprache am ähnlichsten sind und oftmals als „Sprache" bezeichnet werden.
>
> Nicht menschliche Vokabeln sind in Wirklichkeit Ausrufe. ... Der Unterschied zwischen tierischen Ausrufen und der menschlichen Sprache ist wie der Unterschied zwischen „Autsch!" und „Feuer ist heiß".[96]
>
> Darwins Studie und viele spätere Studien versuchten, den evolutionären Ursprung der Sprache auf eine vormenschliche Quelle zurückzuführen. Es gelang ihnen nicht. Wie ein heutiger Experte auf diesem Gebiet sagte: „Je mehr man darüber weiß (das heißt über die Kommunikation von Schimpansen und Affen), desto weniger scheinen einem diese Systeme beim Verständnis der menschlichen Sprache zu helfen."[97]
>
> Zudem gibt es gegenwärtig keine Sprachen, die in dem Sinne primitiv sind, dass sie den Ursprüngen der Sprache wesentlich

---

96 *Biological Nature of Man*, 476
97 *Biological Nature of Man*, 477, Zitat von J. B. Lancaster in *Origin of Man,* herausgegeben von P. L. DeVore, Transkript eines Symposiums, New York: Wenner-Gren Foundation, 1965

nahekämen. Sogar Völker mit kaum komplexen Kulturen haben höchst ausgefeilte Sprachen mit komplexer Grammatik und großem Vokabular, womit sie alles benennen und diskutieren können, was im Umfeld ihrer Sprecher vorkommt. ... Die älteste Sprache, die halbwegs rekonstruiert werden kann, ist aus evolutionärer Sicht bereits modern, ausgefeilt und vollständig.[98]

Darüber hinaus hat der amerikanische Linguist und Philosoph Noam Chomsky in seiner wegweisenden Arbeit zum Thema Sprache[99] auf die Tatsache hingewiesen, dass die Genialität der menschlichen Sprache nicht allein in dem Gebrauch beliebiger Laute (und damit Worte) besteht, die für Dinge und Vorstellungen stehen. Vielmehr geht es um die Fähigkeit, die logischen Beziehungen zwischen Ideen zu erfassen, diese zu verstehen und dann durch die Syntax auszudrücken.

Erstaunlich ist, wie früh im Leben ein Kind diese Fähigkeit zeigt. Dabei spielt keine Rolle, welche Sprache das Kind zuerst gehört und dann sprechen gelernt hat – es wäre ihm gleichermaßen leichtgefallen, Russisch, Japanisch, Amharisch oder irgendeine andere Sprache zu lernen. Bemerkenswert ist, dass, egal, welche Sprache das Kind zuerst hört und lernt, es von früher Kindheit an die logischen Zusammenhänge zwischen den Wortverbindungen und Sätzen verstehen kann, die durch die Syntax der Sprache ausgedrückt werden.

> ✠ *Bemerkenswert ist, dass, egal, welche Sprache das Kind zuerst hört und lernt, es von früher Kindheit an die logischen Zusammenhänge zwischen den Wortverbindungen und Sätzen verstehen kann, die durch die Syntax der Sprache ausgedrückt werden.*

Ein Kind kann zum Beispiel ziemlich ausgeklügelte logische Gedankenverbindungen wie hypothetische Bedingungen verstehen. Wenn eine Mutter zu ihrer Vierjährigen sagt: „Wenn du heute lieb bist, werde ich dir heute Abend ein Eis kaufen", kann das Kind das logische Verhältnis zwischen dem Nebensatz und dem Hauptsatz erkennen und so recht gut verstehen, dass der zukünftige Genuss der versprochenen Eiscreme von seinem guten Benehmen bis dahin abhängig ist.

Hunde oder Affen könnten dies nicht, egal, wie viele Wörter, Laute, Farben und Gesten sie erkennen lernen. Die Logik hinter der komplexen

---

98 *Biological Nature of Man*, 477
99 *Syntactic Structures; Review of B. F. Skinner's Verbal Behaviour, Language; Knowledge of Language*

Satzstellung der gesprochenen Sprache bleibt jenseits ihrer Auffassungsgabe: Sie haben keine angeborene Sprachfähigkeit, die mit der eines Menschen vergleichbar wäre. Daraus müssen wir den Schluss ziehen, dass der junge Mensch diese Fähigkeit besitzt, weil er damit geboren wurde. Von ihr hängt seine Fähigkeit ab, jede Sprache zu lernen, die er möchte, und sich in dieser auszudrücken.[100]

Die Schlussfolgerungen für unseren Sinn für Fairness

Der Sinn für Ästhetik kann bei einem Kind durch Schulung und Erfahrung gefördert werden, doch nur, weil er bereits in ihm angelegt ist. Dasselbe gilt für die angeborene Sprachfähigkeit eines Kindes. Man kann sie gewiss weiterentwickeln und durch Erfahrung, Studium und Analyse verbessern, doch nur, weil diese Sprachfähigkeit von Geburt an in ihm angelegt ist.

Damit kommen wir zurück zum Sinn für Fairness. Bei Erwachsenen hat er sich durch Lebenserfahrung entwickelt, vielleicht wurde er auch herausgefordert, geprüft und infrage gestellt. Doch wie wir gesehen haben, besitzen Kinder ihn schon in jungen Jahren. Es sieht so aus, als sei der Sinn für Fairness, wie auch der Sinn für Ästhetik und die Sprachfähigkeit, angeboren und Teil unserer menschlichen Natur.

Unser angeborener Sinn für bestimmte moralische Werte und schlechte Angewohnheiten

Wir beobachten nun, dass wir nicht nur einen angeborenen Sinn für Gerechtigkeit und Ungerechtigkeit haben, sondern auch das natürliche Bewusstsein dafür, dass gewisse Handlungen und Einstellungen moralisch falsch sind, während andere moralisch richtig sind. Gleichzeitig haben wir das Pflichtgefühl, das Richtige und nicht das Falsche zu tun.

Nehmen wir zum Beispiel die Lüge. Beobachten Sie einmal, wie Leute darauf reagieren, nicht nur, wenn sie philosophisch darüber nachdenken, sondern ganz praktisch im Alltag. Person A führt mit Person B seit einiger Zeit geschäftliche Verhandlungen, als sie entdeckt, dass B sie hinters Licht führen will. Empört konfrontiert Person A Person B mit den eindeutigen Beweisen für den Betrug und beschuldigt sie heftig: „Sie haben mich angelogen!"

---

100 Die Forschung bezüglich der Möglichkeit, Tieren Sprache beizubringen, hat nach George Gaylord Simpson und Noam Chomsky natürlich Fortschritte gemacht, und die Meinungen gehen noch immer auseinander. Doch die menschliche Sprache bringt die Evolutionstheorie weiterhin in Verlegenheit.

Daran lassen sich einige Dinge sofort sehen. Erstens erwartet A, dass B die Tragweite der Anschuldigung erkennt und sich für seinen verachtenswerten Verstoß gegen das Moralgesetz schuldig fühlt. A versucht nicht, B anhand von detaillierten philosophischen Argumenten zu lehren, dass Lügen falsch ist. A denkt, dass B wie jeder andere auch weiß, dass Lügen falsch ist.

A ist natürlich realistisch genug, um zu wissen, dass viele Menschen immer mal wieder Lügen erzählen, große wie kleine, doch gleichzeitig glaubt A auch, dass alle anderen Menschen (einschließlich B) in ihrem Herzen wissen, dass Lügen falsch ist – was sich oft daran zeigt, dass es ihnen unangenehm und peinlich ist, wenn die Wahrheit ans Licht kommt.[101]

A bezichtigt B also der Lüge und erwartet, dass B (sowie jeder andere, der Zeuge ihres Streites wird) dem allgemeinen objektiven Maßstab zustimmt, den A voraussetzt – dass Lügen moralisch falsch ist. Wie können wir uns dann die Reaktion von Person B auf die Anschuldigung von A vorstellen? Zunächst könnte sie die Lüge abstreiten. Wenn dies nicht funktioniert, könnte sie nur mit den Schultern zucken und weggehen. Wahrscheinlicher ist jedoch, dass sie versuchen wird, ihre Lügen zu entschuldigen: Es seien ihre Umstände oder Ängste gewesen, die sie zu diesen Lügen gezwungen hätten. Doch schon allein die Tatsache, dass sie versucht, ihre Lügen zu entschuldigen, zeigt, dass sie damit zugibt, Lügen für falsch zu erachten. Sie bestätigt die Existenz und Gültigkeit dieses universalen Moralgesetzes und versucht dann zu entschuldigen, dass sie es trotzdem gebrochen hat.

Doch wie könnte die Person dieses universale Moralgesetz leugnen? Könnte sie sagen: „Natürlich habe ich Sie die ganze Zeit angelogen. Ich sehe darin nichts Falsches. Ich lüge immer"?

Die Lüge ist ein Parasit der Wahrheit. Ihre Wirksamkeit ist von der Erwartung abhängig, dass Menschen die Wahrheit sagen. Wenn jeder immer nur lügen würde, würde niemand mehr irgendetwas glauben. Alle Beziehungen würden dadurch ausgehöhlt, und das häusliche, soziale, geschäftliche und politische Leben würde unerträglich werden. Überall würde Unsicherheit herrschen.

Die Lüge entspricht nicht der Wirklichkeit; das heißt, sie entspricht nicht den Tatsachen. Lügen zerstört Verlässlichkeit. Ein Lügner vermittelt nicht nur unzuverlässige Informationen, er erweist sich selbst als unzuverlässige

---

101 Nebenbei sei auch bemerkt, dass die Theorie hinter dem Einsatz von Lügendetektoren lautet, dass der Akt des Lügens messbare, verräterische physische Reaktionen bei der lügenden Person hervorruft.

Person. Er nutzt das Vertrauen der anderen Person in ihn aus, um dieses Vertrauen zu verraten und ihr Schaden zuzufügen.

Er ist wie der Hauptträgerbalken in einem Haus, der solide und vertrauenswürdig aussieht, innerlich aber von Hausschwamm zerfressen ist. Verlässt man sich auf ihn und belastet ihn mit Gewicht, wird er einbrechen und das in ihn gesetzte Vertrauen enttäuschen. Genauso nimmt sich ein Lügner selbst die Glaubwürdigkeit und vergrößert gleichzeitig die Realitätsferne und trügerische Unsicherheit dieser Welt.

> ✚ *Die Lüge entspricht nicht der Wirklichkeit; das heißt, sie entspricht nicht den Tatsachen. Lügen zerstört Verlässlichkeit. ... Ein Lügner nimmt sich selbst die Glaubwürdigkeit und vergrößert gleichzeitig die Realitätsferne und trügerische Unsicherheit dieser Welt.*

Diese sehr menschliche Angewohnheit, andere zu beschuldigen, wenn diese lügen, und die eigenen Lügen zu entschuldigen, zeigt, dass das Moralgesetz, das sich gegen Lügen wendet, sozusagen ins menschliche Herz geschrieben wurde. Und dies trifft nicht nur auf das Gesetz gegen das Lügen, sondern auch auf viele andere moralische Grundgesetze zu. Sie sind uns angeboren.

Das universelle Bewusstsein für das Naturrecht

Die Tatsache, dass gewisse Moralgesetze ins menschliche Herz geschrieben wurden und damit allen Menschen gemein sind, bedeutet nicht, dass alle Menschen überall zu allen Zeiten im Laufe der Jahrhunderte sie eingehalten oder nur mit Widerwillen gebrochen hätten. Wenn Menschen sich daran gewöhnen, diese Moralgesetze zu brechen, wird das Gewissen abgetötet und protestiert nicht länger. Es kann dazu kommen, zum Beispiel Betrug dann irgendwann als kluge und vollwertige Handlung zu betrachten, als akzeptablen Weg, um im Sport und in Prüfungen erfolgreich zu sein. Skrupellose Geschäftsleute empfinden Lügen irgendwann als wesentlichen Bestandteil des Geschäftslebens. Politiker denken, Lügen gehörten unvermeidbar zur Politik, und rechtfertigen diese als „Diplomatie".

Trotz solcher Einstellungen und Handlungsweisen hat die Geschichte bis zu unserer heutigen Zeit gezeigt, dass es immer schon ein allgemeines Bewusstsein für die moralischen Grundgesetze gegeben hat. In seinem Buch *Die Abschaffung des Menschen*[102] stellte C. S. Lewis eine Liste von moralischen Prinzipien zusammen, die allen großen Zivilisationen der Welt

---

102 S. 91–103

gemein sind. Er bezeichnete sie als „Texte zum Naturrecht" und ordnete sie acht Überschriften zu:

1. „Wohltun überhaupt"
2. „Wohltun im Einzelnen"
3. „Pflichten den Eltern, älteren Menschen und Vorfahren gegenüber"
4. „Pflichten den Kindern und der Nachkommenschaft gegenüber",
5. „Gerechtigkeit"
6. „Zuverlässigkeit und Wahrhaftigkeit"
7. „Erbarmen"
8. „Großmut"[103]

Doch vielleicht erliegen wir der Versuchung zu glauben, dass die Moralgesetze, welche die Menschen vergangener Jahrhunderte befolgten, in unserer modernen Welt hinfällig sind. Lassen Sie uns daher ein Gedankenexperiment durchführen. Zunächst werden wir auf einen antiken Ägypter hören, der die für ihn wichtigen Moralgesetze auflistete, und dann können wir unser eigenes Gewissen überprüfen, um zu sehen, ob und in welchem Maß unser Moralgefühl mit diesen übereinstimmt.

Hier ist eine Liste von geforderten Tugenden, die von John A. Wilson[104] aus dem ägyptischen *Totenbuch* zusammengestellt wurde. Das *Totenbuch* war eine Art Dokument, das mit dem Leichnam bestattet wurde. Die Vorstellung war, dass sich die Person nach dem Tod einem finalen Gericht stellen müsse, wo – so glaubte man – entschieden würde, ob die Person zum ewigen Leben zugelassen werden würde oder nicht. Zu diesem Zweck enthielt dieses Dokument sozusagen die „Verteidigungserklärung" der Person, in der sie behauptete, kein Unrecht getan und die Moralgesetze nicht

---

103 Unter Punkt 1 zählt er Dinge auf, wie nicht töten, kein Elend verursachen, nicht habgierig sein, andere nicht unterdrücken, nicht grausam oder verleumderisch sein, kein falsches Zeugnis gegen andere ablegen, nie anderen das zufügen, was man selbst nicht will, und die positiven Gegenstücke dazu. Punkt 2 beschäftigt sich mit der Liebe zur eigenen Frau, Familie, Verwandtschaft und zum Vaterland. Punkt 5 umfasst Geschlechtergerechtigkeit, Ehrlichkeit und Gerechtigkeit im Gerichtswesen. Punkt 8 umfasst Dinge wie Mut, die Bereitschaft, zum Schutze anderer Menschen zu leiden, den Tod als etwas Besseres zu erachten als ein schändliches Leben, nichts Unanständiges, Effekthascherei oder Zügelloses zu tun oder zu denken. Die Überschriften zu den Punkten 3, 4, 6 und 7 sind selbsterklärend.
104 *Ancient Near Eastern Texts*, 35

gebrochen zu haben. Hier sind nun einige der Punkte von den Aufstellungen der Verstorbenen:

Ich habe nichts Böses getan.
Ich habe nicht gestohlen.
Ich war nicht habsüchtig.
Ich habe niemanden beraubt.
Ich habe keinen Menschen getötet.
Ich habe das Getreidemaß nicht verfälscht.
Ich habe niemanden zu verwerflichem Handeln verführt.
Ich habe keine Lügen erzählt.
Ich bin nicht streitsüchtig gewesen.
Ich habe keinen Wucher betrieben.
Ich habe keinen Ehebruch begangen.

Nun geht es bei unserem Gedankenexperiment nicht darum zu entscheiden, ob die Behauptungen dieses antiken Ägypters wirklich der Wahrheit entsprechen. Vielmehr sollten wir drei Fragen stellen:

1. Was waren laut diesem antiken Ägypter die für die Menschheit verbindlichen Moralgesetze?
2. Würden Sie sagen, dass diese Moralgesetze keine wirklichen Gesetze sind und dass es egal wäre, wenn sie jemand in unserer modernen Welt bräche?
3. Oder würden Sie den Schluss ziehen, dass es gewisse Moralgesetze gibt, die von Geburt an über die Jahrhunderte hinweg allen Menschen gemein sind, ungeachtet ihrer ethnischen Zugehörigkeit?

Doch wenn es Moralgesetze gibt, die nicht von Menschen erfunden wurden, sondern angeboren sind – die sozusagen in ihr Herz geschrieben wurden –, sollten wir nun die Frage stellen, woher diese kommen. Wer oder was hat sie in die Menschen hineingelegt? Doch bevor wir dies tun, sollten wir zunächst zwei weitere unserer angeborenen Sinne betrachten.

Gewissen und Schamgefühl

Wir alle sind uns aufgrund persönlicher Erfahrung bewusst, dass wir Menschen mit zwei inneren Mechanismen ausgestattet sind, die uns davon abhalten sollen, diese Gesetze zu brechen, oder, wenn wir sie brechen, als innerer Zeuge gegen uns auftreten: unser Gewissen und unser Schamgefühl.

Sicher ist, dass wir keines von beiden selbst erfunden haben, denn beide können ziemlich lästig, peinlich und unerwünscht sein, so sehr, dass Leute oft versuchen, sie zum Schweigen zu bringen oder zu unterdrücken.

Das Gewissen prüft unsere Vorhaben wie ein Schiedsmann und gibt entweder seine Zustimmung zu unseren Taten oder protestiert und erfüllt uns mit Unbehagen, wenn wir nur daran denken, sie in die Tat umzusetzen. Und wenn wir trotzdem gegen ein Moralgesetz verstoßen, wird sich unser Gewissen gegen uns erheben und uns quälen, indem es uns beharrlich anklagt, etwas Falsches getan zu haben, und Schuldgefühle in uns auslösen.

> ✝ *Das Gewissen prüft unsere Vorhaben wie ein Schiedsmann und gibt entweder seine Zustimmung zu unseren Taten oder protestiert und erfüllt uns mit Unbehagen, wenn wir nur daran denken, sie in die Tat umzusetzen.*

Der andere Mechanismus ist unser Schamgefühl, und wie das Gewissen ist er mit einer Voraussicht ausgestattet, um uns vor der Schande zu warnen, die wir vielleicht ertragen müssten, wenn wir mit unserem falschen Vorhaben fortfahren würden. Und wenn wir unser Vorhaben trotzdem ausführen und bei unserem Fehlverhalten ertappt werden, wird dies nicht nur ein Gefühl von Scham in uns auslösen; diese Scham kann sich auch häufig durch das körperliche Phänomen des Errötens zeigen. Doch auch wenn unser Fehlverhalten nicht herausgefunden und aufgedeckt wird, kann dieser Scham-Mechanismus bewirken, dass wir uns innerlich für uns selbst schämen, obwohl niemand sonst davon weiß.

Beide Mechanismen zeugen also von einem universalen Moralgesetz. Natürlich kann man sich dauerhaft und nachdrücklich über sie hinwegsetzen, sodass sie irgendwann praktisch nicht mehr funktionieren. Ein antiker Autor beklagte sich einmal über Menschen, „die in ihrem eigenen Gewissen gebrandmarkt sind" (der Apostel Paulus in 1 Tim 4,2), sodass dieses daher nicht mehr funktioniere, während ein anderer seine extrem korrupten Zeitgenossen aus den Bereichen Handel und Religion mit folgenden Worten tadelte: „Doch sie schämen sich keineswegs, ja, Scham kennen sie nicht" (der Prophet Jeremia in Jer 6,15).

Eine logische Schlussfolgerung

Was sollen wir nun über all diese angeborenen Sinne und Mechanismen sagen – unseren Sinn für Fairness, unseren Sinn für Ästhetik, unsere Sprachfähigkeit, unser Bewusstsein für gewisse moralische Grundgesetze, unser Gewissen und unser Schamgefühl?

Wären wir nur Flugzeuge, wäre das sofort klar. Das Cockpit eines modernen Flugzeugs ist mit jeder Menge Knöpfen, Lichtern, Warnsignalen und mit Radar ausgestattet. Diese helfen dem Piloten, das Flugzeug zu fliegen, warnen ihn vor Dingen, die er vermeiden muss, und lösen bei drohender Gefahr Alarm aus. Sie informieren ihn über Flughöhe, Richtung, Geschwindigkeit, Treibstoff und andere notwendige Dinge. Zwar muss er selbst die Entscheidungen treffen, aber all diese Mechanismen wurden bewusst entwickelt und in das Cockpit eingebaut, um ihn beim Treffen dieser Entscheidungen anzuleiten und ihm zu helfen.

Es wäre daher ganz natürlich, auch über unsere angeborenen Sinne und Mechanismen, die sozusagen in uns eingebaut wurden, zu sagen, dass sie auch bewusst entwickelt und in uns angelegt wurden, um uns bei unserer Entscheidungsfindung anzuleiten.

Genau das sagt die Bibel dazu:

> Denn wenn Nationen, die kein Gesetz haben, von Natur dem Gesetz entsprechend handeln, so sind diese, die kein Gesetz haben, sich selbst ein Gesetz. Sie beweisen, dass das Werk des Gesetzes in ihren Herzen geschrieben ist, indem ihr Gewissen mit Zeugnis gibt und ihre Gedanken sich untereinander anklagen oder auch entschuldigen. (Röm 2,14-15)

Dieser Abschnitt sagt, dass Gott zwei Wege nutzt, um uns sein Moralgesetz zu vermitteln. Ein Weg ist die nach und nach immer deutlicher werdende Offenbarung der Forderungen dieses Gesetzes – erst durch die Zehn Gebote, die dem Volk durch Mose vermittelt und von den alttestamentlichen Propheten erläutert wurden, und dann durch die Lehren Christi (wie die Bergpredigt) und die ethischen Anweisungen seiner Apostel.

✝ Als Gott den Menschen in seinem Bilde schuf, schrieb er die grundlegenden Prinzipien und Forderungen seines Moralgesetzes ins Herz des Menschen. Daher die Allgemeingültigkeit, aber auch seine Autorität.

Doch die Tatsache, dass diese detaillierte Lehre bis zu jener Zeit größtenteils noch nicht zu den heidnischen Nationen durchgedrungen war, was durch den Ausdruck in Vers 14 „die kein Gesetz (das heißt das Gesetz des Mose) haben" ausgedrückt wird, bedeutet nicht, dass Gott die heidnischen Nationen in völliger Unkenntnis über sein Moralgesetz gelassen hatte. Als Gott den Menschen in seinem Bilde schuf, schrieb er die grundlegenden Prinzipien und Forderungen seines Moralgesetzes ins Herz des Menschen. Daher die Allgemeingültigkeit, aber auch seine Autorität.

Wenn ein Pilot die Anweisungen und Warnungen seiner Anzeigegeräte ignoriert und das Flugzeug deshalb abstürzt, er jedoch überlebt, müsste er sich dafür rechtfertigen, warum er diese Warnungen bewusst missachtet hat. Dabei müsste er sich nicht vor seinen Geräten oder sich selbst rechtfertigen, sondern vor der Luftfahrtbehörde, die die Luftwege überwacht, und vor den Eigentümern der Fluggesellschaft, auf deren Anweisung hin der Flugzeugbauer diese Warneinrichtungen ins Cockpit eingebaut hat. Wenn es also Gott der Schöpfer war, der die grundlegenden Prinzipien und Forderungen des Moralgesetzes in unser Herz geschrieben hat, wird er derjenige sein, dem wir dafür Rede und Antwort stehen müssen, wenn wir diese Prinzipien ignorieren oder ablehnen.

Das Schreiben von Gottes Gesetz in das menschliche Herz ist natürlich nicht mit der Programmierung eines Computers zu vergleichen, der automatisch und mechanisch ein festes Programm ausführt. Es gleicht mehr dem Einbau der Bildschirme, Knöpfe, Warnsignale und des Radars im Cockpit, um dem Piloten zu helfen, die richtigen Entscheidungen zu treffen und das Flugzeug richtig zu fliegen. Wie der Pilot haben alle Menschen einen freien Willen: Sie können sich dazu entscheiden, die Forderungen von Gottes Gesetz zu erfüllen – was sie tatsächlich auch oft tun –, aber sie haben auch die Freiheit, dieses Gesetz zu missachten, zu ignorieren, zu verzerren, zu verdrehen oder abzulehnen – was wir alle schon zu oft getan haben.

Wenn es nun stimmt, dass diese Moralgesetze von Gott in unser Herz geschrieben wurden, hat diese Tatsache eine hochbedeutsame Auswirkung, auf die wir später noch im Detail zurückkommen werden. Kurz formuliert ist Folgendes gemeint: Als moralische Personen beziehen wir uns nicht einfach nur auf einen unpersönlichen Gesetzeskodex, sondern auf eine Person. Und wenn diese Beziehung von gegenseitigem Respekt, Vertrauen und Liebe gekennzeichnet ist, so wie es sein sollte, ist das Einhalten der Moralgesetze nicht nur eine Frage der reinen Gesetzeskonformität, sondern geschieht auf Grundlage einer echten persönlichen Beziehung.

Doch wie wir alle wissen, wird dieser Bericht über den Ursprung und die Autorität der Moralgesetze von vielen Menschen nicht akzeptiert. Erstens glauben sie nicht an Gott, und zweitens glauben sie, dass der Glaube an Gott als Autorität hinter den Moralgesetzen der Grund für endloses Leid und Elend der Menschheit gewesen ist. In unserem nächsten Abschnitt müssen wir uns daher ihrem Moralverständnis und den entsprechenden Auswirkungen zuwenden.

MORAL: OBJEKTIV ODER SUBJEKTIV?

Wir haben bisher die Sichtweise betrachtet, dass die Allgemeingültigkeit und Autorität der Moralgesetze vom Schöpfer der Menschheit – von Gott – stammen. Nun müssen wir anfangen, uns mit dem gegensätzlichen – atheistischen – Konzept der Moral und ihrer Quelle auseinanderzusetzen.

Das ist nicht ganz einfach, insbesondere, wenn man nur wie hier eine kurze Übersicht geben kann. Die Schwierigkeit ist diese: Es gibt nicht nur *ein* atheistisches Konzept von Moral, sondern viele, da die verschiedenen Arten von Atheisten (Humanisten, Marxisten, Existenzialisten usw.) sehr unterschiedliche Sichtweisen auf dieses Thema haben. Zudem werden wir hier nicht über die Details der ethischen Umsetzung sprechen (das heißt über ihre unterschiedlichen Ansichten, wie dieselben moralischen Grundprinzipien in bestimmten praktischen Situationen dann angewendet werden sollten), sondern nur über ihre unterschiedlichen Sichtweisen der moralischen Grundprinzipien an sich und woher diese Prinzipien stammen.

Es ist also unmöglich, in diesem kurzen Überblick alle diese unterschiedlichen Sichtweisen angemessen und in gleichem Umfang darzustellen. Wer dieses Thema genauer studieren möchte, sollte daher unbedingt die Originaltexte konsultieren und die weitreichenden historischen Darstellungen und Nachschlagewerke aus dem Bereich Philosophie.

Dennoch gibt es zwei grundlegende Fragen, die ein Theist an jede atheistische Moral stellen möchte. Die erste lautet: Liefert die atheistische Moral, wie auch immer sie aussieht, irgendwelche absoluten Maßstäbe oder andere Maßstäbe, anhand deren man die Gültigkeit ihrer moralischen Prinzipien beurteilen und bewerten kann? Diese Frage ist wichtig, weil Atheisten im Allgemeinen die theistische Sicht ablehnen, dass Gott der Ursprung des ganzen Moralgesetzes ist, denn diese Sicht würde dem Moralgesetz göttliche, das heißt absolute Autorität verleihen. Und diese Autorität empfinden sie als Affront gegenüber der Würde und moralischen Autonomie des Menschen. Denn sie glauben, dies reduziere ihn letztendlich auf eine Art moralische Hörigkeit.

> ✠ Gibt es irgendwelche objektiven moralischen Werte? Oder sind alle moralischen Werte subjektiv?

Ein Theist wird also fragen wollen: Beinhaltet das System der atheistischen Moral (welcher Art auch immer) irgendeinen absoluten, objektiven, autoritativen Maßstab? Und wenn ja, was für einen? Und wie passt dann dieser autoritative Maßstab besser zur menschlichen Freiheit als der autoritative Maßstab Gottes? Und wenn in diesem System kein absoluter, objektiver, autoritativer Maßstab zu finden ist, ist das System dann nicht alles in allem subjektiv und somit willkürlich?

Die zweite grundlegende Frage ist nur eine etwas andere Art, die erste Frage zu stellen, doch dadurch werden zumindest ein paar Fachbegriffe deutlicher. Sie lautet: Gibt es irgendwelche objektiven moralischen Werte? Oder sind alle moralischen Werte *subjektiv*?

Die Bedeutung der Begriffe „objektiv" und „subjektiv"

Unsere erste Aufgabe hier ist es zu verstehen, was die Begriffe „objektiv" und „subjektiv" in diesem Kontext bedeuten, und dann müssen wir fragen, warum es wichtig ist zu entscheiden, ob moralische Werte objektiv oder subjektiv sind.

Sagt man, dass es objektive moralische Werte gibt, sagt man damit auch, dass es Dinge gibt, die immer richtig sind, unabhängig von den persönlichen Gefühlen, Vorlieben oder Abneigungen einer Person – Dinge, die allen Menschen gleichermaßen und zu allen Zeiten eine entsprechende Pflicht auferlegen. Ebenso sagt man damit, dass es gewisse Dinge gibt, die immer falsch sind, egal, ob Einzelpersonen, Gruppen oder Nationen sie für richtig oder falsch halten – Dinge, bei denen jeder überall die Pflicht hat, sie zu unterlassen.

Sagt man andererseits, dass moralische Werte subjektiv sind, sagt man damit, dass moralische Werte von den Vorlieben und Abneigungen von Menschen abhängen. Eine Person akzeptiert gewisse moralische Werte, weil sie sie ansprechend findet; eine andere Person lehnt dieselben Werte ab, weil sie sie nicht ansprechen, und es gibt keinen letzten, unabhängigen Maßstab, anhand dessen man beurteilen könnte, welcher Wertekanon richtig oder falsch ist.

Oder lassen Sie es uns anders ausdrücken: Wenn man sagt, dass die moralischen Gesetze objektiv sind, sagt man damit, dass sie in gewisser Weise den Gesetzen der Arithmetik ähneln. Wir Menschen haben sie nicht erfunden, wir haben sie nur entdeckt. Zu verschiedenen Zeiten in der Geschichte haben verschiedene Völker verschiedene Zahlensysteme erfunden (die alten Babylonier zum Beispiel benutzten ein Sexagesimalsystem, während wir heute das Dezimalsystem verwenden). Doch alle diese erfundenen Zahlensysteme drücken dieselben arithmetischen Gesetze aus – diese Gesetze hat niemand erfunden.

Stellen wir uns ein Kind vor, das in der Schule Rechenaufgaben löst und folgende Gleichung aufschreibt: $\sqrt{9} = 4\frac{1}{2}$. Die Lehrerin wird darauf hinweisen, dass die Lösung falsch ist: Die richtige Antwort lautet: $\sqrt{9} = 3$. Doch die Lehrerin drängt dem Kind damit nicht ihre persönliche Sichtweise auf. Sie muss sich genauso an die arithmetischen Gesetze halten wie das Kind. Die Gültigkeit dieser Gesetze ist nicht von ihren Ansichten zu diesem Thema abhängig. Sie hat lediglich durch ihre größere Erfahrung erkannt, was gemäß der Arithmetikgesetze objektiv richtig und was objektiv falsch ist. Und weil sie dies weiß, lehrt sie das Kind, sein Denken den objektiven Gesetzen der Arithmetik unterzuordnen.

Menschen, die leugnen, dass es objektive moralische Werte oder irgendeinen absoluten Maßstab gibt, anhand dessen man entscheiden kann, welche moralischen Werte wahr und allgemein verbindlich sind und welche nicht, tendieren andererseits zu der Ansicht, dass moralische Werte von Menschen zu unterschiedlichen Zeiten der Geschichte entwickelt wurden, um den verschiedenen Situationen jeweils gerecht zu werden.

Daher seien diese niemals als allgemein anwendbar betrachtet worden und sollten es auch nicht sein; sie seien immer für eine Anpassung offen, wenn sich Zeit, Ort und Umstände veränderten.

Solche subjektiven moralischen Werte wären wie Modeerscheinungen im Bereich Kleidung, die sich von Volk zu Volk, von Umfeld zu Umfeld und von Generation zu Generation wandeln.

Die Folgen von Subjektivität in der Moral

- *Eine Frage des Geschmacks?*

Eine Konsequenz von Subjektivität in der Moral ist, dass damit moralische Werte letztendlich auf eine Frage des Geschmacks reduziert werden. Dieses Thema haben wir bereits in Kapitel 1 angesprochen, aber lassen Sie uns hier etwas mehr ins Detail gehen.

In Geschmacksfragen kann man von niemandem sagen, dass er oder sie recht oder unrecht hat. Geschmack ist eine Frage der subjektiven Vorlieben. Wenn Natascha sagt: „Ich liebe Spinat", und Alex sagt: „Ich hasse Spinat", haben wir hier offensichtlich Aussagen über gegensätzliche Vorlieben. Doch wir könnten weder über das eine noch über das andere sagen, es sei falsch. Wenn Natascha hier nicht heuchelt und sagt, sie möge Spinat, obwohl sie es gar nicht tut, ist ihre Aussage „Ich mag Spinat" wahr: Sie mag ihn, niemand kann dies leugnen, und damit ist das Thema erledigt. Dasselbe gilt für Alex' Aussage über seine Vorliebe.

Außerdem würde es für Alex keinen Sinn ergeben zu fordern, dass Natascha keinen Spinat mögen sollte, sondern lieber Rote Bete wie er selbst. „Sollte" funktioniert hier nicht. Niemand ist dazu verpflichtet, Rote Bete zu mögen oder Spinat nicht zu mögen. Es ist einfach eine Frage des persönlichen Geschmacks.

Natascha könnte natürlich sagen: „Auch du solltest Spinat mögen, denn er ist besser für dich als Rote Bete." Doch in diesem Fall hat Alex das Recht zu erwidern: „Woran machst du dein Urteil fest, dass Spinat für mich besser ist als Rote Bete?" Es würde nicht reichen, wenn Natascha antwortet: „Dr. A sagt das", denn Alex könnte darauf antworten: „Aber Dr. B sagt, dass nicht Spinat, sondern Rote Bete besser ist." Und wenn zwei Expertenmeinungen auseinandergehen (wie so oft bei allen möglichen Themen), wäre die einzige Möglichkeit zu beweisen, dass eine davon richtig und die andere falsch ist. Und dafür bräuchte man einen objektiven Maßstab, anhand dessen man beurteilen könnte, welche objektiv die bessere ist. Dann wäre es aber nicht länger eine Frage des subjektiven Urteils.

Daraus lässt sich nun Folgendes schließen: Wenn moralische Gesetze und Werte nur eine Frage des subjektiven Geschmacks oder der persönlichen Vorlieben wären, könnten wir niemals sagen, dass eine Vorliebe moralisch falsch und eine andere moralisch richtig wäre oder dass wir eine Vorliebe begrüßen und die andere ablehnen sollten.

> ✢ *Wenn moralische Gesetze und Werte nur eine Frage des subjektiven Geschmacks oder der persönlichen Vorlieben wären, könnten wir niemals sagen, dass eine Vorliebe moralisch falsch und eine andere moralisch richtig wäre.*

Aber sehen Sie, was dies bedeuten würde? Wir könnten beispielsweise niemals Hitler für seinen schrecklichen Völkermord verurteilen. Hitler müsste einfach nur sagen: „Sie mögen es nicht, Juden zu ermorden? Dann tun Sie es einfach nicht. Aber ich mag es. Es ist nur eine Frage des Geschmacks. Wer sind Sie, dass Sie mir Ihren Geschmack aufdrängen wollen?"

Beachten Sie nun auch Folgendes. Wenn einer sagt: „Ich finde Völkermord abscheulich", und ein anderer sagt: „Für mich ist Völkermord vollkommen akzeptabel", sagt Ihnen weder der eine noch der andere etwas über Völkermord an sich. Beide sagen etwas über sich selbst: dass sie Völkermord entweder in Ordnung finden oder nicht.

Wenn andererseits der eine sagt: „Ich finde Völkermord abscheulich, weil es ein Verbrechen gegen die Menschheit ist", dann fängt er an, Ihnen etwas über Völkermord zu erzählen (oder vielmehr, was Völkermord in seinen Augen ist). Doch dann könnte der andere erwidern: „Für mich ist Völkermord vollkommen akzeptabel. Es ist kein Verbrechen – es befreit die Menschheit von einem tödlichen Krebsgeschwür", und würde damit seine moralische Einschätzung kundtun. Doch welcher von beiden hat moralisch recht? Auf subjektiver Ebene könnte man dies nie klären. Dafür bräuchte man irgendeinen objektiven moralischen Maßstab, anhand dessen man sein Urteil fällen könnte.

Doch wenn es keine absoluten, objektiven moralischen Maßstäbe gibt, wie soll man in dieser Sache dann entscheiden?

- *Eine Frage der Einigung auf Regeln?*

Könnten wir Moralgesetze als eine Art Spielregeln betrachten? Nehmen wir Fußball als Beispiel. Die Regeln sind keine Frage des individuellen Geschmacks oder der Präferenz. Alle Spieler auf beiden Seiten müssen damit einverstanden sein, sich an die Spielregeln zu halten, und sie haben einen unabhängigen Schiedsrichter, der entscheidet, ob und wann ein Spieler gegen die Regeln verstößt, und bei Streitigkeiten zwischen den Mannschaften eine Entscheidung trifft. Zudem gibt es bei internationalen Turnieren ein internationales Gremium, das die Regeln festlegt, und Fußballmannschaften aus der ganzen Welt erklären sich einverstanden, die von diesem Gremium festgesetzten Regeln zu beachten. Es ist daher keine Frage des reinen persönlichen Geschmacks oder irgendeiner nationalen oder kulturellen Präferenz. Hier gibt es objektive Regeln und Maßstäbe, doch wurde sich auf diese geeinigt, sie wurden niemandem von irgendeiner externen eigenmächtigen Behörde aufgezwungen.

Doch in diesem Fall, so wird weiter argumentiert, sind die Fußballregeln zwar in diesem Sinne objektiv, aber es heißt nicht, dass sie schon immer die gleichen waren und niemals geändert werden dürfen. Sie können von Zeit zu Zeit verändert werden (was auch der Fall ist): Was vor 50 Jahren noch erlaubt war, ist heute vielleicht nicht mehr erlaubt, und andersherum. Dies kann passieren, weil die Regeln nicht von einer göttlichen Autorität festgelegt wurden, sondern durch einen Konsens der Fußballinstitutionen auf der ganzen Welt. Wenn sich alle einig sind, dass die Regeln geändert werden sollen, um das Spiel interessanter und unterhaltsamer zu machen, können diese geändert werden, und was zuvor falsch war, ist nun richtig und regelkonform.

Warum können wir dann zu denselben Bedingungen keine objektiven moralischen Werte haben – festgelegt durch den Konsens der gesamten Menschheit, doch offen für Veränderungen und Anpassungen, wenn die Umstände es erfordern?

Oberflächlich betrachtet hört sich das Argument attraktiv an, doch die Analogie, auf der es aufbaut, ist mangelhaft, und das aus mehreren Gründen.

1. Die Regeln für ein Fußballspiel sind größtenteils reine Vorschriften. Es gibt keine moralischen Gründe dafür, dass Handspiel verboten ist.

2. Die Fußballregeln sagen einem Spieler nicht, ob er eine falsche Steuererklärung einreichen, seine Kinder lieben, seine Eltern ehren oder seiner Ehefrau treu sein soll oder nicht usw. Denn all diese Dinge sind moralische Prinzipien und liegen somit außerhalb des Bereichs, in dem die Fußballregeln etwas zu sagen haben. In verschiedenen Teilen der Welt wurden schon Spieler und Funktionäre der Korruption und der „Verschiebung" einiger Spiele in Zusammenhang mit Wettsyndikaten beschuldigt. Doch das sind strafrechtliche Vorwürfe, über die von einer Autorität außerhalb des Fußballs entschieden werden muss, nämlich von den Gerichten.

3. Die nächste Schwäche der Analogie, mit der die Behauptung illustriert wird, Moralgesetze könnten durch Konsens wie Fußballregeln festgelegt werden, ist folgende: Fußball ist nicht die einzige Sportart, die Leute gerne betreiben. Es gibt noch weitere, und jede von ihnen hat ihre eigenen Regeln. Was beispielsweise beim Handball erlaubt ist, ist beim Fußball hingegen verboten. Ein Fußballer kann nicht sagen, die Handballregeln seien falsch, nur weil sie sich von den Fußballregeln unterscheiden. Auch kann niemand Ihnen sagen, dass Sie Kricket anstelle von Hockey spielen müssten. Jeder muss die Freiheit haben, die Sportart zu betreiben, die er möchte, und damit selbst entscheiden dürfen, welche Regeln er befolgen möchte.

Doch wie könnte dies auch auf die Moralgesetze zutreffen? Denn wenn dies so wäre, auf welcher Grundlage könnte man dann Kannibalismus verurteilen? Der Kannibale könnte einfach sagen, dass er ein anderes Spiel spiele, und fragen, woher Sie sich das Recht nähmen, ihm zu sagen, sein Spiel sei nicht so gut wie Ihres?

4. Doch vielleicht tun wir der Analogie auch Unrecht. Die Leute, die diese Analogie vorbringen, möchten damit vielleicht nur ausdrücken, dass sich der Fußball bis zu dem Punkt entwickelt hat, an dem allgemein akzeptierte Regeln durch allgemeinen Konsens festgelegt wurden, und dass diese Regeln für die einzelnen Spieler und Mannschaften (für den Moment) gültig und vollkommen objektiv sind, obwohl sie von Menschen geschaffen wurden. Wenn der Menschheit dies also bei den Fußballregeln gelungen ist, warum sollte es dann nicht möglich sein, dass sie eines Tages den Punkt erreicht, an dem alle Menschen der Welt in der Lage sein werden, durch Konsens eine weltweite moralische Autorität zu ernennen, die genau das für die

Moral tun kann, was für den Fußball gelungen ist, nämlich die Festlegung von objektiven, allgemein akzeptierten absoluten Moralgesetzen?

Eine faszinierende Vorstellung. Stellen Sie sich vor – auch wenn dies fast unglaublich ist –, dass dies wirklich passiert und diese weltweite Autorität das absolute Gesetz festlegen würde, dass zum Beispiel Vergewaltigung immer und für jeden falsch ist. Der Evolutionist Michael Ruse hat auf Folgendes hingewiesen: Sollten irgendwann einmal intelligente Wesen aus der Andromeda-Galaxie (wenn es diese Wesen denn gibt) die Erde besuchen, würden wir vielleicht entdecken, dass sie Vergewaltigung überhaupt nicht als falsch betrachten, weil sich laut Ruse ihre evolutionäre Geschichte von unserer unterscheiden könnte.[105]

In diesem Fall wäre es vermutlich notwendig, sich an eine (natürlich durch Konsens ernannte) intergalaktische moralische Autorität zu wenden, um anhand eines übergalaktischen Maßstabs festzulegen, was die Moralgesetze für alle Bewohner aller im Universum existierenden Welten sein sollen.

Es ist, nebenbei bemerkt, kein Scherz, dass es eine solche übergalaktische Autorität wirklich gibt: Man nennt sie Gott. Der Punkt ist jedoch, dass Atheisten offenbar nichts gegen eine universale Autorität hätten, die ein allgemeingültiges Gesetz erlassen und durchsetzen könnte, solange diese universale Autorität im Unterschied zu Gott durch menschliche Zustimmung eingerichtet werden würde.

Doch Michael Ruses evolutionäre Spekulationen über die Moral der hypothetischen Einwohner von Andromeda haben diese Diskussion eindeutig ins Reich der Fantasie abdriften lassen. Was wir brauchen, ist eine angemessene Moral, die unser Leben hier und jetzt bestimmt.

Wir können nicht darauf warten, dass es irgendwann einmal irgendeine spekulative weltweite Moralbehörde geben wird. Wir brauchen jetzt eine objektive Moral in dieser realen Alltagswelt.

Zudem begrüßen wir gewiss die ernsthaften Bemühungen der Vereinten Nationen, die zur Zurückhaltung bei politischen Auseinandersetzungen mahnen und sich einsetzen für die Überwindung von Aggressionen und Gewalt, die Erweiterung der Menschenrechte, ein Ende der Ausbeutung der Dritten Welt, die Bekämpfung von Armut, das Verbot von Terror- und Folterwaffen sowie eine gerechtere Verteilung des weltweiten Wohlstandes usw. Niemand, der guten Willens ist, würde die Erfolge in diesen Bereichen herabsetzen wollen.

---

105 *Is Rape Wrong on Andromeda?*

Doch leider ist es nur zu offensichtlich, wie schwierig es oft für die UN ist, als repräsentatives Organ einen Konsens bei politischen, sozialen und wirtschaftlichen Themen nur in der Theorie, geschweige denn in der Praxis zu erzielen, ohne auch nur die Verantwortung schultern zu müssen, eine weltweite objektive Moral festzulegen und durchzusetzen.

Zudem ist es in jedem Fall äußerst fraglich, ob es überhaupt wünschenswert wäre, eine halbpolitische Weltbehörde – wie auch immer diese ernannt werden würde – als höchste Autorität und als Durchsetzer der weltweiten Moralgesetze zu haben. Die Geschichte totalitärer Regierungen, die ihren eigenen Ländern ihre moralischen Überzeugungen aufgezwungen haben und auch versucht haben, sie der ganzen Welt aufzudrücken, war oft durch Unterdrückung, Grausamkeit und eine Verweigerung der Gewissensfreiheit gekennzeichnet. Das andere Extrem wäre die demokratische Mehrheitswahl, doch die wäre wohl kaum dafür geeignet, über Fragen der Moral zu entscheiden. Haben Mehrheiten bis jetzt immer Recht gehabt? Oder Minderheiten? Und wie könnte man beurteilen, ob nun die Mehrheit oder die Minderheit Recht hat, wenn es keine höhere moralische Autorität über beiden gäbe, mit der man diese Frage klären könnte?

Aber jetzt ist es Zeit, die Atheisten zu Wort kommen zu lassen, damit diese uns erzählen, wie sie mit diesem Problem umgehen.

4

MORALVORSTELLUNGEN
IM VERGLEICH

*Ein altes Gleichnis erzählt die Geschichte
von zwei Männern, von denen jeder ein Haus baute.
Einer baute sein Haus auf Felsen, der andere auf Sand.
Als die Stürme und Fluten kamen, stürzte das Haus
auf dem Sand ein, das Haus auf dem Felsen stand fest.
In diesem Gleichnis wird die Baustruktur
des eingestürzten Hauses nicht kritisiert.
Seine Baustruktur könnte, zumindest äußerlich,
praktisch dieselbe wie die des anderen Hauses
gewesen sein. Doch seine Baustruktur
hatte kein ausreichendes Fundament.*

Wir beginnen mit den Moralvorstellungen, die auf evolutionären Darstellungen über den Ursprung und die Entwicklung des Menschen basieren. Zunächst eine weitverbreitete Ansicht:

DIE WISSENSCHAFT HAT DIE TRADITIONELLE GRUNDLAGE DER MORAL ZERSTÖRT

Zu dieser Ansicht werden wir als Vertreter der Wissenschaft erneut Professor William Provine zitieren:

> Die Folgerungen der modernen Wissenschaft sind jedoch eindeutig unvereinbar mit den meisten religiösen Überlieferungen.
> In der Natur existieren keine zweckorientierten Prinzipien. Die organische Evolution ist entstanden durch Kombinationen von zufälligen Genveränderungen, natürlicher Auslese, Mendel'scher Vererbungslehre und vielen anderen absichtslosen Mechanismen. Menschen sind komplexe organische Maschinen, die vollständig sterben, ohne dass ihre Seele oder Psyche überlebt. ... Es gibt weder angeborene Moral oder ethische Gesetze noch absolute Leitlinien für die menschliche Gesellschaft. Dem Universum sind wir egal, es gibt keinen letzten Sinn im Leben.[106]

Es gibt keine Götter und keine Gestaltungskräfte, die rational nachweisbar wären.

Der einzelne Mensch wird durch zwei primäre Mechanismen zu einer ethischen Person: Vererbung und Umwelteinflüsse. Mehr gibt es nicht ...

---

106 *Scientists, Face it! Science and Religion are Incompatible*, 10

Viertens müssen wir daraus schließen, dass wir tatsächlich sterben, wenn wir sterben, und dies unser Ende ist ...

Der freie Wille, so wie er traditionell wahrgenommen wird – als die Freiheit, sich ungezwungen und unvorhergesehen unter alternativen Handlungsweisen zu entscheiden –, existiert einfach nicht ... Es ist unmöglich, dass der Evolutionsprozess ein Lebewesen hervorbringen kann, das wahrhaft frei in seinen Entscheidungen ist.[107]

Aus dem populärwissenschaftlichen Bereich können wir Alasdair Palmer, einen Wissenschaftskorrespondenten der Sonntagszeitung *The Sunday Telegraph*, zitieren:

Aber es ist nicht nur die religiöse Erklärung der Welt, der durch wissenschaftliche Erklärungen für unseren Ursprung widersprochen wird. Dies gilt auch für die meisten unserer ethischen Werte, da die meisten von ihnen durch unser religiöses Erbe geprägt wurden. In einem wissenschaftlichen Bericht über die Menschheit ist genauso wenig Platz für den freien Willen oder die Fähigkeit eines Individuums, gut und gerecht zu handeln, wie für die Seele.[108]

Die Vorstellung, die Wissenschaft habe die Grundlage von Religion und Moral zerstört

Die „Logik" dieser Sicht, ob nun auf professionell wissenschaftlicher oder auf populärer Ebene, ist leicht nachzuvollziehen.

1. Leute gehen davon aus (oftmals als Resultat dessen, was sie gelehrt wurden), dass die Wissenschaft die Nichtexistenz Gottes bewiesen hat.

2. Das heißt, dass das Universum ein riesiges, unpersönliches System (oder eine Maschine) ist, geistlos und ohne Sinn.

3. Das heißt auch, dass wir Menschen die Produkte zielloser Prozesse sind. Wir sind biologische Maschinen ohne freien Willen und daher ohne moralische Verantwortung. Es gibt kein geplantes Ziel, das wir im Leben erreichen müssen, und wenn wir sterben, erlöschen wir vollständig, nichts überlebt. Es gibt kein endgültiges Urteil nach dem Tod (denn es gibt niemanden, der das Urteil fällt), und daher wird es am Ende keinen Unterschied machen, ob wir uns gut oder schlecht verhalten haben. Schließlich gibt es im Universum keine innewohnenden moralischen oder ethischen

---

107 Provine, *Evolution and the Foundation of Ethics*
108 *Must Knowledge Gained Mean Paradise Lost?*

Gesetze noch irgendwelche absoluten Leitprinzipien für die menschliche Gesellschaft. So wie der Motor eines Busses ja auch keine moralischen Leitlinien für die Lebensführung seiner Passagiere in sich trägt. Und so ist Ethik nur eine Frage der bestmöglichen Anpassung an die jeweilige Kultur auf pragmatischer Basis.

4. Die Wissenschaft hat also die Grundlage der Religion und die von der Religion gelehrte Moral zerstört. Es bleibt nur Aberglaube.

Die ist nun eine weitverbreitete – obgleich oft schlecht durchdachte – Sichtweise, doch sie beruht auf einer falschen Annahme: Tatsächlich hat die Wissenschaft auch nicht ansatzweise bewiesen, dass es keinen Gott gibt.[109]

Natürlich verhalten sich Menschen, die die Sichtweise übernehmen, dass die Grundlage der Moral zerstört worden sei, meistens oder gar nicht wie Kriminelle. Es kann gut sein, dass sie ein moralisch vorbildliches Leben führen. Denn Tatsache ist, dass es für Menschen praktisch unmöglich ist, ohne so etwas wie eine Moral zu leben. Lassen Sie jemanden das Geld eines Atheisten stehlen, seinen Ruf beschädigen, falsch gegen ihn aussagen, mit seiner Frau durchbrennen oder seinen Kindern Gewalt antun, und der Atheist wird voller moralischer Entrüstung sein – auch wenn er auf intellektueller Ebene die von Professor Provine ausgedrückte Ansicht teilt! Er wird vehement dagegen protestieren und deutlich zeigen, dass er tatsächlich glaubt, dass es so etwas wie Gerechtigkeit, Aufrichtigkeit etc. gibt oder geben sollte. Er wäre überzeugt, dass die Gesellschaft moralisch dazu verpflichtet ist, etwas gegen die Person zu unternehmen, die ihn auf so schlechte Weise behandelt hat. Die gerechten Forderungen des Moralgesetzes des Schöpfers bleiben recht deutlich in sein Herz geschrieben, auch wenn er intellektuell die Existenz des Schöpfers leugnet.

> ✚ Nach außen hin mag der Atheist ein gutes und ehrbares Leben führen, was sich kaum von dem eines Menschen unterscheidet, der an ein gottgegebenes Moralgesetz glaubt. Doch es gibt einen großen Unterschied.

Nach außen hin mag der Atheist ein gutes und ehrbares Leben führen, was sich kaum von dem eines Menschen unterscheidet, der an ein gottgegebenes Moralgesetz glaubt. Doch es gibt einen großen Unterschied. Wie Provine sagt, ist die Grundlage seiner Moral zerstört.

Ein altes Gleichnis erzählt die Geschichte von zwei Männern, von denen jeder ein Haus baute. Einer baute sein Haus auf Felsen, der andere auf Sand. Als Stürme und Fluten kamen, stürzte das Haus auf dem Sand ein,

---

109 Siehe Anhang: *Was ist Wissenschaft?*, S. 283

das Haus auf dem Felsen stand fest. In diesem Gleichnis wird die Baustruktur des eingestürzten Hauses nicht kritisiert. Sie hätte, zumindest äußerlich, dieselbe sein können wie die des anderen Hauses. Doch seine Baustruktur hatte kein ausreichendes Fundament. Provines Beobachtungen entsprechen in dem Sinn der Wirklichkeit, dass der irrtümliche Eindruck, die Wissenschaft habe den Glauben an Gott unmöglich gemacht, bei vielen Menschen die moralische Grundlage ihres Lebens zerstört hat. Das unvermeidbare Resultat ist, dass sie im Fall von Versuchungen, Stürmen und Lebenskrisen entdecken, dass sie keine entsprechend tiefe Stärke haben, die ihnen hilft, diesen Dingen standzuhalten. Die moralische Grundlage des Lebens bricht zusammen. Moral wird zum instabilen Flugsand.

Nun müssen gewiss alle Wissenschaftler die Freiheit haben, das zu lehren, was sie für wahr halten. Wahrheit darf nicht um irgendeines metaphysischen Glaubens willen verwässert oder verfälscht werden. Doch ebenso müssen alle Wissenschaftler (wie jeder Lehrer) unterscheiden zwischen ihren metaphysischen Vorannahmen und den darauf aufbauenden Theorien auf der einen und den tatsächlich bewiesenen Fakten der Wissenschaft auf der anderen Seite.

Doch Provines Ansicht, das physikalische Universum gebe uns keinerlei moralische Leitlinien für unser Verhalten, wurde auch von anderen ebenfalls atheistischen Wissenschaftlern nicht immer geteilt. Seit dem Aufkommen von Darwins Evolutionstheorien hat es mindestens zwei Gedankenschulen gegeben, die darauf beharrten, dass es eine adäquate menschliche Moral auf physikalischer Grundlage geben kann, basierend auf den evolutionären Prozessen, die ihrer Ansicht nach zur Entstehung der Menschheit geführt haben.

Die erste dieser Theorien besagt Folgendes: So wie die Evolution das Prinzip des „Überlebens des Stärkeren" benutzt hat, um uns aus Protoplasma zur ganzen Menschheit zu formen, so kann dieses Prinzip die Menschheit auch zur moralischen Vollendung führen, wenn es im sozialen, wirtschaftlichen, ethnischen und internationalen Bereich auf die moralische und ethische Praxis des Menschen angewendet wird.

Die zweite Theorie ist moderner: In ihrer gegenwärtigen Form entstand sie in den 1960er-Jahren und findet auch heute noch Zustimmung. Sie lehrt, dass eine hinreichende Moral auf der Funktionsweise und den Mechanismen der Gene in unseren Körperzellen aufgebaut werden kann und sollte.

Betrachten wir also jede dieser Theorien der Reihe nach.

DAS „ÜBERLEBEN DES STÄRKEREN"
ALS GRUNDLAGE DER MORAL

Die Theorie, die als „Sozialdarwinismus" bekannt wurde, besagt, dass das biologische Evolutionsgesetz des „Überlebens des Stärkeren" die Grundlage der menschlichen Sozialethik ist und sein sollte. Sie ist längst diskreditiert, doch zunächst wurde sie von ihrem Begründer nicht als die üble und verwerfliche Sache wahrgenommen, zu der sie wurde, als Hitler damit die Ermordung von sechs Millionen Juden rechtfertigte (siehe Seiten 68f.).

Als Urheber des Begriffs „Sozialdarwinismus" gilt Herbert Spencer (1820–1903).[110] Spencer[111] hatte wie Darwin die optimistische Sicht, dass Evolution immer zu Fortschritt führe und evolutionäre Anpassung immer Verbesserungen mit sich brächten, vorausgesetzt, die menschliche Freiheit werde nicht eingeschränkt.

Bei der Bildung seiner Theorie folgte er Lamarck (mehr noch als Darwin), der lehrte, dass von den Eltern angeeignete Charaktereigenschaften an den Nachwuchs weitergegeben werden können. Daher war für Spencer das Hauptziel der Evolution nicht erfolgreiche Fortpflanzung, sondern die Entwicklung des moralischen Charakters. Eine Fehlanpassung des Charakters an soziale und wirtschaftliche Bedingungen verursache Schmerz. Die Anpassung des Charakters führe zu Freude oder zumindest zum „Guten". Wenn also jede Person die guten und die schlechten Folgen seiner eigenen Natur und des daraus folgenden Verhaltens selbst erfahren würde, könnte eine Anpassung stattfinden, und der Fortschritt der Spezies würde automatisch erreicht.

Zudem hat die Evolution des guten Charakters nach dem Lamarckschen Prinzip einen Schneeballeffekt. Wenn

> ☦ Die Evolution des guten Charakters hat nach dem Lamarck'schen Prinzip einen Schneeballeffekt. Wenn jede Generation die Gewohnheit entwickle, soziale Tugenden wie Mitgefühl, Wohlwollen, Ehrlichkeit, Selbstlosigkeit, Selbstdisziplin usw. zu praktizieren, würden die nachfolgenden Generationen diese verbesserten Charaktereigenschaften erben.

---

110 Die Information stammt aus Miller et al., *Blackwell Encyclopaedia of Political Thought*, 500–501; und aus Kaye, *Social Meaning of Modern Biology*. Siehe insbesondere Kapitel 1, *Social Darwinism – the Failure of the Darwinian Revolution*, in dem überzeugend argumentiert wird, dass die Bezeichnung „Sozialdarwinismus" fälschlicherweise sowohl Spencer als auch Darwin zugeordnet wurde; sie sollte eher jenen zugeordnet werden, die ihre Theorien übernahmen, pervertierten und missbrauchten.

111 *Social Statics*

jede Generation die Gewohnheit entwickle, soziale Tugenden wie Mitgefühl, Wohlwollen, Ehrlichkeit, Selbstlosigkeit, Selbstdisziplin usw. zu praktizieren, würden die nachfolgenden Generationen diese verbesserten Charaktereigenschaften erben.

Doch Spencers optimistische Theorie ging einfach nicht auf. Klassenkonflikte und Militarismus nahmen zu, die erhoffte individuelle Harmonie und moralischer Fortschritt jedoch nicht.

Zweitens wurde Spencers Interpretation der Lamarckschen Sicht der Evolution durch das in den 80er- und 90er-Jahren des 19. Jahrhunderts veröffentlichte Werk des deutschen Biologen August Weismann (1834–1914) ein tödlicher Schlag versetzt. Darin wurde die Vererbung von erworbenen Charaktereigenschaften verneint und ein stabiles Kernplasma postuliert, das von der Umwelt nicht beeinflusst wird. Folglich bestimme allein der geistlose, unerbittliche Prozess der natürlichen Auslese, welche evolutionäre Entwicklung es gibt, und diese Entwicklung sei rein biologisch, nicht moralisch.

Es war nicht Spencers Fehler, auch nicht Darwins, wie Professor Kaye aufgezeigt hat[112], dass die Bezeichnung „Sozialdarwinismus" von anderen missbraucht wurde, um brutalen Kapitalismus und Rassismus zu rechtfertigen. Dies geschah mit der Begründung, dass das evolutionäre Gesetz des Überlebens des Stärkeren auch beim uneingeschränkten, rücksichtslosen Wettbewerb in der Wirtschaft wie auch beim Rassismus in internationalen Beziehungen angewendet werden sollte. Es sei halt ein Naturgesetz, dass der Schwächste niedergetrampelt wird und der Stärkste überleben soll – eine Theorie, die schließlich die berüchtigte Völkermordpolitik in Hitlers Deutschland befeuerte.

Andererseits kann man in Aussagen wie der folgenden sehen, welche Auswirkungen es auf das moralische Denken hat, wenn man es von der Evolutionsbiologie beeinflussen lässt:

> In einer künftigen Zeit, die, nach Jahrhunderten gemessen, nicht einmal sehr entfernt ist, werden die zivilisierten Rassen der Menschheit wohl sicher die wilden Rassen auf der ganzen Erde ausgerottet und ersetzt haben.[113]

---

112 *Social Meaning of Modern Biology*, siehe Fußnote 110
113 *Die Abstammung des Menschen*, 203

Die zivilisierteren sogenannten kaukasischen Rassen haben die Türken im Kampf ums Dasein geschlagen. Wenn man einen Blick auf die Welt in nicht weit entfernter Zukunft wirft, wird eine endlose Zahl von niederen Rassen durch die höher zivilisierten Rassen auf der ganzen Welt beseitigt worden sein.[114]

Hier muss man sofort darauf hinweisen und betonen, dass viele zeitgenössische Evolutionisten diese Vorstellungen abscheulich fanden und sie aus christlichen oder humanistischen Gründen ablehnten. Insbesondere wollten sie die Evolution auf die biologische Entwicklung des Menschen beschränken; die Moral, glaubten sie, gehöre zu der höheren Ebene der menschlichen Kultur (so die Atheisten) oder zum menschlichen Geist (so die Theisten).

Wie wir bereits erwähnt haben, ist diese Form von Sozialdarwinismus schon lange diskreditiert worden. Doch sie dient uns noch immer als Warnung, was geschehen kann, wenn Menschen in ihrem Enthusiasmus für eine materialistische Evolution versuchen, menschliche Moral nicht auf Gott oder auch nur auf die menschliche Kultur zu gründen, sondern auf rein biologische Prozesse.

GENE SIND DIE GRUNDLEGENDE MORALISCHE AUTORITÄT[115]

Die Theorie, die wir nun betrachten werden, wurde als „Soziobiologie" bekannt. Sie besagt Folgendes: Da der menschliche Körper, das Gehirn und der Geist von Genen gesteuert werden, sind die Gene die grundlegende moralische Autorität, und die wahre Moral liegt darin, mit ihren Strategien zu kooperieren. Man muss diese Theorie von dem älteren „Sozialdarwinismus" unterscheiden. Wie wir gesehen haben, lehrte dieser, dass das rücksichtslose, unbarmherzige Gesetz der biologischen Darwin'schen Evolution, das „Überleben des Stärkeren", auch auf die sozialen, wirtschaftlichen und internationalen Beziehungen des Menschen angewendet werden sollte. Die neuere Theorie, die Soziobiologie, lehrt, dass Gene die Mechanismen

---

114 Francis Darwin, *Life and Letters*, Brief an W. Graham, 3. Juli 1881, Band 1, 316
115 Zu diesem Thema konnten wir dankenswerterweise viele Informationen dem sehr hilfreichen Bericht und der Kritik von Kaye in *Social Meaning of Modern Biology* entnehmen (siehe Fußnote 110).

unseres Körpers, Gehirns und Geistes formen und steuern und unser Verhalten programmieren – ob wir uns dieser Tatsache nun bewusst sind oder nicht. Wahre Ethik bedeute daher, dass wir das von den Genen festgelegte Programm verstehen und uns und unser Verhalten bewusst diesem Programm anpassen.

Diese Theorie, zumindest ihre moderne Form, geht zurück auf die Entdeckung der Doppelhelixstruktur der DNA durch Watson und Crick im Jahr 1953. Bis 1959 waren zwei französische Wissenschaftler, Jaques Monod und François Jacob, in der Lage, zum Teil zu erklären, wie die DNA die chemischen Aktivitäten in lebenden Organismen reguliert und koordiniert. 1961 konnten Marshall Nirenberg und Johann Matthaei das erste „Wort" des genetischen „Codes" entziffern, und im selben Jahr verkündete Jaques Monod, er habe das zweite Geheimnis des Lebens entdeckt: seine Theorie über die allosterischen Proteine und die Abläufe stereochemischer Reaktionen, mit denen Organismen ihre Aktivitäten steuern.

Das waren herausragende, bahnbrechende Entdeckungen. Sie verdienen zu Recht unsere Bewunderung und Dankbarkeit für den Nutzen, den wir aus ihnen ziehen können, insbesondere in der Medizin – auch wenn die Gentechnik, die diese Entdeckungen möglich gemacht haben, uns im Bereich Medizinethik vermehrt vor grundlegende Probleme stellt (mehr dazu in Kapitel 6).

Doch hier soll es nicht um den medizinischen Nutzen gehen, sondern um die Auswirkungen dieser Entdeckungen – oder vielmehr, welche Auswirkungen sie seitdem in den Augen ihrer Entdecker und vieler Soziobiologen gehabt haben – auf die Kultur im Allgemeinen und insbesondere auf die Ethik. Lassen Sie uns einige ihrer Aussagen betrachten.

Francis Crick

Die Biologie ist im Begriff, die traditionellen Grundlagen unserer ethischen Anschauungen zu zerstören.[116]

Diese Anmerkung wurde 1963 auf einem Symposium der *CIBA Foundation* gemacht, auf dem auch die Evolutionsbiologen und Humanisten Julian Huxley und Jacob Bronowski anwesend waren.[117] Nun haben Humanisten wie diese, die wie Crick Atheisten waren, traditionell nach einer objektiven

---

116 Aus Wolstenholme/Junkg (Hg.), *Das umstrittene Experiment: Der Mensch*, 394
117 Die *CIBA Foundation*, wie sie zur Zeit des Symposiums hieß, ist heute als *Novartis Foundation* bekannt.

Grundlage für die Werte Gerechtigkeit, Toleranz, Freiheit, Unabhängigkeit, Liebe, Zuneigung, Selbstlosigkeit und Selbstverwirklichung entweder in der Praxis der Wissenschaft selbst oder im Zusammenhang der organischen und kulturellen Evolution gesucht.[118] Doch Crick machte deutlich, dass seine oben angeführte Bemerkung sich nicht nur auf Christen und „ihre besonderen Vorurteile gegenüber der Unantastbarkeit des Individuums" bezog, sondern auch auf Vertreter des biologischen Humanismus. Der Versuch der Humanisten, eine objektive Grundlage für menschliche Werte in der kulturellen (im Unterschied zur biologischen) Evolution des Menschen zu finden, sei laut Crick nicht länger möglich.

Und was Cricks Gespür für die Würde des menschlichen Individuums betrifft, berichtet Wolstenholme (einer der Herausgeber von *Das umstrittene Experiment – der Mensch)*[119], habe sich Crick zusammen mit anderen Nobelpreisträgern für umfassende Eugenik-Programme ausgesprochen: für die reversible Sterilisation der Bevölkerung, indem man „der Nahrung etwas beifügen" lässt und nur „Menschen mit uns erwünscht scheinenden Eigenschaften" die Zulassung gibt, Kinder zu bekommen. (Hierzu möchten wir nebenbei anmerken, dass Menschen, die vehement gegen den Glauben an Gott protestieren, nicht immer abgeneigt sind, selbst Gott zu spielen.)

> ☩ *Crick hat sich mit anderen Nobelpreisträgern für umfassende Eugenik-Programme ausgesprochen: für die reversible Sterilisation der Bevölkerung, indem man „der Nahrung etwas beifügen" lässt und nur „Menschen mit uns erwünscht scheinenden Eigenschaften" die Zulassung gibt, Kinder zu bekommen.*

Crick sagte, es wäre „wichtig, dass die Naturwissenschaften im Allgemeinen und die natürliche Auslese im Besonderen die Basis zur Errichtung einer neuen Kultur abzugeben hätte". Und für jene, die dachten, Wissenschaft an sich sei wertefrei und habe nur wenig mit dem zu tun, was „zutiefst von Bedeutung ist", fügte Crick hinzu: „So wird doch die Naturwissenschaft von morgen die gesamte bisherige Kultur aus dem Feld schlagen."[120]

---

118 Kaye, *Social Meaning of Modern Biology*, 49
119 *Das umstrittene Experiment: Der Mensch*, 303, 321; Kaye, *Social Meaning of Modern Biology*, 48
120 In seiner Vorlesung im Rahmen der „Jessie and John Danz Lectures" an der Universität Washington im Jahr 1966, veröffentlicht unter dem Titel *Von Molekülen und Menschen*, 1970: München, S. 86–88

Man kann sofort sagen, dass es zu einem groben Reduktionismus geführt hat, Bedeutung, Zweck und Moral des Menschen allein an den Genen festzumachen.

François Jacob und Jaques Monod

Hier ist zum Beispiel eine Aussage von François Jacob über den Hauptzweck und die Funktion dessen, was er als Organismus bezeichnet. Um das Zitat zu verstehen, müssen Sie dabei im Hinterkopf behalten, dass „Organismus" sich hier genauso auf einen Menschen wie auch auf den einfachsten Pilz beziehen kann:

> Der Organismus wird so zur Verwirklichung eines durch seine Vererbung vorgeschriebenen Programms. ... Ein Organismus ist nur ein Übergang, eine Stufe zwischen dem, was war, und dem, was sein wird. Die Vermehrung (der Moleküle des Organismus) stellt sowohl den Anfang als auch das Ende, sowohl den Grund als auch das Ziel dar.[121]

Im Lichte seines neu gewonnenen Wissens über die Gene und die unermüdliche Entschlossenheit der DNA, sich zu duplizieren, versucht auch Jaques Monod, in ähnlich reduktionistischer Weise die wahre Bedeutung der menschlichen Liebe und Liebesdichtung zu erklären: Es sei einfach die DNA, die Menschen dazu benutze, sich selbst zu reproduzieren. In seinem Buch *Zufall und Notwendigkeit: Philosophische Fragen der modernen Biologie* stellt er sich die Situation vor, in der die Gedichte eines schüchternen Dichters an die Frau, die er liebt, bewirken, sie für sich zu gewinnen. Seine Gedichte werden bedeutungsvoll, wenn er in seinem „eigentlichen ... Projekt" Erfolg hat, nämlich der Vervielfältigung seiner DNA.[122]

Die Entdeckung der DNA scheint Monod (wie auch Crick) dazu bewegt zu haben, einen Feldzug zur Heilung der moralischen Erkrankung der Welt zu führen, indem er versucht, die Menschheit davon zu überzeugen, alle anderen Grundlagen für die Moral aufzugeben und ihre Moral auf die biologischen Impulse der Gene zu gründen. Howard Kaye fasst Monods Kreuzzug gut zusammen:

---

121 *Logic of Life*, 263–264
122 S. 24

Im Namen der „Molekulartheorie des genetischen Codes" und seiner Schlussfolgerungen, die er „wissenschaftlich festgestellt" habe, diagnostiziert Monod die moderne „geistige Not" als eine Art individuelle und kollektive Schizophrenie: Wir leben in einer Gesellschaft und einer Welt, die durch die Wissenschaft geordnet und geformt wird, doch noch immer halten wir verzweifelt an Werten fest, die auf religiösen Überzeugungen und Mythen basieren, die von den Ergebnissen der modernen Wissenschaft vollkommen zerstört worden sind. Indem sie die letzten Schlupflöcher in der Darwin'schen Theorie geschlossen hat, hat die Molekularbiologie ... allen religiösen Überzeugungen und ihrem philosophischen Ersatz (zum Beispiel dem dialektischen Materialismus und dem „wissenschaftlichen Fortschrittsglauben" von Spencer, Teilhard de Chardin und den biologischen Humanisten) den Todesstoß versetzt, indem sie die „anthropozentrische Illusion" zerstörte, auf der alle Vorstellungen von Beseeltheit basieren.[123]

Doch Monods leidenschaftliche Entschlossenheit, Moral und Bedeutung des Menschen auf Gene, ihre Mechanismen und Funktionen zu gründen, führt ihn nicht nur zu einer bedauernswerten Reduktion der menschlichen Würde, sondern in der Folge auch zu mythologischen statt wissenschaftlichen Erklärungen und schließlich zur Widersprüchlichkeit.

> ✠ *Monods leidenschaftliche Entschlossenheit, Moral und Bedeutung des Menschen auf Gene, ihre Mechanismen und Funktionen zu gründen, führt ihn nicht nur zu einer bedauernswerten Reduktion der menschlichen Würde, sondern in der Folge auch zu mythologischen statt wissenschaftlichen Erklärungen und schließlich zur Widersprüchlichkeit.*

Da seine These besagt, dass unsere Gene und ihre Funktionen (entdeckt von Crick und ihm selbst) unsere wahren Wegweiser hin zur Moral sind, nicht Religionen und wissenschaftliche Theorien wie der dialektische Materialismus, ist er logischerweise dazu verpflichtet zu erklären, wie und unter welchen Zwängen wir diese religiösen Illusionen und Theorien überhaupt entwickelt haben. Seine Erklärung lautet, dass es eben jene Gene gewesen seien, die uns nun von der Religion wegdrängen, die uns ursprünglich dazu gezwungen hätten, Religion zu praktizieren!

---

123 *Social Meaning of Modern Biology*, 84, worin zitiert wird aus: Monod, *Zufall und Notwendigkeit*, 4, 33, 45, 54, 208–210, 218

Erst versichert er uns, dass es eine Zeit in unserer evolutionären Vergangenheit gegeben habe, in der es notwendig gewesen sei, dass die Evolution in unserem Verstand eine starke emotionale Zustimmung für Recht, soziale Strukturen und kulturelle Traditionen geschaffen habe. Indem sie die Gene zur Erfüllung dieses Bedürfnisses benutzte, habe die Evolution ein Gefühl der Angst geschaffen, das „irgendwo in der Sprache des genetischen Codes verzeichnet steht" und „uns zwingt, den Sinn des Daseins zu erforschen", und es ist diese Angst, die Schöpferin aller „Religionen, aller Philosophien und selbst der Wissenschaft" geworden sei.[124]

An dieser Stelle sollten wir kurz innehalten und ein paar Fragen stellen: Woher weiß Monod das? Hat er dies im Zuge seiner Erforschung der modernen Gene entdeckt? Oder ist dies Monods eigene mythologische Rekonstruktion der vergangenen Geschichte der Gene?

Wenn dieses Konzept stimmt und Religion in die Gene geschrieben wurde und es die Gene sind, die uns dazu antreiben, Religion zu praktizieren, dann würde man logischerweise vom Atheisten Monod erwarten, unsere Gene völlig zu ignorieren. Doch das ist es nicht, wozu die modernen Soziobiologen uns auffordern. In Wirklichkeit legen sie uns das genaue Gegenteil nahe: Wir sollen erkennen, dass wahre Moral darin besteht, die Strategie der Gene zu verstehen und mit ihnen zu kooperieren.

Wenn wir fragen, wie wir dies tun können – denn für Nichtwissenschaftler ist es sehr schwierig, seine eigenen Gene zu studieren –, erhalten wir eine zweifache Antwort. Erstens: Es sind die Gene, die vorschreiben, wie das Gehirn vernetzt ist. Es gibt verschiedene biologische Prozesse, die die Struktur des Verstandes bestimmen – wie er Dinge wahrnimmt und Informationen verarbeitet, wie er Entscheidungen trifft, wie er Handlungen bewertet und wie er Handlungen motiviert.

Wenn dies so ist, müssen wir Folgendes daraus schließen: Was auch immer jemand zu irgendeiner Zeit über Moral denkt, muss das sein, was ihn seine Gene denken lassen. Doch es ist eine Tatsache (zumindest bis heute), dass Gene nicht jeden dasselbe über Moral denken lassen. Wie können wir dann wissen, welchem Rat von welchem Genkomplex wir folgen sollten?

Zweitens: Laut Monod scheint die Antwort auf diese Frage zu sein, dass Wissenschaftler wie er selbst sich unseres Bedürfnisses nach einem Moralverständnis und moralischer Führung annehmen müssen, indem sie uns Ideen anbieten, „die nach ihrer Ansicht für die Menschheit wichtig sein könnten". Diese Vorstellungen dienen dann als „Ersatz für die verschiedenen

---

124 *Zufall und Notwendigkeit*, 204

Glaubenssysteme, auf welche die sozialen Werte und Strukturen traditionell gegründet wurden".[125]

Doch das wirft weitere Fragen auf. Warum sollten wir einen Wissenschaftler wie Monod als Moralexperten anerkennen? Wird laut seiner eigenen Theorie sein Verstand nicht ebenso größtenteils von seinen Genen beeinflusst wie bei allen anderen auch? Monod war schon Atheist und antireligiös, bevor er seine Entdeckungen im Bereich Zellbiologie machte. Wie könnten wir sicher sein, dass der Atheismus, den – so sagt er – unsere Gene nun bevorzugen, nicht von ihm selbst in seine Gene eingelesen wurde? Schließlich, so sagt er, haben sie in der Vergangenheit Religion und nicht Atheismus bevorzugt. Doch natürlich ist Monod nicht der einzige Genetiker, der die Gründung der Moral auf den Genen verficht. Dieses Thema weckt immer größeres Interesse.[126]

E. O. Wilson

So sollten wir vielleicht an dieser Stelle einige Auszüge aus den Arbeiten von Professor Edward O. Wilson betrachten. Wilson, ein renommierter Wissenschaftler im Bereich Entomologie, veröffentlichte 1975 ein Buch mit dem Titel *Sociobiology: The New Synthesis*, das mehr als jedes andere die Vorstellung verbreitet hat, dass Moral auf unseren Genen basiert und basieren sollte.[127]

Hier ist seine Beschreibung dessen, was er als „Moral der Gene" bezeichnet:

> Im darwinistischen Sinne lebt der Organismus nicht für sich selbst. Seine Hauptfunktion ist nicht einmal die Reproduktion anderer Organismen; er reproduziert Gene und dient ihnen als temporärer Träger. ... Der individuelle Organismus ist nur ihr Vehikel, Teil eines ausgeklügelten Mittels, sie zu konservieren und zu verbreiten. ... Der Organismus ist nur der Weg der DNA, mehr DNA zu erzeugen.[128]

Der extreme Reduktionismus dieser Aussage wird deutlich, wenn man realisiert, dass in solchen Kontexten der Mensch nur ein Organismus ist. Wenn

---

125 *Zufall und Notwendigkeit*, 5; From Biology to Ethics, 2; *On the Logical Relationship between Knowledge and Values*, 15; siehe Kaye, *Social Meaning of Modern Biology*, 84–85
126 Siehe zum Beispiel Avise, *Genetic Gods*, Rose, *Darwins gefährliche Erben*
127 Siehe sein Buch *Consilience*
128 *Sociobiology*, 3

der Hauptzweck eines Menschen lediglich ist, einen weiteren Menschen zu produzieren, und der Hauptzweck dieses Menschen ebenfalls ist, einen weiteren Menschen zu produzieren und immer so weiter, dann sind Menschen nichts als Glieder in eine Kette, die nirgendwohin führt: Die Kette an sich hat keinen letzten Zweck oder ein Ziel. Doch wenn der Hauptzweck des Menschen nur darin besteht, als „temporärer Träger" für die Gene zu fungieren, als „Teil eines ausgeklügelten Mittels, sie zu konservieren und zu verbreiten", wenn er nur der „Weg der DNA (ist), mehr DNA zu erzeugen", dann wird die Menschheit in der Tat degradiert. Von einem Wesen, das nach traditionellem Verständnis im Bilde Gottes geschaffen wurde, um Gott zu lieben und zu dienen und sich für immer an ihm zu erfreuen, wird jeder einzelne Mensch zu nichts als einem temporären Vehikel und Mittel, um die Absichten einiger weniger Biochemikalien zu erfüllen. Sogar auf biologischer Ebene würde diese Vorstellung absurd erscheinen. Sie würde uns auffordern, eine große Eiche nicht als etwas Majestätisches an sich zu sehen, als würdiges Ziel, auf das hin sich eine Eichel entwickelt, sondern nur als temporäres Mittel, das allein dem Zweck dient, noch mehr Eicheln zu produzieren.

Lassen Sie uns nun im Hinblick auf den Sinn, in dem Wilson die Moral als auf Genen beruhend sieht, eine weitere Aussage betrachten:

> Die Moral, oder streng genommen unser Glaube an die Moral, ist lediglich eine Anpassung an unsere reproduktiven Ziele ... Die Grundlage der Ethik liegt also nicht in irgendeinem Willen Gottes. ... In einem wesentlichen Sinn ist Ethik, so wie wir sie verstehen, eine Illusion, mit der uns unsere Gene abspeisen, damit wir kooperieren.[129]

Das ist sehr seltsam. Man könnte meinen, das moralische Gebot „Du sollst nicht ehebrechen" würde unser Ziel der Reproduktion erheblich einschränken, statt es zu fördern. Gene sind offenbar ein ziemlich *unethisches* Bündel von Biochemikalien, wenn sie uns mit einer Illusion betrügen, um uns zur Kooperation zu bewegen. Sie sind wohl eindeutig der Ansicht, das Ziel rechtfertige die Mittel. Aber warum sollten wir überhaupt mit ihnen kooperieren? Weil wahre Moral laut Wilson bedeutet, mit den Strategien der eigenen Gene zu kooperieren:

---

129 Ruse und Wilson, *Evolution of Ethics*, 51–52

Ethische Kodizes funktionieren, weil sie uns antreiben, gegen unsere alltäglichen Impulse anzugehen zugunsten eines langfristigen Überlebens und der Harmonie der Gruppe. ... Außerdem setzt unsere Biologie ihre Ziele so durch, dass sie uns glauben lässt, es gebe einen objektiven höheren Verhaltenskodex, dem wir alle unterworfen seien.[130]

Erneut muss man feststellen, dass sowohl beim älteren Sozialdarwinismus als auch beim jüngsten Ableger des Darwinismus, der Soziobiologie, viele atheistische Humanisten diesen Reduktionismus ablehnen, also den Versuch, Moral auf Biologie anstatt auf die sozialen und kulturellen Beziehungen des Menschen zu gründen. Auch Theodosius Dobzhansky, einer der führenden Vertreter der modernen biologischen Evolutionstheorie des 20. Jahrhunderts, ist ein weiteres bemerkenswertes Beispiel dafür.[131]

Die Entwicklung der menschlichen Kultur und sozialen Organisation wird von Wilson, obwohl er Reduktionist ist, weder vergessen noch ignoriert. Im Gegenteil, er betont ihre Wichtigkeit. In seinem Werk *Sociobiology: The New Synthesis* gibt er zu: „Die Gene haben den größten Teil ihrer Souveränität aufgegeben."[132] Und in *Biologie als Schicksal* gibt er außerdem zu: „Die soziale Evolution der Menschen ist offensichtlich mehr kultureller als genetischer Natur."[133] Aber das heißt nicht, dass sich die Kultur laut Wilson nun zu dem Punkt entwickelt hat, wo sie allmächtig ist: Die Gene hielten die Kultur noch immer im Zaum.[134] Und dies sei auch nötig, denn laut Wilson schreiben die Gene vor, wie das Gehirn vernetzt ist, als eine Reihe von biologischen Prozessen, welche die Struktur des Verstandes bestimmen: wie er Dinge wahrnimmt, wie er Informationen verarbeitet, wie er Entscheidungen trifft, wie er Handlungen bewertet und wie er Handlungen motiviert.[135] Andererseits bestimmten die Gene nicht unsere Entscheidungen, sondern beeinflussten sie nur. Das sei der Grund für die Zufallsschwankungen zwischen unterschiedlichen Gesellschaften: Dies bedeute nicht, dass die Gene

---

130 *Evolution of Ethics*, 52
131 Siehe sein Abstrakt *Chance and Creativity in Evolution*
132 *Sociobiology*, 550
133 *Biologie als Schicksal*, 146
134 Siehe allgemein sein Werk *Genes, Mind and Culture* (1981) und Lumsden und Wilson, *Das Feuer des Prometheus* (1983; 1984 auf Deutsch erschienen)
135 Kaye, *Social Meaning of Modern Biology*, 118

die Kontrolle verloren hätten, sondern, dass natürliche Auslese schließlich zu kultureller Anpassung führe.

Wenn all dies zutrifft, fragen wir natürlich, wie die Beeinflussung unserer Entscheidungen durch unsere Gene allein im 20. Jahrhundert zu solch großen Schwankungen geführt hat, die Weltkriege auslösten und die Vernichtung von Millionen von Menschen zur Folge hatten. Sollten unsere Gene laut Wilson unsere Kulturen nicht im Zaum halten?

Die Antwort lautet: Ja, genau das sollten unsere Gene tun. Doch unsere kulturelle Evolution ist größtenteils die Weiterentwicklung der ihr zugrunde liegenden biologischen Imperative, von denen die meisten ursprünglich für das Leben unserer Vorfahren als Jäger und Sammler geschaffen wurden.[136]

Daraus könnten wir dann ableiten, dass unsere Gene hoffnungslos veraltet sind und man in Fragen der Moral nicht auf sie hören sollte. Doch anscheinend nicht. Denn Wilson erklärt im Folgenden, dass die monströsen zerstörerischen Formen, die die Kultur in fortschrittlichen Gesellschaften angenommen hat – Rassismus, Kriege, Massaker, Völkermord –, das sind, was er als *Hypertrophien* bezeichnet: grotesk übertriebene Auswüchse einer grundsätzlich gesunden, von den Genen hervorgebrachten Einstellung, die eigene Sippe zu erhalten. Sie seien sozusagen Krebsgeschwüre der menschlichen Kultur, und die Heilung dafür sei eine Rückbesinnung auf unsere Gene, ein Verständnis ihrer ursprünglichen Intentionen und ein Leben in Einklang mit diesen.

> ⚔ *„Wir sind als Genmaschinen gebaut ..., aber wir haben die Macht, uns unseren Schöpfern entgegenzustellen. Wir allein – einzig und allein wir auf der Erde – können uns gegen die Tyrannei der egoistischen Replikatoren auflehnen.“*
> *Richard Dawkins – Das egoistische Gen*

Also sollten die Gene immer noch unsere Richtschnur sein, unsere ultimative moralische Autorität.

Dieser atheistische Versuch, die menschliche Moral auf unsere Gene zu gründen, hat jedoch eine fundamentale Schwachstelle: Wenn es keinen Schöpfer gibt, und Menschen nichts als Materie sind und keinen Geist besitzen, dann sind Körper, Gehirn und Verstand zweifellos allesamt das Produkt unserer Gene. Doch wie könnten Menschen dann jemals ihre Gene überprüfen und hinterfragen, ob sie gesund sind oder nicht? Welcher Teil

---

136 Müssen wir nicht fragen: Wer hat diese biologischen Imperative für diesen Zweck geschaffen? Siehe Wilson, *Biologie als Schicksal*, 71–77; „Ethical Implications of Human Sociobiology", 28; Kaye, *Social Meaning of Modern Biology*, 120.

des Menschen könnte dies tun, der unabhängig wäre und nicht durch die Gene selbst hervorgebracht wurde?

Richard Dawkins, der Autor des berühmten Buches *Das egoistische Gen*, hat auf die genetische Grundlage der Moral eine ähnliche Sicht wie Wilson. Er sagt, unsere Gene hätten die alleinige Absicht, mithilfe menschlicher Körper sich selbst zu replizieren. Dies sei ihre Strategie, und es sei diese Strategie, die in den genetischen Code in jeder Zelle unseres Körpers und Gehirns geschrieben sei. Und doch versichert Dawkins uns, dass wir irgendwie – wie genau, erklärt er nicht – die Freiheit hätten, gegen unsere Gene zu rebellieren:

> Wir sind als Genmaschinen gebaut ..., aber wir haben die Macht, uns unseren Schöpfern entgegenzustellen. Wir allein – einzig und allein wir auf der Erde – können uns gegen die Tyrannei der egoistischen Replikatoren auflehnen.[137]

Könnte es sein, dass unsere Gene selbst untereinander rebellieren? In diesem Fall wäre es sicher sehr schwierig, auf ihnen eine Moral zu begründen. Und wie und anhand welcher Kriterien könnten wir uns zwischen ihnen entscheiden? Und welcher nicht genetische, nicht angepasste Teil von uns wäre in der Lage, zwischen rivalisierenden Genen zu richten?

Professor Steven Rose wiederum beobachtet scharfsinnig:

> Wenn andererseits unsere Gene aber nicht rebellisch sind, welche anderen Optionen stehen dann zur Verfügung? Dawkins sagt es nie ausdrücklich, aber seine Argumentation impliziert, dass es eine nicht materielle, nicht genetische Macht gibt, die unser eigenes Verhalten modifiziert.[138]

Und Professor Kaye stellt eine ähnliche Frage in Bezug auf E. O. Wilson:

> Wie können unser Wille und unser soziobiologisches Wissen so mühelos die „Maschinerie" des Verstandes überwinden, die doch

---

137 *Das egoistische Gen*, 237. Für eine jüngere Darlegung dieser Sicht siehe Dennett, *Darwins gefährliches Erbe*, 509–510
138 *Darwins gefährliche Erben*, 231

„programmiert" ist von den „versteckten Herren", den Genen, und der natürlichen Auslese?[139]

EINE ANGEMESSENE REAKTION AUF WIRTSCHAFTLICHE VERÄNDERUNGEN IST DIE EINZIGE MORAL

Nun kommen wir zum Marxismus/Leninismus. Wir sollten uns noch einmal in Erinnerung rufen, was wir mit dieser Übersicht über verschiedene Moralvorstellungen bezwecken wollen. Wir haben nicht die Absicht, die vielen Details der mit diesen Ansätzen verbundenen ethischen Praxis zu studieren. Vielmehr betrachten wir jede Moral, um zu sehen, ob sie auf irgendeinem absoluten moralischen Prinzip basiert oder ob das Grundprinzip dieser Moral eine Frage der willkürlichen Entscheidung ist. Von einem solchen absoluten Prinzip könnte überall zu Recht erwartet werden, dass es von jeder denkenden Person akzeptiert wird oder dass sie dafür kritisiert wird, wenn sie es ablehnt.

Der Marxismus unterscheidet sich von den verschiedenen atheistischen Moralvorstellungen, die wir bis jetzt diskutiert haben, in der Hinsicht, dass er nicht versucht, Moral auf den rohen Fakten und Prozessen der Biologie zu gründen. Stattdessen behauptet er, wahre Moral bestehe in der richtigen praktischen Reaktion auf die sozialen und wirtschaftlichen Bedingungen, die durch den historischen Materialismus im Verlauf der menschlichen Geschichte entstanden sind.

Marx akzeptierte natürlich die Darwin'sche Lehre der Evolution, und die spezielle marxistische Doktrin des dialektischen Materialismus ist selbst eine evolutionäre Doktrin. Doch die Dialektik, die Marx auf allen Ebenen des Universums und insbesondere in der Geschichte am Werk sieht, kann kaum als moralischer Wert betrachtet werden: Sie ist eher eine Kraft, ein Prozess und schafft die notwendigen Bedingungen für die Ausübung wahrer marxistischer Moral – vielleicht liefert sie sogar den Impuls für diese Moral und die Garantie, dass sie sich auf jeden Fall letztendlich durchsetzen wird. Doch man kann sie kaum als moralischen Wert an sich betrachten.

Die Grundlage der marxistischen Moral
Auf welchem Wert basiert dann die marxistische Moral? Nun, nicht auf irgendeinem absoluten moralischen Wert, der für alle Zeiten, Orte und

---

139 *Social Meaning of Modern Biology*, 131

Umstände als wahr und gültig betrachtet wird (wie zum Beispiel die Gesetze der Arithmetik). Beachten Sie die Aussagen von einigen ihrer frühen Verfechter.

Friedrich Engels, der zusammen mit Marx Mitbegründer des Marxismus war, sagte:

> Wir weisen demnach eine jede Zumutung zurück, uns irgendwelche Moraldogmatik als ewiges, endgültiges, fernerhin unwandelbares Sittengesetz aufzudrängen unter dem Vorwand, auch die moralische Welt habe ihre bleibenden Prinzipien, die über der Geschichte und den Völkerverschiedenheiten stehen. Wir behaupten dagegen, alle bisherige Moraltheorie sei das Erzeugnis, in letzter Instanz, der jedesmaligen ökonomischen Gesellschaftslage.[140]

Andererseits finden wir trotz dem, was Engels sagte, von Zeit zu Zeit in der umfangreichen theoretischen Literatur, die der Marxismus hervorbrachte, einige marxistische Schriften, in denen der Anschein erweckt wird, der Marxismus erkenne das „höchste" und vermutlich ewige und unveränderlich Gute an, anhand dessen alle anderen Dinge und Handlungen beurteilt werden müssten. Dabei handele es sich um die Freiheit, wie der amerikanische marxistische Philosoph Howard Selsam deutlich macht:

> Und dieser Kampf (um die Freiheit) ist selbst moralisch und gerechtfertigt, weil die Freiheit das höchste Gut und das einzige ist, wonach alle Handlungen und Institutionen sich bewerten lassen.[141]

Professor T. M. Jaroszweksi sagt, im sozialistischen Gedanken sei „der Mensch, jedes reale, spezifische Individuum der größte soziale Wert"[142]. Im Folgenden erklärt er: „Dies bezieht sich nicht auf irgendwelche bestimmte Gruppen oder Klassen, sondern auf die Masse der arbeitenden Bevölkerung. Die Quelle der moralischen Werte ist nicht das Individuum, das zurückgezogen lebt; moralische Werte werden durch Menschen in konkreten Arbeitsgemeinschaften geschaffen."

---

140 Zitiert aus Marx/Engels, *Werke*, Band 20, 87–88, in Hunt, *Theory and Practice of Communism*, 113. Hier: http://www.mlwerke.de/me/me20/me20_032.htm (abgerufen am 13.11.2019)
141 *Sozialismus und Ethik*, 290
142 *Socialism as a Social System*, 249–250

Judentum, Christentum und Islam betrachten den Menschen als im Bilde Gottes geschaffen, als jemand von unendlichem Wert, und zwar unabhängig von seiner Nation oder Klasse innerhalb einer Nation. Und dieser ureigene Wert jedes Menschen sei es, der den ethischen Kodex im Verhältnis der Menschen untereinander bestimme.

Der Marxismus hingegen lehnt diese Grundlage für den Wert des Menschen ab. Wladimir Lenin schrieb:

> In welchem Sinne verneinen wir die Moral, verneinen wir die Sittlichkeit? In dem Sinne, in dem die Bourgeoisie sie predigte, die diese Sittlichkeit aus Gottes Geboten ableitete. Hier sagen wir natürlich, dass wir an Gott nicht glauben und sehr wohl wissen, dass im Namen Gottes die Geistlichkeit redete, die Gutsbesitzer und die Bourgeoisie redeten, um ihre Ausbeuterinteressen durchzusetzen. Oder anstatt diese Moral ... aus den Geboten Gottes abzuleiten, leiteten sie sie aus idealistischen oder halbidealistischen Phrasen ab, die stets ebenfalls auf etwas hinausliefen, das den Geboten Gottes sehr ähnlich sah.[143]

Es ist durchaus möglich – was allerdings völlig unentschuldbar wäre –, dass einige Landbesitzer und Kleriker zu Zeiten Lenins sich auf den Namen Gottes beriefen, um ihre eigenen Interessen zu fördern. Christus selbst erachtete es als notwendig, einige der religiösen Pharisäer und Sadduzäer seiner Zeit für ein ähnliches Verhalten öffentlich zu rügen (Lk 11,37-46). Besonders streng war er dabei mit gewissen heuchlerischen Theologen, „die in langen Gewändern einhergehen wollen und die Begrüßungen auf den Märkten lieben und die ersten Sitze in den Synagogen und die ersten Plätze bei den Gastmählern; die die Häuser der Witwen verschlingen und zum Schein lange Gebete halten! Diese werden ein schwereres Gericht empfangen" (Lk 20,46-47). Christi Apostel Jakobus klagte ebenfalls die skrupellosen Landbesitzer seiner Zeit an:

> Nun also, ihr Reichen, weint und heult über eure Plagen, die über euch kommen! Euer Reichtum ist verfault, und eure Kleider sind von Motten zerfressen worden. Euer Gold und Silber ist verrostet, und ihr Rost wird zum Zeugnis sein gegen euch und euer Fleisch fressen wie Feuer; ihr habt Schätze gesammelt in den letzten Tagen. Siehe, der von euch vorenthaltene Lohn der Arbeiter, die eure Felder

---

143 *Werke*, Band 31, 280–281

geschnitten haben, schreit, und das Geschrei der Schnitter ist vor die Ohren des Herrn gekommen. Ihr habt auf der Erde in Üppigkeit gelebt und geschwelgt; ihr habt eure Herzen gemästet an einem Schlachttag. (Jak 5,1-5)

Und die hebräischen Propheten (wie Jesaja, Jeremia, Hesekiel und Amos) klagten gleichermaßen laut und hartnäckig diejenigen an, die das Proletariat ihrer Zeit unterdrückten.

In diesem Licht erscheint die folgende Aussage von G. L. Andreyev etwas seltsam:

In der herrschenden Moral unter dem Kapitalismus wird die Handlung als moralisch betrachtet, die der Erhaltung und Stärkung des Systems der Ausbeutung und der Gewinnerzielung dient. Die Religion rechtfertigt dieses ungerechte und unterdrückende, blutige und unmenschliche System einfach im Namen Gottes.[144]

Man kann auf den Gedanken kommen, dass Marx, Lenin und ihre Nachfolger im 20. Jahrhundert – hätten sie nicht von Anfang an den Glauben an Gott abgelehnt – vielleicht mit einem Gott einverstanden gewesen wären, der seine Propheten dazu inspiriert hätte, sich für die Sache der Unterdrückten einzusetzen. Doch sie lehnten ausdrücklich die Vorstellung ab, dass jeder einzelne Mensch einen absoluten inneren Wert als Geschöpf im Bilde Gottes besitzt, wie Lenin deutlich macht:

Jede solche Sittlichkeit, die von einem übernatürlichen, klassenlosen Begriff abgeleitet wird, lehnen wir ab. Wir sagen, dass das ein Betrug ist, dass das ein Schwindel ist, um die Hirne der Arbeiter und Bauern im Interesse der Gutsbesitzer und Kapitalisten zu verkleistern.[145]

Worauf basiert die marxistische Moral dann? Wo liegt ihr Ursprung, wenn all diese anderen Grundlagen abgelehnt werden? Lassen wir erneut Lenin zu Wort kommen:

---

144 *What Kind of Morality Does Religion Teach?* Zitiert in Raymond S. Sleeper, *A Lexicon of Marxist-Leninist Semantics*, Alexandria, VA: Western Goals, 1983, 174
145 *Werke*, Band 31, 281

Wir sagen, dass unsere Sittlichkeit völlig den Interessen des proletarischen Klassenkampfes untergeordnet ist. Unsere Sittlichkeit ist von den Interessen des proletarischen Klassenkampfes abgeleitet. Die alte Gesellschaft beruhte auf der Unterdrückung aller Arbeiter durch die Gutsbesitzer und Kapitalisten. Wir mussten diese Gesellschaft zerstören, mussten diese Leute stürzen. Dazu bedurfte es aber der Vereinigung. Der liebe Gott wird eine solche Vereinigung nicht erschaffen. ... Eben deshalb sagen wir: Für uns gibt es keine Sittlichkeit außerhalb der menschlichen Gesellschaft, das ist Betrug. Für uns ist die Sittlichkeit den Interessen des proletarischen Klassenkampfes untergeordnet.[146]

Vielleicht spricht Lenin hier eher mit der Freiheit eines Redners als mit der präzisen Terminologie eines Philosophen, denn im Denken der meisten Leute ist die Gerechtigkeit ein integraler Bestandteil der Moral. Daher hört sich die Aussage „dass unsere Sittlichkeit völlig den Interessen des proletarischen Klassenkampfes untergeordnet ist" für Außenstehende seltsam an, denn sie scheint zu implizieren, dass die Interessen des Proletariats über jeder anderen Sicht von Gerechtigkeit stehen. Zudem hört sich die Aussage „Unsere Sittlichkeit ist von den Interessen des proletarischen Klassenkampfes *abgeleitet*" auf gefährliche Weise so an, als wäre Gerechtigkeit das, als was auch immer die Interessen des Kampfes der Arbeiterklasse sie definieren.

In der Tat scheint V. N. Kolbanowski die kommunistische Moral genau so zu definieren:

Aus Sicht der kommunistischen Moral ist das moralisch, was die Zerstörung der alten, ausbeuterischen Gesellschaft und den Aufbau einer neuen, kommunistischen Gesellschaft vorantreibt. Alles, was diese Entwicklung behindert, ist unmoralisch oder amoralisch. Ein moralischer Mensch zu sein, heißt nach unserem Verständnis, seine ganze Kraft und Energie der Sache des Kampfes für eine neue kommunistische Gesellschaft zu widmen.[147]

Es hat den Anschein, dass der Marxismus hier erklärt, er besäße eine absolute Grundlage für seine Moral: Was auch immer die Interessen des Kampfes der Arbeiterklasse als Notwendigkeit für ihre Sache diktieren, ist

---

146 *Werke*, Band 31, 281
147 *Communist Morality*, 20

per Definition moralisch. Und so ist es verständlich, dass sich kommunistische Führer die Freiheit nahmen – vielleicht aus Pflichtbewusstsein –, jede Methode, ob nun lauter oder unlauter, anzuwenden, um die klassenlose Gesellschaft und das Paradies auf Erden zu errichten. Denn wie auch immer die Methoden aussahen, allein die Tatsache, dass sie eingesetzt wurden, um die klassenlose Gesellschaft zu erreichen, verlieh ihnen die Qualität einer wahren Moral. Das Ziel rechtfertigte die Mittel, auch wenn dies bedeutete, Millionen von „individuellen spezifischen Menschen" zu vernichten.

Hierzu Joseph Stalin:

> Kurzum: Die Diktatur des Proletariats ist die durch kein Gesetz beschränkte und sich auf Gewalt stützende Herrschaft des Proletariats über die Bourgeoisie – eine Herrschaft, die die Sympathien und die Unterstützung der werktätigen und ausgebeuteten Massen besitzt.[148]

Nikita Chruschtschow führt das Thema weiter aus:

> Unsere Sache ist heilig. Derjenige, dessen Hand zittert, der auf halber Strecke anhält, dessen Knie schlottern, bevor er mehrere Hundert seiner Feinde vernichtet, wird die Revolution in Gefahr bringen. Wer auch immer ein paar Leben seiner Feinde verschont, wird dafür mit Hunderten und Tausenden von Leben der besseren Söhne unserer Väter bezahlen.[149]

Abschließende Kommentare

Wenn es stimmt, was Engels sagte – dass es keine dauerhaften Prinzipien gibt, die unabhängig von der Geschichte und den Unterschieden zwischen Nationen gültig sind –, muss die kommunistische Moral zumindest für Außenstehende willkürlich erscheinen, als eine Frage allein von Geschmack, Neigung und Präferenz. Der Einsatz für Gerechtigkeit für alle Menschen als Menschen auf der Grundlage, dass alle gleich sind und ein Recht auf Freiheit haben, würde sicherlich allgemeinen Anklang finden. Doch wenn man Gerechtigkeit und Moral als die Interessen einer bestimmten Klasse definiert, kann dies für den Rest der Menschheit nur als Willkür erscheinen.

---

148 *Rede vom 24.4.1924* (Stalin, *Werke*, Band 6, 101–102)
149 Nikita Chruschtschow, *Ukrainian Bulletin* (1.–15.8.1960), 12

Marx und Hitler akzeptierten beide die Darwin'sche Evolution, statt den Ursprung des Menschen in der Schöpfung durch Gott zu sehen. Hitler benutzte Darwins Theorie, um damit den „Übermenschen" zu rechtfertigen, Marx (durch den historischen Materialismus) die Klasse des Proletariats. Sowohl durch den Marxismus als auch durch den Nationalsozialismus Hitlers wurden Millionen von Menschen abgeschlachtet, um das jeweilige Ideal der Menschheit zu verwirklichen. Wenn der Mensch keinen Schöpfer hat und es neben den materialistischen Kräften der Evolution nichts gibt, auf das sich der innewohnende Wert des Menschen gründen lässt, anhand welcher Kriterien soll man sich dann zwischen Marx' und Hitlers Evolutionstheorien entscheiden?

Vielleicht würde der Kommunismus diese Frage folgendermaßen beantworten: Der „historische Materialismus" habe sein Urteil bereits zugunsten von Marx' Theorien gefällt, da sein unaufhaltsames Wirken in der Geschichte das kapitalistische Bürgertum gestürzt und das Proletariat etabliert habe; und durch dieses unaufhaltsame Wirken werde er eines Tages die klassenlose Gesellschaft und das irdische Paradies hervorbringen.

Sicherlich scheint der unaufhaltsame Prozess der Veränderung, den der historische Materialismus immer wieder durch seine Dialektik bewirken soll, ein anderes Absolutum im marxistischen Denken zu sein. Und zwar ein so starkes Absolutum, dass Veränderung auch dann noch stattfinden wird, wenn die kommunistische Utopie umgesetzt worden ist und diese Utopie in etwas anderes transformiert wird, denn Marxisten sagen, Materie sei ewig und die sich verändernde Dialektik eine ureigene Eigenschaft der Materie.

Es stimmt natürlich, dass die Natur des historischen Materialismus und sein Verhältnis zum menschlichen Handeln im marxistischen Gedankengut heiß und endlos diskutiert worden ist,[150] doch scheint Konsens darüber zu herrschen, dass der historische Materialismus nicht fatalistisch, sondern eher deterministisch ist. Er befreit den Menschen nicht von der Notwendigkeit zu kämpfen, denn wirksam wird er erst durch menschliche Bemühungen. Und doch hat man von den marxistischen Autoren den Eindruck, dass der historische Materialismus nicht nur die notwendigen Bedingungen schaffe, die den Kampf des Menschen ermöglichen. Vielmehr sei er auch die letztendlich unaufhaltsame Kraft, die die kommunistische Revolution triumphierend bis hin zur Erreichung der klassenlosen Gesellschaft und des

---

150 Siehe Ernst Fischer, *Was Marx wirklich sagte*

irdischen Paradieses verwirklichen werde. Dies sei der finale Sieg und der Ertrag der kommunistischen Moral.

Es spricht Bände für die immense Kraft der Gedanken und des Einflusses von Marx, Lenin, Stalin, Chruschtschow und ihren Nachfolgern, dass sie Millionen von Menschen in den folgenden Generationen dazu inspirieren konnten, um ihres verheißenen Paradieses willen zu kämpfen, zu leiden und ihr Leben hinzugeben. Doch die harte Realität ist, dass Millionen von ihnen starben; und das Paradies, für das sie loyal Entbehrung, Schmerz und Tod ertrugen, ist noch nicht gekommen. Und da es nach Marx keinen Gott gibt, keine Auferstehung und kein Leben nach dem Tod, werden sie niemals irgendwelche Früchte ihrer Opfer genießen.

> ✹ Wie können Menschen eine moralische Pflicht haben, für zukünftige Generationen zu kämpfen, zu leiden und zu sterben, die sie selbst niemals kennenlernen werden?

Wie kann man eine Moral rechtfertigen, die die Theorie des historischen Materialismus benutzt, um Menschen dazu zu inspirieren, zu motivieren und zu zwingen, für ein Paradies zu leiden und zu sterben, das sie niemals sehen werden? Wie können Menschen eine moralische Pflicht haben, für zukünftige Generationen zu kämpfen, zu leiden und zu sterben, die sie selbst niemals kennenlernen werden? Und was könnte die Quelle einer solchen moralischen Verpflichtung sein? Bloßer Materialismus?

DIE MENSCHHEIT LEGT IHR MORALGESETZ SELBST FEST

Nun werden wir kurz die Sicht der säkularen Humanisten auf Moral beleuchten. Der Bezeichnung „säkularer Humanist" lässt sich einer Vielzahl von Menschen und folglich vielen verschiedenen Meinungen zuordnen. Was sie eint, ist ihre Überzeugung, dass es keinen Gott gibt und dass die Menschen selbst lernen müssen, in dieser Situation so moralisch wie möglich zu leben.

Hier eine Auswahl der Liste von Personen, die mit dem Titel „Humanist des Jahres" geehrt wurden: Julian Huxley (1962), Erich Fromm (1966), B. F. Skinner (1972), Andrej Sacharow (1980), Carl Sagan (1981), Isaak Asimow (1984), John Kenneth Galbraith (1985), Margaret Atwood (1987), Richard Dawkins (1996), E. O. Wilson (1999), Daniel Dennet (2004) und Gloria Steinem (2012).

Wie gesagt sind alle diese Humanisten Atheisten. Alle vertreten eine Version der atheistischen Evolution. Im Unterschied zu Sozialdarwinisten,

Soziobiologen oder dialektischen Materialisten gründen sie ihre Moral nicht unbedingt auf Theorien aus der Biologie oder Geschichte. Aber sie sind sich alle einig darin, dass es im Fall der Moral der Mensch und nicht Gott ist, der die Regeln festlegt.

Professor Paul Kurtz, der an der staatlichen Universität von New York in Buffalo lehrte und einer der Hauptautoren und Herausgeber des *Humanist Manifesto II* (Humanistisches Manifest II) ist, machte den Unterschied deutlich, den er zwischen dem Humanismus und jeglichem Glauben an Gott sah:

> Der Begriff Humanismus kann in keinem angemessenen Sinn des Wortes auf jemand zutreffen, der noch an Gott als Quelle und Schöpfer des Universums glaubt.[151]

Und Professor Max Hocutt macht den Unterschied in der Quelle der Autorität hinter den Regeln deutlich:

> Die grundlegende Frage der Ethik lautet: Wer stellt die Regeln auf? Gott oder die Menschen? Die theistische Antwort ist, dass Gott sie aufstellt. Die humanistische Antwort ist, dass die Menschen sie aufstellen. Dieser Unterschied zwischen Theismus und Humanismus bildet die grundlegende Trennlinie in der Moraltheorie.[152]

Die humanistische Position ist also sehr klar, aber dieses Bekenntnis trifft auf eine Reihe von Schwierigkeiten.

Die Schwierigkeit des ethischen Relativismus

Es ist leicht zu sagen, dass Menschen die Regeln aufstellen, und zunächst scheint dies Freiheit von der moralischen Tyrannei zu versprechen, die viele Leute mit der Moral göttlicher Gebote verbinden.

Doch was bedeutet es zu sagen: „Die Menschen stellen die Regeln auf"? Ist jeder Mensch frei, seine eigenen Regeln aufzustellen?

> ⚏ *Wie könnte ein zivilisiertes Leben möglich sein, wenn Menschen die Freiheit besäßen zu lügen, zu morden und zu stehlen oder auch nicht, je nach ihrem persönlichen Regelkanon, den sie für sich selbst geschaffen haben?*

---

151 *Is Everyone a Humanist?*, 177
152 *Toward an Ethic of Mutual Accomodation*, 137

Man könnte denken, dies sei unmöglich. Wie könnte ein vernünftiges Fußballspiel stattfinden, wenn jeder Spieler die Freiheit besäße, während des Spieles seine eigenen Regeln aufzustellen? Und wie könnte ein zivilisiertes Leben möglich sein, wenn Menschen die Freiheit besäßen zu lügen, zu morden und zu stehlen oder auch nicht, je nach ihrem persönlichen Regelkanon, den sie für sich selbst geschaffen haben?

Dennoch scheinen einige führende Humanisten einen begrenzten – wenn nicht sogar totalen – ethischen Relativismus zu befürworten, und es ist wohl nicht übertrieben zu sagen, dass ethischer Relativismus die Regel ist, nach der viele Humanisten in der Praxis wirklich leben. Hier ein paar ihrer Aussagen in ihren eigenen Worten:

Arthur E. Gravatt
Die Moral oder Unsittlichkeit jedes Verhaltens, einschließlich sexuellen Verhaltens, ist in den Kontext der „Situationsethik" gesetzt worden. Bei diesem Ansatz kann das moralische Verhalten sich von Situation zu Situation unterscheiden. Ein Verhalten mag für eine Person moralisch sein, für eine andere nicht, oder einmal moralisch und ein anderes Mal nicht. Ob eine Handlung moralisch oder unsittlich ist, wird durch das „Gesetz der Liebe" bestimmt, das heißt durch das Maß, in dem Liebe und Mitgefühl für andere ein Faktor in der Beziehung sind.[153]

Paul Kurtz
Humanisten ... sind dem freien Denken und der Sicht verpflichtet, dass ethische Werte relativ zu menschlichen Erfahrungen und Bedürfnissen sind. Das heißt, dass Ethik nicht von irgendwelchen theologischen oder metaphysischen Lehrsätzen über das Wesen der letzten Realität abgeleitet werden muss, sondern dass sie autonom sein kann und dass ethische Urteile in gewissem Maße auf Umfrageergebnisse gegründet werden können.[154]

Doch nicht alle Humanisten sind mit dieser Art von ethischem Relativismus glücklich. Als Beispiel zitieren wir erneut Professor Max Hocutt:

---

153 Zitiert in Genné, *Our Moral Responsibility*, 63
154 *Does Humanism Have an Ethic of Responsibility?*, 11

Wenn wir bestreiten, dass es ein absolutes Richtig und Falsch gibt, das vom Himmel festgelegt wird, heißt das nicht, dass wir auch die konfuse Theorie unterstützen müssen, die fälschlicherweise als „ethischer Relativismus" bezeichnet wird. Es heißt nicht, dass wir glauben müssen, Richtig und Falsch sei reine „Ansichtssache". Im Gegenteil, solch eine Theorie ... ist genauso verwerflich wie der theologische Absolutismus. Nur weil man etwas für wahr hält, ist es das nicht automatisch, weder in der Ethik noch in anderen Bereichen. Die Erde wird nicht zur Scheibe, nur weil man dies glaubt, und nur weil man eine Praxis für richtig hält, wird sie dadurch nicht automatisch richtig.[155]

Das stimmt. Wenn eine Person glaubt, die Erde sei eine Scheibe, und eine andere, sie sei ein Würfel, dann brauchen sie ein paar objektive Fakten, die unabhängig von ihren Meinungen sind, um ihre Meinungsverschiedenheit beizulegen. Genauso ist es mit der Moral: Wir brauchen ein unabhängiges Kriterium, um zwischen unseren relativistischen moralischen Meinungen zu entscheiden. Wie könnten wir ohne einen solchen Maßstab wissen, welche unserer moralischen Meinungen (wenn überhaupt eine von ihnen) wahr oder falsch ist?

Theisten finden ein solches Kriterium natürlich in dem von Gott festgelegten objektiven Moralgesetz, in seinem göttlichen Willen und den göttlichen Geboten. Doch wie Joseph Fletcher, ein Humanist und berühmter Vertreter der „Situationsethik", sagt, passt so ein objektives, gottgegebenes Moralgesetz nicht „zu einer humanistischen Ethik, in der Menschen als moralisch Handelnde selbst die Ideale und Werte und Maßstäbe der Menschheit wählen und frei postulieren oder geltend machen müssen."[156]

Die Notwendigkeit eines moralischen Maßstabs

Was für einen Maßstab schlagen Humanisten nun vor, um einzuschätzen, welche moralische Überzeugung richtig und welche falsch ist? Hocutt lehnt, wie wir gesehen haben, den ethischen Relativismus ab und schlägt uns eine in seinen Augen adäquate Messlatte vor:

Wenn es keine im Himmel festgelegte Moral gibt, anhand welchen Maßstabs beurteilen wir dann irdische Moralvorstellungen? Die

---

155 *Toward an Ethic of Mutual Accomodation*, 138–139
156 *Comment by Joseph Fletcher on Nielson Article*, 71

Antwort ist natürlich, dass wir dafür denselben Maßstab verwenden sollten, den wir benutzen, um jedes andere menschliche Erzeugnis zu bewerten: die Befriedigung unserer Bedürfnisse.[157]

Aber das ist gewiss ein sehr unangemessener Maßstab. „Die Befriedigung unserer Bedürfnisse" ist weit davon entfernt, ein objektives Kriterium zu sein, das jeder akzeptieren würde, denn Bedürfnisse sind etwas, über das sich die Menschen meistens uneinig sind, insbesondere, wenn sie miteinander streiten.

Und als er später sich dem Problem der Gerechtigkeit zuwendet, sagt Hocutt zudem:

Wie sollte dieses Problem gelöst werden? Ich kenne keine Antwort, die jeden zufriedenstellen könnte. Da wir unterschiedliche, vielleicht sogar unvereinbare Interessen haben, wünschen wir uns alle, dass das Problem auf eine Art gelöst wird, von der unsere Ziele erwartungsgemäß am meisten profitieren. Wenn ich Ihnen daher sagen würde, wie das Problem nach meinen eigenen Vorstellungen von „Gerechtigkeit" gelöst werden sollte, würde ich damit nur versuchen, Sie dazu zu bringen, eine Reihe von Prinzipien zu akzeptieren, die meine Interessen maximieren würden. Doch anstatt solch unehrliche Propaganda zu betreiben, ziehe ich es vor, offen und direkt zu verhandeln: Lassen Sie mir zum Teil meinen Willen, und ich werde Ihnen nicht im Wege stehen, dass Sie teilweise Ihren Willen verwirklichen.[158]

Das würde dem gesunden Menschenverstand entsprechen, ginge es hier nur um die Beilegung eines Interessenkonflikts. Doch es kann nicht der richtige Weg sein, bei weitergehenden Fragen nach der Gerechtigkeit, zum Beispiel im Zusammenhang von Diebstahl, Mord oder Vergewaltigung.

Und das führt einen weiteren Humanisten, Vithal Mahadeo Tarkunde, zu folgendem Kommentar:

Ich kann Prof. Hocutts Aussage, der Maßstab für die Bewertung ethischer Regeln sei die „Befriedigung unsere Bedürfnisse", nicht ganz .

---

157 *Toward an Ethic of Mutual Accommodation*, 138
158 *Toward an Ethic of Mutual Accommodation*, 143

teilen. ... Dieser Ansatz hat Prof. Hocutt zu dem Schluss geführt, dass es kein absolutes Richtig oder Falsch gibt.[159]

Außerdem geht es den Humanisten darum (und damit haben sie recht), eine Ethik zu entwickeln, die für die ganze Welt angemessen ist. Professor Kurtz schreibt:

> Wir müssen auf die beste moralische Weisheit der Vergangenheit zurückgreifen, doch wir müssen auch eine neue, korrigierbare Ethik entwickeln, die rationale Untersuchungsmethoden anwendet, die für die Welt und die Zukunft angemessen sind – eine Ethik, die die Würde und Freiheit jeder Person respektiert, aber die auch eine größere Sorge für die Menschheit als Ganzes ausdrückt.[160]

Das sind schöne Worte und lobenswerte Bestrebungen. Doch welche realistische Hoffnung auf Erfolg hätte dieses Konzept, wenn der Maßstab, anhand dessen Streitigkeiten zwischen Nationen beigelegt werden sollen, „die Befriedigung unserer Bedürfnisse" ist? Jede Nation hat das Ziel, das jeweilig eigene Bedürfnis zu befriedigen, das hinter den Streitigkeiten steht.

Das Ziel der Moral

Humanisten sind auch geteilter Meinung darüber, was das richtige Ziel der Moral sein sollte. Verschiedene Ethiksysteme haben von Zeit zu Zeit verschiedene Ziele vorgeschlagen. Man denke zum Beispiel an die Utilitaristen, die das moralisch Richtige als das definierten, was auf lange Sicht das größtmögliche Glück für die größtmögliche Zahl von Menschen bringt. Jeremy Bentham (1748–1832) verstand den Begriff „höchstes Gut" quantitativ, John Stuart Mill (1806–1873) qualitativ. Die Schwierigkeit bei beiden Konzepten liegt darin, wie man „Gut" definiert. Andere haben das Ziel als „Lust" (so die alten Epikureer) oder „Glück" (so Aristoteles) definiert.[161]

Doch Humanisten sind sich weder darüber einig, was das Ziel der Moral sein sollte, noch über eine Reihe von anderen grundlegenden ethischen

---

159 *Comment by V. M. Tarkunde on Hocutt Article*, 148

160 *A Declaration of Interdependence: A New Global Ethics*, 6 im Originalartikel und auch auf S. 42 in *Toward a New Enlightenment*

161 Eine umfassendere Diskussion der Position dieser Denker finden Sie im dritten Buch dieser Serie, *Was sollen wir tun?*.

Fragen, wie wir in einem von Morris B. Storer herausgegebenen Buch mit dem Titel *Humanist Ethics* sehen können; im Vorwort schreibt er:

Die Humanisten sind sich weitestgehend einig, dass sie die menschliche Selbstentfaltung, die Würde des Einzelnen, einen situationsbezogenen Relativitätsfaktor und ein weites Spektrum an Menschenrechten als Eckpfeiler der humanistischen Ethik betrachten. Doch klar ist, dass wir jenseits dieser wesentlichen Aspekte große Differenzen haben. Ist der persönliche Vorteil das Maß für Richtig oder Falsch oder der Vorteil aller Betroffenen? Humanisten sehen dies unterschiedlich. Gibt es Wahrheit in der Ethik? Wir sehen dies unterschiedlich. Sind „richtig" und „falsch" Ausdrücke des Herzens oder des Verstandes? Haben die Menschen einen freien Willen? Misst man Moral an Ergebnissen oder Prinzipien? Besitzen Menschen nicht nur Rechte, sondern auch Pflichten? Über diese und andere Fragen haben wir unsere Differenzen.[162]

Hinsichtlich der Lösung dieser vielen Probleme setzen Humanisten jedoch großes Vertrauen in die Vernunft und die Menschlichkeit. Und da viele Humanisten sehr gütige und vernünftige Leute sind, ist es vielleicht selbstverständlich für sie zu denken, dass man nur geduldig sein muss und die Vernunft am Ende alles lösen wird.

Der britische Humanistenverband (British Humanist Association) veröffentlichte folgende Stellungnahme:

Humanisten glauben, dass das Verhalten des Menschen auf Humanität, Einsicht und Vernunft basieren sollte. Er muss sich Problemen mit seinen eigenen moralischen und intellektuellen Ressourcen stellen, ohne dabei nach übernatürlicher Hilfe zu suchen.[163]

Doch auch bei vernünftigen Leuten mit gutem Willen ist die Vernunft allein oft nicht ausreichend. Kurt Baier, ein weiterer Humanist, bemerkt:

Es ist offensichtlich nicht so leicht, objektiv zu bestimmen, welches Verhalten moralisch ideal wäre. Daher herrscht sogar bei Menschen guten Willens, das heißt bei Menschen, die vollkommen dazu bereit

---

162 *Humanist Ethics*, 3
163 Hauptversammlung der British Humanist Association, Juli 1967

sind, das moralisch Richtige zu tun, darüber große Uneinigkeit. Aber wenn Menschen die Gewissheit haben sollen, dass andere im Großen und Ganzen das tun, was moralisch ideal ist, ist es wünschenswert, dass ein solches Verhalten öffentlich anerkannt und der nächsten Generation gelehrt wird. Denn das wird den Menschen guten Willens aufzeigen, was genau im Allgemeinen als moralisch ideal betrachtet werden wird. Das Problem ist natürlich: Wenn es dazu wahrscheinlich schon Differenzen unter den Menschen guten Willens geben wird, ist es auch wahrscheinlich, dass einige mit zumindest ein paar der Verhaltensweisen nicht einverstanden sein werden, die als moralisch ideal betrachtet werden, und das sogar manchmal zu Recht.[164]

Und wenn dies schon auf Menschen guten Willens zutrifft, welche Hoffnung besteht dann, Einigkeit zu erzielen, wenn die große Mehrheit von Leuten, wir eingeschlossen, manchmal alles andere als vernünftig ist?

Tatsache ist, dass jedes realistische Moralsystem der ernüchternden Tatsache ins Auge blicken muss, dass Menschen unvollkommen sind. Wir sind keine gut funktionierenden Computer, auf die man eine Software mit moralischen Gesetzen und Prinzipien aufspielt und die der Computer dann exakt ohne Murren ausführt. Wir sind selbstsüchtig, stolz, missgünstig, neidisch, habsüchtig und haben schlechte Gedanken und noch vieles mehr. Daher brauchen wir mehr als nur unseren Verstand, der uns vorgibt, wie wir leben sollten.

Den Humanisten ist dies natürlich bewusst, wie die drei folgenden Passagen von Paul Kurz deutlich machen:

Dennoch sieht sich der Humanist einem entscheidenden ethischen Problem gegenüber: Wenn er eine Ethik der Freiheit vertritt, kann er dann eine Grundlage für moralische Verantwortung entwickeln? Bedauerlicherweise ist die Befreiung der Individuen von autoritären sozialen Institutionen, ob nun Kirche oder Staat, allein keine Garantie dafür, dass sie sich ihrer moralischen Verantwortung anderen gegenüber bewusst werden. Oft ist das Gegenteil der Fall. Alle sozialen Institutionen reglementieren das Verhalten durch gewisse Normen und Regeln, zu deren Durchsetzung Sanktionen eingesetzt werden. Ein moralisches Verhalten ist oftmals deswegen gesichert, weil die Menschen Angst vor den Konsequenzen haben, wenn sie das Gesetz

---

164 *Freedom, Obligation and Responsibility*, 8

oder moralische Konventionen überschreiten. Aber wenn man solche Sanktionen ausklammert, wird (ein Mensch) am Ende nur seine eigene persönliche Lust auf Vergnügen, Ehrgeiz und Macht im Blick haben und moralischen Zwängen gleichgültig gegenüberstehen.[165]

Manche utopischen Anarchisten behaupten, die menschliche Natur sei grundsätzlich wohlwollend: Es seien restriktive gesellschaftliche Gesetze, die Menschen korrumpieren, und nicht umgekehrt. Ihre Lösung lautet, dass der Einzelne sich von ihnen emanzipieren müsse, denn sie glauben, dass dadurch eine persönliche Neigung zur Selbstlosigkeit freigesetzt würde. Bedauerlicherweise gibt es keine Garantie dafür, dass individuelles moralisches Wohlwollen herrschen wird, sobald alle institutionellen Sanktionen abgeschafft worden sind. Und auch wenn die Welt voller Menschen mit guten Absichten wäre, könnten diese immer noch unterschiedlicher Meinung hinsichtlich der Interpretation oder Anwendung ihrer moralischen Überzeugungen sein, und dies kann eine weitere Quelle für Konflikte sein.[166]

Professor Lorenz[167] und andere ... behaupten, dass Aggression der menschlichen Spezies angeboren sei. Menschliche Laster wie Selbstsucht, Faulheit, Rachsucht, Hass, Trägheit, Stolz und Eifersucht sind im menschlichen Verhalten so weit verbreitet, dass wir alle manchmal ihren Versuchungen erliegen. Vielleicht sind Humanisten hinsichtlich der Gesamtreaktion der menschlichen Natur zu optimistisch gewesen.[168]

Nun gut, dann fragen wir uns natürlich, welche Richtlinien wir dann laut den Humanisten befolgen sollten, um mit dieser allzu realen menschlichen Not umzugehen.

Kurtz schlägt moralische Bildung vor, zumindest als Anfang, und natürlich ist diese notwendig und hilfreich.

Wie ich gesagt habe, ist moralische Freiheit ein zentraler humanistischer Wert: Die Befreiung des Individuums von übermäßigen Beschränkungen, damit es sein Potenzial freisetzen und seine

---

165 *Does Humanism Have an Ethic of Responsibility?*, 15
166 *Does Humanism Have an Ethic of Responsibility?*, 15
167 Der Ethologe und Nobelpreisgewinner Konrad Lorenz veröffentlichte 1963 *Das sogenannte Böse zur Naturgeschichte der Aggressionen* (Wien: Schoeler, 1963).
168 *Does Humanism Have an Ethic of Responsibility?*, 29

Entscheidungsfreiheit maximieren kann. So ein normativer Wert ist jedoch kaum ausreichend, wenn kein moralisches Wachstum stattfindet. Es genügt nicht, Individuen von autoritären Institutionen zu befreien, denn manche Individuen könnten zu hedonistischen Fleischfressern oder amoralischen Egoisten verkommen. Daher müssen wir auch die Bedingungen für eine moralische Entwicklung nähren, in der sich ein Bewusstsein für die Nöte der anderen entwickeln kann; und dies ist abhängig von moralischer Bildung.[169]

Das stimmt, doch worauf soll diese moralische Bildung basieren? Allein darauf, dass Menschen – manche Menschen – irgendwo die Regeln festlegen? Dass es keine absoluten Regeln gibt? Dass die traditionelle Moral passé ist? Oder dass alle gegenwärtigen Moralvorstellungen dem Bürgertum zuzuordnen und daher schlecht sind? Dass es weder einen Gott noch ein endgültiges Urteil gibt? Diese Art von Lehre wird wohl kaum das Herz und das Gewissen von Menschen für sich gewinnen und sie zu guten, moralischen Personen machen.

Daher ist es interessant zu sehen, dass – trotz der beharrlichen Ablehnung Gottes und des Übernatürlichen durch die Humanisten – der humanistische Professor Hans Eysenck durch seine Erfahrungen zu folgender Ansicht gelangte: „Indem der Humanismus Religion im Allgemeinen ablehnt, schüttet er das ethische Kind mit dem übernatürlichen Bade aus."[170]

Ähnlich äußerte sich der humanistische Professor Corliss Lamont (1902–95):

Jede humane Philosophie muss solche neutestamentlichen Ideale wie die Brüderlichkeit des Menschen, Frieden auf Erde und Leben im Überfluss einschließen. Auch im Alten Testament und seinen Zehn Geboten findet man viel ethische Weisheit. Ohne irgendeinen ethischen Grundsatz als dogmatisches Gebot zu akzeptieren, das niemals hinterfragt werden darf, hält sich der Humanist sicherlich im Allgemeinen an ein biblisches Gebot wie „Du sollst nicht falsch Zeugnis reden wider deinen Nächsten".[171]

---

169 *Does Humanism Have an Ethic of Responsibility?*, 17
170 *Reason with Compassion*, 92
171 *Lifetime of Dissent*, 55

Dem würde natürlich jeder Theist beipflichten, dann jedoch darauf hinweisen, dass die Moral des Alten und des Neuen Testaments im Charakter des Gottes des Alten und des Neuen Testaments wurzelt. Und den Charakter Gottes kann man nun mal nicht ohne Gott selbst haben, und man kann Gott selbst nicht haben, ohne sich bewusst zu machen, dass Moral für Gott weit wichtiger ist, als Menschen sich oft eingestehen wollen. Denn Gott zufolge ist das Thema Moral für uns nicht mit dem Tod erledigt: Es wird ein letztes Gericht geben (Apg 17,30-31; Hebr 9,27-28).

Nun, wie wir alle wissen, wird dieses Element in der biblischen Lehre von atheistischen Humanisten (neben anderen Dingen) als mittelalterlicher Aberglaube abgelehnt, obwohl nicht immer klar ist, warum sie es für die Sache der Moral als besser erachten, dass es kein letztes Gericht geben sollte und dass ungeheuerliche Sünder wie Hitler sich unbescholten der Justiz und einer Bestrafung entziehen können, indem sie sich das Hirn wegschießen.

Doch manchmal scheinen Humanisten selbst Zweifel zu haben, wie der humanistische Agnostiker Will Durant, als er einräumte, dass die humanistische Moral folgende Schwierigkeit mit sich bringt:

> Es ist für uns nicht einfach, eine natürliche Ethik zu entwickeln, die stark genug ist, moralische Grenzen und soziale Regeln ohne die Unterstützung durch übernatürliche Tröstungen, Hoffnungen und Ängste aufrechtzuerhalten.[172]

Und im Hinblick auf Jesus Christus und die von ihm gelehrte Moral war es der weltberühmte Humanist und Atheist, Bertrand Russell, der sagte: „In demselben Buch *[Moral und Politik]* ... sage ich, was der Welt nottäte, ist christliche Liebe oder Mitleid."[173]

In unserem nächsten Abschnitt werden wir uns der christlichen Ethik und besonders einigen Einwänden zuwenden, die Menschen gegen sie erheben.

---

172 *The Humanist* (Feb. 1977), zitiert in Francis A. Schaeffer, A Christian Manifesto, 1981. In: *The Complete Works of Francis A. Schaeffer*, Band 5, *A Christian View of the West*, Carlisle, UK: Paternoster Press, 1982, Band 5, 439

173 *Moral und Politik*, 9

GOTT IST DIE AUTORITÄT HINTER DEM MORALGESETZ

Unsere Übersicht über fünf Moralsysteme, die wir gerade abgeschlossen haben, hat etwas Licht auf die Grundlagen geworfen, auf denen sie aufbauen. Wir wollen diese kurz wiederholen:

1. *Die populäre Sicht:* Die Wissenschaft hat die traditionellen Grundlagen der Moral zerstört. Ethik bedeutet daher einfach, „sein eigenes Ding zu machen" innerhalb der praktischen Grenzen, die durch die Notwendigkeit gesetzt werden, dass man mit Familie, Freunden, Arbeitgebern und dem Staat klarkommen muss.

2. *Sozialdarwinismus:* Die Moral basiert auf dem Evolutionsprinzip des „Überleben des Stärkeren".

3. *Soziobiologie:* Unsere Gene diktieren unser Verhalten. Wahre Moral bedeutet, mit den Strategien unserer Gene zu kooperieren (oder manchmal gegen sie zu rebellieren).

4. *Marxismus:* Eine absolute Moral gibt es nicht. Moral besteht darin, auf die wirtschaftlichen und sozialen Bedingungen zu reagieren, die der historische Materialismus hervorgebracht hat. In der gegenwertigen Phase ergibt sich die Moral aus dem Kampf der Arbeiterklasse und ist diesem untergeordnet.

5. *Säkularer Humanismus:* Der Mensch selbst legt die Regeln fest. Moral ist kein absolutes System, das Gott uns auferlegt; es ist ein empirisches und relativistisches System, das im Lichte von Vernunft und Humanität entwickelt und ständig angepasst wird, um den sich ständig ändernden Lebenssituationen angemessen zu begegnen.

Um nun unsere Studie zu vervollständigen, müssen wir das untersuchen, was wir als traditionelle Sicht bezeichnen könnten: dass Gott die Autorität hinter dem Moralgesetz ist.

Allgemeine Einwände gegen diese Sicht

Es ist nicht zu leugnen, dass viele Menschen gegenüber dieser Sicht eine tiefe und starke Abneigung empfinden. Unsere Aufgabe hier ist zweifacher Art. Erstens geht es darum, zumindest ein paar der Gründe zu verstehen, warum diese Sicht so feindselig betrachtet wird, und zweitens so weit wie möglich festzustellen, ob ihre Kritik darauf basiert, wofür die theistische Sicht tatsächlich steht, oder nur auf einem Zerrbild beruht.

Lassen Sie uns mit einer der häufigsten Einwände gegen die theistische Sicht beginnen.

Einwand 1: Die Angst vor göttlicher Einmischung

Der erste Einwand lautet, dass die Vorstellung, es gebe einen allmächtigen Gott über uns, der sich fortwährend in unser Leben einmischt und uns vorschreibt, was wir tun sollen, eine Beleidigung unserer menschlichen Würde und eine willkürliche Einschränkung unserer Freiheit sei.

Zweifellos haben viele Leute dieses Gefühl; trotzdem ist es seltsam. Wenn ein Mann ein Auto kauft und mit ihm eine Betriebsanleitung vom Hersteller erhält, die ihm sagt, wie er mit dem Auto umgehen sollte, was er tun und besser lassen sollte, empfindet er dies nicht als Beleidigung seiner Würde als autonomer Mensch. Und er würde auch nicht sagen: „Ich lasse nicht zu, dass der Hersteller mir vorschreibt, was ich zu tun und zu lassen habe. Wenn ich will, werde ich Diesel in den Tank füllen und nicht Benzin. Und ich werde die Anweisung ignorieren, Motoröl nachzufüllen, wenn ich das nicht tun will." Nein, der Autobesitzer akzeptiert die Vorstellung, dass der Hersteller des Autos am besten weiß, wie man damit umgeht, und er glaubt, dass es seinem Besten dient, wenn er die Anweisungen befolgt.

Warum denken Leute dann oder haben das Gefühl, dass ein Schöpfer zwangsläufig gegen sie wäre und ständig versuchen würde, ihnen den Spaß zu verderben und hämisch ihre Freiheit einzuschränken?

Dieses Gefühl hatte offenbar Julian Huxley, denn (wie wir bereits festgestellt haben) er bekennt:

> Ich für mich kann nur sagen, dass das Gefühl der geistigen Erleichterung, das von der Ablehnung der Vorstellung von Gott als übernatürlichem Wesen herrührt, enorm ist.[174]

Die Bibel erklärt diesen Argwohn gegenüber Gott seitens des menschlichen Herzens so: Die Menschen seien „entfremdet dem Leben Gottes wegen der Unwissenheit, die in ihnen ist, wegen der Verstockung ihres Herzens" (Eph 4,18). Mit „Unwissenheit" ist hier nicht gemeint, dass die Menschen nicht intelligent seien, sondern dass sie (und man könnte sagen: seltsamerweise) ignorieren, wie Gott wirklich ist.

---

174 *Religion without Revelation*, 31

Einwand 2: Abneigung gegenüber der strengen Sexualmoral der theistischen Sicht

Diese Abneigung kommt in der humanistischen Literatur häufig zum Ausdruck. Lamont erklärt:

> Die humanistische Ethik wendet sich gegen die puritanische Voreingenommenheit gegenüber Lust und Begehren, welche die westliche Tradition der Moral kennzeichnet. Männer und Frauen haben tief sitzende Wünsche und Bedürfnisse emotionaler und körperlicher Art, deren Erfüllung ein wesentlicher Bestandteil eines guten Lebens ist. ... Verachtung oder Unterdrückung von normalem Verlangen hat zur Folge, dass es heimlich oder auf grobe oder abnormale Art ausgelebt wird.[175]

> ✝ *Jeder, der glaubt, der Erfinder und Schöpfer der Ehe sei gegen Lust, die er doch selbst geschaffen hat, kann nicht das Hohelied gelesen haben, ein wunderbares Liebesgedicht in der Bibel.*

Das ist vollkommen zutreffend. Doch jeder, der glaubt, der Erfinder und Schöpfer der Ehe sei gegen Lust, die er doch selbst geschaffen hat, kann nicht das *Hohelied* gelesen haben, ein wunderbares Liebesgedicht in der Bibel. Doch ebenso ist der Schöpfer gegen jegliche Entstellung seines Geschenks der ehelichen Liebe. Doch fordern viele Humanisten die Freiheit, ihre Sexualität in jeder möglichen Form auszuüben, und weil Gott diese Dinge verbietet, lehnen ihn viele als Autorität hinter dem Moralgesetz ab. Das *Humanist Manifesto II* (Humanistisches Manifest II) verkündet:

> Wir glauben, dass intolerante Einstellungen, die oft von rechtgläubigen Religionen und puritanischen Kulturen gepflegt werden, auf unangemessene Weise sexuelles Verhalten unterdrücken. ... Die vielen Varianten der sexuellen Erfahrungen sollten nicht an sich als „böse" betrachtet werden ... den einzelnen Menschen sollte es gestattet sein, ihre sexuellen Neigungen auszuleben und ihr Leben so zu führen, wie sie es wollen.[176]

Die Folge dieser sexuellen „Freiheit" in unserer modernen Welt sind Millionen von zerbrochenen Familien, Kinder, die durch die Scheidung ihrer

---

175 *Ethics of Humanism*, 47–48
176 *The Humanist Manifesto II*, 18

Eltern und den Verlust ihres Zuhauses traumatisiert werden, unzählige Abtreibungen und eine praktisch weltweite Epidemie von sexuell übertragbaren Krankheiten. Gottes Gesetz ist freundlicher als seine Gegner.

Einwand 3: Der Glaube an Gott rechtfertigt die Unterdrückung der Arbeiterklasse und die Vernachlässigung der Armen

Die Vorstellung, dass der Glaube an Gott diese Übel rechtfertigt, kommt von der Verwechslung formaler, nomineller Religion mit dem, was die Bibel wirklich lehrt. Doch diese Vorstellung war nie zutreffend, wie wir bereits gesehen haben (Seite 93). Schon ein wenig Bibelkenntnis hätte schnell gezeigt, dass dies nicht stimmt. Gott erklärt ausdrücklich, dass er gegen die Unterdrückung der Arbeiterklasse und die Vernachlässigung der Armen ist.

Einwand 4: Die Einhaltung von Regeln zerstört das Leben

Viele glauben, dass die Einhaltung von endlosen Regeln und Vorschriften, die dem Menschen vermeintlich von Gott auferlegt werden, die Spontaneität des Lebens ruiniert, die Lebensfreude zerstört, einen gesetzlichen Geist hervorruft und zu religiösem Stolz verleitet. Nun, das kann sicherlich so sein! Es hängt natürlich alles davon ab, was man mit „Spontaneität" meint. Chirurgen sind dazu verpflichtet, ihre Hände vor jeder Operation gründlich zu waschen und zu desinfizieren. Wenn die genaue Befolgung dieser Regel ihre Spontaneität ruiniert, dann wäre das Ruinieren ihrer Spontaneität im Hinblick auf ihre Patienten eine sehr gute Sache. Wenn Spontaneität bedeutet, diese Regel gleichgültig zu missachten, dann wäre Spontaneität in diesem Fall kriminell. Da unsere Sünde anderen Menschen schadet, kann wahre Spontaneität keine moralische Gleichgültigkeit legitimieren.

Doch es besteht gewiss die Gefahr, dass sich aus der Beachtung von Gottes Gesetz eine harte, stolze Gesetzlichkeit entwickelt. Christus selbst wies auf diese Gefahr bei einigen seiner sehr religiösen Zeitgenossen hin: „Wehe euch, Schriftgelehrte und Pharisäer, Heuchler! Denn ihr verzehntet die Minze und den Dill und den Kümmel und habt die wichtigeren Dinge des Gesetzes beiseitegelassen: das Recht und die Barmherzigkeit und den Glauben" (Mt 23,23). Und an anderer Stelle: „Wenn ihr aber erkannt hättet, was das heißt: ‚Ich (Gott) will Barmherzigkeit und nicht Schlachtopfer', so würdet ihr die Schuldlosen nicht verurteilt haben" (Mt 12,7).

Laut Christus lautet das größte Gebot, der Herzschlag von Gottes Gesetz, wie folgt: „‚Du sollst den Herrn, deinen Gott, lieben mit deinem ganzen Herzen und mit deiner ganzen Seele und mit deinem ganzen Verstand.' Dies ist das größte und erste Gebot. Das zweite aber ist ihm gleich: ‚Du sollst deinen Nächsten lieben wie dich selbst.' An diesen zwei Geboten hängt das ganze Gesetz und die Propheten" (Mt 22,37-40).

Wenn Leute natürlich davon überzeugt sind, dass das Universum nur eine unpersönliche Maschine ist, neigen sie dazu, sich Gott – wenn er denn überhaupt existiert – als eine Art fernen, unmenschlichen, willkürlichen Diktator vorzustellen. Sie können sich nicht mit dem Gedanken anfreunden, ihn spontan mehr lieben zu können als das zweite Gesetz der Thermodynamik, und sie tun jene Menschen, die behaupten, ihn oder Christus zu lieben, als Menschen ab, die unter irrationalen Fantasien leiden. Professor Kai Nielsen sagt:

> In Kulturen wie der unsrigen ist Religion für Intellektuelle oft eine fremde Lebensform. Da wir in einem Zeitalter nach der Aufklärung leben, fällt es uns schwer, Religion ernst zu nehmen. Ihre Konzepte erscheinen uns der Fantasie entsprungen. ... Dass Menschen in unserer Zeit glauben, sie hätten eine persönliche Begegnung mit Gott gehabt ..., ist eine Bestätigung der menschlichen Irrationalität und des Mangels an Realitätssinn. [177]

Doch in Charles Dickens *Weihnachtsgeschichte* konnte der reiche, hartgesottene, gefühlskalte Geizkragen Scrooge nicht einmal die einfachsten Familienfreuden seines unterbezahlten Buchhalters, Cratchit, verstehen und tat sie allesamt als Humbug ab. Ein zügelloser Mann kann das Ehrgefühl einer Jungfrau nicht mehr verstehen; ein Verräter tut Loyalität, die er schon lange mit Füßen tritt, als Sentimentalität ab. Und wenn geistliche Verkümmerung erst einmal eingesetzt hat, erscheint die Vorstellung eines Gottes, der Geist ist, als reines Fantasieprodukt. Wie wir bereits zitiert haben, sind Menschen „verfinstert am Verstand, entfremdet dem Leben Gottes wegen der Unwissenheit, die in ihnen ist". So wie manche Leute kein musikalisches

⸸ *Der reiche, hartgesottene, gefühlskalte Geizkragen Scrooge konnte nicht einmal die einfachsten Familienfreuden seines unterbezahlten Buchhalters, Cratchit, verstehen und tat sie allesamt als Humbug ab. Ein zügelloser Mann kann das Ehrgefühl einer Jungfrau nicht mehr verstehen; ein Verräter tut Loyalität, die er schon lange mit Füßen tritt, als Sentimentalität ab. Und wenn geistliche Verkümmerung erst einmal eingesetzt hat, erscheint die Vorstellung eines Gottes, der Geist ist, als reines Fantasieprodukt.*

---

177 *Religiosity and Powerlessness*, 46

Gehör haben und nichts in der Musik wahrnehmen können, so sind manche Leute geistlich tot: Ihre Kommunikationsverbindung zu Gott ist unterbrochen (Eph 2,1; 4,18).

Und dann gibt es noch einen weiteren Einwand gegen die Vorstellung, Gott könnte die Autorität hinter dem Moralgesetz sein. Sie ist so bekannt und wird so häufig diskutiert, dass man sie mittlerweile als Euthyphron-Dilemma bezeichnet.

Einwand 5: Das Euthyphron-Dilemma

Dieses Problem hat seinen Namen durch Platons Dialog *Euthyphron* erhalten, denn soweit wir wissen, wurde es dort zum ersten Mal diskutiert. Euthyphron diskutiert mit Sokrates die Natur der Heiligkeit, und an einer Stelle beschreibt er Heiligkeit als „was den Göttern lieb ist". Sokrates fragt nach: „Lieben die Götter Heiligkeit, weil sie Heiligkeit ist? Oder ist Heiligkeit Heiligkeit, weil die Götter sie lieben?"

Dieselbe Frage stellen Menschen auch heute noch, wenn Gott als Autorität hinter der Moral genannt wird. Sie fragen: Gebietet Gott etwas, weil es moralisch gut ist? Oder wird etwas moralisch gut, weil Gott es gebietet?

Wenn Gott es gebietet, weil es gut ist – so das Argument –, dann muss es unabhängig von Gottes Gebot gut sein. Und das würde bedeuten, dass das Gute ein Maßstab ist, dem selbst Gott unterworfen ist. Und das wiederum würde bedeuten, dass es etwas über Gott gibt und dass Gott nicht die höchste Autorität ist.

Andererseits, wenn eine Sache zu etwas moralisch Gutem wird, nur weil Gott es gebietet, hieße das, dass Gott alles gebieten könnte, egal, wie schlecht oder schrecklich es wäre, und es würde nur durch Gottes willkürliches Gebot gut werden. Und das würde bedeuten, Gott wäre nicht besser als der schlimmste Diktator.

Manche kommen deshalb zu dem Schluss, dass Gott, selbst wenn er existiert, nicht die letzte Autorität hinter der Moral sein kann: Moral müsste vollständig autonom sein. Doch das Argument ist ein Trugschluss. Es hat seinen Ursprung in der Missachtung der Tatsache, dass wir es hier sowohl mit Gottes Willen und Geboten auf der einen Seite als auch mit Gottes wesenhaftem Charakter auf der anderen Seite zu tun haben.

Nehmen wir eins von Gottes grundlegenden Geboten: „Seid heilig, denn ich bin heilig" (3Mo 11,44-45; 19,2; 20,7; 1Petr 1,16). Das Gebot, heilig zu sein, ist nicht der willkürliche Befehl eines skrupellosen Tyrannen, es basiert wesentlich auf dem Charakter Gottes: „Ich bin heilig." Gleichzeitig basiert es nicht auf irgendeinem Maßstab außerhalb von Gott, der eine höhere Autorität hätte als er selbst. Gott ist in seinem eigenen Sein ganz und vollkommen heilig. Und aus diesem Grund kann er nicht untreu sein oder lügen, denn er kann sich selbst nicht verleugnen (Tit 1,2; 2Tim 2,13). Gott kann nicht gegen seinen Charakter handeln oder irgendetwas gebieten, was mit seinem Charakter unvereinbar wäre.

Doch dann gibt es noch einen weiteren Einwand.

Einwand 6: Belohnungen für gutes Verhalten

Manche sagen, das Christentum sei moralisch mangelhaft, weil es die Menschen lehre, sie sollten deswegen gut sein, weil sie dafür etwas bekämen; und diese falsche Motivation zerstöre wahre Moral.

Nun scheinen jene, die diese Kritik am Christentum äußern, meist eine unausgegorene Version dessen im Kopf zu haben, was sie für die Lehre des Neuen Testaments halten: „Sei ein guter Mensch, denn wenn du dein Bestes tust und dich gut benimmst, hast du eine gute Chance, nach dem Tod in den Himmel zu kommen; sonst nicht." Und dann erklären sie, wenn man wirklich moralisch wäre, würde man gut sein um des Gutseins willen – ungeachtet dessen, ob einem dies einen Platz im Himmel verschafft, sogar ungeachtet dessen, ob es überhaupt einen Himmel gibt oder nicht.[178]

• *Das falsche Belohnungsmotiv*

Zunächst ist anzumerken, dass die Bibel selten davon spricht, dass man „in den Himmel kommt, wenn man stirbt". Sie lehrt, dass es einen Himmel gibt und dass Gläubige nach ihrem Tod dorthin kommen (Lk 23,39-43; Phil 1,23; 2Kor 5). Doch geht es vielmehr darum, dass Menschen hier und jetzt mit Gott versöhnt und von ihm angenommen werden. Das ist der Anfang der Erlösung, ohne die niemand nach dem Tod in den Himmel kommen wird. Aber in diesem Zusammenhang betont das Neue Testament immer wieder mit deutlichen Worten, dass man sich eine solche Erlösung und die Gewissheit der Annahme durch Gott nicht verdienen kann, indem man „gut ist". Im Gegenteil, die Annahme durch Gott ist ein völlig kostenloses Geschenk:

---

178 Diese Vorstellung ist größtenteils auf Kant zurückzuführen, nicht aber auf das Neue Testament.

Denn aus Gnade seid ihr gerettet durch Glauben, und das nicht aus euch, Gottes Gabe ist es; nicht aus Werken, damit niemand sich rühme. (Eph 2,8-9)

Darum: Aus Gesetzeswerken wird kein Fleisch vor ihm gerechtfertigt werden; denn durchs Gesetz kommt Erkenntnis der Sünde. ... denn alle haben gesündigt und erlangen nicht die Herrlichkeit Gottes und werden umsonst gerechtfertigt durch seine Gnade, durch die Erlösung, die in Christus Jesus ist. (Röm 3,20-24)

Dem dagegen, der nicht Werke tut, sondern an den glaubt, der den Gottlosen rechtfertigt, wird sein Glaube zur Gerechtigkeit gerechnet. (Röm 4,5)

Da wir nun gerechtfertigt worden sind aus Glauben, so haben wir Frieden mit Gott durch unseren Herrn Jesus Christus. (Röm 5,1)

Als aber die Güte und die Menschenliebe unseres Retter-Gottes erschien, rettete er uns, nicht aus Werken, die, in Gerechtigkeit vollbracht, wir getan hätten, sondern nach seiner Barmherzigkeit durch die Waschung der Wiedergeburt und Erneuerung des Heiligen Geistes. (Tit 3,4-5)

Man könnte meinen, dass sich das Neue Testament übertrieben häufig dazu äußert. Allerdings ist die Vorstellung, dass sich der Mensch die Annahme Gottes und einen Platz im Himmel durch gute Werke verdienen muss, so stark in der menschlichen Psyche eingebrannt, dass die ständige Wiederholung des Gegenteils fast nicht ausreicht, um sie zu korrigieren.

> ✚ Aus Gesetzeswerken wird kein Fleisch vor ihm gerechtfertigt werden; denn durchs Gesetz kommt Erkenntnis der Sünde. ... denn alle haben gesündigt und erlangen nicht die Herrlichkeit Gottes und werden umsonst gerechtfertigt durch seine Gnade, durch die Erlösung, die in Christus Jesus ist.

Diese Lektion war das Thema des berühmtesten Gleichnisses von Christus: dem Gleichnis vom verlorenen Sohn. Der zurückkehrende, reumütige verlorene Sohn verdiente sich die Annahme des Vaters ganz gewiss nicht durch seine guten Werke. Als er zurückkehrte, war er bankrott, in Lumpen und voller Schmutz, dem Verhungern nahe. Und ihm wurde vergeben, der Vater hieß ihn willkommen, nahm ihn an und gab ihm seine Stellung als Sohn zurück – alles aus Gnade und nicht aufgrund irgendwelcher Verdienste, denn der Sohn hatte keine vorzuweisen (Lk 15,11-32). Im Gleichnis war es der ältere Bruder, der unter der falschen Vorstellung litt, er könnte sich die Liebe seines Vater durch seine guten Taten verdienen, und so beklagte er sich bitterlich: „Siehe, so viele Jahre diene ich dir, und niemals habe ich ein Gebot von dir übertreten; und mir hast du niemals ein Böckchen gegeben, dass ich mit meinen Freunden fröhlich gewesen wäre; da aber dieser dein Sohn gekommen ist, der deine Habe mit Huren durchgebracht hat, hast du ihm das gemästete Kalb geschlachtet" (Lk 15,29-30).

Was die richtige Motivation für ein moralisches Leben betrifft: In Wirklichkeit ist es die am Anfang stehende Erlösung, die die richtige Motivationsgrundlage verleiht: Allein Gottes Annahme durch seine unverdiente Gnade ermöglicht ein Leben, das durch geistliche Disziplin und geistlichen Fortschritt gekennzeichnet ist. Denn nun will der Christ, der Jesus nachfolgt, einen echten moralischen Lebensstil entwickeln: nicht, um die Erlösung und am Ende den Himmel zu verdienen, sondern aus Liebe und Dankbarkeit Gott gegenüber, weil dieser ihm all das bereits geschenkt hat. Wie einer der großen christlichen Heiligen gesagt hat: „(Ich lebe) im Glauben ... an den Sohn Gottes, der mich geliebt und sich selbst für mich hingegeben hat" (siehe Gal 2,19-21).

• *Das wahre Belohnungsmotiv*

Wenn ein Mensch erst einmal von Gott angenommen und mit ihm versöhnt ist unter den eben genannten Voraussetzungen, wird er als Nachfolger Christi herausfinden, dass Gott viele Belohnungen für ihn bereithält – keine Bestechungsgelder, sondern echte und gerechte Belohnungen.

Eltern, die möchten, dass ihr Kind Klavierspielen lernt, werden ihre Liebe und Annahme nicht vom Erfolg des Kindes abhängig machen. Die Liebe zu ihrem Kind ist keine Belohnung für das Klavierspielen, natürlich nicht. Doch sie werden dem Kind zeigen, was die wahre Belohnung für das Erlernen des Klavierspielens ist: die Fähigkeit, selbst schöne Musik zu machen und zu genießen und dann andere mit dem eigenen Spiel zu erfreuen.

So weist uns Christus auf die Belohnung für unser Beten hin, die vor allem in einer noch tieferen und reicheren Erkenntnis Gottes besteht (Mt 6,5-6). Und es gibt Belohnung für die Werke, die für Gott und die Mitmenschen getan werden. Sie ist zweifach: Man schafft damit etwas, das ewig Bestand haben wird, und entwickelt gleichzeitig seine Fähigkeiten, noch mehr und bedeutendere Werke zu tun.

Doch um noch einmal auf die Frage nach dem richtigen Motiv für die Moral zurückzukommen: Die Bibel achtet sehr darauf, den Unterschied aufzuzeigen, der zwischen Belohnungen für getane Werke und der Erlösung selbst besteht, die nicht durch Werke geschieht, sondern ein Geschenk ist:

> So wird das Werk eines jeden offenbar werden, denn der Tag wird es klarmachen, weil er in Feuer offenbart wird. Und wie das Werk eines jeden beschaffen ist, das wird das Feuer erweisen. Wenn jemandes Werk bleiben wird, das er darauf gebaut hat, so wird er Lohn empfangen; wenn jemandes Werk verbrennen wird, so wird er Schaden leiden, er selbst aber wird gerettet werden, doch so wie durchs Feuer. (1 Kor 3,13–15)

Einwand 7: Unterordnung unter Gott kommt Sklaverei gleich

Ein weiterer Einwand lautet, dass die Forderung, sich dem Gesetz eines allmächtigen Gottes zu unterwerfen, den Menschen auf den Status eines Sklaven reduziert. Es würde ihn von seinem wahren autonomen Selbst entfremden. Dieses Gefühl, dass die Unterordnung unter ein göttliches Gesetz den Menschen eine Bürde der Angst und Knechtschaft auferlegt, führte Blanche Sanders zu ihrer Aussage:

> Ein Humanist hat das alte Joch des Supranaturalismus mit seinen Bürden der Angst und der Knechtschaft abgeschüttelt und bewegt sich in der Welt als freier Mensch, als Kind der Natur und nicht irgendwelcher menschengemachter Götter.[179]

Aber Tatsache ist, dass Gott selbst in der Bibel darauf hinweist, dass der Mensch sich selbst zum Sklaven degradiert, indem er allein und ohne Hilfe versucht, eine moralische und geistliche Vollkommenheit zu erreichen, indem er Gottes Gesetz befolgt. Schlimmer noch, häufig provoziert Gottes eigenes Gesetz, so sagt Gott, die gefallene menschliche Natur dazu, noch mehr zu sündigen (siehe Gal 4,1–7; 4,21–5,1; Röm 7,5).

Es ist aber nicht so, dass etwas mit dem Gesetz Gottes nicht stimmt: „So ist also das Gesetz heilig und das Gebot heilig und gerecht und gut" (Röm 7,12). Das Problem liegt bei uns.

Lamont diagnostiziert unsere Schwierigkeiten als „irrationale Impulse". „Die irrationalen Impulse der Menschen", sagt er, „haben eine enorme Rolle darin gespielt, dass immer wieder Katastrophen über die Menschheit hereingebrochen sind, und bleiben eine Gefahr im aktuellen Zeitgeschehen.

---

179 *The Humanist 5* (1945), 226

Für den Humanisten ist die Dummheit eine ebenso große Sünde wie die Selbstsucht."[180] „Ich ... bin von Eigensinn erfüllt und werde von der Sünde beherrscht", sagt der christliche Apostel Paulus. „Ich verstehe ja selbst nicht, was ich tue. Denn ich tue nicht das, was ich will, sondern gerade das, was ich hasse" (Röm 7,15; NeÜ). Und wir alle werden uns selbst in dieser Aussage wiederfinden.

Tatsache ist, dass wir gefallene Geschöpfe sind: Wir sind sündig, schwach, leben nicht gottgefällig, sind rebellisch im Herzen und Feinde Gottes. Wenn wir mit einer Mischung aus Stolz und Angst versuchen zu beweisen, dass wir moralisch in der Lage sind, Gottes Gesetz einzuhalten, um von Gott angenommen zu werden, macht uns unser entschlossener, aber vergeblicher Kampf gegen unsere Schwächen zu Sklaven. Ein anderes Mal weckt allein die Tatsache, dass Gottes Gesetz uns gebietet, gewisse Dinge zu tun und anderes nicht zu tun, den Rebellen in uns, der sich dem Gebot widersetzt. Gott selbst erkennt das und versteht den Grund. Sein Wort weist darauf hin.

> ✚ *Wenn wir mit einer Mischung aus Stolz und Angst versuchen zu beweisen, dass wir moralisch in der Lage sind, Gottes Gesetz einzuhalten, um von Gott angenommen zu werden, macht uns unser entschlossener, aber vergeblicher Kampf gegen unsere Schwächen zu Sklaven.*

Doch Gott hat eine Antwort auf dieses Problem. Sie zeigt uns, wie aus Sklaven, die, von Stolz und Angst getrieben, versuchen, Gottes moralischen Kodex zu befolgen, freie Kinder Gottes werden können. Kinder, die den Geist ihres Vaters haben und so den Wunsch und das Potenzial, gemäß den Maßstäben ihres Vaters zu leben. „Denn ihr habt nicht einen Geist der Knechtschaft empfangen, wieder zur Furcht, sondern einen Geist der Sohnschaft habt ihr empfangen, in dem wir rufen: Abba, Vater!" (siehe Röm 8,15-17).

Gott ist daher nicht wie der Pharao im alten Ägypten, der seine Sklaven antreiben ließ, damit diese Ziegel machten, ohne ihnen jedoch das Stroh dafür zu geben (2Mo 5). Gott erkennt unsere geistliche Armut, Schwachheit und Verkehrtheit; doch sein Konzept der Erlösung beinhaltet einen Prozess, der Wiedergeburt genannt wird. Durch ihn erhalten wir ein neues geistliches Leben, das es uns möglich macht, als freie Kinder Gottes zu leben und die Forderungen seines Gesetzes zu erfüllen (Röm 8,1-4).

---

180 *Philosophy of Humanism*, 271

Einwand 8: Gerede vom Himmel ist Realitätsflucht

In seinem bekannten Aphorismus verglich Marx Religion mit Opium: Durch sie würde der Schmerz der Menschen mit falschen Hoffnungen auf den Himmel betäubt, und sie würden dazu gebracht, sich der kapitalistischen Unterdrückung zu unterwerfen, während sie doch eigentlich für deren Zerstörung kämpfen sollten.

Professor Paul Kurtz schreibt:

> Die traditionellen übernatürlichen Moralgebote unterdrücken insbesondere unsere menschlichen Bedürfnisse. Sie sind insofern unmoralisch, denn sie fördern Illusionen über das menschliche Schicksal (den Himmel) und unterdrücken lebensnotwendige Neigungen.[181]

Und es ist eine weitverbreitete Sicht, der Glaube an den Himmel lenke die Menschen davon ab, das Beste aus ihrem Leben hier auf der Erde zu machen.

Das Gegenteil ist der Fall. Marx meinte, die Philosophie sollte mit der grundlegenden Tatsache beginnen, dass der Mensch essen muss, um zu leben; und das ist natürlich richtig. Doch leben ist mehr als essen. Das Leben hat höhere Dimensionen als das. Und auf die höchste davon wies Christus hin, als er sagte: „Nicht von Brot allein soll der Mensch leben, sondern von jedem Wort, das durch den Mund Gottes ausgeht" (Mt 4,4).

Wenn jemand zu einem Abendessen eingeladen wird, ist natürlich das vom Gastgeber bereitgestellte Essen die Grundlage und der Mittelpunkt des Abends. Doch in menschlicher Hinsicht sind die Gespräche, die Musik und die Freundschaft mit dem Gastgeber und der Gastgeberin weit wichtiger. So ist es auch mit dem Leben selbst. Seine höchste und bedeutendste Dimension, auch hier und jetzt schon während des Lebens auf der Erde, ist die Freundschaft und geistliche Gemeinschaft, die wir mit Gott durch den genießen dürfen, der das Brot des Lebens ist (1Jo 1,1-4; Joh 6,35). Und darauf müssen wir nicht warten, bis wir in den Himmel kommen, auch wenn diese Gemeinschaft dort mit Sicherheit grenzenlos sein wird, sowohl hinsichtlich ihrer Tiefe als auch ihrer Herrlichkeit. Wenn man diese Dimension des Lebens hier auf der Erde nicht erkennt oder erkennen will, verpasst man die höchste Bedeutung des irdischen Lebens.

Und weil es einen Himmel – und eine Hölle – jenseits dieses Lebens gibt, ist unser alltägliches Leben auf der Erde von ewiger Bedeutung. Auch wenn ein Schüler ständig über seine berufliche Laufbahn nach der Schule nachdenkt,

---

181 *Humanist Alternative*, 50

hält ihn das ja nicht davon ab, das Beste aus seiner Schulzeit zu machen. Genau das ist doch die Bedeutung der Schule: die unerlässliche Vorbereitung auf das Berufsleben. Je mehr er an seine zukünftige berufliche Laufbahn denkt, desto besser wird er die jetzige Zeit der Vorbereitung darauf nutzen.

Einwand 9: Die Angst vor Bestrafung macht Gott zu einem Monster

Viele werden einwenden, dass ein Gott, der Menschen mit der ewigen Hölle droht, damit sie aus Angst davor seine Gebote halten, selbst ein unmoralisches Monster wäre. Es gibt jedoch gewiss einen Unterschied zwischen einer Drohung und einer Warnung. Ein Arzt, der einem Jugendlichen zu verstehen gibt, dass er tödlichen Lungenkrebs und Herzkrankheiten bekommen könnte, wenn er nicht das Rauchen aufgibt, droht dem Jugendlichen nicht. Aber er warnt ihn, und er wird seine Warnung so eindrücklich wie möglich formulieren, um den Jugendlichen davor zu bewahren, sein Leben zu gefährden.

Gott ist die Quelle und der Inbegriff des Guten. Es ist unmöglich für ihn, ein alternatives Paradies für jene zu schaffen, die ihn bewusst leugnen und ablehnen. Wenn diejenigen, die ihn ablehnen, schließlich für immer und ewig von ihm getrennt sein werden, erhalten sie nur das, was sie selbst gewählt haben.

Aber wenn sie entdecken, wie schrecklich das ist, was sie gewählt haben, warum gibt ihnen Gott dann nicht eine weitere Chance, Buße zu tun, damit sie in seinen Himmel kommen können?

Doch sie werden nicht umkehren wollen. Jeder, der die Liebe Gottes bewusst zurückweist, wird auch durch die Qualen der Hölle nicht dazu bewegt werden, umzukehren. Christus selbst hat dies klargemacht (Lk 16,19-31).

Zudem wird Gott, der den Menschen einen echten freien Willen geschenkt hat und damit die Fähigkeit, Nein zu ihm zu sagen, ihnen diesen freien Willen nicht nehmen, wenn sie sich dazu entscheiden, endgültig Nein zu sagen. Dafür respektiert er sie zu sehr. Ein Mensch, dem sein freier Wille genommen wird, wäre nicht länger ein Mensch, sondern mehr wie eine belebte Maschine. Gott wird Menschen niemals zu Maschinen degradieren. Es ist die atheistische Evolutionstheorie, die das tut.[182]

---

182 Für eine Diskussion des Problems von Schmerz und dem Bösen, das vielen Menschen das Gefühl gibt, unmöglich an einen liebenden Gott glauben zu können, siehe das Buch der Autoren *Opium fürs Volk?*.

5

DIE AUFGABE
DES MENSCHEN UND
SEINE MACHT
ÜBER DIE NATUR

Denn du hast ihn wenig geringer gemacht als Engel,
mit Herrlichkeit und Pracht krönst du ihn.
Du machst ihn zum Herrscher
über die Werke deiner Hände;
alles hast du unter seine Füße gestellt.
Psalm 8,6-7

WAS FÜR EIN WUNDER DIE MENSCHHEIT IST!

Sich hin und wieder von der eintönigen Routine des Lebens mit den kleinen Dingen des Alltags abzuwenden, um darüber nachzudenken, wie erstaunlich und wunderbar die Menschheit doch ist, ist sehr gesund und anregend.

Als Erstes könnten wir an die Pracht, Anmut und Schönheit der idealen Körperform denken, die Harmonie und Proportionen, die Bildhauer und Künstler mit so viel Begeisterung unermüdlich dargestellt haben, damit wir sie bewundern können, und die Leonardo da Vinci so beindruckend analysiert hat. Doch das Wunder der Menschheit sieht man insbesondere an der Art und Weise, wie Menschen ihre Intelligenz und Vorstellungskraft benutzt haben, um die Erde zu gestalten. Wie sie zielstrebig den Fortschritt förderten, all ihre Ingenieurskunst, ihr künstlerisches Gespür und ihr Organisationstalent einsetzten, um Ressourcen und Potenziale zu erforschen und zu maximieren. Wie sie versuchten, die Kräfte der Natur zu verstehen und zu beherrschen, um ihre Umwelt zu ordnen und so Dinge von Schönheit und sogar Majestät zu erschaffen. Ja, es hat Zeiten gegeben – manchmal sehr lange Zeiten –, in denen die tägliche Arbeit mit dem Ziel, ausreichend Nahrung zum Leben zu haben, die ganze Zeit und Kraft der Menschheit in Anspruch nahm. Doch auch damals schon gaben sich Menschen nur selten allein mit dem Nützlichen zufrieden. Immer wieder hat sich der menschliche Geist über das rein Zweckdienliche erhoben und in Poesie, Musik, Kunst, Theater, Philosophie, Sport und Risikobereitschaft seinen Ausdruck gefunden.

> ✚ Die Erfolge der letzten 200 Jahre sind natürlich enorm. Doch wir sollten uns dadurch nicht zu dem Gedanken verleiten lassen, die Menschen in vergangenen Jahrhunderten seien alle primitiv und ungebildet gewesen.

Die Erfolge der letzten 200 Jahre sind natürlich enorm. Doch wir sollten uns dadurch nicht zu dem Gedanken verleiten lassen, die Menschen in vergangenen Jahrhunderten seien alle primitiv und ungebildet gewesen. Frühe

Höhlenmalereien zeigen erstaunlich dynamische Darstellungen und weisen auf ein außerordentliches Gefühl für Bewegung hin.

Der Bau der Pyramiden von Gizeh in Ägypten, wie auch die megalithischen Bauten in Kambodscha, Mexiko, Peru und Bolivien, waren nur möglich durch hoch entwickelte Mathematik und Fähigkeiten in Architektur und Bauwesen sowie – wie sich gezeigt hat – außergewöhnlich detailliertem astronomischem Wissen. Dennoch wurden die ägyptischen Pyramiden vor etwa 4500 Jahren gebaut (während der vierten Dynastie des alten Reiches, ca. 2649–2519 v. Chr).[183]

Die Kurve des Fortschritts der Menschheit ist allerdings nicht immer nur nach oben gegangen. Dazwischen hat es immer mal wieder dunkle Zeiten des Niedergangs und der erkennbaren Stagnation gegeben, als herausragende Zivilisationen erst aufblühten und dann zerfielen. Doch wenn wir auf die Jahrhunderte aus dem Blickwinkel unseres modernen Zeitalters zurückschauen, können wir überwältigende Hinweise darauf sehen, dass der Mensch sich als König der Welt erwiesen hat.

Hinsichtlich seiner Größe und Körperkraft sowie seiner Hör- und Geruchsfähigkeit ist der Mensch sicherlich vielen Tieren unterlegen. Vögel haben die Fähigkeit zu fliegen, der Mensch nicht. Ein nackter, unbewaffneter Mensch wäre kein ebenbürtiger Gegner für einen Riesenkraken oder Killerhai. Doch Menschen haben nicht nur Mittel entwickelt, sie alle zu beherrschen und einige von ihnen zu zähmen, sie haben sich auch insbesondere in jüngerer Zeit dem Schutz der Arten zugewandt, die sie nicht zähmen konnten.

Noch bedeutsamer ist dies: Löwen und Giraffen, Elefanten und Krokodile wie auch der Rest der Tiere und Vögel verhalten sich heute so, wie sie sich schon immer verhalten haben. Vögel haben die erstaunliche Fähigkeit, Nester zu bauen und (einige von ihnen) weite Strecken zurückzulegen. Fledermäuse sind mit einer Art Radar ausgestattet, mit deren Hilfe sie ihre Beute fangen. Doch Tiere und Vögel zeigen keinerlei Tendenz, diese hochkomplexen Techniken und Fähigkeiten weiterzuentwickeln. Nur die Menschen haben bewusst versucht, ihre Techniken und Fähigkeiten weiterzuentwickeln ebenso wie ihr Verständnis der Welt und des Universums um sie herum.

Noch erstaunlicher ist jedoch, dass die Menschheit im Laufe der Jahrhunderte gelernt hat, einige der mächtigsten Naturgewalten zu beherrschen. Durch die Erfindung des Segels gelang es den Menschen schon früh, sich

---

183 Redford, *Oxford Encyclopaedia of Ancient Egypt* (2001), siehe *Old Kingdom*

von Wind und Wellen über die Meere tragen zu lassen. Später nutzten sie Energie aus fossilen Brennstoffen und sogar aus dem Atom und ließen diese für sich arbeiten. Sie haben mehrphasiges Licht zu Laserstrahlen gebündelt, um damit schwierige Augenoperationen durchzuführen, simultan riesige Mengen an Informationen zu übermitteln oder ihre Musikaufzeichnungen wiederzugeben. Sie haben die Ketten der Schwerkraft abgeworfen, die sie an die Erde banden, haben Tragflächen und Flugzeuge gebaut, sind zum Mond gereist, haben im Weltraum Laboratorien errichtet und die Gravitationskraft der Erde eingesetzt, um ihre Raumsonden in die Erdumlaufbahn zu tragen, um sie dann wieder mit hoher Geschwindigkeit zu fernen Planeten zu schleudern. Von der Erde aus können sie ein Raumfahrtmodul steuern, das Millionen von Kilometern entfernt den Jupiter umkreist. Und mit Sicht-, Röntgen-, Ultraviolett- und Infrarot-Teleskopen können sie sehen, was in Galaxien am Rande des Universums vor sich geht. Sie haben den genetischen Code geknackt und sind nun in der Lage, mithilfe der Gentechnik die Menschheit zu verändern.

Nun ist das Bewusstsein des Menschen, der König der Erde zu sein, nichts Neues. Dieses Bewusstsein ist nicht einfach das Ergebnis des erstaunlichen wissenschaftlichen und technischen Fortschritts der letzten anderthalb Jahrhunderte. Nehmen wir als Beispiel diesen Text, der vor etwa 3000 Jahren geschrieben wurde:

> HERR, unser Herr, wie herrlich ist dein Name auf der ganzen Erde,
> der du deine Hoheit gelegt hast auf den Himmel! ...
> Wenn ich anschaue deinen Himmel, deiner Finger Werk,
> den Mond und die Sterne, die du bereitet hast:
> Was ist der Mensch, dass du sein gedenkst,
> und des Menschen Sohn, dass du dich um ihn kümmerst?
> Denn du hast ihn wenig geringer gemacht als Engel,
> mit Herrlichkeit und Pracht krönst du ihn.
> Du machst ihn zum Herrscher über die Werke deiner Hände;
> alles hast du unter seine Füße gestellt:
> Schafe und Rinder allesamt und auch die Tiere des Feldes,
> Vögel des Himmels und Fische des Meeres,
> was die Pfade der Meere durchzieht.
> HERR, unser Herr, wie herrlich ist dein Name auf der ganzen Erde!
> (Psalm 8,2.4-10)

Dieser Text wurde offensichtlich von einem Theisten geschrieben, sogar von einem Monotheisten: Das Gedicht wird eingerahmt durch die wiederholte Bezugnahme auf die Majestät Gottes, die sich für alle Erdenbewohner in dem von ihm geschaffenen Universum und der Erde widerspiegelt. Der Dichter ist sichtbar mit Ehrfurcht vor der Herrlichkeit Gottes erfüllt, die ihm bewusst macht, wie klein er eigentlich ist: „Was ist der Mensch, dass du sein gedenkst, und des Menschen Sohn, dass du dich um ihn kümmerst?" Doch verspürt er überhaupt keine ängstliche, sklavische Furcht. Ganz im Gegenteil. Gerade dann, wenn man vielleicht meinen sollte, er würde nun ein Gefühl von völliger Bedeutungslosigkeit ausdrücken, das die Erhabenheit des Himmels in ihm auslöst, sagt er genau das Gegenteil: das pure Staunen darüber, dass der Herr und Schöpfer dieses überwältigend großen und prachtvollen Universums ein so winziges Geschöpf wie den Menschen nicht nur wahrnimmt und sich um ihn kümmert, sondern dass er ihn mit Herrlichkeit und Ehre krönt, indem er ihm das majestätische hohe Amt verleiht, der oberste Herr der Erde zu sein:

„Du machst ihn zum Herrscher über die Werke deiner Hände; alles hast du unter seine Füße gestellt."

Dies entspricht der alten hebräischen Überlieferung, dass Gott am Anfang Mann und Frau in seinem Bilde schuf und sie zu seinen Stellvertretern auf der Erde ernannte: „Seid fruchtbar und vermehrt euch, und füllt die Erde, und macht sie euch untertan; und herrscht über die Fische des Meeres und über die Vögel des Himmels und über alle Tiere, die sich auf der Erde regen!" (1Mo 1,28).

Dies war also nach dem Verständnis der Hebräer das Mandat des Menschen für den Umgang mit der Erde. Das hieß nicht, wie manche Generationen es fälschlicherweise interpretiert haben, dass der Mensch eine anmaßende oder tyrannische Haltung gegenüber Gottes Schöpfung einnehmen durfte, noch dass der Mensch völlig frei über die Erde verfügen konnte – als wäre sie sein Eigentum statt einer Kapitalanlage, die er verwalten soll. Der Kontext des Auftrags an den Menschen macht dies sehr deutlich. Im 1. Buch Mose steht, dass Gott einen Garten anlegte und den Menschen hineinsetzte, „ihn zu bebauen und ihn zu

> ✢ *Im 1. Buch Mose steht, dass Gott einen Garten anlegte und den Menschen hineinsetzte. Der Garten, wie auch die ganze Welt, gehörte Gott. Der Mensch war nur Haushalter, Verwalter und Beschützer. Er durfte sich natürlich daran erfreuen, aber er war dafür verantwortlich, sich für seinen Besitzer darum zu kümmern.*

bewahren" (1Mo 2,15). Der Garten gehörte ihm nicht, er hatte keine Eigentumsrechte. Der Garten, wie auch die ganze Welt, gehörte Gott. Der Mensch war nur Haushalter, Verwalter und Beschützer. Er durfte sich natürlich daran erfreuen, aber er war dafür verantwortlich, sich für seinen Besitzer darum zu kümmern. Und als er Gott ungehorsam wurde und die Ordnung des Gartens nicht mehr respektierte, wurde er hinausgeworfen. Dies war also nach dem alten hebräischen Bericht die Rolle und Verantwortung des Menschen.

Doch nun sollten wir etwa 500 Jahre weitergehen und uns weitere Texte anschauen, dieses Mal von Sophokles, dem alten griechischen Dramatiker (ca. 496–406 v. Chr.) Das vielleicht berühmteste seiner Werke – die Tragödie *Antigone* – spricht über dasselbe Thema wie der Text des hebräischen Poeten:

Chor

Ungeheures ist viel,
doch nichts ungeheurer als der Mensch.
Der fährt auch über das graue Meer
im winterlichen Südsturm
und dringt unter Sturzwellen durch.
Und der Götter erhabene Erde,
die unwandelbare, unermüdliche,
reibt er auf mit wendendem Pflug Jahr um Jahr,
wühlt sie auf mit dem Rossegeschlecht.

Die Schar leichtsinniger Vögel
fängt er mit Garn,
die Tiere der Wildnis
und die Salzbrut des Meeres
in den Maschen von Netzen:
der kundige Mensch. Er bezwing mit List
das frei schweifende Wild in den Bergen,
dem raumähnigen Pferd
wirft er um den Nacken das Joch
und dem unbezwingbaren Bergstier.

Sprache und windschnellen Gedanken
und das Verlangen, Städte zu lenken,

brachte er sich bei und die Pfeile beißenden Frosts
unter klarem Himmel und peitschendem Regen
zu fliehen, allbewandert. Unbewandert
geht er an kein Künftiges.
Dem Tod allein weiß er nicht zu entrinnen.
Für unheilbare Krankheiten jedoch
hat er sich ein Heilmittel ersonnen.

In der Kunst der Erfindungen
unverhofft gewandt
neigt er bald zum Bösen, bald zum Guten.
Achtet er die Gesetze des Landes
und das Recht der Götter, bei dem man schwört,
ist er hoch angesehen in der Stadt;
von der Stadt ausgeschlossen ist,
wer am Unrecht haftet, denn er ist dreist.
Nie sei Gast in meinem Haus,
nicht mein Gleichgesinnter, wer solches tut.[184]

Sophokles war ein Zeitgenosse des großen und berühmten Staatsmannes Perikles, der den Bau des Parthenon in Athen beauftragte. Er wurde Zeuge vom Aufstieg Athens und erlebte den Höhepunkt des Reiches und die Zeit des größten kulturellen Glanzes. Daher ist es verständlich, dass es auch ihn in dieser Zeit dazu führte, die Fähigkeiten und die Raffinesse zu feiern, durch die es dem Menschen gelungen war, die Natur zu beherrschen und sich auf solch schillernde Höhen des Ruhmes hinaufzuschwingen. Der Mensch hat, so der Dramatiker, die Technik des Segelns entdeckt, um über das Meer zu fahren. Er hat den Pflug entwickelt, um sich die Erde untertan zu machen, damit diese seine Nahrung hervorbringt. Er hat das Pferd gezähmt und lässt es für sich arbeiten. Er hat entdeckt, wie er Fisch und Federvieh fangen kann, wie er wilde Tiere überwältigt und wie er sich vor Sturm und schlechtem Wetter schützen kann. Er hat seine Sprachfähigkeiten entwickelt und die bürgerlichen und politischen Künste erlernt. Er hat gelernt, Epidemien zu überleben, und hat sich alles unterworfen, ausgenommen den Tod.

Sophokles war natürlich im Gegensatz zu dem hebräischen Autor Polytheist, daher sein Bezug auf die „der Götter erhabene Erde" und „das Recht der

---

184 *Antigone*, II, 20–21

Götter". Doch was uns ins Auge sticht, ist das Gefühl von Unruhe, Ambivalenz und Zweifel, das er am Ende seines Gedichtes zum Ausdruck bringt:

In der Kunst der Erfindungen
unverhofft gewandt
neigt er bald zum Bösen, bald zum Guten.
Achtet er die Gesetze des Landes
und das Recht der Götter, bei dem man schwört,
ist er hoch angesehen in der Stadt;
von der Stadt ausgeschlossen ist,
wer am Unrecht haftet, denn er ist dreist.

Natürlich passte es zu seiner Absicht als Dramatiker, dieses Gefühl von Unruhe an dieser Stelle in seine Tragödie einfließen zu lassen. Doch damit lenkt er unsere Aufmerksamkeit auf ein Thema, das für uns eher unbequem ist: Die Intelligenz und Genialität, mit der der Mensch die Natur erobert hat, können gefährlich sein. Sie können zur Quelle großen Elends werden, statt ein Heilmittel für die Nöte der Menschheit zu sein und ein Schlüssel zum sozialen und wirtschaftlichen Wohlstand, wenn sie nicht mit einer tiefen und loyalen Ehrfurcht gegenüber göttlichen und menschlichen Werten einhergehen.

Doch nun müssen wir zunächst über andere Dinge nachdenken.

WAS IST EIN MENSCH?

Die Frage nach dem menschlichen Körper, Gehirn, Geist und Selbst

Die scheinbar kontinuierlich zunehmende Macht des Menschen über die Natur wirft unvermeidlich zwei grundlegende Fragen auf:

1. Was genau ist das Verhältnis des Menschen zur Natur?
2. Was genau ist ein Mensch?

Beide Fragen hängen zusammen.

Lassen Sie uns zunächst die Frage nach dem Verhältnis des Menschen zur Natur betrachten. Ist der Mensch letztlich nur ein Teil der Natur? Oder ist der Mensch in irgendeiner Weise oder irgendeinem Grad von der Natur unabhängig? Lassen Sie uns die Bedeutung dieser Fragen veranschaulichen.

Ein Vulkan hat eine gigantische Kraft und ist in der Lage, die Landschaft um ihn herum kilometerweit zu verwüsten. Doch niemand würde über den Vulkan sagen, er besitze Macht über die Natur. Wir verstehen seine Mechanismen; sie sind alle Teil der Natur. Es würde keinen Sinn ergeben, davon zu sprechen, dass Natur Macht über Natur hat.

Doch nun denken Sie einmal an eine Atombombe. Auch sie kann das Land kilometerweit verwüsten. Ihre Mechanismen verstehen wir ebenfalls: Viele von ihnen sind Teil der Natur. Doch ist das Thema damit ausreichend beschrieben? Es waren Menschen, die die natürlichen Komponenten der Bombe zusammenfügten, so dass sie bei dem entsprechenden Signal explodieren würde. Und es waren Menschen, die den Knopf drückten, welcher die Detonation der Bombe auslöste. Aber wie sollen wir dann diese Menschen betrachten? Ihr Körper besteht aus Atomen, wie die Bombe, ebenso ihr Gehirn. Zugegeben, ihr Körper und ihr Gehirn beinhalten weit raffiniertere Mechanismen als der Vulkan oder die Bombe. Doch wäre es angemessen, über diese Menschen zu sagen, sie hätten *Macht* über die Natur, wenn sie letztendlich selbst auch nur Natur sind und nichts darüber hinaus? Eine besondere Form von Natur, etwas mehr entwickelt als der Vulkan, doch immer noch Natur und nichts mehr? Oder waren diese Menschen zumindest in mancher Hinsicht mehr als Natur? Waren sie irgendwie unabhängig von der Natur? Und entspräche nicht erst dann die Aussage, sie hätten Macht über die Natur, einer konkreten Wirklichkeit?

Wenn man solche Fragen aufwirft, stellt sich automatisch eine weitere: Was genau *ist* ein Mensch? Nur Körper und Gehirn, hoch entwickelte Formen von Materie und elektrochemischen Prozessen, doch nicht mehr als das – im Prinzip nur Natur wie der Vulkan? Oder besitzen Menschen zusätzlich zu ihrem Gehirn einen Geist, der, obgleich er eng mit dem Gehirn verbunden ist, sich von diesem unterscheidet: Er ist nicht materiell wie das Gehirn, sondern immateriell, etwas Geistiges, und in diesem Sinne kein Teil von dem, was wir normalerweise als Natur bezeichnen? Wenn dem so wäre, ergibt es natürlich Sinn, davon zu sprechen, dass der Mensch zumindest bis zu einem gewissen Grad Macht über die Natur hat.

> ✠ *Ist der Mensch letztlich nur ein Teil der Natur? Oder ist der Mensch in irgendeiner Weise oder irgendeinem Grad von der Natur unabhängig?*

Die Monismus-Dualismus-Debatte

Unsere Fragen haben uns nun zu einem Thema geführt, das schon seit vielen Jahren diskutiert wird. Doch größere Fortschritte in Wissenschaft und

Technik in jüngerer Zeit haben der Debatte neues Leben und Schwung verliehen. Dazu gehören die Erkenntnisse über den Einfluss der Gene auf Körper und Gehirn. Ein weiterer Fortschritt ist die Entwicklung von ausgefeilten Geräten, mit denen man das Gehirn sehr genau untersuchen und Aktivitäten in verschiedenen Teilen des Gehirns messen kann, je nachdem, was die untersuchte Person in diesem Moment gerade denkt oder tut. Durch den Fortschritt durch immer leistungsfähigere Computer und Roboter ist auch ein dritter, neuer Ansatz zu diesem Thema aufgekommen. So ist die interessante Frage entstanden, ob man in Zukunft künstliche Intelligenz so weit entwickeln kann, dass Roboter mit eigenem Bewusstsein konstruiert werden können, die kaum von einem Menschen zu unterscheiden sind.

Die Debatte wird noch ein paar Jahre weitergehen, denn das menschliche Nervensystem ist die vielleicht komplizierteste Sache im ganzen Universum: Es besteht aus 100 Milliarden Nervenzellen, von denen jede durchschnittlich 3000 Verbindungen hat, womit jeder Mensch etwa 100 Billionen synaptische Vernetzungen hat.

> ✚ *Das menschliche Nervensystem ist die vielleicht komplizierteste Sache im ganzen Universum: Es besteht aus 100 Milliarden Nervenzellen, von denen jede durchschnittlich 3000 Verbindungen hat, womit jeder Mensch etwa 100 Billionen synaptische Vernetzungen hat.*

In dieser Debatte gibt es zwei Hauptpositionen, wobei auf jeder Seite wiederum eine Vielzahl von unterschiedlichen Positionen existieren. Auf der einen Seite stehen die sogenannten Materialisten oder Physikalisten oder Monisten. Sie glauben, dass es nur *eine* Einheit gibt, das Gehirn (und nicht zwei, Gehirn und Geist). „Gehirn" und „Geist" sind für sie zwei unterschiedliche Worte für ein und dieselbe Sache bzw. zwei unterschiedliche Betrachtungsweisen derselben Sache. Doch sie beharren darauf, dass es keine zwei Einheiten gibt, nur eine. Daher wird diese Sicht Monismus genannt.

Diese Sichtweise wird auch als Materialismus oder Physikalismus bezeichnet, was auf die Überzeugung hinweist, dass das menschliche Gehirn und der Mensch selbst nur aus physikalischer Materie bestehen. So etwas wie „Seele" oder „Geist" gebe es nicht; das Bewusstsein sei nur ein bestimmter Zustand der Atome und Nervenzellen im Gehirn.

Diese Sicht ist reduktionistisch (siehe Seite 72), denn sie reduziert alle menschlichen Erfahrungen allein auf den Ablauf elektrochemischer Prozesse im Gehirn, sodass rationelles Denken nichts anderes ist als die Entladung der Nervenzellen des Gehirns. Damit entspricht dann „Ich liebe dich" mehr oder weniger „Deine Gegenwart löst intensive Aktivität in den Neuronen dieses Gehirns aus".

Auf der anderen Seite der Debatte stehen die Dualisten, die so genannt werden, weil ein Mensch für sie nicht nur aus einem einzigen „Teil", sondern aus zwei Einheiten besteht. Zusätzlich zum materiellen Teil von Körper und Gehirn gibt es ein immaterielles Element, das entweder als Seele, Geist oder Selbst bezeichnet wird. Die Gegner dieser Sicht spotten darüber und sprechen abfällig vom Glauben an das „Gespenst in der Maschine". Sie lehnen dies als offensichtlich unmöglich ab: erstens weil sie glauben, die Wissenschaft wisse nichts über solche immateriellen Einheiten, weshalb sie nicht existieren könnten, und zweitens weil sie der Überzeugung sind, dass immaterielle Einheiten – selbst wenn sie existierten – keinen Einfluss auf materielle Gehirne haben oder nicht mit ihnen interagieren könnten.[185]

Es ist nicht nötig zu betonen, wie grundlegend diese Fragen für unser Verständnis davon sind, was jeder Einzelne von uns ist – als Mensch und Person. Doch wie sollen wir hier zu einer Entscheidung gelangen?

Intuition als Beweis

Als Erstes ist festzustellen, dass unsere eigene direkte Erfahrung für diese über allen anderen stehende Frage von höchster Wichtigkeit ist. Schließlich ist es genau das, was Wissenschaftler, Neurologen und Philosophen zu verstehen versuchen: Was genau passiert, wenn man sagt: *„Ich* lese gerne dieses Buch"; oder: *„Ich* versuche, dieses Problem zu lösen"; oder: *„Ich* beabsichtige, morgen meine Tante zu besuchen"; oder: *„Ich* kann frei entscheiden, oder nicht?"?

Der Wissenschaftler könnte von Ihnen ein Enzephalogramm, ein Hirnstrombild, erstellen oder Ihr Gehirn scannen oder irgendeine Sonde in Ihr Gehirn einführen und so anhand einer messbaren Aktivität in dem jeweiligen Teil Ihres Gehirns sehen, dass Sie gerade über etwas nachdenken, Ihnen etwas Freude oder Schmerz bereitet oder Sie etwas schmecken. Doch er könnte nie genau wissen, was Sie gerade denken oder was genau Sie schmecken, was Ihnen Freude oder Schmerz bereitet, bis Sie es ihm sagen.

Oder nehmen wir die Erinnerung. Ein Neurochirurg, der an einem Gehirn operiert, könnte das visuelle Gedächtnis des Patienten aktivieren, damit dieser sich an eine Situation aus der Vergangenheit erinnert. Doch nur

---

185 Manche Wissenschaftler leugnen zwar die dualistische Position, lehnen aber ebenso entschieden den materialistischen Reduktionismus des strengen Monismus ab. Sie ziehen es vor, ihre Sichtweise als umfassenden Realismus zu bezeichnen.

allein anhand der Gehirnaktivität könnte er nicht sagen, an welche Szene genau sich der Patient erinnert.

Oder eine Wissenschaftlerin könnte einem Patienten ein Bild mit dem Gesicht einer Frau zeigen, nachdem sie zuvor eine Operation am Schädel des Patienten durchgeführt hat, um die Sehrinde freizulegen. Die Wissenschaftlerin könnte dann die elektrochemische Aktivität in diesem Teil des Gehirns beobachten, wenn die Signale von den Sehnerven dort ankommen. Doch die Wissenschaftlerin könnte selbst keine Miniaturversion des Bildes mit dem Frauengesicht sehen, der auf diesen Teil des Gehirns projiziert wird. Daher könnte sie nicht sagen, was genau der Patient sieht, wenn er ihr nicht sagt: „Ich sehe ein Bild mit einem Frauengesicht"; oder, wenn dieser Teil seines Gehirns geschädigt ist: „Ich sehe etwas, das wie ein Affe aussieht."

> ☥ Ein Neurochirurg, der an einem Gehirn operiert, könnte das visuelle Gedächtnis des Patienten aktivieren, damit dieser sich an eine Situation aus der Vergangenheit erinnert. Doch nur allein anhand der Gehirnaktivität könnte er nicht sagen, an welche Szene genau sich der Patient erinnert.

Wir alle nehmen ständig Eindrücke wahr, treffen Entscheidungen, denken, lösen Probleme mit Logik, stellen uns Dinge vor unserem inneren Auge vor, ziehen gedankliche Vergleiche, nehmen Zusammenhänge wahr und schätzen die Absichten und Motive andere Leute ein (richtig oder falsch). Bei all diesen Erfahrungen ist sich jeder von uns bewusst, dass wir selbst es sind, die nachdenken, ein Problem lösen, Entscheidungen treffen, abstrakte Ideen entwickeln und sich frei dazu entscheiden, etwas zu tun, auch wenn wir etwas anderes tun könnten.

Und wenn wir danach gefragt würden, würde jeder von uns sagen: „Ich bin mir meiner selbst bewusst." Wenn wir an eine Tür klopfen, und jemand dahinter sagt: „Wer ist da?", antworten wir: „Ich bin's." Wir erkennen, dass unser Körper ein Teil von uns ist (es sei denn, der Teil unseres Gehirns ist geschädigt, der unsere Körperteile als uns zugehörig erkennt). Auch ein Kind, das ohne Beine oder Arme oder Augen geboren wurde, ist sich immer noch seiner selbst bewusst. Und ein Erwachsener, der eine Amputation hinter sich hat, wird sagen: „Mein Bein (oder Arm) wurde amputiert", aber nicht: „Mein Ich wurde amputiert", oder: „Mein Selbst wurde amputiert."

Wir müssen also zunächst einmal die Intuition als Beweis ernst nehmen. Professor J. Searle ist ein monistischer Materialist, trotzdem sagt er:

Denn wenn es mir so scheint, als hätte ich Bewusstsein, dann *habe* ich Bewusstsein. Alles mögliche Aufregende könnten wir über uns und unser Verhalten herausfinden – aber nicht, dass wir keinen Geist haben oder dass darin keine bewussten, subjektiven, intentionalen Geisteszustände sind; und genauso wenig könnten wir herausfinden, dass wir nicht einmal versuchen, willentliche, freie, intentionale Handlungen zu vollziehen.[186]

Warum und wie er (und andere Wissenschaftler, die derselben Überzeugung sind wie er) monistischer Materialist bleiben kann, nachdem er eine so offensichtlich dualistische Sicht ausgedrückt hat, mag dahingestellt sein. Doch worin Searles Aussage uns bestärkt, ist Folgendes: Wir müssen das intuitive Bewusstsein unserer Gedanken und unseres Selbst ernst nehmen. Dies ist von grundlegender Bedeutung.

Sollen die Reduktionisten sagen, was sie wollen: Der menschliche Geist wird niemals ihre reduktionistische Erklärung des sich selbstbewussten Selbst des Menschen akzeptieren oder glauben. Man fragt sich, ob die Reduktionisten eigentlich selbst daran glauben. Denn wenn sie reden, hört sich das nicht immer so an.

David Hume (1711–76) war der Erste in einer Reihe von Philosophen, die die Existenz ihres eigenen Selbst angezweifelt haben. Roy Weatherford, emeritierter Professor an der Universität von Südflorida, spricht beispielsweise von einem „Bewusstsein eines metaphysischen Selbst, das unter Philosophen allgemein akzeptiert war, bis Hume sagte: ‚Ich kann es nicht finden' – und damit recht zu haben schien."[187]

Hume, ein gründlicher Empiriker, war der Meinung, dass wir nichts kennen können außer unsere Sinneseindrücke und die daraus abgeleiteten „Vorstellungen" oder „Ideen". Und da wir laut Hume keine Vorstellung des Selbst haben können – so argumentierte er –, könne es so etwas wie das Selbst *nicht geben*. Und so spricht er in seinem *Traktat über die menschliche Natur* (veröffentlicht 1739–1740) im Abschnitt „Von der persönlichen Identität" über „einige Philosophen, die sich einbilden, wir seien uns dessen, was wir unser *Ich* nennen, jeden Augenblick aufs Unmittelbarste bewusst", und kommentiert wie folgt: „Unglücklicherweise stehen alle diese so bestimmt auftretenden Behauptungen im Widerspruch mit eben der Erfahrung, die zu ihren Gunsten angeführt wird. Wir haben gar keine Vorstellung eines *Ich.* ... Oder aus

---

186 *Geist, Hirn und Wissenschaft*, 98–99
187 *Freedom and Determinism*, 293

was für einem Eindruck könnte diese Vorstellung stammen? Es ist unmöglich, diese Frage zu beantworten, ohne dass man in offenbare Widersprüche und Ungereimtheiten gerät."[188]

> ✚ „Es ist kein Zweifel, dass die Vorstellung, oder richtiger, der Eindruck unseres eignen Selbst, uns beständig aufs Unmittelbarste gegenwärtig ist und dass das Bild, das uns unser Bewusstsein von unserer eigenen Person gibt, so lebhaft ist, dass man unmöglich glauben kann, irgendetwas anderes überträfe dasselbe in dieser Hinsicht." David Hume, Ein Traktat über die menschliche Natur

Jedoch sagt er an anderer Stelle in seinem Traktat (vielleicht unbeabsichtigt) genau das Gegenteil: „Es ist kein Zweifel, dass die Vorstellung, oder richtiger, der Eindruck unseres eignen Selbst, uns beständig aufs Unmittelbarste gegenwärtig ist und dass das Bild, das uns unser Bewusstsein von unserer eigenen Person gibt, so lebhaft ist, dass man unmöglich glauben kann, irgendetwas anderes überträfe dasselbe in dieser Hinsicht."[189]

Es ergibt sich schon aus der Natur unseres Selbst, sowohl als Thema an sich als auch aus Selbsterfahrung, dass es unmöglich ist, hinsichtlich des Selbst ein konsequenter Reduktionist zu bleiben.

Bis hierhin haben wir nun auf die Stimme der Intuition gehört. Lassen Sie uns nun auf das hören, was Wissenschaftler dazu sagen.

Die Stimme der Wissenschaft

Wie wir bereits gesagt haben, sind die Wissenschaftler bei diesem Thema gespalten; wir können hier bei dem begrenzten Platz nur die beiden Hauptrichtungen der Debatte aufzeigen und ein paar repräsentative Beispiele für jede Seite nennen.

• *Einige monistische Erklärungen*

Manche Theorien auf dieser Seite werden mit ziemlich groben Worten beschrieben. Nehmen wir beispielsweise diese Aussage des Nobelpreisträgers Francis Crick:

---

188 *Ein Traktat über die menschliche Natur*, Buch 1, 325–326 (Kursivsetzung im Original)
189 *Ein Traktat über die menschliche Natur*, Buch 2/3, 49

„Sie", Ihre Freuden und Leiden, Ihre Erinnerungen, Ihre Ziele, Ihr Sinn für Ihre eigene Identität und Willensfreiheit – bei alledem handelt es sich in Wirklichkeit nur um das Verhalten einer riesigen Ansammlung von Nervenzellen und dazugehörigen Molekülen.[190]

Beachten Sie den Ausdruck „nur". Dieser ist ein Indiz für Reduktionismus. Nehmen wir beispielsweise einen Ehering. Was das Material betrifft, aus dem er besteht, ist er nicht mehr als ein Stück Gold. Wenn man will, könnte man die Beschreibung noch weiter reduzieren und sagen, der Ring sei nicht mehr als ein Stück Metall. Das würde eine vollkommen richtige, jedoch ziemlich unangemessene Beschreibung sein. Denn auch ein Ring aus Kupfer oder Eisen könnte als „nicht mehr als" ein Stück Metall beschrieben werden. Doch Gold ist nicht „nicht mehr als" Kupfer. Gold besitzt einen Wert, den Kupfer nicht hat: Ein Goldring würde den Bräutigam sicherlich mehr gekostet haben als ein Ring aus Kupfer.

Doch die Bedeutung des Ringes geht weit über die Frage hinaus, aus welchem Metall er besteht. Für die Braut wird der Ring nicht nur deswegen kostbar sein, weil er aus Gold statt aus Kupfer gefertigt wurde, sondern weil es ein *Ehering* ist. Als solcher ist er ein lebenslanges Zeichen und das Unterpfand von Liebe und Treue zwischen zwei Personen. Der Metallring ist etwas Greifbares, und Wissenschaftler könnten ihn messen und auf die Moleküle, Atome, Atomkerne und Quarks reduzieren, aus denen er sich zusammensetzt. Doch die Wissenschaft könnte nicht seine Bedeutung messen und das, was er für die Braut und den Bräutigam symbolisiert. Und doch wäre diese Bedeutung das Wichtigste an dem Ring, sodass er seinen Hauptwert verlieren würde, wenn eines Tages der Mann seiner Frau untreu würde und die Frau daraufhin den Ring wie Hohn empfinden würde.

Nun bestreitet niemand, dass sich unsere Freude und unsere Sorgen auch auf physischer Ebene in unserem Gehirn niederschlagen können. Doch was Cricks extreme Form von Reduktionismus sagt, ist – um mit unserer Analogie fortzufahren –, dass der Goldring nicht mehr als eine große Ansammlung von Atomen und Molekülen ist und die Freude der Frau, wenn sie ihn zum ersten Mal ansteckt, nicht mehr ist als das Verhalten einer großen Ansammlung von Atomen und Molekülen und den entsprechenden Nervenzellen in ihrem Gehirn. Auch was die Frau selbst ist, was ihre Identität ist – all das ist nur eine große Ansammlung von Nervenzellen und den entsprechenden Molekülen. Mit anderen Worten: Was der Bräutigam für

---

190 *Was die Seele wirklich ist*, 17

ein menschliches Selbst mit einem selbstbewussten Verstand gehalten hat, das die Bedeutung des Ringes wertschätzen kann, war in Wirklichkeit nicht mehr als eine Bündel physischer Nervenzellen.

Nun akzeptieren natürlich nicht alle Monisten einen solch extremen Reduktionismus, und es wäre unfair, diesen allen zuzuschreiben, doch bei manchen ist dies der Fall, wie wir jetzt sehen werden.

- *Behaviorismus*

Der Behaviorismus hat seinen Namen von der Vorstellung, dass man zum Verständnis psychischer Prozesse das tatsächliche Verhalten studieren muss, da psychische Prozesse nicht völlig wahrnehmbar sind oder vom tatsächlichen oder möglichen Verhalten nicht völlig unterscheidbar sind. Prominente Vertreter des Behaviorismus sind zum Beispiel Iwan Petrowitsch Pawlow (1849–1936), der von 1895 bis 1925 den Vorsitz des Bereichs Physiologie am Kaiserlichen Institut für Experimentelle Medizin in St. Petersburg innehielt (1888 entdeckte er die sekretorischen Nerven des Pankreas und erhielt 1904 den Nobelpreis), und B. F. Skinner, der „Humanist des Jahres" 1972 war.

Skinners Ansichten sind extrem:

Die wissenschaftliche Analyse des Verhaltens entsetzt den autonomen Menschen seiner Rechte und schreibt die Kontrolle, die er angeblich ausgeübt hat, der Umwelt zu. Der Einzelne ... wird dieser Analyse zufolge von seiner Umwelt und zum großen Teil von anderen Menschen kontrolliert.[191]

Die Hypothese, die besagt, dass der Mensch nicht frei sei, ist insbesondere wesentlich für die Anwendung wissenschaftlicher Methoden zum Studium menschlichen Verhaltens.[192]

Gemäß Skinners Sicht folgt das menschliche Verhalten bestimmten physikalischen Gesetzen und ist determiniert:

---

191 *Jenseits von Freiheit und Würde*, 210
192 *Wissenschaft und menschliches Verhalten*, 408

Wir müssen vorbereitet sein auf die Entdeckung, dass das, was der Mensch tut, ein Ergebnis spezifizierbarer Bedingungen ist, und dass wir, wenn wir diese Bedingungen einmal formuliert haben, seine Handlungen vorhersagen und bis zu einem gewissen Grad determinieren können.[193]

Wenn das Gehirn nichts als Materie ist und nach strengen unveränderlichen Gesetzen funktioniert und wenn Verstand und Gehirn nur zwei Begriffe für exakt dieselbe Sache sind, dann ist der Mensch nicht frei, seine Gedanken sind determiniert und seine Handlungen berechenbar.

Aber wenn dies so ist, ist das das Ende aller Moral. Der Mensch ist nur eine Maschine. Und in diesem Fall könnte man einen Mann nicht mehr für die Ermordung seiner Ehefrau beschuldigen oder bestrafen. Man bestraft ja auch nicht ein Auto dafür, dass es in Flammen aufgeht und die darin sitzende Ehefrau so ihr Leben verliert.

Pawlows Forschungen wurden hauptsächlich an Tieren durchgeführt und zeigten die Möglichkeit auf, sogenannte konditionierte Reflexe zu erzeugen: Hunde wurden „konditioniert", indem sie immer dann etwas zu essen bekamen, wenn gleichzeitig eine Glocke geläutet wurde. Später konnte allein durch das Läuten der Glocke Speichelfluss ausgelöst werden. Diese konditionierten Reflexe, so Pawlow, waren determiniert und daher unvermeidbar und seien daher, wie die vegetativen Reflexe, die man von Geburt an besitzt, völlig dem Gebiet der Physiologie zuzuordnen. [194]

Das hört sich so an, als könnten zumindest die Aktivitäten von Tieren völlig durch Behaviorismus erklärt werden. Zudem bemerkt er an anderer Stelle: „Ich denke, man wird mich nicht für unbesonnen halten, wenn ich der Überzeugung Ausdruck verleihe, dass uns Experimente hinsichtlich der höheren Nervenaktivität von Tieren nicht wenige richtungsweisende Informationen für die Erziehung und Selbst-Erziehung des Menschen liefern."[195]

> ✚ *Wenn das Gehirn nichts als Materie ist und nach strengen unveränderlichen Gesetzen funktioniert und wenn Verstand und Gehirn nur zwei Begriffe für exakt dieselbe Sache sind, dann ist der Mensch nicht frei, seine Gedanken sind determiniert und seine Handlungen berechenbar.*

---

193 *Wissenschaft und menschliches Verhalten*, 16
194 Siehe Pawlows Vorträge über konditionierte Reflexe in: *Lectures on Conditioned Reflexes*, 391
195 *Lectures on Conditioned Reflexes*, 391

Man könnte daher vermuten, dass er hinsichtlich des menschlichen Verhaltens denselben rigiden Behaviorismus verfocht wie Skinner.

Doch dem ist nicht so, denn Pawlow war auch der Ansicht, dass der Mensch die Kunst der Sprache als sekundäres Signalsystem entwickelt habe, und marxistische Psychologen betonen, dass diese Entwicklung der Sprache den Menschen dazu befreit, sowohl von der Gesellschaft geformt zu werden als auch dazu, sie selbst zu gestalten. Behaviorismus ist daher kein Widerspruch zum freien Willen, und Skinners rigider Determinismus wird damit widerlegt.

Joseph Nahem sagt:

> Eine ... vernichtende Widerlegung Skinners ist Pawlows grundlegender Beitrag zur Psychologie durch seine Analyse von Rede und Sprache als sekundäres Signalsystem.[196]

Was jedoch nicht ganz klar ist: Wie passt die Freiheit des menschlichen Verstandes zur Sicht Lenins, dass der Verstand vollständig abhängig ist von der physikalischen Materie des Gehirns? Er schreibt:

> Die materialistische Beseitigung des „Dualismus von Geist und Körper" ... besteht darin, dass der Geist nicht unabhängig vom Körper existiert, dass der Geist das Sekundäre, eine Funktion des Gehirns, die Widerspiegelung der Außenwelt ist.[197]

> Die Materie ist das Primäre. Die Empfindung, der Gedanke, das Bewusstsein ist das höchste Produkt der in besonderer Weise organisierten Materie. Dies ist die Auffassung des Materialismus überhaupt und die Auffassung von Marx und Engels im Besonderen.[198]

Eine Form von absolut radikalem Behaviorismus wird zweifellos von dem berühmten Philosophen Professor Willard Van Orman Quine (1908–2000) vorgeschlagen, der an der Universität von Harvard lehrte. Mit ihm vertreten auch eine Reihe anderer Wissenschaftler die Ansicht, dass Bewusstseinsprozesse und psychische Prozesse nicht existieren: Ihre Existenz könne ausgeschlossen werden.

---

196 *Psychology and Psychiatry Today: A Marxist View*, 9
197 Lenin, *Materialismus und Empiriokritizismus*, 95
198 Lenin, *Materialismus und Empiriokritizismus*, 52

Um zu veranschaulichen, was dieser radikale Behaviorismus in der Praxis bedeutet, benutzt Sir Karl R. Popper, ein renommierter Professor der Geschichte und Wissenschaftsphilosophie, das Beispiel von Zahnschmerzen. Wir werden sein Beispiel hier ein wenig ausführen.

In seinem Gedankenspiel bekommen Sie schlimme Zahnschmerzen. Dies ist ein physikochemischer Prozess in der materiellen Welt, der automatisch Empfindungen in Ihrem Gehirn auslöst, die Ihnen sagen, dass mit einem Zahn etwas nicht stimmt.

Die Empfindung von Schmerz bringt Sie dann dazu, sich den Zahn anzusehen, und Sie entdecken, dass ein Teil davon abgebrochen ist und der Rest in einem schlechten Zustand ist. Nun sind Sie sich nicht nur bewusst, dass Ihr Zahn schmerzt, sondern Sie verstehen auch den Grund für die Schmerzen. So hat der Schmerz auf physische Ebene zu einem Verständnis auf mentaler, kognitiver Ebene geführt.

Als Nächstes ruft Ihnen das mentale Verständnis, dass mit Ihrem Zahn etwas nicht stimmt, die Tatsache in Erinnerung, dass es ein Berufsfeld wie Zahnmedizin gibt, und die Zahnmedizin ist kein einfaches, automatisches Produkt der physikochemischen Innenwelt (so wie der Zahnschmerz). Sie wurde komplett in einer anderen Welt geschaffen – der Welt von menschlichem Intellekt, von Wissenschaft, Kunst, Erfindungen, Institutionen usw.

Ihr eigenes mentales Wissen von dieser Welt führt Sie dann zu der Entscheidung, einen Zahnarzt zu besuchen. Beachten Sie, was als Nächstes geschieht. Ihre mentale Entscheidung hat einen kausalen Effekt auf Ihr materielles Gehirn und Ihren materiellen Körper, denn Sie stehen auf, suchen die Nummer im Telefonbuch heraus, vereinbaren einen Termin, besuchen den Zahnarzt und lassen sich den Zahn ziehen.

Laut Popper ist dies eine Erfahrung, bei der Sie mit drei eng miteinander verbundenen, jedoch qualitativ unterschiedlichen Welten in Kontakt kommen: erstens mit der Welt der physikochemischen materiellen Dinge (Ihr erkrankter Zahn, der Behandlungsstuhl, Betäubung und zahnmedizinische Instrumente); zweitens mit der empirischen Welt des Wissens und Verstehens der Schmerzursache und des rationalen Überlegens und Entscheidens, was dagegen unternommen werden kann; das geht über die Welt Ihres Schmerzempfindens hinaus; und drittens mit der theoretischen Welt der Wissenschaft, der Theorien und Erfindungen, der medizinischen und zahnmedizinischen Nachschlagewerke usw.

Popper zeigt auf, dass der radikale Materialist sowohl Sie selbst als auch Ihre Erfahrung dieser drei qualitativ unterschiedlichen Welten auf nur *eine* vereinfachende Ebene reduziert: Physikalische Prozesse in einem Zahn führen zu physikalischen Prozessen in einem Nervensystem.[199]

Es kann einem nur seltsam erscheinen, wenn Philosophen und Wissenschaftler ihre großen intellektuellen Fähigkeiten benutzen, um zu argumentieren, dass die komplexen, mit logischem, intellektuellem Denken in Zusammenhang stehenden Prozesse sich im Wesentlichen (oder im Prinzip) nicht von denen unterscheiden, die in einem kranken Zahn ablaufen!

Doch nun lassen Sie uns einen Blick auf eine weitere monistische Erklärung werfen.

• *Epiphänomenalismus*

Diese Sicht besagt, dass mentale oder psychische Phänomene Nebenprodukte des Gehirns sind und keine Auswirkungen auf Handlungen haben. Thomas Hurley war Epiphänomenalist, und er drückt diese Sicht sehr gut aus:

Das Bewusstsein ... hat den Anschein, als sei es mit dem Mechanismus des ... Körpers nur als eine Art ... (Neben-)Produkt seiner Arbeitsweise verbunden und als habe es überhaupt keine Möglichkeit, diese Funktionsweise selbst zu beeinflussen, so wie die (der Ton einer) Dampfpfeife, die die Arbeitsweise einer Lokomotive untermalt ..., ohne Einfluss auf ihr Räderwerk ist.[200]

Zu dieser Sicht gibt Popper nach einer langen und detaillierten Auseinandersetzung einen abschließenden, kurzen, pointierten Kommentar ab:

Eine wichtige, wenn auch gesonderte Kritik ist diese: Auf Argumente und unser Abwägen von Gründen angewandt ist die epiphänomenalistische Auffassung selbstmörderisch. Denn der Epiphänomenalist muss argumentieren, dass Argumente und Gründe nicht wirklich zählen. Sie können nicht wirklich unsere Handlungsdispositionen beeinflussen – zum Beispiel solche zu sprechen und zu schreiben – noch die Handlungen selbst. Diese sind alle auf mechanische, physikochemische, akustische, optische und elektrische Wirkungen zurückzuführen.

---

199 Karl R. Popper, in Popper und Eccles, *Das Ich und sein Gehirn*, 61–63
200 *Method and Results*, Band 1, 240

So führt also das epiphänomenalistische Argument zur Einsicht in seine eigene Belanglosigkeit. Das widerlegt noch nicht den Epiphänomenalismus. Es bedeutet lediglich, dass wir – wenn der Epiphänomenalismus wahr ist – nichts, was zur Begründung oder als Argument zu seiner Unterstützung vorgebracht wird, ernst nehmen können.[201]

In einem später erschienenen Buch[202] versucht Professor David J. Chalmers, das Bewusstsein ernst zu nehmen und die Vorstellung zu widerlegen, die für viele Wissenschaftler ein unbestreitbares Dogma ist: dass das Bewusstsein vollständig erklärt werden kann, indem man es auf die Funktionen und Auswirkungen der physikalischen, elektrochemischen Systeme des Nervensystems reduziert. Er argumentiert mit Nachdruck, dass Bewusstsein – genauso wie Masse, Geschwindigkeit und Energie – von jedem angemessenen wissenschaftlichen System als grundlegendes, irreduzibles Merkmal des Universums angesehen werden muss, das man nicht durch etwas anderes erklären kann.

Gleichzeitig hofft er, dass die Wissenschaft die „psychophysikalischen" Gesetze entdecken wird, die dieses grundlegende Merkmal des Bewusstseins mit dem Rest des Systems verbinden.

An dieser Stelle trifft er jedoch auf Schwierigkeiten, denn der hält an der Sicht fest, dass die Wissenschaft den Glauben an die absolute kausale Bestimmtheit der physischen Welt voraussetzt. Die Wissenschaft, glaubt er, habe bewiesen, dass die physische Welt kausal geschlossen ist. Diese Vorannahme zwingt ihn daher zu der Behauptung, dass unser Bewusstsein kausal von unserem physischen Gehirn beeinflusst wird, doch selbst keinerlei kausalen Einfluss auf unser Gehirn oder unser Verhalten ausüben kann.

Das ist Epiphänomenalismus, und dieser wendet sich gänzlich gegen unsere intuitive Wahrnehmung, dass unser Bewusstsein tatsächlich Einfluss auf unser Gehirn und unser Verhalten haben kann und hat.

Stellen wir uns vor, eine Frau fühlt sich krank, weiß aber nicht, was mit ihr nicht stimmt. Sie geht zu einem Arzt, der Diabetes diagnostiziert und ihr sagt, sie solle von nun an die Finger von Süßem lassen.

> ✚ *Epiphänomenalismus wendet sich gänzlich gegen unsere intuitive Wahrnehmung, dass unser Bewusstsein tatsächlich Einfluss auf unser Gehirn und unser Verhalten haben kann und hat.*

---

201 *Das Ich und sein Gehirn*, 105
202 *Conscious Mind*

Ihr Bewusstsein versteht nun, was ihre Krankheit ist und dass Süßes ihre Krankheit verschlimmern würde. Doch sie liebt Kuchen, Pralinen und Marmelade. Daher muss sie darüber nachdenken, was sie tun wird: Wird sie weiterhin Süßes essen oder es von ihrem Speiseplan streichen? Sie muss eine bewusste Entscheidung treffen, und das tut sie. Sollen wir tatsächlich glauben, dass ihre mentale Entscheidung nicht ihr physisches Gehirn und Verhalten kausal beeinflussen kann und dies nichts mit der Tatsache zu tun hat, dass sie nun auf Süßes verzichtet?

Aber wenn das apriorische Dogma der Wissenschaft – einer absolut kausal bestimmten physischen Welt als geschlossenes System, das für jeden nicht materiellen Einfluss von außen verschlossen ist – zu solchen der Intuition widersprechenden und offensichtlich falschen Schlussfolgerungen führt, könnte man denken, dass es Zeit wäre, dieses apriorische Dogma infrage zu stellen. Wir sollten an Poppers Beobachtung denken (siehe oben), dass der Epiphänomenalismus uns selbst lehrt, dass jede Begründung und jedes Argument, die für ihn angeführt werden, nicht ernst genommen werden können.[203]

- *Identitätstheorie*

Professor J. J. C. Smart, ein Identitätstheoretiker, sagt kategorisch: „Ich behaupte, dass Überzeugungen und Wünsche physikalische Zustände des Gehirns sind."[204]

Vertreter dieser Theorie behaupten nun, dass jede geistig-mentale Absicht identisch mit einem Muster von Neuronen in meinem Gehirn ist. So sind dann mein mentaler Wunsch und meine mentale Absicht, meinen Arm zu heben, identisch mit einem bestimmten Muster von Nervenzellen in meinem Gehirn. Und genau dieses Muster löst das Anheben meines Armes aus. Damit ist das folgende Problem der materialistischen Wissenschaftler zu ihrer Zufriedenheit gelöst: „Wie kann eine nicht materielle Absicht in meinem Verstand mein materielles Gehirn dazu veranlassen, mich meinen Arm heben zu lassen?" Die Antwort lautet: Gar nicht. Der mentale Wunsch ist identisch mit einem physikalisch-neurologischen Muster in meinem Gehirn. Und ebenso ist das Bewusstsein für sie nur ein sich selbst abtastender

---

203 Für eine ausführliche Betrachtung von Chalmers Buch, siehe Larson in *Origins & Design*
204 In Warner und Szubka, *Mind-Body Problem*, 21

Mechanismus im zentralen Nervensystem. Ein nichtmaterielles Selbst ist also nicht mehr erforderlich, um ein Subjekt mit Bewusstsein zu sein.[205]

Wir müssen daher fragen, wie sich diese Sicht etabliert hat – vielmehr, wie sie sich überhaupt etablieren konnte.

1. Durch Intuition?

Offenbar nicht. Niemand, der eine abstrakte Frage der Moralphilosophie durchdenkt (zum Beispiel, ob es die Treue zu einem Freund rechtfertigen würde, ein von ihm begangenes Verbrechen zu decken), würde intuitiv fühlen, dass es in Wirklichkeit eine Gruppe von Elektrochemikalien in seinem Gehirn war, die diese moralische Frage untereinander diskutiert haben.

2. Durch gründliche wissenschaftliche Forschung?

Aber wie könnte diese aussehen? Lassen Sie uns einige der Dinge betrachten, die nötig wären, damit die Theorie sich etablieren könnte.

a) Wenn es stimmt, was Smart erklärt – „dass Überzeugungen und Wünsche physikalische Zustände des Gehirns sind" –, dann sollte es im Prinzip möglich sein, anhand einer Untersuchung der Gehirnzellen herauszufinden, was ein Mensch glaubt. Dies wäre keine leichte Aufgabe. Jeder weiß, dass immer dann, wenn wir nachdenken, in gewissen Teilen des Gehirns eine Aktivität festgestellt werden kann. Doch bis jetzt ist es noch niemals möglich gewesen, allein anhand einer Untersuchung dieser Aktivität im Gehirn herauszufinden, was genau die

---

205 Es ist sicherlich schwierig, genau zu bestimmen, was Identitätstheoretiker sagen (siehe die lange Diskussion in Popper, *Das Ich und sein Gehirn*, 118–126). Popper sagt: „Ich bezweifle sehr, ob eine Formulierung wie ‚psychische Prozesse sind identisch mit einer bestimmten Art von (physikochemischen) Hirnprozessen' angesichts der Tatsache für bare Münze genommen werden kann, dass wir, seit Leibniz, ‚a ist identisch mit b', so verstehen, dass es besagt, jede Eigenschaft des Objektes *a* ist auch eine Eigenschaft des Objektes *b*. Einige Identitätstheoretiker scheinen Identität in diesem Sinne zu behaupten, aber es scheint mir mehr als zweifelhaft, ob sie es wirklich so meinen können" (S. 113).

Wenn sie also von Identität sprechen, sollten wir nicht davon ausgehen, dass sie beispielsweise damit meinen, dass, wenn ich sage: „Ich stelle mir im Geiste einen schönen Sonnenuntergang vor", *ich damit dasselbe meine* wie: „Bestimmte neurologische Prozesse in meinem Gehirn sind in diesem oder jenem Zustand", und auch nicht: „Wenn du einen bestimmten neurologischen Prozess in meinem Gehirn sehen könntest, würdest du die Miniatur eines schönen Sonnenuntergangs sehen." Wir sollten eher davon ausgehen, dass Identitätstheoretiker damit einfach meinen, dass ein Gedankenereignis (welcher Art auch immer) immer zur selben Zeit und am selben Ort auftritt wie ein Gehirnereignis und man daher annehmen kann, dass das Gedankenereignis und das Gehirnereignis ein und dasselbe Ereignis sind.

Person dachte. Die Gehirnaktivität mit einem Gedanken in Verbindung zu bringen wäre nur dann möglich, wenn die Person, deren Gehirn untersucht wird, zuerst dem Experimentator mitteilen würde, an was sie gerade gedacht hat. Um wissenschaftlich festzustellen, dass ein bestimmtes Muster von Gehirnereignissen grundsätzlich immer von diesem oder jenem Bewusstseinsereignis begleitet wird (und diesem quasi entspricht), müsste man eine Vielzahl von Fällen bei einer Vielzahl von Menschen untersuchen, um durch die Reihenfolge der Einzelfälle die Wahrscheinlichkeit festzustellen, dass dem so ist. (Und man bräuchte auch eine Vielzahl von Menschen, die bei der Untersuchung ihrer Gehirnmuster bereit wären, ehrlich zu bekennen, an was sie in diesem Moment gerade gedacht haben.)

⧻ *Niemand, der eine abstrakte Frage der Moralphilosophie durchdenkt (zum Beispiel, ob es die Treue zu einem Freund rechtfertigen würde, ein von ihm begangenes Verbrechen zu decken), würde intuitiv fühlen, dass es in Wirklichkeit eine Gruppe von Elektrochemikalien in seinem Gehirn war, die diese moralische Frage untereinander diskutiert haben.*

b) Und dann müsste man nicht einfach nur einen Zusammenhang zwischen einem allgemeinen gedanklichen Gefühl wie „Ich fühle mich gut" und einem gewissen Gehirnzustand feststellen können, sondern einen Zusammenhang zwischen unterschiedlichen Gehirnzuständen und sehr genauen Bewusstseinszuständen. Zu diesem Problem äußerte sich der Oxforder Philosoph Richard Swinburne wie folgt:

„Gewiss gibt es allgemeine Beziehungen zwischen Strukturen von Gehirnzuständen und bestimmten Arten von Bewusstseinsaktivitäten, zum Beispiel dem Auftreten von Träumen. Doch scheint mir die Behauptung, dieser Gehirnzustand sei verantwortlich für meinen Traum, dass ich Napoleon I. bin, und jener für den, ich sei Napoleon III., reichlich spekulativ."[206]

c) Und dann müsste die Gehirn-Geist-Identitätstheorie aufzeigen können, dass die elektrochemischen Aktivitäten der Nervenzellen im Gehirn genaue Absichten anzeigen könnten. Wenn ich zum Beispiel in meinem Arbeitszimmer sitze und beschließe, einen Beweis für den Satz des Pythagoras aufzuschreiben, müsste ich dafür meinen Arm

---

206 *Die Existenz Gottes*, 224–225

und meine Hand heben, um einen Stift in die Hand zu nehmen. Es ist absolut möglich, dass das Gehirn die physikalischen Prozesse vorbereitet, die notwendig sind, damit ich meinen Arm und meine Hand heben kann. Aber ist es plausibel, dass ein Wissenschaftler, wenn er in der Lage wäre, in genau diesem Moment den entsprechenden Teil meines Gehirns zu untersuchen und die Richtung der elektrochemischen Prozesse zu beobachten, (zumindest theoretisch) vorhersagen könnte, was ich genau vorhabe (ohne dass ich es ihm sage)? Wäre er in der Lage zu sagen, ob ich nun beabsichtige, einen Beweis für den Satz des Pythagoras niederzuschreiben oder ein Gedicht, oder ob ich eine Skizze des Nachbarhauses anfertigen oder ein Kreuzworträtsel lösen möchte?

Es reicht nicht aus zu sagen, man könne von den physikalischen Prozessen in meinem Gehirn nicht erwarten, solche genauen Vorhersagen zu treffen. Denn in meinen Gedanken bin ich vielleicht alle eben erwähnten Optionen durchgegangen und habe dann entschieden, welche davon ich ausführen möchte. Wenn Bewusstseinsereignisse dasselbe wie Gehirnereignisse sind, sind die Gehirnereignisse in einem Moment all diese Optionen durchgegangen und haben sich dann auf eine festgelegt. Und ihre Anordnung in diesem Moment hätte meine Absicht angezeigt, die eine auszuführen, für die ich mich entschieden habe. Wenn Gehirnereignisse aber nicht alle diese Optionen anzeigen und dann die eine vorhersagen können, die ich gewählt habe, wie könnte dann laut der Gehirn-Geist-Identitätstheorie mein Bewusstsein diese beabsichtigen und vorhersagen?

Wissenschaftler mögen vielleicht die Hoffnung äußern, eines Tages aufzeigen zu können, dass genaue Vorhersagen dieser Art an den elektrochemischen Prozessen des Gehirns abgelesen werden können, aber die Wahrscheinlichkeit dafür scheint wohl eher gering zu sein.

d) Und wie wir eben angedeutet haben, müssten die Vertreter der Gehirn-Geist-Identitätstheorie zeigen können, dass die physikalischen Prozesse des Gehirns ein moralisches Bewusstsein haben. Denn wenn ich in meinem Bewusstsein darüber nachdenke, ob es wirklich moralisch wäre (und nicht nur aus pragmatischer Sicht empfehlenswert), mit einer feindlichen Eroberungsmacht zusammenzuarbeiten, wie es der norwegische Major Vidkun Quisling mit den Nazis tat,

> ⚏ *Haben die elektrochemischen Prozesse in meinem Gehirn einen echten freien Willen, sodass sie zu einer echten freien und daher wahrhaft moralischen Entscheidung kommen können?*

erfordert die Identitätstheorie, dass die physikalischen Substanzen der elektrochemischen Prozesse in den Nervenzellen dies abwägen und über diese moralische Frage entscheiden. Haben physikalische Substanzen also eine moralische Sensibilität?

In diesem Zusammenhang wird eine noch weitaus wichtigere Frage aufgeworfen: Haben die elektrochemischen Prozesse in meinem Gehirn einen echten freien Willen, sodass sie zu einer echten freien und daher wahrhaft moralischen Entscheidung kommen können? Leider behaupten die meisten Gehirn-Geist-Identitätstheoretiker, dass die physische Welt ein vollkommen geschlossenes System von Ursache und Wirkung ist. Mit anderen Worten: So etwas wie einen freien Willen gibt es nicht. Wenn dies stimmt, wie könnten Bewusstseinsereignisse, die ja identisch mit physikalischen Gehirnereignissen sind, jemals moralische Entscheidungen wirklich erörtern, geschweige denn treffen?

Oder wie könnten sie dann irgendwelche rationalen Entscheidungen treffen? In diesem Zusammenhang wäre es einfacher, Professor John Polkinghornes bereits zitiertem Urteil zuzustimmen (Seite 74). Er sagt weiter:

Am Ende zersetzt das reduktionistische Programm sich selbst. Auch zerstört es die Rationalität. Die Gedanken werden durch elektrochemische neurale Ereignisse ersetzt. Zwei solche Ereignisse können sich nicht in einem rationalen Diskurs gegenüberstehen. Sie sind weder richtig noch falsch. Sie geschehen einfach.[207]

Nun haben wir vorher gefragt, wie sich die Gehirn-Geist-Identitätstheorie etabliert hat, beziehungsweise sich überhaupt etablieren konnte. Schnell haben wir festgestellt, dass sie nicht einfach auf Intuition basiert, und danach haben wir die enormen Schwierigkeiten bedacht, die auftreten würden, wollte man sie durch gründliche wissenschaftliche Forschung belegen. Welche Gründe kann es also geben, dennoch an ihr festzuhalten?

3. Indem man zunächst etwas nur als wahr annimmt, das einen später dann davon überzeugt, dass es eine Tatsache ist?

Das tun vielleicht nur wenige Wissenschaftler, aber manche schon. Hier ein Beispiel – es stammt von einem Wissenschaftler, der zuerst annimmt, der Darwinismus sei wahr, und dann im Folgenden keine alternative Erklärung für den Ursprung des menschlichen Geistes mehr zulässt. Auf dieser

---

207 *One World*, 92–93

Grundlage argumentiert er, dass die unausweichlichen Folgen von Darwins Theorie als Tatsache anerkannt werden müssen:

> Kann es wirklich sein, dass man nur genügend von diesen dummen Homunculi zusammenbringen muss, damit ein bewusster Mensch entsteht? Der Darwinismus besagt, dass es keinen anderen Weg gibt, um ihn aufzubauen. Aus der Tatsache, dass wir von Robotern abstammen, folgt nun aber keineswegs, dass wir Roboter sind. Immerhin sind wir auch direkte Abkömmlinge von Fischen, und dennoch sind wir keine Fische; wir stammen in gerader Linie von irgendwelchen Bakterien ab und sind doch keine Bakterien. Aber wenn nicht der Dualismus oder Vitalismus recht hat (wonach wir einen geheimen, zusätzlichen Bestandteil in uns tragen), *bestehen* wir aus Robotern – oder, was auf das Gleiche hinausläuft, aus einer Ansammlung aus vielen Billionen Makromolekülapparaten. Und das alles geht letztlich auf die ursprünglichen Makros zurück. Demnach kann etwas, das aus Robotern besteht, durchaus echtes Bewusstsein oder echte Intentionalität haben, denn wenn jemand das besitzt, dann wir.[208]

Der Argumentationsfluss ist zumindest klar:
1. Roboter besitzen weder Bewusstsein noch Intentionalität.
2. Wie könnte es dann möglich sein, Menschen aus Robotern zu machen?
3. Doch Menschen bestehen aus Robotern oder Makromolekülkomplexen – eine andere Erklärung ihres Ursprungs ist weder möglich noch zulässig.
4. Und Menschen haben definitiv Bewusstsein und Intentionalität.
5. Daher ist es möglich, Menschen mit Bewusstsein aus Robotern ohne Bewusstsein zu machen.

Dennett scheint also das vorauszusetzen, was er zu beweisen vorgibt.

• *Eigenschaftsdualismus oder Dual-Aspekt-Monismus*

Diese Position behauptet, Geist und Gehirn seien einfach zwei unterschiedliche Sichtweisen, ein und dieselbe Sache zu betrachten. Es gibt eine Innensicht:

---

208 Dennett, *Darwins gefährliches Erbe*, 283–284, Kursivsetzung im Original

die Situation, wie sie sich für das „Ich" und sein Gehirn darstellt. Das ist die „Ich-Geschichte". Und dann gibt es noch die Außensicht: die Situation, wie sie für den Wissenschaftler erscheint, der das Gehirn von außen beobachtet. Das ist die „äußere Geschichte". Beide Geschichten werden unterschiedlich sein. Das „Ich" wird in sich das Gefühl haben, dass es einen echten freien Willen hat. Der Wissenschaftler hingegen wird von außen sagen, das Gehirn sei ein geschlossenes physikalisches System von Ursache und Wirkung und damit festgelegt. Einen freien Willen könne es nicht geben. Und irgendwie – auch wenn es sehr schwierig zu erklären ist – sind beide Geschichten wahr.

Zum Beispiel sieht eine Wolke von innen anders aus als von außen. Von außen (zumindest an einem Sommertag) sieht eine Kumuluswolke aus wie ein strahlend weißer Berg, von innen jedoch sieht sie aus wie ein trüber grauer Nebel! Das stimmt, doch diese Analogie ist nicht sehr hilfreich, wenn man sie auf das Gehirn-Geist-Problem überträgt. Wie auch immer die Wolke aussieht – wie ein weißer Berg oder wie ein grauer Nebel –, sie besteht durchgängig aus derselben Substanz: Wassertropfen.

Ganz gleich also, wie das Gehirn beziehungsweise der Geist aussieht – wie ein weißer Berg oder grauer Nebel –, laut dem Eigenschaftsdualismus besteht es/er durchgängig aus derselben Substanz. Daher bleiben die großen grundsätzlichen Probleme, auf die wir bei den zuvor genannten Theorien gestoßen sind, auch hier bestehen: Wie kann das Gehirn beziehungsweise der Geist, wenn es/er doch vollständig aus reiner physikalischer Materie besteht, einen echten freien Willen und ein Moralgefühl besitzen?

• *Funktionalismus*

Hierbei handelt es sich um eine Theorie, die bei vielen Wissenschaftlern auf Anklang gestoßen ist und innerhalb ihrer Grenzen auch hilfreich sein kann. Aber wir müssen uns nicht lange mit ihr auseinandersetzen, denn wenn es um die grundlegende Frage nach Geist und Gehirn geht, bekennt einer ihrer größten Verfechter, wie unzulänglich sie eigentlich ist.

Lassen Sie Professor Jerry Fodor, ein Funktionalist, uns erklären, was Funktionalismus ist:

> Der Funktionalismus legt das Konzept der kausalen Rolle so aus, dass ein mentaler Zustand durch seine kausalen Verhältnisse zu anderen mentalen Zuständen definiert werden kann. In dieser Hinsicht unterscheidet sich Funktionalismus vollkommen von logischem

Behaviorismus ... Der Funktionalismus ist keine reduktionistische These. Er sieht nicht, noch nicht einmal im Ansatz, die Entfernung mentalistischer Konzepte aus dem Erläuterungsapparat der psychologischen Theorien vor.[209]

Später jedoch gibt Fodor zu:

Die meisten Psychologen, die dazu geneigt sind, den funktionalistischen Rahmen zu akzeptieren, sind dennoch besorgt über die Unfähigkeit des Funktionalismus, wesentlich mehr über die Natur des Bewusstseins zu erklären ... Das Problem des qualitativen Inhalts stellt eine ernsthafte Bedrohung für die Behauptung dar, der Funktionalismus könne eine allgemeine Theorie des Mentalen liefern.[210]

Und Professor Thomas Nagel, Autor des einflussreichen Essays mit dem Titel „Wie fühlt es sich an, eine Fledermaus zu sein?"[211], kommentiert den Funktionalismus wie folgt:

Der Funktionalismus, obgleich er Teil der Wahrheit ist, ist keine adäquate Theorie des Geistes ... Die vollständige Wahrheit ist viel komplexer und widersetzt sich unserem Verständnis ... Eine Theorie, der es gelingt, das Verhältnis zwischen Verhalten, Bewusstsein und dem Gehirn zu erklären, müsste sich grundlegend von anderen Theorien über andere Dinge unterscheiden: Man kann sie nicht entwickeln, indem man bereits existierende Erklärungsmethoden anwendet.[212]

• *Modifizierter Monismus*

Was dieser Gruppe von Wissenschaftlern, Philosophen und Psychologen gemein ist, ist die Ablehnung jeglicher Form von Dualismus. Professor John Polkinhorne nennt seine Gründe für diese Ablehnung: „Materie und Geist gelingt es (im Dualismus) nicht, sich zu einer einheitlichen psychosomatischen Erfahrung zu verbinden." Dann legt er dar, was er als die einzig

---

209 In Warner und Szuba, *Mind-Body Problem*, 31
210 *Mind-Body Problem*, 37
211 In seinem Buch *Letzte Fragen*
212 *Mind-Body Problem*, 64–65

mögliche Darstellung des Menschen sieht: „Die einzige Möglichkeit scheint eine komplementäre Welt von Geist/Materie zu sein, in der diese polaren Gegensätze als entgegengesetzte Aspekte des einen Weltstoffes zusammenhängen."[213]

Da Polkinhorne die Formulierung „entgegengesetzte Aspekte des Weltstoffes" verwendet, scheint er eine Art Eigenschaftsdualismus zu vertreten. Doch wie wir bereits gesehen haben, scheint der Eigenschaftsdualismus letztendlich die Möglichkeit eines freien Willens auszuschließen. An anderer Stelle bemerkt er jedoch: „Das Leugnen der menschlichen Freiheit ist widersprüchlich."[214] Er sagt, dass das Gehirn ein komplexes dynamisches System sei und wie viele solcher Systeme eine ultimative Vorhersehbarkeit ausschließe (wie beschrieben in der mathematischen Chaostheorie). Diese Unvorhersehbarkeit ließe daher das Gehirn offen bleiben für die Praxis des Gebets und für einen göttlichen Einfluss.

Vielleicht ist das beste Etikett, mit dem man eine solche Sicht bezeichnen könnte, das des „nicht reduktiven Physikalismus"[215]. Der Begriff wird von immer mehr Wissenschaftlern heute verwendet (wie zum Beispiel von dem Psychologen Professor Malcom Jeeves).

Man wäre auch versucht, den großen und berühmten Theodosius Dobzhansky hier einzuordnen. Er war mit Sicherheit kein Dualist, doch sprach er frei von seinem selbstbewussten Selbst: „Ich lebe nicht nur, sondern bin mir bewusst, dass ich lebe. Zudem weiß ich, dass ich nicht für immer leben werde, dass der Tod unvermeidbar ist. Ich besitze die Attribute des Selbstbewusstseins und des Todesbewusstseins."[216]

Jedoch sind nicht alle modernen Wissenschaftler, Philosophen und Psychologen materialistische Monisten. Es stimmt, dass viele Wissenschaftler zu glauben scheinen, dass eine Anerkennung des Dualismus sie zu Menschen mache würde, die an das „Gespenst in der Maschine"[217] glauben, wie Gilbert Ryle Dualisten abwertend beschrieben hat. Aber heute gibt es eine zunehmende Anzahl von Wissenschaftlern verschiedener Überzeugungen, die vor dieser Bezeichnung überhaupt keine Angst hätten.

In ihrem Buch *Auf dem Weg zur Weltformel* bemerken die Professoren Paul Davies und John Gribbin:

---

213 *Science and Creation*, 1988 SPCK-Ausg., 71

214 *Science and Providence*, 14

215 *Brain, Mind, and Behaviour*, 73–98

216 *Evolutionary Roots*, 411

217 „Der Mensch braucht durch die Behauptung, er sei kein Gespenst in einer Maschine, nicht zu einer Maschine degradiert werden." (*Der Begriff des Geistes*, 451)

Wir erwähnen diese zugegebenermaßen spekulativen Vorstellungen, um die grundlegend gewandelte Sicht deutlich zu machen, die den Schritt zu einem postmechanistischen Paradigma begleitet hat. Statt Klumpen aus Materieteilchen in einer schwerfälligen newtonschen Maschine haben wir ein verwobenes Netz mit Informationsaustausch – ein ganzheitliches, indeterministisches und offenes System –, das vor Möglichkeiten strotzt und mit einer unendlichen Fülle bedacht ist. ... Descartes schuf ein Bild vom menschlichen Geist als einer Art nebulösen Stoff, der unabhängig vom Körper existiert. Viel später, in den Dreißigerjahren unseres Jahrhunderts, verspottete Gilbert Ryle diesen Dualismus mit einem prägnanten Hinweis auf die Rolle des Geistes als „Geist in der Maschine". Ryle brachte seine Kritik in der hohen Zeit des Materialismus und Mechanismus an. Die „Maschine", auf die er anspielte, waren der Körper und das Gehirn des Menschen, die selbst nur Teile der größeren kosmischen Maschine waren. Aber schon als er seinen markanten Ausdruck prägte, war die neue Physik im Anmarsch und höhlte die Weltsicht aus, auf der die Anschauungen Ryles gründeten. Heute, beim Übergang ins 21. Jahrhundert, erkennen wir, dass Ryle recht hatte, die Vorstellung vom Geist der Maschine zu verwerfen – nicht, weil es keinen Geist, sondern weil es keine Maschine gibt.[218]

Das erweckt den Anschein, dass Davies und Gribbin keine Monisten der alten Schule sind („Der Mensch ist nichts als Materie"), sondern eine andere Art von Monisten – der Mensch ist letztendlich nichts als Information.

Andere Wissenschaftler und Philosophen sind jedoch unverhohlene Dualisten im traditionellen Sinn dieses Wortes. Über Ryle und seine Verunglimpfung der Idee vom „Gespenst" beziehungsweise „Geist in der Maschine" sagt Karl Popper:

Ryle aber möchte zweifellos auch die (sokratische oder platonische) Idee des Geistes als des Steuermanns eines Schiffes – des Körpers – verwerfen, ein Gleichnis, das ich in vieler Hinsicht für so ausgezeichnet und angemessen halte, dass ich von mir sagen könnte, „ich glaube an das Gespenst in der Maschine.[219]

Und so kommen wir zu einer dritten Herangehensweise an das Problem.

---

218 S. 286
219 Popper und Eccles, *Das Ich und sein Gehirn*, 140

• *Dualistischer Interaktionismus*

Diese Sicht ist vielleicht besser bekannt als „cartesianischer Dualismus", da es René Descartes war (1637), der ihn weithin bekannt machte und ihm lebendigen Ausdruck verlieh.[220] Descartes bekräftigte die Sicht des Geistes als immaterielle Substanz, die kausal auf den Körper einwirkt und damit den Körper zum Handeln bringt und auf die im Gegenzug auch der Körper einwirkt, zum Beispiel durch den Empfang von Sinneseindrücken. Daher wird sie als dualistischer *Interaktionismus* bezeichnet, um die Aufmerksamkeit auf die Tatsache zu lenken, dass andere Sichtweisen vielleicht akzeptieren, dass der Körper auf den Geist einwirken kann, nicht aber, dass der Geist auf den Körper einwirken kann. Der dualistische Interaktionismus besagt, dass der Geist genauso auf den Körper einwirken kann wie der Körper auf den Geist.

Descartes war natürlich nicht der Urheber dieser Sicht. Sie hat eine lange Geschichte, wie Popper in seinem Buch aufzeigt.[221] Nicht alle, die heute irgendeine Form von dualistischem Interaktionismus vertreten, würden allen Teilen von Descartes eigener Darlegung zustimmen. Auch würden nicht alle einer Meinung sein, wie man den immateriellen Teil des menschlichen Dualismus nennen sollte – ob nun „Selbst" oder „Geist" oder „Seele"! Ebenso würden nicht alle darin übereinstimmen, wie diese immaterielle Einheit entstanden ist.

Popper, ein darwinistischer Evolutionist, glaubt, sie sei einfach ein „emergentes Produkt":

Unter evolutionärem Gesichtspunkt halte ich das Selbstbewusstsein für ein emergentes Produkt des Gehirns. ... Ich möchte nun betonen, wie wenig damit gesagt ist, dass der Geist ein emergentes Produkt des Gehirns ist. Es hat praktisch keinen Erklärungswert und trägt kaum zu mehr bei, als ein Fragezeichen an eine bestimmte Stelle in der menschlichen Evolution zu setzen. Gleichwohl glaube ich, dass das alles ist, was wir vom darwinistischen Standpunkt aus darüber sagen können.[222]

---

220 Siehe insbesondere seine *Abhandlung über die Methode*, Teil 4
221 Popper und Eccles, *Das Ich und sein Gehirn*, 188–257
222 Popper und Eccles, *Das Ich und sein Gehirn*, 651

Gleichzeitig sagt Popper auch:

> In Zusammenhang mit der Frage nun, „was ist das Selbstbewusst-
> sein?", der ‚seiner selbst bewusste Geist', könnte ich zunächst als
> vorläufige Antwort sagen ...: ‚Es ist etwas von allem anderen, was es
> unseres Wissens zuvor in der Welt gab, äußerst Verschiedenes.' ... Es
> gibt vielleicht so etwas wie einen Vorläufer des menschlichen Geistes
> im Lust- und Schmerz-Erleben bei Tieren, aber diese Vorform ist na-
> türlich völlig verschieden von diesen tierischen Erlebnissen, weil sie
> selbstreflektiv sein kann; das heißt, das Ich kann sich seiner selbst be-
> wusst sein. Das ist es, was wir mit dem Selbstbewusstsein, dem Geist
> meinen.[223]

Der an der zweiten Hälfte des Buches *Das Ich und sein Gehirn* beteiligte
Autor ist John C. Eccles, der für seine Arbeit im Bereich Neurophysiolo-
gie den Nobelpreis erhielt. Als theistischer Evolutionist ist er der Ansicht,
dass zwar der Körper und das Gehirn des Menschen durch Prozesse der
Darwin'schen Evolution entstanden sind, das „Selbst" beziehungsweise die
„Seele" in jedem Menschen jedoch eine spezielle Schöpfung Gottes ist, die
dem Fötus irgendwann zwischen Empfängnis und Geburt von Gott einge-
pflanzt wird. So gibt er einem seiner eigenen Bücher den Titel *Die Evolution
des Gehirns – die Erschaffung des Selbst*. Nach einer ausführlichen Vorstellung der Ergebnisse seiner eigenen neurophysiologischen Forschung über
das Gehirn und der anderer Wissenschaftler drückt er in einem Fazit seine
eigene Überzeugung aus:

> Da unsere erlebte Einmaligkeit mit materialistischen Lösungsvor-
> schlägen nicht zu erklären ist, bin ich gezwungen, die Einmaligkeit
> des Selbst oder der Seele auf eine übernatürliche spirituelle Schöp-
> fung zurückzuführen. Um es theologisch auszudrücken: Jede Seele ist
> eine neue göttliche Schöpfung, die irgendwann zwischen der Emp-
> fängnis und der Geburt dem heranwachsenden Fötus „eingepflanzt"
> wird. Es ist die Gewissheit des inneren Kerns der einmaligen Indivi-
> dualität ..., welche die „göttliche Schöpfung" notwendig macht. Ich
> behaupte, dass keine andere Erklärung haltbar ist, weder die von der
> genetischen Einmaligkeit mit ihrer fantastisch unwahrscheinlichen
> Lotterie noch die der umweltbedingten Differenzierungen, die die

---

223 Popper und Eccles, *Das Ich und sein Gehirn*, 650–651

Einmaligkeit nicht *determinieren*, sondern lediglich modifizieren. Diese Schlussfolgerung ist von unschätzbarer theologischer Bedeutung. Sie bestärkt uns nachdrücklich in unserem Glauben an die menschliche Seele und an ihren wunderbaren Ursprung in einer göttlichen Schöpfung. Damit wird nicht nur der transzendente Gott anerkannt, der Schöpfer des Kosmos, der Gott, an den Einstein glaubte, sondern auch der liebende Gott, dem wir unser Dasein verdanken.[224]

---

224 S. 381–382. Was Eccles meint, wenn er sagt, die materialistischen Lösungsvorschläge könnten unsere erlebte Einmaligkeit nicht erklären, erklärt er im folgenden technischen Abschnitt:

„Ich möchte einen Umstand hervorheben, der selbst innerhalb der Welt unserer Erfahrung etwas höchst Bemerkenswertes ist, den Umstand nämlich, dass jeder von uns zu einem einmaligen selbstbewussten Wesen wird. Das ist ein Wunder, das sich für immer der Wissenschaft entzieht.

Es steht außer Zweifel, dass jede menschliche Person ihre eigene Einmaligkeit erkennt, und dies wird als Grundlage des gesellschaftlichen Lebens und des Rechts anerkannt. Mit diesem Körperlichen kann diese Ansicht nach den Erkenntnissen der modernen Neurowissenschaft nicht begründet werden, sodass nur zwei Alternativen bleiben: das Gehirn und die Psyche. Für Materialisten kommt nur das Gehirn infrage ...

Wird die Tatsache, dass wir uns als einmalig erleben, direkt auf die Einmaligkeit unseres Gehirns zurückgeführt, so ist die Frage, worin die Einmaligkeit des Gehirns begründet ist. In der unendlichen Zahl einzelner Verknüpfungen zwischen den 10 000 Millionen Zellen der menschlichen Großhirnrinde kann sie nicht begründet sein. Aufgrund der Plastizität und der Degeneration verändern diese Verknüpfungen sich ständig. Gewöhnlich erklären die Materialisten, die von uns erfahrene Einmaligkeit beruhe auf der genetischen Einmaligkeit. ...

Man muss wissen, dass die grundlegenden Verknüpfungen des menschlichen Gehirns bereits vor der Geburt fertig ausgebildet sind und für die subtilen Veränderungen der synaptischen Verknüpfungen bereitstehen, die sich das ganze Leben hindurch in den Lernprozessen entwickeln ... Zwischen den genetischen Instruktionen, die von der Zygote ausgehen, und dem Gehirn des Neugeborenen besteht daher eine unendliche, entwicklungsbedingte Kluft. Jeder Versuch, unsere erlebte Einmaligkeit aus unserer genetischen Einmaligkeit abzuleiten, wird durch das Entwicklungsrauschen zu einem hoffnungslosen Unterfangen. Dass diesem Versuch außerdem die unendliche unwahrscheinliche genetische Lotterie entgegensteht, der das einmalige Genom seine Existenz verdankt, wurde schon gesagt.

Häufig wird dieses Rätsel mit der oberflächlich plausibel klingenden Erklärung beantwortet, der bestimmende Faktor sei die Einmaligkeit der Erfahrungen, die ein Selbst im Laufe seines Lebens sammelt. Man kann ohne Weiteres zugeben, dass unser Verhalten, unsere Erinnerungen und sogar der gesamte Inhalt unseres bewussten Innenlebens von den Erfahrungen abhängen, die wir im Leben sammeln, aber gleichgültig, wie extrem eine Veränderung auch sein mag, die irgendwann an einem entscheidenden Punkt durch die äußeren Umstände erzwungen worden sein mag – man ist dennoch das gleiche Selbst und kann seine Kontinuität in der Erinnerung bis zu den frühesten

Ein anderer Nobelpreisträger, der Neurowissenschaftler Charles S. Sherrington, war ebenfalls vom Dualismus überzeugt. Er sagte:

> Dass unser Dasein aus *zwei* grundlegenden Elementen bestehen soll, besitzt keine größere inhärente Unwahrscheinlichkeit, als dass es nur auf einem beruht.[225]

Der ausgezeichnete Neurochirurg Wilder Penfield begann als Gehirn-Geist-Identitätstheoretiker, wandte sich jedoch nach langer Erfahrung dem Dualismus zu.[226] Er schreibt:

> Es ist einfacher, das Dasein des Menschen auf der Grundlage zweier Elemente zu rationalisieren als auf der Grundlage eines Elements.[227]

Swinburne, wie wir bereits gesehen haben, argumentiert gegen die Identitätstheorie und für den Dualismus, auch wenn er hinzufügt, dass man für eine vollständige und befriedigende Darstellung des Verhältnisses zwischen Bewusstseinsereignissen und Gehirnzuständen über den Dualismus hinaus zu Gott übergehen muss.[228]

Aber uns geht es nicht hauptsächlich darum, wie viele Wissenschaftler und Philosophen Interaktionismus akzeptieren und wie viele nicht. Wir sollten uns nun vielmehr dem zuwenden, was im Zentrum des Disputs zwischen Monisten (welcher Art auch immer) und den unterschiedlichen Arten von Dualisten steht.

• *Der Mittelpunkt der Monismus-Dualismus-Debatte*

Der dualistische Interaktionismus behauptet, worauf der Begriff an sich hinweist, dass nicht nur der Körper auf den Geist oder das Selbst einwirkt, sondern dass es auch eine umgekehrte Wirkung auf den Körper gibt. Lesen Sie hierzu Poppers nachdrückliche Stellungnahme:

Eindrücken im Alter von etwa einem Jahr zurückverfolgen, das gleiche Selbst in einem völlig anderen Gewand. Es ist nicht möglich, ein Selbst auszulöschen und dafür ein neues zu schaffen! (*Die Evolution des Gehirns – die Erschaffung des Selbst*, 379–381)

225 *Integrative Action of the Nervous System*, xxiv
226 Siehe sein Buch *Mystery of the Mind*, 97
227 *Mystery of the Mind*, 113–114
228 *Die Existenz Gottes*, 232

(Ich will hier behaupten,) dass das Gehirn dem Ich gehört und nicht umgekehrt. Das Ich ist fast immer aktiv. Die Aktivität des Ichs ist, wie ich meine, die einzige echte Aktivität, die wir kennen. Das aktive, psychophysische Ich ist der aktive Programmierer des Gehirns (das der Computer ist), es ist der Ausführende, dessen Instrument das Gehirn ist. Die Seele ist, wie Platon sagte, der Steuermann. Sie ist nicht, wie David Hume und William James behaupteten, die Gesamtsumme oder das Bündel oder der Strom ihrer Erlebnisse: Das hieße Passivität. Ich vermute, dass diese Auffassung dem Versuch entstammt, sich passiv selbst zu beobachten, anstatt zurückzudenken und seine vergangenen Handlungen zu überschauen.

Diese Überlegungen zeigen meiner Ansicht nach, dass das Ich nicht ein „reines Ich" ist ..., das heißt ein bloßes Subjekt. Es ist vielmehr unglaublich reich. Wie ein Steuermann beobachtet und handelt es gleichzeitig. Es ist tätig und erleidend, erinnert sich der Vergangenheit und plant und programmiert die Zukunft; es ist in Erwartung und disponiert. Es enthält in rascher Abfolge oder mit einem Mal Wünsche, Pläne, Hoffnungen, Handlungsentscheidungen und ein lebhaftes Bewusstsein davon, ein handelndes Ich zu sein, ein Zentrum der Aktion. ... Und das alles steht in enger Wechselwirkung mit der ungeheuren „Aktivität", die im Gehirn des Ichs stattfindet.[229]

Für materialistische Monisten ist diese Vorstellung jedoch weder akzeptabel noch überhaupt denkbar. „Wie kann eine immaterielle Einheit", fragen sie, „egal, ob man sie nun Selbst, Geist, Seele oder wie auch immer nennt, auf eine materielle Einheit wie das Gehirn einwirken, es beeinflussen, beeinträchtigen, bewegen oder zum Handeln bringen?"

Die erste Schwierigkeit, sagen sie, sei folgende: Die Wissenschaft kenne keine unsichtbaren, immateriellen Einheiten; sie könne sie weder messen noch Experimente über sie durchführen. Die Wissenschaft könne ihre Existenz nicht akzeptieren; sie seien Erfindungen der menschlichen Fantasie. „Gespenster in der Maschine" existierten nicht (so wie alle Gespenster).

Doch Wissenschaftler, die so reden, sind nicht wirklich konsequent. Kein Wissenschaftler hat je ein Quark gesehen. Doch alle Wissenschaftler glauben an Quarks, denn sie leiten ihre Existenz von dem Effekt ab, den sie auf andere Partikel haben und die Spuren, die diese in einer Nebelkammer hinterlassen.

---

229 *Das Ich und sein Gehirn*, 156–157

Außerdem hat kein Wissenschaftler jemals Energie gesehen. Tatsächlich weiß niemand oder kann niemand sagen, was Energie eigentlich ist. In seinem Buch *Sechs physikalische Fingerübungen* widmet der Physiknobelpreisträger Richard P. Feynman ein Kapitel dem Thema Erhaltung von Energie.[230] Im Laufe dieses Kapitels bemerkt er:

> Es ist wichtig, sich klarzumachen, dass wir in der Physik heute keine Ahnung haben, was Energie eigentlich *ist*. Wir stellen uns beispielsweise nicht vor, Energie trete in kleinen Klumpen bestimmter Größe auf. Das ist nicht der Fall. Aber immerhin existieren Formeln, um bestimmte numerische Größen zu berechnen, und wenn wir sie alle zusammenzählen, kommt ... stets dieselbe Zahl (heraus). Das hat insofern etwas Abstraktes an sich, als es uns keinerlei Aufschluss über die Mechanismen oder die *Gründe* für die verschiedenen Formeln gibt.[231]

Aber Wissenschaftler lehnen auch nicht den Glauben an die Existenz von Energie ab, weil sie nicht wissen, was sie ist. Sie können ihre Auswirkungen sehen und messen.

Zudem wird die These, dass nur Dinge aufeinander einwirken können und daher ein immaterieller Geist nicht auf ein materielles Gehirn einwirken kann, vom Rest der Natur nicht bestätigt. Darauf weist Popper hin:

> Das vielleicht einleuchtendste physikalische Beispiel gegen die These, dass sich nur gleiche Dinge beeinflussen können, ist dieses: In der modernen Physik ist die Wirkung von Körpern auf Körper durch Felder vermittelt – durch Gravitations- und elektrische Felder. Gleiches wirkt folglich nicht auf Gleiches, sondern Körper wirken zunächst auf Felder ein, die sie verändern, dann wirkt das (veränderte) Feld auf einen anderen Körper ein.[232]

Dazu kommt unsere tägliche Erfahrung, dass wir Informationen in unserem Geist empfangen, die unser Gehirn, unsere Emotionen und unseren Körper beeinflussen, und Informationen sind ja auch nicht materiell.

Vielleicht müssen wir einen Moment innehalten und nachdenken, weil wir so sehr an das Empfangen von Informationen gewöhnt sind – durch

---

230 Kapitel 4, 123–143
231 S. 126, Kursivsetzung im Original
232 *Das Ich und sein Gehirn*, 227

Briefe, Zeitungen, Radio, Fernsehen, soziale Medien, Telefon, gesprochene Worte etc. –, dass wir aufpassen müssen, dass wir die Information an sich nicht mit dem materiellen Träger dieser Information verwechseln.

Stellen Sie sich eine Mutter vor, deren Sohn zum Studium nach Australien gegangen ist. Eines Tages erhält sie einen Brief von einem seiner Freunde. Auf der ersten Seite liest sie, dass ihr Sohn hervorragende Ergebnisse in seinen Prüfungen erzielt hat und dafür in einer besonderen Feierstunde der Universität einen Preis erhalten hat. Auf der zweiten Seite erfährt sie dann, dass das Auto, mit dem er zurück zu seiner Wohnung fahren wollte, gegen einen Lkw geprallt ist. Der Fahrer des Autos wurde dabei getötet; ihr Sohn wurde verletzt und befindet sich nun im Krankenhaus.

> ✴ Wir sind so sehr an das Empfangen von Informationen gewöhnt, dass wir aufpassen müssen, dass wir die Information an sich nicht mit dem materiellen Träger dieser Information verwechseln.

Als der Geist der Mutter die Informationen auf der ersten Seite begreift, hat dies einen starken Effekt auf ihren Körper: Sie lächelt, und ihr Herz hüpft vor Freude. Und als ihr Geist die Information auf der zweiten Seite erfasst, hat dies ebenfalls einen starken Effekt auf ihren Körper: Sie erstarrt vor Angst, und ihre Augen füllen sich mit Tränen.

Offenbar hat die Information einen Einfluss auf ihr materielles Gehirn und ihren materiellen Körper. Doch was genau war die Information, die in ihren Geist eindrang? Es war nicht das Papier, auf dem die Worte geschrieben standen: Die zwei Seiten sind nicht in ihren Kopf eingedrungen. Es war auch nicht die Tinte, mit der die Information aufgeschrieben wurde, auch nicht die Buchstaben und Worte: Sie befanden sich immer noch auf dem Papier, lange nachdem sie die Information begriffen hatte, die sie übermittelten.

Die Worte waren in ihrer Muttersprache, und daher verstand sie leicht die Bedeutung, die sie vermittelten. Doch die Worte selbst waren nicht die Information. Ein Nichtmuttersprachler hätte vielleicht auf die Worte geblickt und keinerlei Information durch sie empfangen, doch für diese Person könnte man die Information von der Ursprungssprache zum Beispiel ins Chinesische übertragen.

Es stimmt, dass in dem Moment, als die Mutter den Brief las, Photonen die Formen der Buchstaben und Wörter zu ihren Augen trugen, wo sie in elektrische Signale umgewandelt wurden, die wiederum durch den Sehnerv zur Sehrinde in ihrem Gehirn weitergeleitet wurden. Aber diese Signale waren nicht die Information, sie waren nur die Träger. Protonen und elektrische Signale hätten die Buchstaben und Wörter ebenfalls an ihre Sehrinde übermittelt, wenn die Wörter auf Spanisch oder Russisch gewesen wären. Doch ihr Geist wäre nicht in der Lage gewesen, aus ihnen die Informationen zu ziehen, die sie trugen.

Was war dann die Information? Keines der materiellen Dinge, die sie trugen. Sie war also keine Form von Materie, sondern immateriell. Sie nahm ihren Anfang im Geist der Person, die den Brief geschrieben hatte. Diese Person, der Freund, beschloss, dass sie der Mutter des Studenten übermittelt werden sollte. Dann kam die Frage auf: Welche Form von Materie sollte er verwenden, um die Information zu übermitteln: Klangwellen, über das Telefon? Eine E-Mail, über den Computer? Füller, Tinte und Papier? Er entschied sich für Letzteres. Das Material, welches die Information trägt, erreicht die Mutter. Ihr Geist erfasst die immaterielle Bedeutung, und sie benötigt das Material nicht länger, das sie übermittelt hat. Doch diese immaterielle Bedeutung, die ihr Geist erfasst hat, hatte einen starken Effekt auf ihr Gehirn und ihren Körper.

Also kann eine nicht materielle Einheit oder Kraft eine materielle Substanz beeinflussen. Dies ist unsere alltägliche Erfahrung. Die dualistischen Interaktionisten haben recht: Ein nicht materieller Geist kann auf ein materielles Gehirn und einen materiellen Körper einwirken.

Bis jetzt haben wir zu diesem Thema auf die Stimme der Intuition und auf die Stimme von Wissenschaft und Philosophie gehört. Um diesen Teil unserer Studie zu vervollständigen, sollten wir nun auch noch kurz auf die Stimme hören, die für viele die göttliche Offenbarung ist.

Die Stimme der Offenbarung

Theisten haben per Definition kein Problem mit der Vorstellung, dass eine nicht materielle Einheit auf einen materiellen Körper einwirken kann. „Gott", sagt Christus, „ist Geist" (Joh 4,24). Durch seinen Befehl wurde die Materie geschaffen, und sein Wort war die Quelle der Information, die wir in der Materie verschlüsselt finden. Es ist seine Energie, sein machtvolles Wort, wodurch das Universum erhalten und zusammengehalten wird (Hebr 1,3; 11,3; Kol 1,16-17). Es ist sein Wort (und nicht einfach nur das zweite Gesetz der Thermodynamik), das die Mechanismen steuert, die einmal der Erde ein Ende bereiten werden (2Petr 3,5-7).

Und was den Menschen betrifft, lehrt die Bibel, dass er eine dualistische Natur besitzt. Der Mensch ist nicht einfach nur Fleisch (das heißt Materie), sondern auch Geist. Die Bibel verachtet nicht den menschlichen Körper, wie es manche Religionen und Philosophien tun. Materie ist gut, und der menschliche Körper ist ein integraler und wunderbarer Bestandteil der menschlichen Persönlichkeit. Die Inkarnation des Sohnes Gottes in einem menschlichen Körper bestätigt uns dies. Und die körperliche Auferstehung Christi ist die zentrale, grundlegende Lehre des christlichen Glaubens.

> ✝ *Die Bibel verachtet nicht den menschlichen Körper, wie es manche Religionen und Philosophien tun. Materie ist gut, und der menschliche Körper ist ein integraler und wunderbarer Bestandteil der menschlichen Persönlichkeit. Die Inkarnation des Sohnes Gottes in einem menschlichen Körper bestätigt uns dies.*

Aber die Bibel lehrt, dass der Mensch mehr ist als nur sein Körper. Gott, der selbst Geist ist, bildet den Geist jedes Menschen in ihm (Sach 12,1). Es ist auch der Geist eines Menschen, der in ihm selbst die Dinge weiß und versteht, die typisch menschlich sind (1Kor 2,11). Der Geist des Menschen sollte dabei nicht für unbedeutend, schwach und praktisch leblos gehalten werden, genauso wenig, wie dies auf Gott zutrifft. Die Bibel verwendet mehrere Begriffe, um den Reichtum des inneren Lebens des Menschen zu beschreiben: Geist, Seele, Herz, Sinn und Gewissen. Weil wir eine gefallene Menschheit sind, ist der Geist des Menschen vor Gott geistlich tot – so wie eine Telefonleitung, die tot ist und Kommunikation verhindert. Daher muss der Geist des Menschen durch den Geist Gottes wiederbelebt werden (Eph 2,1-10; Joh 3,1-16).

Im Hinblick auf das Leben ist der Geist wichtiger als das Fleisch (Joh 6,63); wenn der Geist entweicht, stirbt der Körper. Daher befahl Christus bei seinem Sterben seinen Geist in die Hände Gottes (Lk 23,46), wie auch Stephanus es tat, der erste christliche Märtyrer (Apg 7,59). Der Geist von gerechten Männern und Frauen, die körperlich gestorben sind, ist bei Gott (Hebr 12,23). Dem Verbrecher, der neben Christus gekreuzigt wurde, wurde von Christus versichert, als er Buße tat: „Heute wirst du mit mir im Paradies sein" (Lk 23,43). Das Ziel der menschlichen Erlösung wird erreicht werden, wenn der erneuerte menschliche Geist schließlich mit einem erlösten und verherrlichten Körper „überkleidet" wird (2Kor 5,1-5; Röm 8,11.18-23).

Bis hierhin haben wir darüber nachgedacht, wie wundervoll der Mensch ist, insbesondere über die Macht der Menschheit über die Natur.

Dann haben wir darüber nachgedacht, was der Mensch ist: Er besitzt nicht nur Materie wie die Natur. Er *hat* nicht nur einen immateriellen Geist; er *ist* vielmehr sogar selbst ein immaterieller Geist. Es ist daher sinnvoll, von der Macht der Menschheit über die Natur zu sprechen.

Nun müssen wir uns einem weiteren Thema zuwenden und uns mit einer anderen Tatsache über die Menschheit befassen, und das wird nicht so angenehm werden.

6

DIE GRENZEN
DER MENSCHLICHEN MACHT

*Die Eroberung der Natur durch den Menschen bedeutet,
falls die Träume einiger wissenschaftlicher Planer sich
verwirklichen lassen, die Herrschaft von ein paar
Hundert Menschen über Abermillionen von Menschen.
Es gibt keine einseitige Machtsteigerung für die Menschheit
im Ganzen, und es kann keine geben.
Jede von Menschen neu erlangte Macht ist
gleichzeitig Macht über Menschen.*

C. S. Lewis, *Die Abschaffung des Menschen*

DER SCHUTZ DER RECHTE UND
DER FREIHEITEN DES MENSCHEN

Am Anfang des vorherigen Kapitels haben wir den erhabenen Status des Menschen als Beherrscher der Erde und seine beeindruckende Macht über die Natur gefeiert, die der Mensch im Laufe der Jahrhunderte erlangt hat. Daher müssen wir jetzt fragen: Was sind die Grenzen der Macht des Menschen? Gibt es überhaupt irgendwelche? Sind Menschen bestimmten moralischen und geistlichen Gesetzen unterworfen, die über ihnen stehen und ihnen Grenzen setzen (nicht so sehr hinsichtlich dessen, was sie tun können, sondern was sie tun dürfen)? Oder erhalten diejenigen, die Macht erlangt haben, damit auch automatisch das Recht, diese Macht über die Natur und ihre Mitmenschen auszuüben? Entscheiden sie selbst – ohne irgendeine höhere Autorität, moralischer und geistlicher Art –, welche einschränkenden Grenzen sie sich selbst für den Einsatz ihrer Macht setzen?

Wir müssen diese Fragen stellen, denn die Macht, die der Mensch über die Natur erlangt hat, hat uns zwar unzählige Vorteile gebracht; andererseits hat ein Missbrauch dieser Macht in der Vergangenheit unbestreitbar großen Schaden angerichtet. Und nun, da wir begonnen haben, die großen Geheimnisse des Lebens zu entschlüsseln, ist das Potenzial enorm, damit Gutes zu erreichen – doch ebenso ist das Potenzial gewachsen, Schlechtes zu bewirken.

Dies trifft ganz besonders auf das 20. Jahrhundert zu (ganz zu schweigen von den ersten Jahrzehnten des 21. Jahrhunderts). Niemals zuvor in der Geschichte der Menschheit hat es in einem Jahrhundert solch spektakuläre Fortschritte in Wissenschaft und Technik gegeben mit all den dazugehörigen Vorteilen. Doch auch nie zuvor hat die Menschheit in einem Jahrhundert so viel Böses getan.

Die düstere Lektion der Geschichte

Im Laufe des 20. Jahrhunderts wurden Abermillionen von Menschen abgeschlachtet: durch zwei Weltkriege und zahllose andere Kriege, in denen immer effizientere Waffen eingesetzt wurden; durch sowohl linke als auch rechte Diktatoren; durch Hitler und Pol Pot und die Regierung von Indonesien; durch religiöse und politische Verfolgung, durch die Mafia und terroristische Organisationen; durch die neu entdeckte atomare Zerstörungskraft, die gegen Hiroshima und Nagasaki entfesselt wurde; durch die unmenschliche Brutalität in Ruanda, der Demokratischen Republik Kongo und den Balkanstaaten; durch demokratische Nationen, die ihre Wirtschaft durch die Herstellung und den Verkauf von Waffen an nicht demokratische Regierungen ohne Respekt vor Menschenrechten ankurbelten; durch Industrielle, die ein Vermögen mit der Herstellung von Millionen von Landminen gemacht haben, die sie dann nach Afghanistan und Angola und andere Länder verkauften, wo sie Tausenden von unschuldigen Zivilisten die Beine abrissen, darunter viele Kinder.

Millionen leiden unter der Armut, die durch die Ausbeutung der Dritten Welt durch wohlhabendere Nationen entstanden ist. Sie leiden unter der Korruption in den Dritte-Welt-Ländern, wo sich Diktatoren Millionen von internationalen Hilfsgeldern in die eigene Tasche stecken, während sie ihr eigenes Volk in Not und Elend leben lassen. Doch Korruption blüht nicht nur in diesen Ländern: In allen Teilen der Welt mussten schon Premierminister und Präsidenten aufgrund von Korruptionsvorwürfen zusammen mit ihren Mitarbeitern zurücktreten.

Und dann ist da die Frage nach dem Schaden, der dem Ökosystem der Erde durch rücksichtslose Ausbeutung der Regenwälder durch große multinationale Konzerne zugefügt wird, und nach der Verschmutzung des Planeten und seiner Atmosphäre, die das Loch in der Ozonschicht, die die Erde vor ultravioletter Strahlung schützen soll, immer mehr zu vergrößern scheint.

Doch der Ausgewogenheit und Fairness halber sollten wir mit dem Finger nicht nur auf unpersönliche Regierungen und kommerzielle Organisationen zeigen, sondern da, wo es nötig ist, auch auf uns selbst. Schließlich ist es nicht einfach die Menschheit als unpersönliches Ganzes, die mit der Verwaltung der Erde und ihrer Ressourcen beauftragt wurde. Unsere

> ✠ *Wir sollten mit dem Finger nicht nur auf unpersönliche Regierungen und kommerzielle Organisationen zeigen, sondern da, wo es nötig ist, auch auf uns selbst. Schließlich ist es nicht einfach die Menschheit als unpersönliches Ganzes, die mit der Verwaltung der Erde und ihrer Ressourcen beauftragt wurde.*

eigene Zeit, Energie und eigenen Fähigkeiten sind auch Teil der Ressourcen dieses Planeten (wenn auch nur ein kleiner), und jeder von uns hat die Verantwortung, sie bestmöglich zu unserem eigenen Wohl und dem anderer Menschen einzusetzen.

Die gierige Selbstsucht eines Familienmitglieds bei der Verwendung des Familienvermögens ist im Prinzip dasselbe wie die Gier der multinationalen Konzerne bei ihrer aggressiven Beschaffung von Ressourcen. Faulheit in der Schule oder bei unserer Arbeit (wenn wir Arbeit haben) ist nicht nur eine Verschwendung unserer eigenen Zeit, Energie und Fähigkeiten, sondern auch die Fabrik, Firma, Schule oder Universität, wo wir arbeiten, wird geschädigt. Übermäßiger Alkoholkonsum ist eine schädliche Nutzung der Ressourcen der Erde und ein Missbrauch der Gesundheit unseres Körpers und Gehirns. Dies trifft natürlich auch auf Drogen zu. Und die bewusste Ablehnung der traditionellen Sexualmoral hat in den letzten 50 Jahren die Ausbreitung von sexuell übertragbaren Krankheiten gefördert, deren Bekämpfung eine enorme Belastung des Gesundheitswesens in vielen Ländern darstellt.

Die Eroberung der Natur durch den Menschen und die Art und Weise, wie die Menschen mit den ihnen anvertrauten Ressourcen der Erde im 20. Jahrhundert umgegangen sind, sind also ein sehr widersprüchlicher Segen.

Die Aussichten für die Zukunft

Doch nun ist es gelungen, den genetischen Code zu knacken und das menschliche Genom vollständig zu erfassen. Das hat der Menschheit, oder zumindest einigen Menschen – den Experten –, gewaltige Macht über den Rest ihrer Mitmenschen verliehen, eine in der Geschichte noch nie dagewesene Macht. Die Frage ist: Wie wird diese Macht eingesetzt werden? Wir können sicher sein, dass damit viel Gutes erreicht werden wird – aber nicht nur Gutes, wenn wir auf das blicken, was die Geschichte uns lehrt. Schon jetzt gibt es einige verstörende Anzeichen.

Ursprünglich, als die Genetiker einen Teil des menschlichen Genoms entschlüsselt hatten und herausfanden, welche Gene welchen Abschnitt der Organe kontrollieren, beantragten sie für ihr Wissen über diesen Teil des Genoms ein Patent. Das hätte Folgendes bedeuten können: Wenn jemand krank würde und die Ärzte für die notwendige Behandlung auf dieses Wissen zurückgreifen müssten, hätte der Patient dann den Patentinhaber bezahlen müssen, damit der Genmechanismus in seinem eigenen Körper behandelt werden dürfte.

Im Jahr 1998 berichtete die Fachzeitschrift *New Scientist* über einen interessanten Fall zu diesem Thema. Unter dem Titel „Selling the family secrets" (Verkauf der Familiengeheimisse) berichtete die Zeitschrift: „Island plant, die genetische Geschichte seiner Bürger in die Hände einer einzelnen Firma zu legen. Der Deal könnte die Privatsphäre gefährden und schädliche Folgen für die Genforschung auf der ganzen Welt haben."[233] Im Verlauf des Artikels wird Richard Lewontin, ein Professor der Zoologie und Biologie an der Harvard-Universität, mit folgendem Kommentar zitiert:

> Es herrscht das allgemeine Gefühl, dass Gene für privaten Profit ausgenutzt werden. Die Bevölkerung von Island wurde zu einem Mittel für diese eine Firma, und das erscheint absolut verwerflich.

Der *New Scientist* berichtet auch, dass nicht nur viele Isländer diesen Vorschlag kritisierten, sondern auch die Datenschutzkommission der Europäischen Union, denn damit werde versäumt, „die Privatsphäre, Würde und Rechte der Menschen zu schützen, deren Daten in Datenbanken für die Genforschung aufgenommen würden".

Dadurch, dass auch weiter an Genen geforscht wurde, sind seit damals einige Fortschritte erzielt worden; hoffen wir, dass dieser Trend anhält. Es wäre natürlich töricht, nun in Panik zu geraten und eine verantwortungsvolle Genforschung zu bremsen, die uns so viel medizinischen Nutzen verspricht. Doch gleichzeitig müssen wir auch die dunkle Seite von all dem in Betracht ziehen, was die Zukunft bringen könnte, wenn der Mensch seine Macht über die Natur ohne ethische Kontrollen ausnutzen würde. Stellen Sie sich vor, dass einmal der Tag kommt, an dem die Gentechniker, die das gesamte menschliche Genom dekodiert und erfasst haben, von irgendeiner totalitären Regierung kontrolliert werden. Stellen Sie sich vor, dass diese Regierung nun durch sie die Macht hätte zu entscheiden, welche Art von Leuten heiraten und Kinder kriegen dürfen oder welche Föten zur Welt kommen dürfen. Dann würde die Macht des Menschen über die Natur offensichtlich nicht die Macht eines jedes Menschen über die Natur sein, sondern die Macht von vergleichsweise wenigen Männern und Frauen über die große Mehrheit. C. S. Lewis bemerkt dazu:

> Falls ein bestimmtes Zeitalter dank der Eugenik und einer wissenschaftlichen Erziehung die Macht erlangte, seine Nachkommen nach

---

233 Coghlan, *Selling the familiy secrets*, 20–21.

Belieben herzustellen, so sind eben in Wirklichkeit alle nachfolgenden Menschen dieser Macht unterworfen. ... Und falls ... das so zu
maximaler Macht über die Nachwelt gelangte Zeitalter sich auch am
meisten von der (moralischen) Tradition gelöst hat, ist es sicher im
Begriff, die Macht seiner Vorgänger ebenso drastisch einzudämmen
wie die seiner Nachfolger. ... Das wirkliche Bild ist das eines einzigen herrschenden Zeitalters ..., das allen vorausgehenden den erfolgreichsten, unerbittlichsten Widerstand leistet und alle späteren
beherrscht und so zum eigentlichen Beherrscher der menschlichen
Gattung wird. Doch auch innerhalb dieser Herrschergeneration ...
wird die Macht nur noch von einer kleineren Minderheit ausgeübt
werden. Die Eroberung der Natur durch den Menschen bedeutet,
falls die Träume einiger wissenschaftlicher Planer sich verwirklichen
lassen, die Herrschaft von ein paar Hundert Menschen über Abermillionen von Menschen. Es gibt keine einseitige Machtsteigerung für
die Menschheit im Ganzen, und es kann keine geben. Jede *von* Menschen neu erlangte Macht ist gleichzeitig Macht *über* Menschen.[234]

Daher müssen wir, lange bevor solche hypothetischen Endszenarien Wirklichkeit werden, folgende Frage sorgfältig durchdenken: Mit welchen moralischen Grenzen und mit welchen Prinzipien sollte die Macht der Menschheit über die Natur ethisch kontrolliert und gelenkt werden?

Wenn zum Beispiel von der Regierung gesteuerte Genetiker anordnen
würden, dass nur normale Föten zur Welt kommen dürften, anhand welchen Maßstabs würden sie Normalität definieren? Würden sie zulassen, dass
die zukünftige Helen Keller geboren werden dürfte? Sie war sowohl blind als
auch taub, und doch triumphierte sie über ihre doppelte Behinderung und
wurde so zu einer Inspiration für Tausende. In der Vergangenheit waren
viele unserer größten Musiker und Künstler nicht zu 100 Prozent emotional ausgeglichen. Wenn zukünftige Genetiker in der Lage wären, die Gene
zu lesen und vorherzusagen, dass solche Föten, wenn sie geboren würden,
unter einer emotionalen Fehlanpassung leiden würden, würden sie dann
deren Abtreibung anordnen und ihnen so nicht nur das Leben nehmen,
sondern auch (unwissentlich) die Welt eines brillanten und bereichernden
Talents berauben?

---

234 *Die Abschaffung des Menschen*, 60–61

Überlegungen dieser Art betonen die Ernsthaftigkeit unserer Anfangsfrage: Was sind die Grenzen menschlicher Macht? Gibt es solche Grenzen? Sind wir irgendwelchen moralischen und geistlichen Gesetzen unterworfen?

Die Frage nach der Würde und den Rechten des Menschen

Nehmen wir die Frage nach den Menschenrechten – die Rechte nicht der Menschheit als Ganzes oder ganzer Nationen, sondern die eines jeden einzelnen Menschen. Denn wir sollten uns die Lektionen der Geschichte immer vor Augen halten: Weltreiche kommen und gehen, Stämme und ethnische Gruppen verschmelzen miteinander, lösen sich dann nach einiger Zeit wieder auf und setzen sich neu zusammen, Kulturen erblühen und erlöschen wieder. Die Konstante ist der einzelne Mensch. Wenn wir den Wert der Menschheit einschätzen wollten, müssten wir mit dem Wert eines jeden Menschen beginnen, der Teil der Menschheit ist. In gewissem Sinne sind Nationen unpersönliche Gebilde, und die Geschichte hat zu oft gezeigt, dass Menschen zwar von der Macht von Nationen in den Bann gezogen werden können, dabei aber äußerst wenig Interesse für die Not und die Zerstörung Einzelner zeigen, die eine solche Machtlust letztendlich über Hunderttausende von Menschen bringen kann.

Auf was gründen sich dann die Rechte des einzelnen Menschen? Der Theismus hat schnell eine Antwort parat: Sie gründen sich auf Gott und Gottes Charakter. Jeder Einzelne ist nach dem Bilde Gottes geschaffen und besitzt damit eine ureigene, unveräußerliche Würde und unabdingbare Rechte. Misshandelt man einen einzelnen Menschen, beleidigt man damit seinen Schöpfer: „Wer Menschenblut vergießt, dessen Blut soll durch Menschen vergossen werden; denn nach dem Bilde Gottes hat er den Menschen gemacht" (1Mo 9,6). „Wer den Geringen unterdrückt, verhöhnt den, der ihn gemacht hat" (Spr 14,31).

Doch Atheisten müssen per Definition diese Grundlage der Menschenrechte ablehnen und diese Rechte auf irgendeine andere Quelle gründen. Wer verleiht also dann dem Einzelnen seine Rechte? Der Humanist Sidney Cook sagt: „Es ist nicht Gott, sondern die Gemeinschaft der Menschen, die ihre Mitglieder mit Rechten ausstattet."[235]

Nun mag diese These in Zeiten, in denen Gemeinschaften und ihre Regierungen vernünftig handeln, angemessen erscheinen. Doch die Geschichte hat gezeigt, dass Gemeinschaften und Regierungen oft unvernünftig handeln. Und in diesen Zeiten kommt die drängende Frage auf: Sind

---

235 *Solzhenitsyn and Secular Humanism*, 6

Gemeinschaften, sind Regierungen die letzte und absolute Autorität? Haben sie das letzte Recht zu entscheiden, welches Individuum oder welche ethnische Gruppe das Recht auf Leben hat und wer davon ausgeschlossen werden sollte? Ist der Staat die höchste Quelle allen Gesetzes oder gibt es Gesetze, die noch über dem Staat stehen, die die Rahmenbedingungen für die Machtausübung des Staates festlegen?

> ✚ Die Geschichte hat gezeigt, dass Gemeinschaften und Regierungen oft unvernünftig handeln. Und in diesen Zeiten kommt die drängende Frage auf: Sind Gemeinschaften, sind Regierungen die letzte und absolute Autorität?

Sophokles' Stück *Antigone*, aus dem wir bereits die berühmte Ode an die Eroberung der Natur durch den Menschen zitiert haben, hat als zentrales Thema genau diese Frage: Sind die Gesetze des Staates, so wichtig sie auch sind, die höchsten Gesetze, oder gibt es andere Gesetze, die über diesen stehen? Antigone äußert sich dazu wie folgt:

Auch hielt ich das, was du befahlst,
nicht für so mächtig,
als dass ein Sterblicher die ungeschriebenen
und unfehlbaren Satzungen der Götter brechen könnte.
Denn sie sind nicht von heute oder gestern,
sie leben immer und keiner weiß, seit wann.
Ich wollte nicht, gegen sie verstoßend,
aus Furcht vor eines Menschen Absicht,
vor den Göttern schuldig werden.[236]

Eine Geschichte, die ebenfalls lesenswert ist, ist die berühmte hebräische Geschichte über dieses Thema in Daniel 3. Sie spielt zur Zeit von Nebukadnezar, dem König von Babylon (605–562 v. Chr.). Um die Stabilität seines Reiches zu sichern, rief Nebukadnezar alle Staatsbeamten und leitenden Staatsdiener nach Babylon. Dort ließ er ein goldenes Standbild errichten und ließ alle Beamten und Staatsdiener zu einer öffentlichen Zeremonie zu Ehren dieses Gottes kommen. Während das staatliche Orchester passende patriotische Musik spielte, wurde von allen Beamten und Staatsdienern verlangt, sich zu verbeugen und das Standbild anzubeten. Dieses Standbild war natürlich ein Symbol für die Vergötterung des Staates und seines

---

236 *Antigone*, II, 23–24

Oberhaupts, Nebukadnezar; und die Beamten und Staatsdiener wurden damit gezwungen, die Absolutheit der Staatsmacht anzuerkennen.

Zu dieser Zeit lebten jedoch in Babylon im erzwungenen Exil Tausende von Juden, die dorthin verschleppt worden waren. Drei junge Juden waren Staatsdiener geworden, und daher wurde auch ihnen befohlen, sich neben ihren Kollegen vor dem Standbild des Staates zu verbeugen und es anzubeten. Obwohl sie treue Untertanen ihres Königs waren, waren sie nicht bereit, den Staat zu vergöttern und seinem Abbild die absolute Ehrerbietung darzubringen, die Gott alleine gebührt. Also weigerten sie sich, sich zu unterwerfen, und standen damit nicht nur für Gott ein, sondern auch für die grundsätzliche Würde und Freiheit des Gewissens eines jeden Menschen. Dafür wurden sie in einen Feuerofen geworfen. Was dann passierte, können Sie in der Bibel nachlesen.

Die Christen des 1. und 2. Jahrhunderts n. Chr. standen vor einer ähnlichen Herausforderung. Christus war ungerechterweise durch den römischen Statthalter Pilatus in der Regierungszeit des Kaisers Tiberius gekreuzigt worden. Aber dennoch wurden die Christen von den christlichen Aposteln gelehrt, dem Staat zu gehorchen und ihn zu respektieren:

Jede Seele unterwerfe sich den übergeordneten staatlichen Mächten! Denn es ist keine staatliche Macht außer von Gott, und die bestehenden sind von Gott verordnet. Wer sich daher der staatlichen Macht widersetzt, widersteht der Anordnung Gottes; die aber widerstehen, werden ein Urteil empfangen. Denn die Regenten sind nicht ein Schrecken für das gute Werk, sondern für das böse. Willst du dich aber vor der staatlichen Macht nicht fürchten, so tue das Gute, und du wirst Lob von ihr haben; denn sie ist Gottes Dienerin, dir zum Guten. Wenn du aber das Böse tust, so fürchte dich! Denn sie trägt das Schwert nicht umsonst, denn sie ist Gottes Dienerin, eine Rächerin zur Strafe für den, der Böses tut. Darum ist es notwendig, untertan zu sein, nicht allein der Strafe wegen, sondern auch des Gewissens wegen. Denn deshalb entrichtet ihr auch Steuern; denn es sind Gottes Diener, die eben hierzu fortwährend beschäftigt sind. Gebt allen, was ihr ihnen schuldig seid: die Steuer, dem die Steuer; den Zoll, dem der Zoll; die Furcht, dem die Furcht; die Ehre, dem die Ehre gebührt! (Röm 13,1-7)

Die Christen sollten keine Anarchisten oder Revolutionäre sein. Aber dann beschlossen einige römische Kaiser, von allen ihren Untertanen zu verlangen, dem Kaiser göttliche Ehren zu erweisen, um so die verschiedenen Nationen, Kulturen und Religionen in ihrem großen Reich zu vereinen. Hier geschah erneut die Verabsolutierung des Staates und die Vergöttlichung des Menschen.

Die Christen weigerten sich und wurden hingerichtet.[237] Aber sie bekannten sich dazu, dass eine menschliche Regierung zwar von Gott eingesetzt wird, es aber falsch und gefährlich ist, die Macht des Staates zu verabsolutieren. Gott allein ist die absolute Macht, und die Würde eines jeden Menschen leitet sich von Gott ab und nicht von der Gesellschaft oder dem Staat.

Ist der Mensch potenziell Gott?

Wie wir gesagt haben, lehnen Humanisten Gott ab. Dennoch sind ihnen Würde, Rechte und Freiheit des Menschen sehr wichtig; sie bestreiten nur, dass diese grundlegenden menschlichen Werte von Gott abgeleitet werden. Stattdessen schlagen sie (oder einige von ihnen) eine bemerkenswerte Alternative vor: Der Mensch selbst ist Gott oder zumindest auf dem Weg, Gott zu werden.

Professor Paul Kurtz schrieb: „Gott selbst ist der vergöttlichte Mensch."[238] Professor Erich Fromm (1900–1980), der zu seiner Zeit ein führender humanistischer Psychologe war, nannte eines seiner Bücher *You Shall be as Gods* („Ihr sollt wie Götter sein", auf Deutsch erschienen unter dem Titel *Die Herausforderung Gottes und des Menschen*). Der Titel ist interessant, denn er stammt aus dem biblischen Bericht über die Versuchung des Menschen im Garten Eden. (Fromm war Jude und entstammte einer langen Reihe von Rabbis, doch im Alter von 26 kehrte er sich vom jüdischen Glauben ab, wurde zu einem überzeugten Humanisten und Atheisten und sah nur wenig Unterschied zwischen den Weltanschauungen von Humanismus und Marxismus.) Tatsächlich ist das Versprechen „Ihr sollt wie Götter sein" in der Bibel in ähnlicher Form Teil der Versuchung, mit der die Schlange Eva und Adam dazu brachte, Gott ungehorsam zu sein und nach Unabhängigkeit von ihm zu streben (1Mo 3,5). An dieser Stelle wäre es wichtig, einmal die ganze Geschichte zu lesen.

---

237 Siehe den Brief von Plinius, dem römischen Statthalter von Bithynien (111–113 n. Chr.), an den römischen Kaiser Trajan, in dem er fragt, was mit den Christen geschehen solle, die sich weigerten, dem Kaiser ein Opfer darzubringen, und die Antwort des Kaisers. Plinius der Jüngere, *Briefe*, 96 (641–645) und 97 (645).

238 *Fullness of Life*, 19

Das christliche Verständnis dieses Ereignisses ist, dass diese Versuchung die Ursache des Falles des Menschen war mit all der Entfremdung, dem Schmerz, der Sünde und dem Tod, die er zur Folge hatte (Röm 5,12-21; 2Kor 11,1-3; vgl. auch 1Kor 15,42-49).

Fromm hat eine andere Interpretation:

> Die christliche Interpretation der Geschichte vom Ungehorsam des Menschen als seinem „Sündenfall" hat den klaren Sinn der Geschichte verdunkelt. Der biblische Text erwähnt nicht einmal das Wort „Sünde"; der Mensch fordert die höchste Macht Gottes heraus, und er kann sie herausfordern, weil er potenziell Gott ist.[239]

Für einen Christen ist Fromms Interpretation äußerst erstaunlich. Sicherlich zeugt sie von der Art, wie die Idee „Ihr sollt wie Götter sein" all die Jahrhunderte im Unterbewusstsein der Menschheit gebrodelt und sich immer mal wieder besonders dann gezeigt hat, wenn Menschen in ihrem Streben nach weltweiter Macht der Versuchung der Selbstvergöttlichung erlagen, wie die Pharaonen, Nebukadnezar der Babylonier, Darius der Perser (siehe Dan 6), Alexander der Große und einige der römischen Kaiser, aber auch in der Verabsolutierung von totalitären Regierungen in jüngerer Zeit. Laut der Bibel wird sich diese Idee mit ihrer ganzen Kraft schließlich zeigen, wenn es in der Zukunft einem Politiker gelingen wird, die Macht über die ganze Welt zu erlangen. Jemand, (in der Sprache der Bibel) „der sich widersetzt und sich überhebt über alles, was Gott heißt oder Gegenstand der Verehrung ist, sodass er sich in den Tempel Gottes setzt und sich ausweist, dass er Gott sei" (2Thes 2,4).

> ✠ Die Idee „Ihr sollt wie Götter sein" hat all die Jahrhunderte im Unterbewusstsein der Menschheit gebrodelt und sich immer mal wieder besonders dann gezeigt, wenn Menschen in ihrem Streben nach weltweiter Macht der Versuchung der Selbstvergöttlichung erlagen.

---

239 *Die Herausforderung Gottes und des Menschen*, 29. Die Geschichte in 1. Mose 3 erzählt im Folgenden, wie Adam und Eva sofort der Versuchung nachgaben und Gott ungehorsam waren, sich ihrer Nacktheit bewusst wurden, sich von Gott entfremdet fühlten, vor ihm flohen, Gottes Fluch auf sich zogen, aus dem Garten vertrieben und dem Tod unterworfen wurden. Ob Fromms Interpretation der ganzen Geschichte gerecht wird, sollte der Leser selbst beurteilen.

Aber Fromms Interpretation ist noch aus einem weiteren Grund interessant. Laut Christus ist das Ziel der Erlösung die Gemeinschaft der Erlösten mit Gott durch seinen Sohn. Im Gebet zu seinem Vater drückt Christus es so aus:

> Aber nicht für diese allein (das heißt die Apostel) bitte ich, sondern auch für die, welche durch ihr Wort an mich glauben, damit sie alle eins seien, wie du, Vater, in mir und ich in dir, dass auch sie in uns eins seien, damit die Welt glaube, dass du mich gesandt hast. Und die Herrlichkeit, die du mir gegeben hast, habe ich ihnen gegeben, dass sie eins seien, wie wir eins sind – ich in ihnen und du in mir –, dass sie in eins vollendet seien, damit die Welt erkenne, dass du mich gesandt und sie geliebt hast, wie du mich geliebt hast. (Joh 17,20-23)

Und andere Stellen im Neuen Testament drücken dasselbe Ziel mit ähnlichen Worten aus:

> Denn die er vorher erkannt hat, die hat er auch vorherbestimmt, dem Bilde seines Sohnes gleichförmig zu sein, damit er der Erstgeborene sei unter vielen Brüdern. (Röm 8,29)

> Geliebte, jetzt sind wir Kinder Gottes, und es ist noch nicht offenbar geworden, was wir sein werden; wir wissen, dass wir, wenn es offenbar werden wird, ihm gleich sein werden, denn wir werden ihn sehen, wie er ist. (1Jo 3,2)

So gleicht Fromms atheistische Vorstellung der potenziellen Göttlichkeit des Menschen oberflächlich betrachtet auf erstaunliche Weise dem, was die Bibel als Gottes Absicht für die erlöste Menschheit beschreibt. Doch in Wirklichkeit sind die beiden Konzepte Lichtjahre voneinander entfernt. Da Fromm Gottes Existenz leugnet, lautet seine atheistische Vorstellung, dass der Mensch selbst das Potenzial besitzt, Gott zu werden. Er tritt an Gottes Stelle (oder – sollte Gott doch existieren – in Opposition zu Gott), und zwar nur durch die Entwicklung des vollen eigenen Potenzials seiner menschlichen Kräfte ganz aus sich selbst heraus. Die erhabene Stellung als Kind Gottes in der Gemeinschaft mit Christus und Gott, die Gottes Wort der Menschheit in Aussicht stellt (anders als die Schlange in ihrem Versprechen), erhält der Mensch nicht durch seine eigenen Bemühungen. Es ist ein Geschenk der Gnade und Macht Gottes, zugänglich gemacht durch Umkehr,

Glaube, Wiedergeburt und Gemeinschaft mit Christus und schließlich der Verherrlichung.

Dennoch sind Gottes Wort und das Versprechen der Schlange auf den ersten Blick so ähnlich und doch so grundsätzlich unterschiedlich, dass man sich des Verdachts nicht erwehren kann, das eine sei eine Fälschung des anderen. Der größte und entscheidende Unterschied zwischen beidem ist jedoch folgender: Bei dem einen wird der Fall des Menschen geleugnet, beim anderen vorausgesetzt.

DIE FRAGE NACH DER VERHÄNGNISVOLLEN SCHWÄCHE DES MENSCHEN UND DEM ENTSPRECHENDEN HEILMITTEL

Zweifellos stimmt etwas nicht mit dem Menschen. Schon mit dem geringsten Wissen über die menschliche Geschichte erkennen wir darin durchgängig Beweise für die ernsthaften Mängel in unserem Charakter und Verhalten. Auch die erfolgreichen Jahrhunderte des wissenschaftlichen und technischen Fortschritts geben uns keinen Anlass zu glauben, dass die Menschheit diese tief sitzenden Mängel nun im Griff hätte oder dass wir auch nur auf dem Weg dorthin wären: Das letzte Jahrhundert hat uns mehr deutliche Beweise dafür geliefert als jedes Jahrhundert davor.

Dabei handelt es sich auch nicht nur um heftige Gewaltexzesse wie Massaker, Völkermord, ethnische „Säuberungen" und andere grausame Verbrechen. Es geht auch um das unvernünftige Verhalten von uns allen, das die Menschen verletzt, die wir am meisten lieben, die Geborgenheit von Kindern gefährdet, das Leben von Familien zerstört, Ehen zerbrechen lässt und zu sozialen Spannungen führt. Es geht auch um Korruption und Habsucht, die in Wirtschaft und Politik weit verbreitet sind.

Wie großartig der Mensch ist, wurde in Sophokles' Ode[240] besungen. Das ist er gewiss. Doch er hat auch schwerwiegende Mängel.

Es ist jedoch nicht sinnvoll, bei den nur allzu bekannten Übeln stehen zu bleiben, die sich aus der grundsätzlichen Schwäche des Menschen ergeben. Vielmehr sollten wir mit Blick auf unsere Zukunft überlegen, ob irgendeine Hoffnung auf Heilung besteht. Oder muss der Mensch ewig so weitermachen, wie er es in den vergangenen Jahrhunderten getan hat und es auch im 21. Jahrhundert tut?

---

240 Siehe S. 204

Doch um das richtige Heilmittel zu finden (wenn es eines gibt), müssen wir zunächst zu einer korrekten und realistischen Diagnose des Grundproblems kommen. Wir dürfen uns nicht einfach damit zufriedengeben, uns nur ein Mittel gegen die verschiedenen Symptome der menschlichen Krankheit zu verschreiben. Mit anderen Worten: Wir müssen die Frage stellen, ob das menschliche Fehlverhalten nur eine oberflächliche Beeinträchtigung ist – bei einer grundsätzlich gesunden moralischen Verfassung (wie es beispielsweise bei gelegentlichen Kopfschmerzen der Fall ist). Handelt es sich also hier nur um die temporäre Reaktion auf eine moralische Infektion oder eine leichte moralische Vergiftung, die dem ansonsten moralisch gesunden Charakter des Einzelnen durch die Gesellschaft injiziert wird (so wie der Körper auf Grippe oder Malaria reagiert)? Oder ist das böse Verhalten der Menschheit, in welcher Form es sich auch immer gerade manifestiert, nur das Symptom eines viel grundsätzlicheren Defektes unserer moralischen Verfassung?

Auf diese Frage werden Atheisten natürlich ganz andere Antworten geben als Theisten, insbesondere Christen. Doch unsere Aufgabe hier ist, zunächst beide Arten von Antworten zu verstehen. Lassen Sie uns mit der atheistischen Sicht beginnen.

Unser Verhalten ist vorherbestimmt

Die Menschheit ist, wie auch der Rest der Natur, ein geschlossenes System von Ursache und Wirkung. Das ist die These von Behavioristen wie B. F. Skinner, über den wir bereits in Kapitel 5 gesprochen haben. Er sagte:

> Die Hypothese, die besagt, dass der Mensch nicht frei sei, ist insbesondere wesentlich für die Anwendung wissenschaftlicher Methoden zum Studium menschlichen Verhaltens.[241]

> Wir müssen vorbereitet sein auf die Entdeckung, dass das, was der Mensch tut, ein Ergebnis spezifizierbarer Bedingungen ist, und dass wir, wenn wir diese Bedingungen einmal formuliert haben, seine Handlungen vorhersagen und bis zu einem gewissen Grad determinieren können.[242]

Es stimmt, dass wir alle aus dem einen oder anderen Grund Gewohnheiten entwickeln, gute wie schlechte, und dass man die schlechten nur schwer

---

241 *Wissenschaft und menschliches Verhalten*, 408
242 *Wissenschaft und menschliches Verhalten*, 16

wieder loswird. Und es stimmt auch, dass manche Leute psychologische Zwangsstörungen entwickeln, aufgrund derer sie sich beispielsweise immer wieder, unzählige Male am Tag, die Hände waschen. Doch schlechte Angewohnheiten kann man ablegen, und Zwangsstörungen können mithilfe von Fachleuten geheilt werden.

Aber das ist nicht das, worüber Skinner spricht. Er sagt, dass alle Menschen nur wenig mehr als biologische Maschinen seien, die keine Wahl hätten, als sich gemäß den festen physikalischen und biochemischen Gesetzen von Ursache und Wirkung zu verhalten. Wenn dies stimmt, wäre der Zustand der Menschheit in der Tat ernst, denn Menschen wären überhaupt nicht in der Lage, sich wie moralische Wesen zu verhalten. Ohne Entscheidungsfreiheit wären sie nicht besser als Tiere. Man könnte sie für nichts verantwortlich machen. Sie hätten keine moralische Verantwortung.

Und heilen könnte man ihr (in den Augen anderer Leute) unakzeptables Verhalten, indem man sie nicht als Menschen, sondern als nicht richtig funktionierende Maschinen behandelt. Auch wenn sie geheilt werden würden (falls überhaupt), wäre dies ein trauriger Zustand. Denn auch ein nicht richtig funktionierender Mensch hat mehr Wert und Würde als ein gut erzogener Hund, ein einwandfrei funktionierendes Auto oder ein menschlicher Roboter.

Wir müssen diese Diagnose des Behaviorismus aber nicht ernst nehmen; sie wird heute auch nur noch von wenigen Atheisten akzeptiert. Und nur wenige Behavioristen leben, was sie predigen. Wenn sie von jemandem bestohlen werden, halten auch sie den Dieb für moralisch verantwortlich, beschuldigen ihn und gehen, wenn erforderlich, rechtlich gegen ihn vor.

Mit der Menschheit ist nichts grundsätzlich verkehrt
Der humanistische Psychologe Professor Carl Rogers[243] sagt:

Auch wenn ich mir sehr bewusst bin, dass es in der heutigen Welt eine unglaubliche Menge an zerstörerischem, grausamem, bösartigem Verhalten gibt – von der Bedrohung durch Krieg bis hin zu der sinnlosen Gewalt in den Straßen –, ist aus meiner Sicht dieses Böse kein inhärenter Teil der menschlichen Natur.[244]

---

243 Er war einer der vier Hauptvertreter der sogenannten Dritte-Kraft-Psychologie; die anderen drei sind Abraham Maslow, Rollo May und Erich Fromm.
244 *Notes on Rollo May*, 8

In meinen Augen sind die Mitglieder der menschlichen Art, die – wie Mitglieder anderer Arten auch – in ihrer grundlegenden Natur im Wesentlichen konstruktiv, aber durch ihre Erfahrung geschädigt.[245]

Wenn Menschen also grundsätzlich gut sind, was genau verdirbt sie dann laut dieser Theorie? Die Antwort lautet offenbar: die Gesellschaft.

Der humanistische Psychologe Abraham Maslow sagt:

Kranke Menschen werden von einer kranken Kultur gemacht; gesunde Menschen von einer gesunden Kultur.[246]

Und was die edlen Impulse und Instinkte betrifft, die Menschen in sich tragen, sagt Maslow, sie würden „leicht von Kulturen verformt – man findet sie nie in einem reinen Zustand. Die Leute innerhalb einer Kultur haben vielleicht tief in sich drin die universelle Konstante der Gerechtigkeit. Im Rahmen einer schlechten Kultur kann diese zu einem Werkzeug des Bösen verdreht werden."[247]

Darin liegt natürlich viel Wahrheit. Wenn skrupellose Demagogen die Feuer des Nationalismus schüren, können gewöhnliche, ansonsten freundliche Menschen durch öffentlichen Druck gedrängt werden, schreckliche Verbrechen zu dulden oder gar selbst zu begehen. Rogers fügt hinzu: „Durch Erfahrung bin ich zu der Überzeugung gelangt, dass kulturelle Einflüsse die Hauptfaktoren für unser böses Verhalten sind."[248]

Denken Sie darüber nach, welche Beispiele es dafür geben kann.

Der Marxismus hat immer wieder die Ausbeutung der Arbeiterschaft durch die bürgerlichen Kapitalisten proklamiert. Er sagt, dass die Entfremdung des Menschen von den Produktionsmitteln und den Früchten seiner Arbeit der Grund für die Entfremdung von sich selbst sei und dass das Heilmittel für diese Verdrehung des menschlichen Charakters die Zerstörung des Kapitalismus sei und der Ersatz dessen durch eine bessere Gesellschaft, die der Mensch selbst erschaffe und die wiederum dabei helfe, seinen Charakter zu formen und zu entwickeln.

---

245 *Notes on Rollo May*, 8
246 *Psychologie des Seins*, 23
247 In Welch et al., *Humanistic Psychology*, 189
248 *Notes on Rollo May*, 8

Den psychologischen Schaden, der Kindern und Jugendlichen zugefügt wird, beschreibt Lawrence K. Frank:

> Das „Böse" im Menschen wird zunehmend durch das erklärbar, was für ihn als Kind und Jugendlicher getan beziehungsweise was ihm angetan wird. Er oder sie versucht angesichts von Drohungen, Demütigungen und Ablehnungen, sich durch verzerrte Muster von Überzeugungen, Handlungen und Gefühlen selbst zu schützen und zu erhalten. Diese Persönlichkeitsstörungen scheinen, ähnlich wie bei einer Krankheit, die Bemühungen der „Organismus-Persönlichkeit" zu sein, sich selbst angesichts einer bedrohlichen Umgebung zu schützen – Bemühungen, die sowohl selbstzerstörerisch als auch antisozial sein können.[249]

Auch in dieser Erklärung für viele Entstellungen der menschlichen Persönlichkeit und des menschlichen Verhaltens liegt wieder viel Wahrheit. Man könnte die Gesellschaft, manchmal sogar die Eltern oder Geschwister oder unbarmherzige Lehrer dafür verantwortlich machen. Und dann wäre das Heilmittel die Veränderung der Gesellschaft. Doch auch wenn in dieser Diagnose viel Wahrheit liegt und auch das vorgeschlagene Heilmittel nicht ganz falsch ist, ist fraglich, ob sowohl die Diagnose als auch das Heilmittel völlig ausreichend sind.

> ✇ *Wenn der Grund für das schlechte Verhalten des Einzelnen die Gesellschaft ist, müssen wir uns zunächst einmal fragen, wie die Gesellschaft überhaupt so schlecht werden konnte.*

Wenn der Grund für das schlechte Verhalten des Einzelnen die Gesellschaft ist, müssen wir uns zunächst einmal fragen, wie die Gesellschaft überhaupt so schlecht werden konnte. Zugegeben, eine Gruppe von 500 Menschen erzeugt eine Dynamik, die diese 500 Menschen für sich allein nicht hätten entwickeln können. Doch wenn diese Gruppe aus lauter guten Menschen bestände, hätte sie auch keine böse Dynamik entwickelt, oder?

Der humanistische Psychologe Rollo May weist selbst darauf hin:

> Aber Sie sagen, Sie glauben, „kulturelle Einflüsse seien der Hauptfaktor für unser böses Verhalten". Dies erklärt die Kultur zum Feind.

---

249 *Potentialities of Human Nature*, 65

Doch wer bildet denn die Kultur, wenn nicht Menschen wie Sie und ich?[250]

Und auch die Diagnose und das vorgeschlagene Heilmittel des Marxismus werfen Fragen auf. Wenn die Unterdrückung der Arbeiterschaft durch die bürgerlichen Kapitalisten böse ist, wie sind diese bürgerlichen Kapitalisten denn eigentlich böse geworden? Zweitens sagte der Marxismus vorher, dass das Gebot „Du sollst nicht stehlen" im Falle der Abschaffung des Privateigentums nicht mehr nötig wäre, weil dann jeder alles besäße und daher nicht mehr versucht wäre, irgendetwas zu stehlen. Hat unter dem Sozialismus also niemand öffentliches Eigentum veruntreut?

Und drittens folgten in vielen Ländern auf den gestiegenen wirtschaftlichen Wohlstand der zuvor unterdrückten Arbeiterschaft (wie es bei Wohlstand oft geschieht) der Anstieg der Unmoral, zerstörte Familien, immer mehr Scheidungen und Alleinerziehende mit all den zugehörigen sozialen Nöten. Beweist diese Erfahrung, dass die Kontrolle der Produktionsmittel automatisch zu einem moralischen Leben führt?

Und aus evolutionärer Sicht gibt es noch eine weitere Schwierigkeit, wenn man die Schuld für das schlechte Verhalten des Einzelnen völlig der Gesellschaft in die Schuhe schiebt. Die Evolutionstheorie sagt, dass die menschliche Art hinsichtlich ihres Ursprungs nichts als Materie ist, die sich durch ihre inhärenten Kräfte ohne jegliche Absicht oder Plan zur Menschheit entwickelt hat. Dies hat Soziobiologen, wie wir bereits gesehen haben (siehe Seite 156), zu der Ansicht geführt, dass menschliches ethisches Verhalten aus genetischer Sicht einfach auf die biochemischen Prozesse unserer Gene zurückgeführt werden kann und sollte. Viele Evolutionisten haben jedoch, wie wir ebenfalls gesehen haben, argumentiert, dass es unmöglich sei, menschliches moralisches Verhalten allein auf biologische Systeme zurückzuführen. Dies sei nicht nur unmöglich, sondern auch unnötig, weil die Menschen an einem bestimmten Punkt in der Evolution die Sprache entwickelt hätten, die eine ganze Welt von sozialer Interaktion möglich gemacht habe; und es sei diese soziale Interaktion gewesen, die den Moralsinn der Menschheit habe aufkommen lassen und diesen nun kontrolliere. Der marxistische Psychologe Joseph Nahem sagt:

> Den entscheidendsten Einfluss auf unsere Gedanken, Gefühle und unser Verhalten haben die Gesellschaft und soziale Beziehungen.

---

250 *Problem of Evil*, 12

Wie Marx feststellte: „In seiner Wirklichkeit ist ... (das menschliche Wesen) das *ensemble* der gesellschaftlichen Verhältnisse." Menschen unterscheiden sich von Tieren durch ihre soziale Arbeit, ihre soziale Kommunikation, ihre sozialen Zusammenschlüsse, ihr soziales Erlernen und Gebrauchen der Sprache und durch ihren Beitrag zu den Ideen, Einstellungen, der Moral und dem Verhalten ihrer Gesellschaft.[251]

Doch wenn nun behauptet wird, die Menschheit an sich sei gut, doch die bürgerliche Gesellschaft (laut dem Marxismus) oder die Gesellschaft als Ganzes (laut dem Humanismus) zerstöre, pervertiere und korrumpiere sie, wird der evolutionäre Anspruch widersprüchlich.

Wie schwer es ist, zu einer zufriedenstellenden Diagnose zu kommen, hob der humanistische Psychologe Rollo May hervor:

Heute wissen wir eine Menge über die chemischen Vorgänge des Körpers und die Behandlung physischer Krankheiten. Aber über die Gründe, warum Menschen hassen, warum sie nicht lieben können, warum sie unter Angst und Schuldgefühlen leiden und sich gegenseitig zerstören, wissen wir sehr wenig. Unter dem verhängnisvollen Schatten der Atombombe kommt uns jedoch klar zu Bewusstsein, dass die einseitige wissenschaftliche Betrachtung der Natur und des Menschen tödliche Gefahren birgt.[252]

Analog dazu bemerkt Carl Rogers:

Es ist ziemlich bedauerlich, dass wir es zugelassen haben, dass sich die Welt der psychologischen Wissenschaft nur auf beobachtete Verhaltensweisen, ausgesendete Laute, auf Papier gekratzte Spuren und Ähnliches beschränkt. Bei dem Versuch, ultrawissenschaftlich zu sein, hat die Psychologie sich bemüht, in den Fußspuren einer Newtonschen Physik zu wandeln.[253]

---

251 *Psychology and Psychiatry Today,* 45 (zitiert werden Marx' Thesen über Feuerbach, aus: *Karl-Marx – Thesen über Feuerbach,* 6)
252 *Antwort auf die Angst,* 205–206
253 In Welch et al., *Humanistic Psychology,* 322

Das stimmt. Die Wissenschaft mit all ihren erstaunlichen Technologien und Geräten kann die elektrochemischen Aktivitäten im Gehirn messen. Doch wenn Sinn, Moralvorstellungen und Werte dem nicht materiellen Denken und dem Geist des Menschen zuzuordnen sind, wie die Dualisten und die Bibel sagen, wie könnte die Wissenschaft dann hoffen, sie überhaupt messen zu können?

Die Behauptung, dass es im Menschen ein nicht materielles Element gibt, schmeckt den Atheisten jedoch nicht, weil sie einen zu starken Beigeschmack von Gott und Religion hat. Und das nicht nur, weil Atheisten glauben, es gebe keinen Beweis für die Existenz Gottes, sondern weil viele damit noch ein anderes Problem haben.

Religion trägt entscheidend zur Verzerrung der menschlichen Persönlichkeit bei

Professor Wendell W. Watters war klinischer Professor der Psychiatrie an der McMaster-Universität, und in der Ausgabe vom November/Dezember 1987 von *The Humanist* veröffentlichte er einen Artikel mit der Überschrift „Christianity and Mental Health" (Christentum und mentale Gesundheit). Darin schreibt er:

Ich möchte, dass Sie die Hypothese in Erwägung ziehen, dass die christliche Lehre, der existenzielle Beruhigungs-Schnuller par excellence, nicht mit den Prinzipien einer guten mentalen Gesundheit vereinbar ist und mehr zur Entstehung menschlichen Leides beiträgt als zu seiner Verminderung.[254]

Meiner Ansicht nach sind alle Religionen unmenschliche Anachronismen, doch hier befasse ich mich nur mit dem Christentum und insbesondere mit der ungesunden Natur der christlichen Lehre auf persönlicher und zwischenmenschlicher Ebene.[255]

Ein wahrer Christ muss sich immer in einem Zustand der Qual befinden, denn er kann sich nie wirklich sicher sein, dass Gott ihm seine negativen Gefühle, die er tief in sich spürt, vergeben hat – trotz des katholischen Beichtstuhls und dem fundamentalen Trick der Selbsttäuschung, der als „errettet sein" oder „wiedergeboren sein" bekannt ist.[256]

---

254 *Christianity and Mental Health*, 3
255 *Christianity and Mental Health*, 5
256 *Christianity and Mental Health*, 10

Der wahre Christ rennt grimmig in einer Tretmühle, um ganzen Segmenten seiner menschlichen Natur zu entfliehen, über die er gelehrt wurde, er müsse sich vor ihnen hüten oder sich ihretwegen schuldig fühlen. Dem Christen wird per Gehirnwäsche eingeredet, er sei böse geboren, solle leiden, wie Christus gelitten hat, und solle dennoch eine aus menschlicher Sicht unmögliche Stufe von Vollkommenheit anstreben.[257]

Dies sind gewichtige Kritikpunkte, die man ernstnehmen sollte. Das Erste, was man dazu sagen könnte, wäre, dass die Bibel selbst mit Watters darin übereinstimmt, dass Religion eine sehr ungesunde Sache sein kann; darauf versucht sie an vielen Stellen hinzuweisen. Der christliche Apostel Paulus warnt seine Leser immer wieder vor Lehren, die nicht „gesund" seien (zum Beispiel 1Tim 1,10; 6,3). Zu diesen ungesunden Lehren zählt er unter anderem das Verbot zu heiraten und die Forderung nach Verzicht auf Nahrungsmittel, die Gott geschaffen hat, damit sie dankbar angenommen werden (1Tim 4,3). Er betont, dass „Gott ... uns alles reichlich darreicht zum Genuss" (1Tim 6,17). Er prangert falsche Askese an, die von so vielen Religionen empfohlen wird, die er als „Elemente der Welt" bezeichnet. Er schreibt:

Was unterwerft ihr euch Satzungen, als lebtet ihr noch in der Welt: Berühre nicht, koste nicht, betaste nicht! – was doch alles zur Vernichtung durch den Gebrauch bestimmt ist, nach den Geboten und Lehren der Menschen? Das alles hat zwar einen Anschein von Weisheit, in eigenwilligem Gottesdienst und in Demut und im Nichtverschonen des Leibes – also nicht in einer gewissen Wertschätzung –, dient aber zur Befriedigung des Fleisches. (Kol 2,20-23)

Wenn Watters jedoch sagt: „Ein wahrer Christ muss sich immer in einem Zustand der Qual befinden, denn er kann sich nie wirklich sicher sein, dass Gott ihm seine negativen Gefühle, die er tief sich in spürt, vergeben hat"[258], kann man nur vermuten, dass er diesen Eindruck von wahren Christen durch Patienten erhalten hat, die unter unwirklicher, psychologischer Schuld oder irgendeiner anderen mentalen oder emotionalen Störung litten (denn er selbst ist offensichtlich kein Christ und kann daher nicht aus persönlicher Erfahrung wissen, was wahre Christen fühlen).

---

257 *Christianity and Mental Health*, 32
258 *Christianity and Mental Health*, 10

Es stimmt natürlich, dass Christen – wie andere Menschen auch, einschließlich Atheisten – unter emotionalen Störungen, Neurosen, Phobien und mentalen Zusammenbrüchen leiden können. Auch bei Christen kann es passieren, dass sie nicht zwischen wirklicher Schuld und unwirklichen, psychologischen Schuldgefühlen unterscheiden können und sich vorstellen, sie hätten die eine Sünde begangen, die nicht vergeben werden kann.

Doch was die Aussage betrifft, Christen könnten sich nicht sicher sein, dass Gott ihnen tief empfundene negative Gefühl vergibt: Die Bibel sagt etwas ganz anderes. Sie erklärt wiederholt, dass wahren Christen nicht nur ihre Schuld vergeben wurde, sondern dass sie auch mit absoluter Gewissheit wissen können, dass ihnen jetzt und in alle Ewigkeit vergeben ist, nicht auf Grundlage ihrer Gefühle (guter wie schlechter), sondern auf Grundlage der Liebe, der unverdienten Gnade und unveränderlichen Zusage Gottes. Da Watters offenbar Leute gefunden hat, die einen gegenteiligen Eindruck haben und deswegen unter mentalen Qualen leiden, könnte es hilfreich sein, ein paar Bibelstellen zu zitieren und sie für sich selbst sprechen zu lassen:

Ich schreibe euch, Kinder, weil euch die Sünden vergeben sind um seines Namens willen. (1Joh 2,12)

Ihrer Sünden und ihrer Gesetzlosigkeiten werde ich nicht mehr gedenken. (Hebr 10,17)

Da wir nun gerechtfertigt worden sind aus Glauben, so haben wir Frieden mit Gott ... und rühmen uns aufgrund der Hoffnung der Herrlichkeit Gottes. (Röm 5,1-2)

Die Liebe Gottes ist ausgegossen in unsere Herzen durch den Heiligen Geist, der uns gegeben worden ist. Denn Christus ist, als wir noch kraftlos waren, zur bestimmten Zeit für Gottlose gestorben. Denn kaum wird jemand für einen Gerechten sterben; denn für den Gütigen möchte vielleicht jemand auch zu sterben wagen. Gott aber erweist seine Liebe zu uns darin, dass Christus, als wir noch Sünder waren, für uns gestorben ist. Vielmehr nun, da wir jetzt durch sein Blut gerechtfertigt sind, werden wir durch ihn vom Zorn gerettet werden. Denn wenn wir, als wir Feinde waren, mit Gott versöhnt wurden durch den Tod seines Sohnes, so werden wir viel mehr, da wir versöhnt sind, durch sein Leben gerettet werden. (Röm 5,5-10)

Wahrlich, wahrlich, ich sage euch: Wer mein Wort hört und glaubt dem, der mich gesandt hat, der hat ewiges Leben und kommt nicht ins Gericht, sondern er ist aus dem Tod in das Leben übergegangen. (Joh 5,24)

Meine Schafe hören meine Stimme, und ich kenne sie, und sie folgen mir; und ich gebe ihnen ewiges Leben, und sie gehen nicht verloren in Ewigkeit, und niemand wird sie aus meiner Hand rauben. (Joh 10,27-28)

Dies habe ich euch geschrieben, damit ihr wisst, dass ihr ewiges Leben habt, die ihr an den Namen des Sohnes Gottes glaubt. (1Jo 5,13)

Als aber die Güte und die Menschenliebe unseres Retter-Gottes erschien, rettete er uns, nicht aus Werken, die, in Gerechtigkeit vollbracht, wir getan hätten, sondern nach seiner Barmherzigkeit durch die Waschung der Wiedergeburt und Erneuerung des Heiligen Geistes. (Tit 3,4-5)

Es ist wichtig, Watters' Kritik ernst zu nehmen. Aber man sollte dazu auch die Aussage eines anderen Psychiaters, diesmal aus Harvard, anführen. Professor Robert Coles erklärt:

Nichts von dem, was ich über das Wesen des Menschen herausgefunden habe, widerspricht dem, was ich von den hebräischen Propheten gelernt habe, einem Jesaja, Jeremia oder Amos, aus dem (Buch) Prediger und von Jesus und den Menschen, die er angerührt hat. Alles, was ich als Ergebnis meiner Forschung über das menschliche Verhalten sagen kann, ist eine Fußnote zu dem, was man im Alten und Neuen Testament findet.[259]

Vergleicht man diese sehr unterschiedlichen Berichte dieser zwei Psychiater, Watters und Coles, über ihre wissenschaftlichen Erkenntnisse, könnte man zu dem Schluss kommen, dass psychiatrische Urteile zu einem Großteil von der persönlichen Weltanschauung des jeweiligen Psychiaters abhängen.

Doch Watters spricht auch über den Schaden, den die christliche Lehre von der Ursünde der mentalen Gesundheit von Menschen zufüge. Es ist

---

259 Zitiert von P. Yancey in *Warum ich heute noch glaube*, 133

daher Zeit, dass wir uns anschauen, was tatsächlich die Diagnose des Christentums über die verhängnisvolle Schwäche der Menschheit ist und welches Heilmittel es vorschlägt.

Die christliche Diagnose über die verhängnisvolle Schwäche der Menschheit und das entsprechende Heilmittel

Die Bibel ist sehr offen und ehrlich. Sie schiebt die Schuld für das menschliche Fehlverhalten nicht der Gesellschaft in die Schuhe: Sie sagt, dass der Mensch selbst böse ist. Das soll nicht heißen, dass Menschen tatsächlich in allen Bereichen des Lebens immer so böse sind, wie sie es sein könnten. Obwohl der Mensch böse ist, besitzt er noch immer viele der edlen Eigenschaften der ursprünglichen Schöpfung Gottes. Darauf weist Christus seine Zeitgenossen hin: „Wenn nun ihr, die ihr böse seid, euren Kindern gute Gaben zu geben wisst, wie viel mehr wird der Vater, der vom Himmel gibt, den Heiligen Geist geben denen, die ihn bitten!" (Lk 11,13).

Alle Menschen, Atheisten genauso wie Theisten, wissen, wie sie ihren Kindern Gutes tun können; sie haben Elterninstinkte, lieben ihre Kinder und kümmern sich oft auch um andere außerhalb ihrer Familie. Die Bibel leugnet dies nicht, noch übersieht sie es. Auch werden all die echten Bemühungen seitens der Wissenschaftler, Ärzte, Chirurgen, Psychiater, Krankenschwestern, Pädagogen, Ökonomen, Politiker und anderer, die versuchen Krankheiten und Leiden zu lindern, die uns Menschen in unserem gefallenen Zustand treffen, weder von der Bibel geleugnet noch herabgewürdigt.

Aber dennoch lehrt sie, dass die Menschheit böse ist, und zwar wegen zwei Dingen: Erstens gehören Menschen zu einer gefallenen Art, und zweitens hat jeder einzelne Mensch persönlich und bewusst gesündigt.

Die fundamentale Ursünde, die die Menschheit von Anfang an verdorben hat, war nicht nur der Ungehorsam gegenüber dem Schöpfer, sondern der bewusste Versuch, nach Unabhängigkeit von Gott zu streben: Die Menschen wollten wie Gott sein, wollten ihr eigener Herr sein und selbst entscheiden, was gut und was böse ist, ohne dabei nach Gottes Willen oder seinem Wort zu fragen (1Mo 3). Es war eine Revolte des menschlichen Geistes gegen den Gott, der den menschlichen Geist doch erschaffen hatte; eine Revolte, die die Haltung des Geschöpfs gegenüber seinem Schöpfer und anderen Menschen und der Schöpfung selbst grundlegend veränderte.

Die weitreichenden Auswirkungen kann man noch immer bei jenen sehen, die nicht nur zum einen das Gefühl haben, es gebe keinen Beweis für Gottes Existenz, und daher nicht an ihn glauben, sondern zudem auch eine bewusste Anti-Gott-Haltung einnehmen. Aber man sieht sie auch bei Leuten, für die Religion das Mittel ist, in dessen Rahmen sie sich durch ihre eigenen guten Taten eine positive Verhandlungsposition schaffen möchten, um sich auf deren Grundlage Gottes Annahme zu verdienen – als ob sich ein Geschöpf durch Religion oder irgendeine andere Handlung die Annahme seines Schöpfers verdienen könnte, wenn doch alles Gute, das jeder von uns hat, ohnehin von ihm kommt.

In Wahrheit wurden wir ausnahmslos alle als Mitglieder einer gefallenen Art mit dieser falschen Einstellung im Zentrum unserer Persönlichkeit geboren – mit diesem verhängnisvollen Schaden, diesem falschen Stolz, der unsere sonst edlen Taten befleckt und zudem viele unwürdige Taten hervorbringt.

Doch die Lehre von der Ursünde bedeutet nicht, wie Watters meint, dass dem Christen durch Gehirn-

> ✚ *Die fundamentale Ursünde, die die Menschheit von Anfang an verdorben hat, war nicht nur der Ungehorsam gegenüber dem Schöpfer, sondern der bewusste Versuch, nach Unabhängigkeit von Gott zu streben: Die Menschen wollten wie Gott sein, wollten ihr eigener Herr sein und selbst entscheiden, was gut und was böse ist, ohne dabei nach Gottes Willen oder seinem Wort zu fragen.*

wäsche eingeredet wird, dass er (obwohl von Geburt an böse) durch eigene Anstrengung versuchen sollte, eine aus menschlicher Sicht unmögliche Stufe der Vollkommenheit zu erreichen. Die Bibel sagt ganz offen und realistisch: „Alle haben gesündigt und erlangen nicht die Herrlichkeit Gottes", fügt aber sofort hinzu, dass alle, die es wollen, „umsonst (im Griechischen bedeutet „umsonst" hier „ohne Bezahlung oder Verdienst") gerechtfertigt" werden „durch seine Gnade, durch die Erlösung, die in Christus Jesus ist. ... Denn wir urteilen, dass der Mensch durch Glauben gerechtfertigt wird, ohne Gesetzeswerke. ... Dem dagegen, der nicht Werke tut, sondern an den glaubt, der den Gottlosen rechtfertigt, wird sein Glaube zur Gerechtigkeit gerechnet" (Röm 3,23-24.28; 4,5).[260]

Zudem sagt die Lehre von der Ursünde, um die Sachlage unmissverständlich deutlich zu machen, dass genauso, wie die Menschheit am Anfang durch den Ungehorsam ihres Gründungsvaters gegenüber Gott beschädigt und verdorben wurde, dem Einzelnen auch von Gott vergeben werden kann. Jeder kann mit ihm versöhnt und von ihm angenommen werden, nicht durch eigenes Bemühen um Gehorsam (das immer nur schwach und

---

260 Hinsichtlich des Verhältnisses der Erlösung zu guten Werken, siehe die Diskussion unter „Das wahre Belohnungsmotiv", S. 193

unvollkommen sein wird, auch wenn wir uns noch so sehr anstrengen), sondern durch den Gehorsam eines anderen: Jesus Christus. Die biblische Aussage dazu lautet: „Denn wie durch des einen Menschen (das heißt Adam) Ungehorsam die vielen in die Stellung von Sündern versetzt worden sind, so werden auch durch den Gehorsam des einen (das heißt Christus) die vielen in die Stellung von Gerechten versetzt werden" (Röm 5,19). Gott macht die Annahme eines Menschen nicht von dessen Versuch abhängig, einen vollkommenen Maßstab zu erreichen, der für Menschen einfach unerreichbar ist. Die nötige Vollkommenheit wird ihm geschenkt: Der christliche Apostel Paulus schreibt von „Christus Jesus ..., der uns geworden ist Weisheit von Gott und Gerechtigkeit und Heiligkeit und Erlösung" (1Kor 1,30).

• *Die scheinbare Torheit des christlichen Heilmittels*

Jedem, der das Neue Testament zum ersten Mal ernsthaft liest, wird vielleicht auffallen, wie töricht die Aussage erscheint, dass das Heilmittel für das Böse der Menschheit in der Geschichte eines gekreuzigten Mannes liegt. Den Griechen, die in den intellektuellen Tiefen der griechischen Philosophie versiert waren, konnte dies nur absurd erscheinen, wie auch den Juden, deren Vorstellung von der Erlösung von dem Bösen eine politische Befreiung der Nation durch einen wundertätigen Messias war.

Erstaunlich bei diesem scheinbar törichten Heilmittel war, dass die ersten christlichen Prediger gleich erkannten, dass es ihren Zuhörern töricht erscheinen musste. Aber sie predigten es trotzdem, denn – so ihre Erklärung – sie sahen darin die Weisheit Gottes (1Kor 1,18-25).

Wenn es als Heilmittel für die verhängnisvolle Schwäche des Menschen angeboten wird, zeigt das Kreuz Christi als Erstes auf die Diagnose des Grundproblems des Menschen: Es liegt nicht im Mangel an Intellekt oder Vernunft, sondern in einem Trugschluss, in Furcht und der daraus resultierenden Feindschaft des menschlichen Herzens gegenüber Gott.

Die alte Geschichte erzählt uns, wie die Schlange Gott vor dem Menschen verleumdete und dem Menschen einredete, Gott würde ihn quälen: Erst habe er Adam und Eva schöne Bäume und schöne Früchte gegeben, und dann habe er ihnen verboten, davon zu essen; Gott wolle die Menschen kleinhalten, damit sie nicht so würden wie er selbst (1Mo 3,5). Die Verleumdung war erfolgreich. Doch sobald der Mensch die verbotene Frucht nahm, fühlte er Scham und Unruhe angesichts seines gefallenen Zustands, hatte das Gefühl, dass Gott gegen ihn war, und floh, um sich vor Gott zu verstecken (1Mo 3,7-10).

Diese Verleumdung hat sich seitdem eingenistet, dieser Argwohn Gott gegenüber im menschlichen Herzen: dass Gott, wenn es ihn gibt, gegen uns sein muss, uns natürliche Freuden verbietet, uns psychologisch unterdrückt und uns davon abhält, unser menschliches Potenzial voll zu entfalten. Das Resultat ist die Entfremdung des menschlichen Geistes von Gott, und in extremen Fällen das Leugnen von allem, was einen Beigeschmack von Gott hat. Das geht sogar bis zum Leugnen, dass der Mensch überhaupt einen Geist besitzt, und dem Versuch zu glauben, dass Menschen nichts als bloße Materie sind.

Diese Verleumdung war und bleibt falsch. Sie ist auch irrational. Wie könnte es vernünftig sein zu glauben, dass unser Schöpfer – wenn es ihn gibt – per Definition gegen uns wäre? Gleichzeitig trägt unser Wissen um die Schuldhaftigkeit und die Scham über unsere persönlichen Sünden zu dem Gefühl bei (dieses Mal zu Recht), dass Gott, wenn er existiert, gegen unsere Sünden ist.

Das Problem war: Wie konnte der Fluch dieser Verleumdung gebrochen werden? Wie konnten Entfremdung und Feindschaft beseitigt werden und Ver-

> ✝ *Das Problem war: Wie konnte der Fluch dieser Verleumdung gebrochen werden? Wie konnten Entfremdung und Feindschaft beseitigt werden und Versöhnung geschehen?*

söhnung geschehen? Die Antwort darauf, so das Neue Testament, war die Menschwerdung des Sohnes Gottes und sein Tod am Kreuz, wodurch Gott zum Herzen des Menschen durchdringen und ihm zeigen konnte, wie Gott wirklich ist. Und die Botschaft, die uns Christi Apostel mitteilt, lautet: „... dass Gott in Christus war und die Welt mit sich selbst versöhnte, ihnen ihre Übertretungen nicht zurechnete und in uns das Wort von der Versöhnung gelegt hat" (2Kor 5,19).

> So sind wir nun Gesandte an Christi Statt, indem Gott gleichsam durch uns ermahnt; wir bitten für Christus: Lasst euch versöhnen mit Gott! Den, der Sünde nicht kannte, hat er für uns zur Sünde gemacht, damit wir Gottes Gerechtigkeit würden in ihm. (2Kor 2,20-21)

Das also war nach den historischen Dokumenten die Diagnose der verhängnisvollen Schwäche des Menschen und das Mittel für seine Heilung, das die ersten Christen der Welt vorstellten. Dabei ging es natürlich noch um mehr: Gott wollte das Potenzial des Menschen nicht unterdrücken; vielmehr autorisierte Christus seine Gesandten, der Welt die Möglichkeit anzubieten, im Universum aufzusteigen. So konnten einfache Geschöpfe Gottes (die ein Produkt seiner Hände waren) selbst Kinder Gottes werden. Durch den persönlichen Glauben an seinen Sohn und die Gemeinschaft mit ihm konnten sie „aus Gott geboren" werden, das heißt Gott stattete sie mit einem neuen, göttlichen Leben aus (Joh 1,12-13).

Und da ist noch mehr. Die alte hebräische Lyrik (siehe Seite 202), die das Wunder des Menschen feierte, den Gott über alle seine Werke gestellt hatte, wird noch auf einer anderen Ebene erfüllt werden, von der der alte Psalmist kaum zu träumen wagte.

Das Neue Testament zitiert bewusst diesen Psalm und erklärt, dass Gott seine ursprüngliche Absicht für die Menschheit nicht aufgegeben hat. Sie soll sich in Jesus Christus verwirklichen, wenn dieser und seine verherrlichten Nachfolger zusammen über das Universum herrschen (Hebr 2,5-18; Röm 8,18-30).

Das ist die wahre „Evolution" des Menschen – die wahre Entfaltung des Menschen. Nur dass die Bibel es nicht „Evolution der Menschheit" nennt, sondern unsere Schöpfung, unseren Fall, unsere Erlösung und am Ende unsere Verherrlichung.

7

DIE BESTIMMUNG
DES MENSCHEN

*Ist es die Bestimmung des Menschen,
dass von ihm nichts als Staub und Asche bleiben wird?
Ist es so, dass trotz der rationalen Überlegenheit jedes
Einzelnen über die geistlosen Kräfte der Natur
und trotz der zunehmenden Macht des Menschen
über die Natur am Ende die geistlose Materie
das letzte Wort haben wird und jeden Menschen
von jeder Generation einer geistlosen
Nichtexistenz überlassen wird?*

DIE GRUNDLAGE EINER REALISTISCHEN HOFFNUNG

Das Thema, mit dem wir uns in diesem Buch beschäftigen, zieht sich durch die ganze Buchserie: die Suche nach Wirklichkeit und Bedeutung. Wir haben über die dem Menschen innewohnende Würde und über seinen ureigenen Wert nachgedacht und über die Fähigkeit des menschlichen Geistes, über sich selbst hinauszugehen, sich zu transzendieren, materielle Dinge zu transzendieren, abstrakt zu denken, gedanklich das Universum zu durchdringen und sich den Beginn der Zeit sowie das Ende der Welt vorzustellen. Und wir haben die Schlussfolgerung gezogen, dass es äußerst schwierig wäre, diese Fähigkeit zur Transzendenz zu erklären, wenn der Mensch nicht mehr wäre als eine weiterentwickelte Form geistloser Materie.

Wir haben auch betrachtet, dass der Mensch einen angeborenen Sinn für das Recht auf Freiheit besitzt, die jeder Mensch haben sollte, sowie das Bewusstsein, dass der Mensch den nicht rationalen Kräften der Natur überlegen ist, wie stark diese auch sein mögen. Wir haben untersucht, welche Einstellungen und Überzeugungen Menschen aufrechterhalten müssen, wenn sie ihre Freiheit erhalten wollen und sich nicht als Gefangene eines materialistischen Universums betrachten wollen.

Als Nächstes führten uns unsere Überlegungen zum angeborenen Sinn für Fairness, für Richtig und Falsch bis hin zu der Frage, wo dieser Sinn seinen Ursprung hat und woher der Mensch die Vorstellung hat, dass diese Welt ein gerechter Ort sein sollte, auch wenn dies so oft nicht der Fall ist. Und dann haben wir beobachtet, wie schwach und unwirksam Moral wird, wenn ihre Maßstäbe nicht durch objektive Kriterien festgelegt werden und der Mensch sein eigener Gott sein muss.

Danach haben wir über die Rolle und die Aufgabe des Menschen im Verhältnis zu der umliegenden Welt nachgedacht, über unsere erstaunliche und zunehmende Macht über die Natur. Wir haben aber auch den offensichtlichen Missbrauch dieser Macht über die Natur und die Mitmenschen gesehen und die Gefahren, die entstehen angesichts der ständig wachsenden

Fähigkeit zur Manipulation der Natur. Wir kamen zu dem Schluss, dass der Mensch offenbar unter einer verhängnisvollen Schwäche leidet, und haben überlegt, was der Grund dafür sein könnte. Wir haben aber auch gesehen, dass Hoffnung auf ein Heilmittel und auf die letztendlich vollständige Erfüllung der Aufgabe besteht, für die wir so offensichtlich geschaffen wurden.

Im letzten Kapitel dieses Buches wollen wir nun die Bestimmung des Menschen betrachten und fragen, welche Hoffnung für seine Zukunft besteht.

Es wäre verlockend, in diesem Kontext über die kurz- und langfristige wirtschaftliche und politische Zukunft der Menschheit nachzudenken. Wir könnten fragen, ob und wie die Nationen die beständigen Probleme lösen werden, die sie schon so lange bedrängen – heute ebenso sehr wie damals. Im Folgenden könnten wir darüber spekulieren, welche Form der aktuelle Globalisierungsdruck annehmen wird: Wird man zufrieden sein mit einer wirtschaftlichen Globalisierung, die bereits von multinationalen Konzernen mit Eifer vorangetrieben wird, oder wird diese kommerzielle Globalisierung einmal zu einer weltweiten Währungskontrolle führen – und dann, wie seit Langem von Humanisten und in jüngerer Zeit auch von New-Age-Philosophen gefordert: zur Errichtung einer Weltregierung? Und schließlich könnten wir darüber nachdenken, ob ein solches anthropozentrisches, wirtschaftliches, monetäres und politisches Weltsystem (wenn es denn einmal existieren sollte), das auf humanistischen und atheistischen Prinzipien aufgebaut wäre, wirklich Frieden und Freiheit fördern würde oder ob der Frieden nur durch eine Form von autoritärem, weltweitem Totalitarismus erreicht werden könnte.

Doch wir müssen hier der Versuchung widerstehen, solche Spekulationen anzustellen, auch wenn sie faszinierend wären. Vielmehr müssen wir uns auf eine weitaus wichtigere Frage konzentrieren: Welche Hoffnung gibt es für jeden einzelnen Menschen?

HOFFNUNG FÜR DEN EINZELNEN

Gewiss möchten wir alle so gut wie möglich am Fortschritt der Menschheit mitarbeiten, und dafür ist sicherlich Vorausdenken und Planung gefragt. Doch zu leicht sind wir dann nur mit Ideen und Konzepten für eine weit entfernte utopische Zukunft der Menschheit beschäftigt. Und schnell vergessen wir, wie wichtig die Zukunft auch für die Menschen ist, die hier und jetzt leben: für unsere Generation, die wahrscheinlich nie diese fernen Utopien sehen wird, falls sie überhaupt jemals kommen.

Wenn wir über die Zukunft der Menschheit sprechen wollen, ist es gut, kurz innezuhalten und darüber nachzudenken, was wir in diesem Kontext mit „Menschheit" meinen. Wir meinen damit oft nicht alle Generationen von Menschen, die jemals gelebt haben oder leben werden, sondern häufig nur einige Generationen von Menschen in der Zukunft. Wir alle hoffen inständig darauf, dass einmal eine Zeit kommen wird, in der das Motto der Vereinten Nationen Wirklichkeit werden wird: Die Nationen werden „ihre Schwerter zu Pflugscharen umschmieden und ihre Speere zu Winzermessern. Nie mehr wird Nation gegen Nation das Schwert erheben, und sie werden das Kriegführen nicht mehr lernen" (Mi 4,3). Aber was ist mit all den Menschen, die bereits gelebt haben und gestorben sind, und mit jenen, die noch vor dieser Zeit leben und sterben werden? Sollten wir sagen, dass für sie nie Aussicht auf eine lohnende und zufriedenstellende Zukunft bestanden hat? Sollten wir mit Professor Dawkins denken, dass es für sie Befriedigung genug sein sollte, dass sie Produkte geistloser Gene waren, die keine andere Absicht hatten, als sie als eine Art Einwegkanüle zur Weitergabe ihrer genetischen Informationen an zukünftige Generationen zu nutzen? Sollten sie wirklich damit zufrieden sein, menschliche Wegwerfprodukte zu sein, die die Evolution als temporäre Zwischenstopps auf dem Weg nach Utopia benutzte und dann entsorgte?

Manche Leute argumentieren, dass man das Leben als ein permanentes Festmahl betrachten sollte. Jede Generation kommt als Gast an den Tisch und isst sich satt; und wenn ihr Hunger gestillt ist, kann sie sich nicht beschweren, wenn sie höflich gebeten wird, der nächsten Generation Platz zu machen.

> ✚ Manche Leute argumentieren, dass man das Leben als ein permanentes Festmahl betrachten sollte. Jede Generation kommt als Gast an den Tisch und isst sich satt; und wenn ihr Hunger gestillt ist, kann sie sich nicht beschweren, wenn sie höflich gebeten wird, der nächsten Generation Platz zu machen.

Aber dieses Argument ist recht flach, denn in jeder Generation gibt es Millionen von Menschen, für die das Leben alles andere als ein Festmahl ist. Diese Menschen können sehen, wie sehr man das Leben eigentlich genießen könnte, aber dass dies für sie nicht gilt, weil irgendein Hitler oder ein anderer über sie und ihr Land Katastrophen, Verluste, Tod, Not und wirtschaftlichen Zusammenbruch gebracht hat, um irgendeiner prophezeiten Utopie willen. Und das zusätzlich zu den normalen Schmerzen und Enttäuschungen des Lebens. Sie fühlen sich betrogen, frustriert, ungerecht behandelt, unzufrieden, enttäuscht, und sie scheiden aus diesem Leben gebeugt und mit gebrochenem Herzen. Was nützt es, ihnen etwas über die Hoffnung auf die Verbesserung der Situation der Menschheit als Ganzes in der Zukunft zu erzählen oder auch nur in der übernächsten Generation?

Und wenn der historische Materialismus durch sein unaufhaltsames Wirken am Ende tatsächlich ein wirtschaftliches Paradies entstehen ließe: Würde die beständig wirkende Dialektik dieses Paradies nicht unvermeidlich in etwas anderes umwandeln? Und was ist mit den Generationen, die dieses Paradies genießen werden, wenn es da ist? Würden sie nicht auch, wie alle Generationen vor ihnen, sterben?

Wenn wir daher das Thema der Bestimmung des Menschen aufwerfen, müssen wir realistisch sein. Wir müssen uns der Frage stellen, die bis jetzt jede Generation, die auf dieser Erde gelebt hat, beschäftigt hat: Ist der Tod das Ende? Ist es die Bestimmung des Menschen, dass von ihm nichts als Staub und Asche bleiben wird? Ist es so, dass trotz der rationalen Überlegenheit jedes Einzelnen über die geistlosen Kräfte der Natur und trotz der zunehmenden Macht des Menschen über die Natur am Ende die geistlose Materie das letzte Wort haben wird und jeden Menschen von jeder Generation einer geistlosen Nichtexistenz überlassen wird?

Und wie üblich, wenn wir solche Fragen stellen, lassen sich die gegebenen Antworten in zwei Hauptgruppen aufteilen: Antworten von Theisten und Antworten von Atheisten.[261]

---

261 Heute hat im Westen das Konglomerat von Philosophien, die die New-Age-Bewegung bilden, mithilfe vieler alter Humanisten die uralte Theorie des Pantheismus wiederbelebt. Oberflächlich betrachtet scheint dies eine dritte Option neben dem Theismus auf der einen und dem Atheismus auf der anderen Seite zu sein. In der Tat erkennen heute ehemalige Atheisten, die die Trostlosigkeit des atheistischen Materialismus gekostet haben, im Pantheismus eine attraktive Alternative. Er ermöglicht ihnen, eine Intelligenz hinter dem Universum wahrzunehmen und dem Universum und seinen Bewohnern einen Sinn zuzugestehen.

Doch der Pantheismus ist kaum eine echte Alternative zum Atheismus. Denn der Gott des Pantheismus ist kein persönlicher Gott, mit dem Menschen eine persönliche Beziehung haben können, die von Liebe, Vertrauen und Gehorsam gekennzeichnet ist. Es handelt sich dabei nur um eine Lebenskraft, wie eine intelligente Form von Energie, die sich nicht nur in allen Dingen befindet, sondern die alles *ist*. Alles, was ist, ist Gott. Jeder Mensch ist Gott. Wenn jedoch alles Gott ist, dann ist das Böse ebenso göttlich wie das Gute. Zudem vertreten die Anhänger der New-Age-Bewegung viele unterschiedliche und widersprüchliche Meinungen. Aber wenn jeder von ihnen Gott ist, hat auch Gott viele widersprüchliche Meinungen. Manche New-Age-Vertreter werden zugeben, dass sie früher falsche Vorstellungen hatten und falsche Dinge taten. Aber wenn der Pantheismus wahr ist, waren sie auch damals schon Gott. Also hatte Gott diese falschen Vorstellungen und tat diese falschen Dinge, und als sie umdachten, war es in

Lassen Sie uns nun zunächst auf einige typischen Aussagen zu diesem Thema aus atheistischer Sicht hören.

Das *Humanistische Manifest II:* „Soweit wir wissen, ist die ganze Persönlichkeit eine Funktion des biologischen Organismus, die in einem sozialen und kulturellen Kontext umgesetzt wird. Es gibt keinen glaubwürdigen Beweis dafür, dass das Leben den Tod des Körpers überlebt."[262]

Bertrand Russell: „Keine Leidenschaft, kein Heroismus, keine Intensität der Gedanken und Gefühle kann ein individuelles Leben über das Grab hinaus bewahren."[263]

A. J. Ayer: „Für mich ... ist es eine Tatsache, dass die eigene Existenz mit dem Tod endet."[264]

Ernest Nagel: „Das menschliche Schicksal ist nur eine Episode im großen Vergessen."[265]

Das *Humanistische Manifest II* erlaubt eine gewisse „Unsterblichkeit", aber diese besteht allein darin, weiterhin „in unseren Nachkommen zu existieren und in der Art und Weise, wie unser Leben andere in unserer Kultur beeinflusst hat."[266]

Diese Stimmung des letzten Zitats war in der antiken heidnischen Welt weit verbreitet. Eltern trösteten sich mit dem Gedanken, dass sie in ihren Kindern weiterleben würden. Kaiser, Könige, siegreiche Generale und führende Politiker ließen Statuen von sich anfertigen, um die Erinnerung an sich für die Nachwelt zu bewahren. Dichter liebten den Gedanken, dass ihre literarischen und philosophischen Werke weitaus haltbarere Denkmäler sein würden als jene aus Marmor oder Bronze.

All das ist ein deutlicher Beweis dafür, dass es eine instinktive Sehnsucht des menschlichen Herzens nach Unsterblichkeit gibt. Wenn das Leben von Atheisten zu Ende geht, begrüßen sie verständlicherweise das Gefühl, dass ihr Leben einen Beitrag von dauerhaftem Wert geleistet hat und nicht einfach nur ein paar kurze Jahre selbstgenügsamer Existenz war. Doch es ist wohl ein schwacher Trost, wenn man dann selbst nicht mehr existiert, um sich darüber zu freuen, dass man nicht in Vergessenheit geraten ist.

Wirklichkeit Gott, der umdachte. Der Pantheismus ist kaum eine ernst zu nehmende intellektuelle, moralische oder geistliche Alternative zum Atheismus.

262 *The Humanist Manifesto II*, 16
263 *A Free Man's Worship*, 107
264 *Humanist Outlook*, 9
265 *Naturalism Reconsidered*, [1954] in Peterson, *Essays in Philosophy*, 486, freie, eigene deutsche Übertragung
266 *The Humanist Manifesto II*, 17

Das ist es also, was Atheisten über das menschliche Schicksal zu sagen haben, und es ist sehr wenig und sehr trostlos. Außerdem ist es ein Ausdruck ihres Glaubens und keine bewiesene Tatsache.

Atheisten werden behaupten, dass es keinerlei positiven Beweis für ein Weiterleben nach dem Tod gebe, und daher sei der Glaube der Theisten an ein Leben nach dem Tod nichts weiter als Wunschdenken. Und vielleicht ist das auch so. Andererseits ist es aber auch fraglich, ob die atheistische Leugnung eines Lebens nach dem Tod nicht ebenfalls Wunschdenken ist.

> ☦ *Das ist es also, was Atheisten über das menschliche Schicksal zu sagen haben, und es ist sehr wenig und sehr trostlos. Außerdem ist es ein Ausdruck ihres Glaubens und keine bewiesene Tatsache.*

Denn zu jedem durchdachten Konzept eines Lebens nach dem Tod gehört die klare Behauptung, dass Moral und Gerechtigkeit dort so absolut herrschen werden, wie sie hier eigentlich schon herrschen sollten. Moralische Angelegenheiten erledigen sich nicht mit dem Tod. Es wird nach dem Tod ein Gericht geben, bei dem jeder Mensch vor Gott für sich Rechenschaft ablegen muss, und das mit ewigen Konsequenzen. Es ist daher gewiss möglich, dass zumindest einige Atheisten Anlass zu dem Wunschdenken haben, dass dies nicht so sein wird.

Der antike römische Dichter Lukrez war ein begeisterter Anhänger der epikureischen Philosophie, und in seinem langen Gedicht über dieses Thema erzählt er uns, was hinter seinem Enthusiasmus steckt: Die epikureische Philosophie erlaube ihm zu denken, die Wissenschaft habe bewiesen, dass Menschen ihren Tod nicht überleben werden; daher werde er sich niemals einem letzten Gericht stellen müssen.[267] Menschen wie ihn könnte es auch heute noch geben.

Wir haben nun einige typisch atheistische Sichtweisen der menschlichen Bestimmung dargestellt. Nun wollen wir hören, was Theisten (und insbesondere Christen) dazu zu sagen haben.

---

267 Siehe *De Rerum Natura*, Buch 1

DIE HOFFNUNG AUF AUFERSTEHUNG,
BEGRÜNDET AUF DEM CHARAKTER GOTTES

Hören wir zuerst hierzu auf eine Aussage von Christus selbst:

> Was aber die Auferstehung der Toten betrifft: Habt ihr nicht gelesen, was zu euch geredet ist von Gott, der da spricht: „Ich bin der Gott Abrahams und der Gott Isaaks und der Gott Jakobs"? Gott ist nicht der Gott von Toten, sondern von Lebenden. (Mt 22,31-32)

Hier begründet Christus die Gewissheit der Auferstehung mit dem Charakter Gottes und insbesondere mit seiner Treue gegenüber den von ihm erschaffenen Menschen. Menschen zu erschaffen, sie mit einem moralischen Empfinden und der Fähigkeit zu Liebe und Treue auszustatten, sie ohne ihre Zustimmung in die Welt zu setzen und dann selbst nicht diesem Empfinden und dem moralischen Charakter treu zu bleiben, mit denen er sie ausgestattet hat – das wäre das Werk eines moralisch verantwortungslosen Tyrannen.

Aber so ist Gott nicht. Tatsächlich gilt sein Interesse und seine treue Liebe nicht nur der Menschheit als Ganzes, sondern jedem einzelnen Menschen. Er sagt nicht: „Ich bin der Gott der hebräischen Nation", noch nicht einmal: „Ich bin der Gott Abrahams, Isaaks und Jakobs", sondern: „Ich bin der Gott Abrahams und der Gott Isaaks und der Gott Jakobs" (2Mo 3,6). Gott hat ein ganz persönliches Interesse an jedem einzelnen Mann, an jeder einzelnen Frau und an jedem einzelnen Kind.

Wenn er sich selbst vorstellt (in diesem Abschnitt aus dem 2. Buch Mose spricht er zu Mose), identifiziert und charakterisiert er sich durch seine Beziehung zu bestimmten Individuen: „Ich bin der Gott Abrahams und der Gott Isaaks und der Gott Jakobs." Als Gott dies zu Mose sagte, waren Abraham, Isaak und Jakob schon lange gestorben. Doch für Gott waren sie nicht tot: Für ihn lebten sie noch. Die Beziehung, die Gott mit Menschen aufbaut, die er nach seinem Bilde geschaffen und durch seine Gnade erlöst hat, ist – wie Gott selbst – ewig.

Hier haben wir also den ersten großen Unterschied zwischen der atheistischen und der theistischen Sicht über die Bestimmung des Menschen. Der Atheist glaubt, er sei das zwecklose Produkt geistloser unpersönlicher Kräfte, die sich seiner Existenz noch nicht einmal bewusst sind. Er hat keinen Grund zur Hoffnung, dass diese geistlosen Kräfte den Zufall seiner Geburt wiederholen werden und ihn dann, wenn er stirbt, wiedererwecken werden. Alles, worauf er hoffen kann, ist das Überleben der Menschheit als Ganzes.

Er kann sich nicht vorstellen, dass die Liebe und Treue, die er gegenüber seiner Familie, seinen Freunden und seinen Mitmenschen empfindet, in irgendeiner Form auch von den unpersönlichen Kräften empfunden wird, die die Menschheit ins Dasein gerufen haben. Sie sind nichts als vorübergehende Gefühle ohne dauerhafte Bedeutung. Sie lassen ihn am Ende nicht nur ohne letzte Hoffnung zurück, sie unterstreichen vielmehr die gefühllose, unpersönliche Geistlosigkeit des Universums, in dem er seine kurze, vorübergehende Existenz auslebt.

GOTTES GERECHTIGKEIT VERLANGT EINE AUFERSTEHUNG

> Wundert euch darüber nicht, denn es kommt die Stunde, in der alle, die in den Gräbern sind, seine Stimme hören und hervorkommen werden; die das Gute getan haben zur Auferstehung des Lebens, die aber das Böse verübt haben zur Auferstehung des Gerichts. (Joh 5,28-29; siehe auch Mt 12,36.41-42)

Hier bestätigt Christus, dass es eine Auferstehung geben wird, damit der Gerechtigkeit Genüge getan wird. In diesem Leben werden unzählige ungerechte Taten verübt, Unschuldige leiden und die Täter bleiben ungestraft. Aber dieses Leben ist nicht das Ende der Geschichte, noch könnte es dies sein, denn das Böse, das Menschen getan haben, lebt nach ihnen weiter und infiziert und schädigt viele nachfolgende Generationen. Die ganzen Auswirkungen wird man erst am Ende aller Zeiten ermessen können. Aber Gott in seiner Gerechtigkeit wird auf einer Auferstehung bestehen und damit demonstrieren, dass das von Gott erschaffene Universum keine amoralische Maschine ist und erst recht kein moralisches Irrenhaus.

DIE AUFERSTEHUNG IST NOTWENDIG, UM DAS ZIEL ZU ERREICHEN, DAS BEI DER SCHÖPFUNG DER MENSCHHEIT BEABSICHTIGT WAR

Gottes Absicht bei der Erschaffung des Menschen war niemals auf die Existenz der Menschheit auf diesem vergehenden Planeten beschränkt. Ursprünglich wurden die Menschen als Geschöpfe „nach dem Bilde Gottes" geschaffen.

Diese Idee, die auf einer vergleichsweise einfachen Ebene in der ursprünglichen Schöpfung Ausdruck fand, sollte schon immer auf der höchstmöglichen Ebene ihre Erfüllung finden (Kol 3,9-11; 2Kor 3,18). Das Leben auf diesem Planeten war nur die Schule, die den Menschen für die Zeit formen und vorbereiten sollte, in der er vollständig dem Bilde des Sohnes Gottes gleichförmig gemacht werden sollte. Christi Apostel Paulus drückt es so aus:

Denn so viele durch den Geist Gottes geleitet werden, die sind Söhne Gottes. Denn ihr habt nicht einen Geist der Knechtschaft empfangen, wieder zur Furcht, sondern einen Geist der Sohnschaft habt ihr empfangen, in dem wir rufen: Abba, Vater! Der Geist selbst bezeugt zusammen mit unserem Geist, dass wir Kinder Gottes sind. Wenn aber Kinder, so auch Erben, Erben Gottes und Miterben Christi, wenn wir wirklich mitleiden, damit wir auch mitverherrlicht werden.

Denn ich denke, dass die Leiden der jetzigen Zeit nicht ins Gewicht fallen gegenüber der zukünftigen Herrlichkeit, die an uns offenbart werden soll. Denn das sehnsüchtige Harren der Schöpfung wartet auf die Offenbarung der Söhne Gottes. Denn die Schöpfung ist der Nichtigkeit unterworfen worden – nicht freiwillig, sondern durch den, der sie unterworfen hat – auf Hoffnung hin, dass auch selbst die Schöpfung von der Knechtschaft der Vergänglichkeit frei gemacht werden wird zur Freiheit der Herrlichkeit der Kinder Gottes. Denn wir wissen, dass die ganze Schöpfung zusammen seufzt und zusammen in Geburtswehen liegt bis jetzt. Nicht allein aber sie, sondern auch wir selbst, die wir die Erstlingsgabe des Geistes haben, auch wir selbst seufzen in uns selbst und erwarten die Sohnschaft; die Erlösung unseres Leibes. ...

Wir wissen aber, dass denen, die Gott lieben, alle Dinge zum Guten mitwirken, denen, die nach seinem Vorsatz berufen sind. Denn die er vorher erkannt hat, die hat er auch vorherbestimmt, dem Bilde seines Sohnes gleichförmig zu sein, damit er der Erstgeborene sei unter vielen Brüdern. Die er aber vorherbestimmt hat, diese hat er auch berufen; und die er berufen hat, diese hat er auch gerechtfertigt; die er aber gerechtfertigt hat, diese hat er auch verherrlicht.

Was sollen wir nun hierzu sagen? Wenn Gott für uns ist, wer ist gegen uns? Er, der doch seinen eigenen Sohn nicht verschont, sondern ihn für uns alle hingegeben hat – wie wird er uns mit ihm nicht auch alles schenken? Wer wird gegen Gottes Auserwählte Anklage erheben? Gott ist es, der rechtfertigt. Wer ist, der verdamme? Christus

Jesus ist es, der gestorben, ja noch mehr, der auferweckt, der auch zur Rechten Gottes ist, der sich auch für uns verwendet. Wer wird uns scheiden von der Liebe Christi? Bedrängnis oder Angst oder Verfolgung oder Hungersnot oder Blöße oder Gefahr oder Schwert? ...

Aber in diesem allen sind wir mehr als Überwinder durch den, der uns geliebt hat. Denn ich bin überzeugt, dass weder Tod noch Leben, weder Engel noch Gewalten, weder Gegenwärtiges noch Zukünftiges, noch Mächte, weder Höhe noch Tiefe, noch irgendein anderes Geschöpf uns wird scheiden können von der Liebe Gottes, die in Christus Jesus ist, unserem Herrn. (Röm 8,14-23.28-35.37-39)

CHRISTI EIGENE AUFERSTEHUNG: DER BEGINN DER WIEDERHERSTELLUNG DES UNIVERSUMS

Christus selbst sagte seine eigene Auferstehung voraus (Mt 16,21; Lk 18,31-33), und der Bericht über seine tatsächliche Auferstehung zeigt uns deutlich, was mit dem Begriff „Auferstehung" gemeint ist.[268]

Die Auferstehung Christi ist keine Version des im Nahen Osten weit verbreiteten Mythos eines sterbenden und auferstehenden Gottes. Sie ist kein Naturmythos. Christus und seine Apostel waren Juden, um die Zeitenwende in eine Nation hineingeboren, die jahrhundertelang mit den religiösen Mythologien der umliegenden Nationen konfrontiert war und sie schließlich bewusst abgelehnt hatte; daher ihre Betonung der Tatsache, dass das

---

268 Hinsichtlich der Authentizität der neutestamentlichen Dokumente und Beweise von frühen heidnischen Autoren bezüglich der Historizität Christi, siehe F. F. Bruce, *Die Glaubwürdigkeit der Schriften des Neuen Testamentes: eine Überprüfung des historischen Befundes* (Bad Liebenzell: Verlag der Liebenzeller Mission, 1976).

Hinsichtlich der Beweise für die Auferstehung Christi, gesehen durch die Augen eines ehemaligen Direktors des *Institute of Advanced Legal Studies* in der Universität von London, siehe „Empty Tomb", in J. N. D. Anderson, *Christianity*, 84–108.

Weitere Informationen zu Beweisen für die Auferstehung und damit verbundenen Themen, siehe William Lane Craig, *Reasonable Faith: Christian Truth and Apologetics* (1984) 3. Ausg. (Wheaton: Crossway, 2008); Gary R. Habermas und Michael R. Licona, *The Case for the Resurrection of Jesus* (Grand Rapids: Kregel Publications, 2004); Timothy Keller, *Warum Gott?* (Gießen: Brunnen, 2018); John Lennox, *Gott im Fadenkreuz: warum der Neue Atheismus nicht trifft* (Witten: SCM R. Brockhaus, 2013); Lee Strobel, *Der Fall Jesus: ein Journalist auf der Suche nach der Wahrheit* (Asslar: Gerth Medien, 2014); und N. T. Wright, *The Resurrection of the Son of God* (aus der Buchserie *Christian Origins and the Question of God*, Buch 3, London: SPCK, 2003).

Grab nach Christi Auferstehung leer war. Christi physischer menschlicher Körper war im wahrsten Sinn des Wortes auferstanden, und nicht nur auferstanden, sondern verwandelt, womit er das Modell für die Auferstehung all jener vorgab, die geistlich mit ihm vereint sind. So steht es im Neuen Testament:

Ich tue euch aber, Brüder, das Evangelium kund, das ich euch verkündigt habe, das ihr auch angenommen habt, in dem ihr auch steht, durch das ihr auch gerettet werdet, wenn ihr festhaltet, mit welcher Rede ich es euch verkündigt habe, es sei denn, dass ihr vergeblich zum Glauben gekommen seid.

Denn ich habe euch vor allem überliefert, was ich auch empfangen habe: dass Christus für unsere Sünden gestorben ist nach den Schriften; und dass er begraben wurde und dass er auferweckt worden ist am dritten Tag nach den Schriften; und dass er Kephas erschienen ist, dann den Zwölfen.

Danach erschien er mehr als fünfhundert Brüdern auf einmal, von denen die meisten bis jetzt übrig geblieben, einige aber auch entschlafen sind. Danach erschien er Jakobus, dann den Aposteln allen; zuletzt aber von allen, gleichsam der unzeitigen Geburt, erschien er auch mir. (1Kor 15,1-8)

Nun aber ist Christus aus den Toten auferweckt, der Erstling der Entschlafenen; denn da ja durch einen Menschen der Tod kam, so auch durch einen Menschen die Auferstehung der Toten. Denn wie in Adam alle sterben, so werden auch in Christus alle lebendig gemacht werden. Jeder aber in seiner eigenen Ordnung: der Erstling, Christus; sodann die, welche Christus gehören bei seiner Ankunft; dann das Ende, wenn er das Reich dem Gott und Vater übergibt; wenn er alle Herrschaft und alle Gewalt und Macht weggetan hat. Denn er muss herrschen, bis er alle Feinde unter seine Füße gelegt hat. Als letzter Feind wird der Tod weggetan. „Denn alles hat er seinen Füßen unterworfen." Wenn es aber heißt, dass alles unterworfen sei, so ist klar, dass der ausgenommen ist, der ihm alles unterworfen hat. Wenn ihm aber alles unterworfen ist, dann wird auch der Sohn selbst dem unterworfen sein, der ihm alles unterworfen hat, damit Gott alles in allem sei. (1Kor 15,20-28)

Es wird aber jemand sagen: Wie werden die Toten auferweckt? Und mit was für einem Leib kommen sie? Tor! Was du säst, wird nicht lebendig, es sterbe denn. Und was du säst, du säst nicht den Leib, der werden soll, sondern ein nacktes Korn, es sei von Weizen oder von einem der anderen Samenkörner. Gott aber gibt ihm einen Leib, wie er gewollt hat, und jedem der Samen seinen eigenen Leib. Nicht alles Fleisch ist dasselbe Fleisch; sondern ein anderes ist das der Menschen und ein anderes das Fleisch des Viehes und ein anderes das der Vögel und ein anderes das der Fische. Und es gibt himmlische Leiber und irdische Leiber. Aber anders ist der Glanz der himmlischen, anders der der irdischen; ein anderer der Glanz der Sonne und ein anderer der Glanz des Mondes und ein anderer der Glanz der Sterne, denn es unterscheidet sich Stern von Stern an Glanz.

So ist auch die Auferstehung der Toten. Es wird gesät in Vergänglichkeit, es wird auferweckt in Unvergänglichkeit. Es wird gesät in Unehre, es wird auferweckt in Herrlichkeit; es wird gesät in Schwachheit, es wird auferweckt in Kraft; es wird gesät ein natürlicher Leib, es wird auferweckt ein geistlicher Leib. Wenn es einen natürlichen Leib gibt, so gibt es auch einen geistlichen. So steht auch geschrieben: „Der erste Mensch, Adam, wurde zu einer lebendigen Seele", der letzte Adam zu einem lebendig machenden Geist. Aber das Geistliche ist nicht zuerst, sondern das Natürliche, danach das Geistliche. Der erste Mensch ist von der Erde, irdisch; der zweite Mensch vom Himmel. Wie der Irdische, so sind auch die Irdischen; und wie der Himmlische, so sind auch die Himmlischen. Und wie wir das Bild des Irdischen getragen haben, so werden wir auch das Bild des Himmlischen tragen.

Dies aber sage ich, Brüder, dass Fleisch und Blut das Reich Gottes nicht erben können, auch die Vergänglichkeit nicht die Unvergänglichkeit erbt.

Siehe, ich sage euch ein Geheimnis: Wir werden nicht alle entschlafen, wir werden aber alle verwandelt werden, in einem Nu, in einem Augenblick, bei der letzten Posaune; denn posaunen wird es, und die Toten werden auferweckt werden, unvergänglich sein, und wir werden verwandelt werden. Denn dieses Vergängliche muss Unvergänglichkeit anziehen und dieses Sterbliche Unsterblichkeit anziehen. Wenn aber dieses Vergängliche Unvergänglichkeit anziehen und dieses Sterbliche Unsterblichkeit anziehen wird, dann wird das Wort erfüllt werden, das geschrieben steht:

„Verschlungen ist der Tod in Sieg."
„Wo ist, Tod, dein Sieg?
Wo ist, Tod, dein Stachel?"

Der Stachel des Todes aber ist die Sünde, die Kraft der Sünde aber das Gesetz. Gott aber sei Dank, der uns den Sieg gibt durch unseren Herrn Jesus Christus!

Daher, meine geliebten Brüder, seid fest, unerschütterlich, allezeit überreich in dem Werk des Herrn, da ihr wisst, dass eure Mühe im Herrn nicht vergeblich ist! (1Kor 15,35-58)

Es gibt also Hoffnung, nicht nur für einzelne Menschen, sondern für die Natur selbst. Sicherlich sind die Menschheit und die Natur durch die geistliche Revolte der Menschheit gegen ihren Schöpfer verdorben worden. Doch Gottes Absicht ist nicht, die Natur und mit ihr die Menschheit zu vernichten, um dann mit etwas anderem und davon völlig Unabhängigem neu zu beginnen. Seine Absicht ist, den Menschen zu erlösen und zu verwandeln und ihm damit sogar eine größere Herrlichkeit und einen höheren Rang zu verschaffen als den, den er vor seinem Fall besaß. Die Auferstehung des Menschensohnes Jesus Christus gibt nicht nur das Muster für die finale Wiederherstellung vor, mit ihr hat die Wiederherstellung bereits begonnen.

HOFFNUNG FÜR DIESES LEBEN

Es wird natürlich oft behauptet, dass die Hoffnung auf eine Auferstehung und ein Leben in der zukünftigen Welt die Bedeutung des Lebens in der jetzigen Welt schmälert und den Menschen keine Hoffnung für das Leben im Hier und Jetzt schenkt. Eine simple Antwort darauf wäre, dass das Versprechen, irgendeine Ideologie werde in 50 Jahren ein wirtschaftliches Paradies schaffen, Leuten, die zum Beispiel 40 Jahre alt sind, ebenfalls keine Hoffnung bietet.

Aber eine ernst zu nehmende Antwort auf diesen Einwand ist, dass eben diese Hoffnung auf Auferstehung das gegenwärtige Leben mit maximaler Bedeutung erfüllt. Wir brauchen einige grundlegende Dinge zum Leben: Nahrung, Kleidung und eine Unterkunft. Aber diese Dinge sind nicht das Hauptziel des Lebens. Ohne Kraftstoff kann ein Auto nirgendwohin fahren. Doch der Hauptzweck der Existenz eines Autos ist nicht, dass es mit Kraftstoff betankt werden kann.

Christus lehrte uns, dass das Hauptziel des Lebens Folgendes ist: „Trachtet aber zuerst nach dem Reich Gottes und nach seiner Gerechtigkeit!" (Mt 6,33). Das soll heißen, dass der Hauptzweck des Lebens im Hier und Jetzt unsere „Seelenbildung" ist – die Entwicklung unseres Charakters, die sich vollzieht, wenn wir versuchen, in allen Dingen im Einklang mit Gottes Königsherrschaft zu leben. Für jemanden, der an Christus glaubt, gilt Folgendes: Kein Umstand, wie schlimm er auch sein mag, kann verhindern, das wichtigste Ziel unseres Lebens zu verfolgen – zu leben, Gott zu lieben, ihm zu gehorchen und zu gefallen und so einen Charakter zu entwickeln, der (weil es eine Auferstehung gibt) ewig Bestand haben wird. Das ist letztendlich die christliche Antwort auf die menschliche Suche nach Wirklichkeit und Bedeutung.

ANHANG:
WAS IST WISSENSCHAFT?

*Erfolgreiche Wissenschaft folgt
keinen behaglichen Regeln. Sie ist so komplex
wie die menschlichen Persönlichkeiten,
die Wissenschaft betreiben.*

DIE KLARE STIMME DER WISSENSCHAFT

Wissenschaft hat zu Recht die Kraft, unsere Vorstellungskraft zu befeuern. Wer könnte die Geschichte über die Entschlüsselung der Doppelhelixstruktur der DNA durch Francis Crick und James D. Watson lesen, ohne dabei zumindest etwas von der fast unglaublichen Freude mitzuempfinden, die sie bei dieser Entdeckung gespürt haben müssen? Wer könnte einer Augenoperation mit einem präzise gesteuerten Laserstrahl zusehen, ohne dabei über die menschliche Kreativität und ihren Erfindungsreichtum zu staunen? Wer könnte sich Bilder aus dem Weltraum ansehen mit Astronauten, die schwerelos durch die Kabine der Internationalen Raumstation schweben oder das Hubbleteleskop reparieren, hinter ihnen die fast greifbare Schwärze des Weltraums, ohne dabei etwas wie Ehrfurcht zu empfinden? Die Wissenschaft verdient zu Recht unseren Respekt und unsere aktive Förderung. Es ist eine klare Priorität für jede Nation, junge Menschen für die Wissenschaft zu begeistern und ihnen Ausbildung und Forschungseinrichtungen zur Verfügung zu stellen, um ihr intellektuelles Potenzial zu fördern. Es wäre ein nicht abschätzbarer Verlust, wenn der wissenschaftliche Spürsinn auf irgendeine Weise durch philosophische, wirtschaftliche oder politische Überlegungen unterdrückt werden würde.

> ✚ Da die Wissenschaft eine der stärksten und einflussreichsten Stimmen ist, ist es wichtig, eine Vorstellung davon zu haben, was Wissenschaft ist und was die wissenschaftliche Methode kennzeichnet.

Doch da die Wissenschaft eine der stärksten und einflussreichsten Stimmen ist, auf die wir hören wollen, wird es für uns sehr wichtig sein – ob wir nun Wissenschaftler sind oder nicht –, eine gewisse Vorstellung davon zu haben, was Wissenschaft ist und was die wissenschaftliche Methode kennzeichnet, bevor wir versuchen zu bewerten, was uns die Wissenschaft zu einem bestimmten Thema sagt. Unser erstes Ziel ist daher, uns einige der Grundprinzipien des wissenschaftlichen Denkens vor Augen zu führen, von denen wir ein paar vielleicht schon kennen. Im Anschluss daran werden wir über das Wesen wissenschaftlicher Erklärung nachdenken und einige der Voraussetzungen untersuchen, die der wissenschaftlichen Tätigkeit zugrunde liegen – grundlegende Überzeugungen, ohne die Wissenschaft nicht möglich ist.

Was also ist Wissenschaft? Sie scheint zu jenen Dingen zu gehören, deren Bedeutung wir kennen, bis wir versuchen, sie zu definieren. Und dann stellen wir fest, dass uns eine genaue Definition nicht möglich ist. Die Schwierigkeit kommt daher, dass wir das Wort auf unterschiedliche Weise benutzen. Zunächst einmal wird „Wissenschaft" als Kurzbezeichnung für Folgendes verwendet:

1. Wissenschaften – Wissensgebiete wie Physik, Chemie, Biologie etc.;
2. Wissenschaftler – die Menschen, die in diesen Bereichen arbeiten;
3. die wissenschaftliche Methode – die Art und Weise, wie Wissenschaftler ihre Arbeit tun.

Das Wort „Wissenschaft" wird jedoch auch in Sätzen verwendet wie „Die Wissenschaft sagt ..." oder „Die Wissenschaft hat gezeigt ..." – als ob Wissenschaft ein personales Wesen mit großer Autorität und großem Wissen wäre. Diese Art der Verwendung kann irreführend sein, auch wenn sie verständlich ist. Tatsache ist, dass es strenggenommen so etwas wie „die Wissenschaft" in diesem Sinne gar nicht gibt. Die Wissenschaft sagt, demonstriert, weiß oder entdeckt gar nichts – es sind Wissenschaftler, die dies tun. Natürlich sind sich Wissenschaftler oft einig, aber es wird zunehmend anerkannt, dass die Wissenschaft als ein sehr menschliches Unterfangen viel komplexer ist, als man oft denkt, und es wird viel diskutiert, was die wissenschaftliche Methode eigentlich ausmacht.

DIE WISSENSCHAFTLICHE METHODE

Unter Wissenschaftsphilosophen ist man sich heute im Allgemeinen einig, dass es nicht die *eine* „wissenschaftliche Methode" gibt. Daher ist es einfacher, über das zu sprechen, was zur wissenschaftlichen Arbeit gehört, als Wissenschaft an sich genau zu definieren.

Sicherlich spielen Beobachtungen und Experimente eine wichtige Rolle ebenso wie die Argumentationsprozesse, die Wissenschaftler zu ihren

Schlussfolgerungen führen. Ein Blick auf die Geschichte der Wissenschaft wird jedoch zeigen, dass es hierzu noch viel mehr zu sagen gibt. Wir sehen zum Beispiel, dass auch unerklärbare Vermutungen eine bedeutende Rolle gespielt haben. Sogar Träume hatten ihren Platz! Der Chemiker Friedrich August Kekulé studierte die Struktur von Benzol und träumte von einer Schlange, die sich in ihren eigenen Schwanz biss und so einen Ring bildete. Dadurch kam er auf die Idee, dass die Struktur von Benzol der Form einer Schlange gleichen könnte. Er schaute genauer hin und fand heraus, dass Benzol tatsächlich aus einem geschlossenen Ring von sechs Kohlenstoffatomen besteht! Erfolgreiche Wissenschaft folgt keinen behaglichen Regeln. Sie ist so komplex wie die menschlichen Persönlichkeiten, die Wissenschaft betreiben.

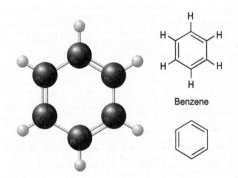

Benzene

BILD Anh. I. *Benzolmolekül*
Die Kristallografin Kathleen Lonsdale bestätigte 1929 Kekulés frühere Theorie über die flache, zyklische Natur von Benzol – ein wichtiger Meilenstein in der organischen Chemie.

© shutterstock.com/chromatos

Beobachtungen und Experimente

Es herrscht allgemeine Einigkeit darüber, dass im 16. und 17. Jahrhundert das wissenschaftliche Denken revolutioniert wurde. Bis dahin berief man sich bei der Erforschung der Natur des Universums in erster Linie auf irgendeine Autorität. So hatte beispielsweise Aristoteles im 4. Jahrhundert v. Chr. auf Grundlage philosophischer Prinzipien argumentiert, dass die einzig vollkommene Bewegung kreisförmig sei. Die Antwort auf die Frage nach der Bewegung der Planeten lautete laut Aristoteles so: Weil sie zum Reich der Vollkommenheit jenseits der Mondbahn gehören, müssen sie sich kreisförmig bewegen. Wissenschaftler wie Galileo wandten sich jedoch von diesem Ansatz radikal ab. Sie betonten, der beste Weg, etwas über die Bewegung der Planeten herauszufinden, sei, ein Teleskop zu nehmen und nachzuschauen! Und durch dieses Teleskop sah er Dinge wie die Jupitermonde, die nach dem System von Aristoteles gar nicht existierten.

Galileo verkörpert für viele Menschen den wahren Geist der wissenschaftlichen Forschung: die Freiheit, den Ergebnissen von Beobachtungen und Experimenten gerecht zu werden, auch wenn dies bedeutet, dass man Theorien modifiziert oder gar aufgibt, die man vorher vertreten hat. Diese Freiheit sollte bewahrt und eifrigst gehütet werden.

Daten, Muster, Zusammenhänge und Hypothesen

Die am weitesten verbreitete Ansicht über die wissenschaftliche Methode, die häufig auf Francis Bacon und John Stuart Mill zurückgeführt wird, enthält folgende Komponenten:

1. die Sammlung von Daten (Fakten, die nicht bestritten werden können) durch Beobachtungen und Experimente, von denen weder das eine noch das andere durch Vorannahmen oder Vorurteile beeinflusst wird;
2. die Ableitung von Hypothesen aus den Daten, indem man nach Mustern oder Zusammenhängen sucht und diese dann induktiv verallgemeinert;
3. die Prüfung der Hypothesen, indem man aus ihnen Vorhersagen herleitet und dann Experimente konzipiert und durchführt, um zu überprüfen, ob diese Vorhersagen stimmen;
4. die Verwerfung der Hypothesen, die nicht von den Versuchsdaten gestützt werden, und den Aufbau einer Theorie durch Zusammenführung von bestätigten Hypothesen.

Wissenschaftler sammeln Daten, Versuchsergebnisse und Messungen, die sie aufgezeichnet haben.

Denken Sie zum Beispiel an die Ergebnisse von Blutdruckmessungen Ihrer Klasse vor und nach einer Schulprüfung oder an Gesteinsproben, die Astronauten auf der Mondoberfläche sammeln.

Es gibt jedoch viele andere Dinge, die für uns gleichermaßen real sind, die aber im wissenschaftlichen Sinne kaum als Daten zählen: unsere subjektive Erfahrung eines Sonnenuntergangs, von Freundschaft und Liebe oder von Träumen. Im Fall von Träumen können natürlich Herzfrequenz, Gehirnaktivität und Augenbewegung von Wissenschaftlern beobachtet werden, die schlafende und träumende Menschen überwachen. Aber die subjektive Erfahrung des Traumes selbst kann nicht gemessen werden. Wir sehen also, dass die wissenschaftliche Methode auf jeden Fall ihre Grenzen hat. Die ganze Wirklichkeit kann sie nicht erfassen.

Wissenschaftler sind damit beschäftigt, nach Zusammenhängen und Mustern in ihren Daten zu suchen, und sie versuchen, daraus irgendeine Art von Hypothese oder Theorie abzuleiten, die diese Muster erklärt. Zunächst kann die Hypothese eine kluge oder geniale Vermutung sein, die den Wissenschaftlern aufgrund ihrer Erfahrung als mögliche Erklärung für ihre Beobachtungen in den Sinn kommt. Ein Wissenschaftler könnte zum Beispiel die (sehr vernünftige) Hypothese aufstellen, dass die Ergebnisse der Blutdruckmessungen in Ihrer Klasse so erklärt werden können, dass Tests bei den meisten Menschen Stress verursachen! Um die Hypothese zu überprüfen, wird ein Wissenschaftler dann herausarbeiten, welche Ergebnisse er erwarten kann, wenn die Hypothese stimmt, und wird dann ein Experiment oder eine Versuchsreihe durchführen, um ihre Richtigkeit zu überprüfen. Wird die Erwartung nicht durch die Experimente bestätigt, kann die Hypothese modifiziert oder zugunsten einer anderen verworfen werden, und der Prozess wird wiederholt. Ist eine Hypothese einmal erfolgreich durch wiederholte Experimente überprüft worden, dann wird sie mit der Bezeichnung „Theorie" gewürdigt.[269]

Heute ist man sich unter Wissenschaftlern und Wissenschaftsphilosophen allgemein einig, dass unsere Beschreibung der wissenschaftlichen Methode nicht nur stark idealisiert, sondern auch fehlerhaft ist. Insbesondere wird nun weitgehend akzeptiert (im Gegensatz zu dem, was oben über Beobachtungen und Versuche behauptet wird), dass kein Wissenschaftler – wie ehrlich und sorgfältig er auch sein mag – bei seiner Arbeit völlig vorurteilsfrei ist, also ohne Vorannahmen und Vermutungen forscht. Diese Tatsache ist wichtig, wenn wir den Beitrag der Wissenschaft zu unserer Weltanschauung verstehen wollen. Es ist jedoch einfacher, wenn wir dieses Thema erst betrachten, nachdem wir uns zuvor einige der logischen Konzepte und Verfahren angesehen haben, die der wissenschaftlichen Argumentation und Beweisführung zugrunde liegen.

Induktion

Die Induktion ist wahrscheinlich der wichtigste logische Prozess, den Wissenschaftler für die Formulierung von Gesetzen und Theorien verwenden.[270]

---

269 Die Begriffe *Hypothese* und *Theorie* sind eigentlich fast austauschbar. Der einzige Unterschied im normalen Sprachgebrauch liegt darin, dass eine Hypothese manchmal als mehr provisorisch angesehen wird als eine Theorie.

270 Anmerkung für Mathematiker: Der oben beschriebene Prozess der Induktion ist nicht derselbe wie das Prinzip der mathematischen Induktion, durch den (typischerweise) die

Sie ist auch ein Prozess, der uns allen von frühester Kindheit an vertraut ist (ob wir nun Wissenschaftler sind oder nicht), obwohl wir uns dessen vielleicht nicht bewusst waren. Wenn wir als kleine Kinder zum ersten Mal eine Krähe sehen, stellen wir fest, dass sie schwarz ist. Weil das alles ist, was wir wissen, könnte die nächste Krähe, die wir sehen, auch weiß oder gelb sein. Aber nachdem wir Tag für Tag Krähen beobachtet haben, kommen wir an einen Punkt, an dem unser Gefühl, dass jede weitere Krähe, die wir sehen werden, schwarz sein wird, so stark ist, dass wir zu der Aussage „Alle Krähen sind schwarz" bereit sind. Wir haben einen sogenannten induktiven Schritt gemacht, der auf unseren eigenen Daten basiert – wir haben, sagen wir mal, 435 Krähen gesehen –, um eine allgemeingültige Aussage über Krähen zu machen. Induktion ist also der Prozess der Verallgemeinerung einer begrenzten Datenmenge zu einer allgemeingültigen oder generellen Aussage.

Ein berühmtes Beispiel für den Einsatz von Induktion in der Wissenschaft ist die Herleitung der Mendel'schen Vererbungsgesetze. Gregor Mendel und seine Assistenten machten eine Reihe von Beobachtungen hinsichtlich der Häufigkeit des Auftretens von bestimmten Eigenschaften in jeder von mehreren Generationen von Erbsen – zum Beispiel, ob die Samen eine unebene oder glatte Oberfläche hatten oder ob die Pflanzen groß oder klein waren – und verallgemeinerten dann induktiv diese Beobachtungen, um die Gesetze zu formulieren, die nun Mendels Namen tragen.

> ⚏ *Induktion ist der Prozess der Verallgemeinerung einer begrenzten Datenmenge zu einer allgemeingültigen oder generellen Aussage.*

Doch wie Sie vielleicht auch schon gemerkt haben, gibt es bei der Induktion ein Problem. Lassen Sie zur Verdeutlichung nun Ihre Gedanken von den gerade erwähnten Krähen zu den Schwänen wandern. Stellen Sie sich vor, dass jeder Schwan, den Sie seit Ihrer Kindheit gesehen haben, weiß war. Sie würden wohl daher darauf schließen (durch Induktion), dass alle Schwäne weiß sind. Aber dann wird Ihnen eines Tages das Bild eines australischen

---

Wahrheit einer Aussage P(n) für alle positiven Ganzzahlen n durch zwei Sätze festgestellt wird:

1. P(1) ist wahr;
2. für jede positive Ganzzahl k können wir beweisen, dass die Wahrheit von P(k+1) aus der Wahrheit von P(k) folgt.

Der entscheidende Unterschied ist, dass Punkt 2 eine unbegrenzte Reihe von Hypothesen beschreibt (eine für jede positive Ganzzahl), während wir bei der philosophischen Induktion etwas aus einer begrenzten Reihe von Hypothesen verallgemeinern.

schwarzen Schwanes gezeigt, und Sie entdecken, dass Ihre Schlussfolgerung falsch war. Dies veranschaulicht das „Problem der Methode" der Induktion. Wie kann man jemals wirklich wissen, ob man genügend Beobachtungen gemacht hat, um einen allgemeingültigen Schluss aus einer begrenzten Reihe von Beobachtungen zu ziehen?

Aber beachten Sie bitte, was die Entdeckung des schwarzen Schwanes bewirkt hat: Dadurch wurde bewiesen, dass die Aussage „Alle Schwäne sind weiß" falsch ist, aber sie hat nicht die modifizierte Aussage widerlegt, dass, wenn man in Europa einen Schwan sieht, dieser höchstwahrscheinlich weiß sein wird.

Lassen Sie uns ein weiteres Beispiel für Induktion betrachten, dieses Mal aus der Chemie.

Einzelne Beobachtungen:

Zeit	Datum	Stoff	Ergebnis des Lackmustests
09:05	14.08.2015	Schwefelsäure	Lackmuspapier wurde rot
14:35	17.09.2015	Zitronensäure	Lackmuspapier wurde rot
10:45	18.09.2015	Salzsäure	Lackmuspapier wurde rot
19:00	20.10.2015	Schwefelsäure	Lackmuspapier wurde rot

Allgemeingültige oder generelle Aussage (Gesetz): Lackmuspapier wird rot, wenn man es in Säure taucht.

Von diesem Gesetz, das auf Induktion aus einer begrenzten Reihe von einzelnen Beobachtungen von verschiedenen Säuren zu bestimmten Zeiten an bestimmten Orten basiert, wird behauptet, dass es für alle Säuren zu allen Zeiten an allen Orten gilt. Das Problem bei der Induktion ist Folgendes: Wie können wir sicher sein, dass eine generelle Aussage gültig ist, wenn wir (was in der Natur der Dinge liegt) nur eine begrenzte Anzahl von beobachteten Fällen haben, bei denen Lackmuspapier durch den Kontakt mit Säure rot wurde? Die Geschichte des schwarzen Schwanes macht uns diese Schwierigkeit bewusst.

Nun, wir können uns nicht absolut sicher sein, das ist wahr. Doch jedes Mal, wenn wir das Experiment durchführen und merken, dass es funktioniert, erhöht sich unser Vertrauen in den Lackmustest so sehr, dass wir, wenn wir ein Papier in eine Flüssigkeit tauchen und feststellen, dass es nicht rot wird, wahrscheinlich nicht zu dem Schluss kommen würden, dass der

Lackmustest nicht funktioniert, sondern dass das Papier kein Lackmuspapier war oder die Flüssigkeit keine Säure! Natürlich ist es so, dass unser Vertrauen auf der Annahme basiert, dass die Natur sich einheitlich verhält (das heißt, wenn ich ein Experiment morgen unter denselben Bedingungen wie heute durchführe, werde ich dieselben Ergebnisse erhalten).

Lassen Sie uns ein weiteres Beispiel nehmen, mit dem Bertrand Russell das Problem der Induktion in einer komplexeren Situation veranschaulicht hat: Bertrand Russells induktivistischer Truthahn. Ein Truthahn stellt fest, dass er an seinem ersten Tag auf der Truthahnfarm um 9 Uhr gefüttert wird. Zwei Monate lang sammelt er Beobachtungen und stellt fest, dass er – egal, an welchem Tag – um 9 Uhr gefüttert wird. Schließlich schließt er durch Induktion darauf, dass er immer um 9 Uhr gefüttert werden wird. Daher erleidet er am Weihnachtstag einen fürchterlichen Schock, als er, statt gefüttert zu werden, eingefangen und für das Weihnachtsessen geschlachtet wird!

Wie können wir also mit Sicherheit wissen, dass wir bei einem Experiment genug Beobachtungen gemacht haben? Wie oft müssen wir überprüfen, dass sich bestimmte Metalle bei Erhitzung ausdehnen, um daraus schließen zu können, dass sich *alle* Metalle bei Erhitzung ausdehnen? Wie vermeiden wir den Schock des induktivistischen Truthahns? Natürlich können wir sehen, dass das Problem bei dem Truthahn ist, dass er nicht die größere Erfahrung des Farmbetreibers hatte (natürlich nicht haben konnte), der die falsche induktive Schlussfolgerung durch eine richtige, wenn auch kompliziertere hätte ersetzen können: nämlich das Gesetz, dass jeder Truthahn eine Reihe von Tagen erlebt, an denen er gefüttert wird, auf die dann seine Schlachtung folgt!

Es ist hier nicht unsere Absicht, die Wissenschaft auszuhöhlen, indem wir sagen, dass Induktion nutzlos sei oder die Wissenschaft selbst uns nicht zu irgendwelchen fundierten Schlussfolgerungen führen könne. Die Beispiele lehren uns lediglich, die Grenzen jeder Methode anzuerkennen und unsere Schlussfolgerungen, wenn eben möglich, auf eine Kombination von unterschiedlichen Methoden zu gründen.

Die Aufgabe der Deduktion

Ist ein Gesetz einmal durch Induktion formuliert, können wir seine Gültigkeit überprüfen, indem wir anhand des Gesetzes Vorhersagen treffen. Wenn wir beispielsweise davon ausgehen, dass die Mendel'schen Gesetze wahr sind, können wir aus ihnen eine Vorhersage im Hinblick auf die Frage ableiten, was zum

> ✚ *Die Deduktion kann eine wichtige Rolle bei der Bestätigung einer Induktion spielen.*

Beispiel die relative Häufigkeit des Auftretens von blauen Augen in verschiedenen Generationen einer Familie sein sollte. Wenn wir durch direkte Beobachtung herausfinden, dass die Häufigkeit des Auftretens von blauen Augen unserer Vorhersage entspricht, kann man sagen, dass unsere Beobachtungen die Theorie bestätigen, auch wenn diese Art der Bestätigung uns niemals völlige Sicherheit bieten könnte. Hier kann die Deduktion eine wichtige Rolle bei der Bestätigung einer Induktion spielen.

Es kann sein, dass unsere Ausführungen über die Induktion den Eindruck hinterlassen haben, wissenschaftliche Arbeit beginne immer mit der Beobachtung von Daten und mit Schlussfolgerungen, um eine induktive These aufzustellen, die diese Daten dann erklärt. In Wirklichkeit ist die wissenschaftliche Methode jedoch tendenziell komplizierter. Häufig beginnen Wissenschaftler ihre Forschung mit einer vorher getroffenen Entscheidung, nach welcher Art von Daten sie überhaupt suchen wollen. Das heißt, sie haben in ihrem Kopf bereits irgendeine Hypothese oder Theorie, die sie dann überprüfen wollen, und sie suchen nach Daten, die diese Theorie bestätigen könnten. In dieser Situation spielt Deduktion eine wichtige Rolle.

Wie wir bereits im Zusammenhang mit Beobachtungen und Experimenten erwähnt haben, stellten griechische Philosophen die Hypothese auf, dass die Planeten sich in kreisförmigen Umlaufbahnen um die Erde bewegen müssen, da für sie der Kreis die vollkommene Form war. Davon leiteten sie das ab, was sie am Himmel laut dieser Hypothese beobachten sollten. Als ihre Beobachtungen ihre ursprüngliche Hypothese offenbar nicht bestätigten, modifizierten sie diese, indem sie die ursprüngliche Hypothese durch eine weitergehende Hypothese ersetzten, in der zusätzliche Kreisbahnen angenommen wurden, die auf dem ursprünglichen Kreis kreisten (sogenannte Epizykel). Dann benutzten sie diese kompliziertere Hypothese, um daraus ihre Vorhersagen abzuleiten. Die Epizykeltheorie dominierte lange Zeit die Astronomie und wurde schließlich von den revolutionären Ideen von Kopernikus und Kepler aufgehoben und ersetzt.

Keplers Arbeit wiederum veranschaulicht die deduktive Methode. Er griff auf die Beobachtungen des Astronomen Tycho Brahe zurück und versuchte, die Form der Umlaufbahn des Mars vor dem Hintergrund der „Fixsterne" zu beschreiben. Es gelang ihm zunächst nicht, doch dann kam ihm durch seine geometrischen Studien zur Ellipse eine Idee. Die Idee bestand darin, zunächst die Hypothese aufzustellen, dass die Umlaufbahn des Mars eine Ellipse ist, dann anhand von mathematischen Kalkulationen abzuleiten, was auf Grundlage dieser Hypothese als Beobachtung zu erwarten war, und schließlich diese Vorhersagen mit den tatsächlichen Beobachtungen zu vergleichen. Über die

Gültigkeit der Hypothese der elliptischen Umlaufbahn würde dann entscheiden, wie nah die Vorhersagen den tatsächlichen Beobachtungen kämen.

Diese Schlussfolgerungsmethode nennt man deduktive oder hypothetisch-deduktive Methode der Beweisführung: Von einer Hypothese werden logische Vorhersagen abgeleitet, und diese werden dann mit den tatsächlichen Beobachtungen verglichen.

Da Deduktion ein so wichtiges Verfahren ist, ist sie es wert, kurz genauer betrachtet zu werden. Deduktion ist ein logischer Prozess, bei dem eine Behauptung, die wir beweisen wollen (die Schlussfolgerung), logisch aus etwas hergeleitet wird, was wir bereits akzeptieren (die Prämissen). Hier ist ein Beispiel für logische Deduktion (ein sogenannter Syllogismus):

P1:	Alle Hunde haben vier Beine.
P2:	Fido ist ein Hund.
C:	Fido hat vier Beine.

Hier sind die Aussagen P1 und P2 die Prämissen, und C ist die Schlussfolgerung. Wenn P1 und P2 wahr sind, dann ist C wahr. Oder anders ausgedrückt: Wären P1 und P2 wahr und C falsch, läge hier ein logischer Widerspruch vor. Das ist das Wesen einer logisch gültigen Deduktion.

Lassen Sie uns nun ein Beispiel einer logisch ungültigen Deduktion betrachten:

P1:	Viele Hunde haben ein langes Fell.
P2:	Albert ist ein Hund
C:	Albert hat ein langes Fell.

Hier folgt die Aussage C nicht automatisch aus P1 und P2. Es kann durchaus möglich sein, dass P1 und P2 wahr sind und C dennoch falsch ist.

Das scheint so einfach zu sein, dass die Gefahr besteht, jetzt abzuschalten. Aber tun Sie das bitte nicht, sonst wird Ihnen etwas sehr Wichtiges entgehen – und zwar, dass man allein anhand von deduktiver Logik bei keiner der in diesem Verfahren getätigten Aussagen feststellen kann, ob sie überhaupt wahr ist. Alles, was die Logik uns sagen kann (aber das ist sehr wichtig!), ist, dass, wenn die Prämissen stimmen und das Argument logisch gültig ist, die Schlussfolgerung wahr ist. Um dies deutlich zu machen, lassen Sie uns ein letztes Beispiel betrachten:

P1:	Alle Planeten haben einen verborgenen Ozean.
P2:	Merkur ist ein Planet.
C:	Merkur hat einen verborgenen Ozean.

Das ist ein logisch gültiges Argument, auch wenn die Aussagen P1 und C (soweit wir wissen) falsch sind. Das Argument sagt nur, dass, wenn P1 und P2 wahr sind, C auch wahr sein müsste, was ein gültiger Schluss ist. Diese Art von Dingen mag uns zunächst fremd erscheinen, aber das Beispiel kann uns helfen zu verstehen, dass Logik nur die Form eines Arguments überprüfen kann, ob es gültig ist oder nicht.[271] Logik kann uns aber nicht sagen, ob die Prämissen und die daraus abgeleiteten Schlussfolgerungen wahr sind. Logik hat etwas mit der Art und Weise zu tun, wie manche Aussagen von anderen abgeleitet werden, sie kann aber nichts über die Wahrheit dieser Aussagen sagen.

Wir sollten auch beachten, dass die deduktive Schlussfolgerung in der reinen Mathematik eine zentrale Rolle spielt, wo Theorien durch Ableitungen aus genauen und vorgegebenen Axiomen konstruiert werden (wie bei der Euklid'schen Geometrie). Die Ergebnisse (oder Theoreme, wie sie üblicherweise genannt werden) werden als wahr angesehen, wenn es eine logisch gültige Deduktionskette gibt, mit der sie von den Axiomen abgeleitet werden. Solche deduktiven Beweise geben uns eine Gewissheit (die Stimmigkeit der Axiome vorausgesetzt), die in der induktiven Wissenschaft nicht erreicht werden kann.

Logik hat etwas mit der Art und Weise zu tun, wie manche Aussagen von anderen abgeleitet werden, sie kann aber nichts über die Wahrheit dieser Aussagen sagen.

In der Praxis werden Induktion und Deduktion für gewöhnlich beide bei der Aufstellung von wissenschaftlichen Theorien eingesetzt. Wir haben oben von Keplers Einsatz von Deduktion bei der Herleitung seiner Theorie gesprochen, dass der Mars sich ellipsenförmig um die Sonne bewegt. Er dachte jedoch erst an eine Ellipse (anstelle zum Beispiel einer Parabel oder Hyperbel), weil er durch Brahes Beobachtungen zu der Überzeugung gelangt war, dass die Umlaufbahn des

271 Weshalb man auch von „formaler Logik" spricht: Es geht um die Richtigkeit der *Form* der Argumentation, nicht des Inhalts (Anmerkung des Verlags).

Mars grob eiförmig ist. Die Eiform war Folge einer anfänglichen Vermutung durch eine Induktion aus astronomischen Beobachtungen.

Aus denselben Daten können gegensätzliche Hypothesen entstehen

Doch hier sollten wir beachten, dass bei der Interpretation der gesammelten Daten unterschiedliche Hypothesen erstellt werden können, die diesen Daten entsprechen. Wir möchten das an zwei Beispielen deutlich machen:

Ein Beispiel aus der Astronomie. Als wir oben über die Rolle der Deduktion nachgedacht haben, haben wir zwei Hypothesen aus der antiken Astronomie angeführt, die zur Erklärung der Bewegungen der Planeten vorgelegt wurden. Die nachfolgenden Verfeinerungen des epizyklischen Modells schienen den Daten zu entsprechen; allerdings wurde die Hypothese damit immer komplizierter, da auch immer mehr Kreise notwendig waren. Keplers Vorschlag hingegen entsprach ebenfalls den Daten, indem er die komplexe Anordnung von Kreisen einfach durch eine einzige Ellipse ersetzte, wodurch die ganze Sache enorm vereinfacht wurde. Angenommen, wir wüssten nichts über die Schwerkraft und dass man anhand der Newtonschen Gesetze daraus elliptische Umlaufbahnen ableiten kann, wie sollten wir uns dann für eine der beiden Erklärungen entscheiden?

An dieser Stelle könnten sich Wissenschaftler auf ein Prinzip berufen, das manchmal als „Ockhams Rasiermesser" (nach Wilhelm von Ockham) bezeichnet wird. Dies ist die Vorstellung, dass die einfacheren Erklärungen für natürliche Phänomene wahrscheinlicher zutreffen als die komplizierteren. Genauer gesagt heißt dies, dass wir im Fall von zwei widersprüchlichen Hypothesen, die denselben Daten entsprechen, uns für die entscheiden sollten, die die geringste Anzahl von zusätzlichen Annahmen oder Komplikationen beinhaltet. Die metaphorische Verwendung des Wortes „Rasiermesser" bezieht sich darauf, dass man von der Hypothese quasi so viel wegschneidet oder abrasiert, bis so wenig Vorannahmen wie möglich übrig bleiben. „Ockhams Rasiermesser" hat sich als sehr nützliche Methode erwiesen, aber wir sollten beachten, dass es sich um eine philosophische Präferenz handelt und diese nicht für alle Fälle als wahr bewiesen werden kann. Daher sollte man sie nur mit Vorsicht anwenden.

Ein Beispiel aus der Physik. Ein weiteres Beispiel für die Art und Weise, wie sich unterschiedliche Hypothesen auf

> ⚐ *Das Prinzip, das manchmal als „Ockhams Rasiermesser" (nach Wilhelm von Ockham) bezeichnet wird, ist die Vorstellung, dass die einfacheren Erklärungen für natürliche Phänomene wahrscheinlicher zutreffen als die komplizierteren.*

dieselben Daten beziehen können, findet man in einer bekannten Übung aus der Schulphysik. Man gibt uns dazu eine Feder, eine Anzahl von Gewichten und ein Lineal, und wir werden aufgefordert, eine Grafik über die Federlänge im Vergleich zum Gewicht zu erstellen, das an deren Ende hängt. Am Ende haben wir, sagen wir mal, 10 Punkte auf dem Papier, die (mit ein bisschen Vorstellungskraft!) so aussehen, als lägen sie auf einer geraden Linie. Dann machen wir einen induktiven Schritt und zeichnen eine gerade Linie, die durch die meisten der Punkte verläuft, und behaupten, dass es ein lineares Verhältnis zwischen der Federlänge und der durch die Gewichte erzeugten Spannung (gemäß dem Hookschen Gesetz) gibt. Aber dann wird uns bewusst, dass man auch ganz andere Kurven durch diese 10 Punkte zeichnen könnte, sogar eine unendliche Anzahl. Würde man die Kurve verändern, würde sich dadurch auch das Verhältnis zwischen Federlänge und Spannung verändern. Aber warum sollten wir uns anstatt für die gerade Linie nicht für eine der anderen Kurven entscheiden? In der gerade beschriebenen Situation gibt es also viele Hypothesen, die derselben Reihe von Daten entsprechen. Wie entscheidet man sich für eine von ihnen?

Die Anwendung von „Ockhams Rasiermesser" würde dazu führen, dass man sich für die eleganteste oder wirtschaftlichste Lösung entscheidet – eine gerade Linie ist einfacher als eine komplizierte Kurve. Wir könnten das Experiment auch mit 100 Punkten, 200 Punkten usw. durchführen. Die Ergebnisse würden unser Vertrauen darin bestärken, dass die gerade Linie die korrekte Lösung war. Wenn wir Beweise auf diese Weise sammeln, spricht man von „kumulierter Häufigkeit" oder „Summenhäufigkeit", die für die Gültigkeit einer Hypothese sprechen.

Bis hierhin haben wir uns verschiedene Methoden angeschaut, die Wissenschaftler anwenden, und haben gesehen, dass uns keine von ihnen eine hundertprozentige Sicherheit bietet (eine Ausnahme bilden deduktive Beweise in der Mathematik, wo es gewiss ist, dass bestimmte Schlüsse aus bestimmten Axiomen folgen). Wir möchten jedoch noch einmal betonen: Dies heißt auf keinen Fall, dass das Gebäude der Wissenschaft kurz vor dem Zusammenbruch steht! Was wir mit „keine hundertprozentige Sicherheit" meinen, ist, dass immer eine kleine Möglichkeit besteht, dass ein bestimmtes Resultat oder eine bestimmte Theorie falsch sein könnte. Aber das heißt nicht, dass wir Theorien nicht grundsätzlich vertrauen könnten.

In der Tat gibt es manchmal Situationen wie bei dem Lackmustest für Säure, der in der Vergangenheit zu 100 Prozent erfolgreich war. Auch wenn uns dies formal keinen hundertprozentigen Erfolg für die Zukunft garantiert, werden Wissenschaftler es als Tatsache bezeichnen, dass sich

Lackmuspapier rot verfärbt, wenn es in Säure getaucht wird. Mit „Tatsache" meinen sie, wie es der Paläontologe Stephen Jay Gould nett ausgedrückt hat, dass etwas „bis zu dem Grad bestätigt ist, dass es widersinnig wäre, ihm die einstweilige Zustimmung vorzuenthalten".[272]

In anderen Situationen sind wir bereit, unser Leben den Ergebnissen von Wissenschaft und Technik anzuvertrauen, auch wenn wir wissen, dass sie nicht hundertprozentig sicher sind. Bevor wir beispielsweise mit dem Zug reisen, wissen wir, dass theoretisch etwas schiefgehen könnte – zum Beispiel könnten die Bremsen und Signale versagen und einen Zugunfall verursachen. Aber aus den Statistiken zu Bahnreisen wissen wir auch, dass die Wahrscheinlichkeit eines solchen Ereignisses tatsächlich sehr gering ist (wenn auch nicht gleich null – Zugunfälle gibt es immer wieder). Da die Wahrscheinlichkeit eines Unfalls so gering ist, denken die meisten von uns, die mit dem Zug unterwegs sind, dabei nicht über das Risiko nach.

Andererseits dürfen wir nicht davon ausgehen, dass wir alle vorgeschlagenen Hypothesen, die mit der wissenschaftlichen Methode aufgestellt wurden, ungeprüft als absolute Tatsachen akzeptieren können.

Eines der Prüfkriterien nennt man Falsifizierbarkeit.

Falsifizierbarkeit

Karl Popper stellte nicht die Verifizierbarkeit einer Hypothese, sondern deren Falsifizierbarkeit in den Mittelpunkt. Leider kann Poppers Terminologie sehr verwirrend sein, da das Adjektiv „falsifizierbar" nicht „wird sich als falsch erweisen" bedeutet. Die Verwirrung wird noch schlimmer, wenn man sich andererseits bewusst macht, dass das Verb „falsifizieren" „aufzeigen, dass etwas falsch ist" bedeutet. Der Begriff „falsifizierbar" hat in Wirklichkeit eine technische Bedeutung. Eine Hypothese wird als falsifizierbar betrachtet, wenn logisch mögliche Beobachtungen denkbar sind, die sie widerlegen könnten.

Es ist natürlich viel einfacher, eine allgemeingültige Aussage zu falsifizieren, als sie zu verifizieren. Zur Veranschaulichung nehmen Sie eines unserer früheren Beispiele. Die Aussage „Alle Schwäne sind weiß" ist sofort leicht falsifizierbar. Man müsste nur einen Schwan entdecken, der schwarz ist, und könnte sie damit falsifizieren. Und da wir wissen, dass schwarze Schwäne existieren, ist diese Aussage schon lange falsifiziert worden.

---

272 Gould, *Evolution as Fact and Theory*, 119

Es kann jedoch Schwierigkeiten geben, denn der Großteil der wissenschaftlichen Tätigkeit ist viel komplexer als der Umgang mit Behauptungen wie „Alle Schwäne sind weiß"!

⚓ *Der Begriff „falsifizierbar" hat in Wirklichkeit eine technische Bedeutung. Eine Hypothese wird als falsifizierbar betrachtet, wenn logisch mögliche Beobachtungen denkbar sind, die sie widerlegen könnten.*

Zum Beispiel schienen im 19. Jahrhundert die Beobachtungen des Planeten Uranus zu zeigen, dass seine Bewegung den auf Grundlage der Newtonschen Gesetze getroffenen Vorhersagen widersprachen. Daher bestand die Gefahr, dass die Newtonschen Gesetze falsch waren. Doch statt sofort zu sagen, dass diese nun falsifiziert worden seien, schlugen sowohl der französische Mathematiker Urbain Le Verrier als auch der englische Astronom John Couch Adams (die sich beide nicht kannten) vor, dass es in der Nachbarschaft des Uranus einen bislang unentdeckten Planeten geben könnte, was sein offenbar anormales Verhalten erklären würde. Dies brachte einen weiteren Wissenschaftler, den deutschen Astronomen Johann Galle, dazu, nach einem neuen Planeten zu suchen – und er entdeckte den Planeten Neptun.

Es wäre daher nicht korrekt gewesen, das Verhalten des Uranus so zu verstehen, als falsifiziere es die Newtonschen Gesetze. Das Problem war eine Unkenntnis der Ausgangsbedingungen: In der untersuchten Konfiguration fehlte ein Planet. Mit anderen Worten: Ein Teil der entscheidenden Daten fehlte. Diese Geschichte demonstriert eines der Probleme in Poppers Ansatz. Wenn die Beobachtung nicht der Theorie entspricht, könnte es sein, dass die Theorie falsch ist, aber es könnte ebenso möglich sein, dass die Theorie korrekt ist, die Daten aber unvollständig oder sogar falsch sind oder dass einige der zusätzlichen Annahmen inkorrekt sind. Wie kann man dann darüber entscheiden, welches das korrekte Bild ist?

Die meisten Wissenschaftler haben in der Tat das Gefühl, dass Poppers Vorstellungen viel zu pessimistisch sind und seine Methodologie gegen alle Intuition steht. Denn ihre Intuition und ihre Erfahrung sagen ihnen, dass es ihre wissenschaftlichen Methoden ihnen tatsächlich ermöglichen, das Universum immer besser zu verstehen, und dass sie in diesem Sinne die Wirklichkeit besser in den Griff bekommen. Positiv an Poppers Ansatz ist jedoch, dass er auf der Überprüfbarkeit wissenschaftlicher Theorien besteht.

Wiederholbarkeit und Abduktion

Die wissenschaftliche Tätigkeit, über die wir bis hierhin nachgedacht haben, ist durch *Wiederholbarkeit* gekennzeichnet. Das heißt, wir haben

Situationen betrachtet, in denen Wissenschaftler nach allgemeingültigen Gesetzen gesucht haben, die wiederholbare Phänomene erklären – Gesetze, die (wie die Newtonschen Bewegungsgesetze) durch Experimente immer und immer wieder überprüft werden können. Wissenschaften dieser Art bezeichnet man oft als induktive oder nomologische Wissenschaften (griechisch *nomos* = Gesetz). Sie decken den Großteil der Wissenschaft ab.

Es gibt jedoch auch große Gebiete der wissenschaftlichen Forschung, wo Wiederholbarkeit nicht möglich ist, insbesondere das Studium der Ursprünge des Universums sowie des Ursprungs und der Entwicklung des Lebens.

Nun wollen wir keinesfalls andeuten, dass die Wissenschaft nichts über nicht wiederholbare Phänomene zu sagen hätte. Im Gegenteil: Die Menge an veröffentlicher Literatur (insbesondere, jedoch nicht ausschließlich, auf populärer Ebene) legt die Einschätzung nahe, dass beispielweise der Ursprung des Universums und des Lebens zu den interessantesten Themen gehören, mit denen sich die Wissenschaft bislang beschäftigt hat.

Doch gerade weil solche nicht wiederholbaren Phänomene so wichtig sind, muss man bedenken, dass die Wissenschaft im Allgemeinen zu ihnen nicht denselben Zugang hat wie zu wiederholbaren Phänomenen. Denn Theorien über diese beiden Bereiche werden der Öffentlichkeit im großen Namen der Wissenschaft tendenziell so präsentiert, als ob es die gleiche Gewissheit gäbe wie bei induktiver Wissenschaft. Daher besteht die reale Gefahr, dass die Öffentlichkeit Spekulationen über nicht wiederholbare Ereignisse, die nicht experimentell verifizierbar sind, dieselbe Autorität und Gültigkeit beimisst wie jenen Theorien, die durch wiederholte Experimente bestätigt wurden.

Der Chemiker und Philosoph Michael Polanyi weist darauf hin, dass das Studium des Ursprungs einer Sache sich üblicherweise sehr von dem Studium ihrer Funktionsweise unterscheidet, obwohl natürlich Hinweise auf den Ursprung auch in der Funktionsweise zu finden sind. Es ist eine Sache, etwas Wiederholbares im Labor zu untersuchen (zum Beispiel die Dissektion eines Frosches, um zu sehen, wie sein Nervensystem funktioniert), aber eine völlig andere, etwas zu erforschen, was nicht wiederholt werden kann (zum Beispiel, wie Frösche als Gattung eigentlich entstanden sind). Und wenn wir hier größer denken, ist es eine Sache, wie das Universum funktioniert, doch wie es entstanden ist, ist eine ganz andere.

> ⚏ *Es ist eine Sache, wie das Universum funktioniert, doch wie es entstanden ist, ist eine ganz andere.*

Der größte Unterschied zwischen der Erforschung von nicht wiederholbaren und wiederholbaren Phänomenen ist, dass die Methode der Induktion nicht länger angewendet werden kann, da wir keine Reihe von Beobachtungen oder Experimenten haben, von denen wir etwas induzieren könnten, noch irgendeine Wiederholung in der Zukunft stattfinden wird, über die wir Vorhersagen treffen könnten! Die Hauptmethode, die bei nicht wiederholbaren Phänomenen angewendet wird, ist *Abduktion.*

Auch wenn dieser Begriff, der zuerst vom Logiker Charles Peirce im 19. Jahrhundert verwendet wurde, vielleicht nicht sehr bekannt ist, ist die ihm zugrunde liegende Vorstellung weit verbreitet. Denn Abduktion ist das, was jeder gute Kommissar tut, wenn er einen Mordfall aufklären muss! In Zusammenhang mit dem Mord muss etwas Bestimmtes stattgefunden haben. Daran besteht kein Zweifel. Die Frage lautet: Wer oder was war der Grund für dieses Ereignis? Und oft ist bei der Suche nach den Gründen für ein bereits geschehenes Ereignis Abduktion die einzig verfügbare Methode.

Stellen Sie sich als Beispiel für abduktive Schlussfolgerung Folgendes vor:

Daten:	Iwans Auto fuhr über den Klippenrand, und er wurde getötet.
Schlussfolgerung:	Wenn die Bremsen des Autos versagt haben, musste das Auto über den Klippenrand fahren.
Abduktive Folgerung:	Es besteht Anlass zu der Vermutung, dass die Bremsen versagt haben.

Es bietet sich jedoch eine Alternative an (insbesondere für passionierte Krimileser): Wenn jemand Iwans Auto über die Klippe geschoben hätte, wäre das Ergebnis dasselbe gewesen! Es wäre trügerisch und ziemlich töricht, anzunehmen, dass, nur weil wir nur an *eine* Erklärung für die Umstände gedacht haben, diese auch die einzige *ist.*

Die grundlegende Idee der Abduktion zeigt uns das folgende Schema:

Daten:	A wurde festgestellt.
Schlussfolgerung:	Stimmt B, wäre A die Folge davon.
Abduktive Folgerung:	Es gibt Grund zur Annahme, dass B wahr sein könnte.

Natürlich könnte es auch gut eine weitere Hypothese geben, C, über die wir sagen könnten: Wenn C stimmt, würde A daraus folgen. In der Tat gibt es für C viele Möglichkeiten.

Der Kommissar in unserer Geschichte führt eine bestimmte Prozedur durch, um jede einzelne in Erwägung zu ziehen. Zuerst wird er vielleicht die Zufalls-Hypothese B betrachten, dass die Bremsen versagt haben. Dann wird er vielleicht über Hypothese C nachdenken, dass das Ereignis kein Zufall war, sondern absichtlich von einem Mörder geplant wurde, der das Auto über die Klippe geschoben hat. Oder der Kommissar könnte eine komplexere Hypothese D in Betracht ziehen, die Zufall und Absicht kombiniert – dass jemand, der Iwan umbringen wollte, die Bremsen des Autos manipuliert hat, damit sie irgendwann versagen, und dies geschah dann auf den Klippen!

* *Schluss auf die beste Erklärung*

Unser Kriminalfall veranschaulicht, wie durch den Prozess der Abduktion plausible Hypothesen entwickelt werden und wir vor die Frage gestellt werden, welche der Hypothesen am besten zu den Daten passt. Um diese Frage zu beantworten, müssen die Hypothesen im Hinblick auf ihre Aussagekraft verglichen werden. Für wie viele Daten liefern sie eine Erklärung, ist die Theorie in sich stimmig, ist sie vereinbar mit anderen Wissensgebieten usw.?

Zur Beantwortung dieser weiter reichenden Fragen wird oft Deduktion eingesetzt. Wenn beispielsweise B in unserer Kriminalgeschichte stimmt, dann würden wir erwarten, dass eine Untersuchung der Bremsen des Autowracks ergibt, dass manche Teile abgenutzt oder kaputt sind. Wenn C richtig ist, würden wir daraus ableiten, dass die Bremsen in perfektem Zustand sind, und wenn D der Fall ist, würden wir vielleicht Hinweise auf eine absichtliche Beschädigung des hydraulischen Bremssystems finden. Würden wir entsprechende Spuren finden, würde D sofort als die beste der bis dahin gegebenen gegensätzlichen Erklärungen betrachtet werden, da ihre Aussagekraft größer ist als die der anderen.

Daher kann Abduktion zusammen mit dem darauffolgenden Vergleich der gegensätzlichen Hypothesen als „Schluss auf die beste Erklärung"[273]

---

273 Ein *Schluss auf die beste Erklärung* (*Inference to Best Explanation*, kurz IBE) ist ein abduktiver Schluss, mit dem eine bestimmte Hypothese gegenüber anderen Hypothesen ausgezeichnet wird. (Wikipedia, abgerufen am 12.2.2019, Anmerkung des Verlags)

betrachtet werden. Das ist die Essenz nicht nur der Arbeit von Polizei und Justiz, sondern auch von Historikern. Sowohl der Kommissar als auch der Historiker müssen die bestmögliche Erklärung aus den vorhandenen Daten schlussfolgern, nachdem die Ereignisse, an denen sie interessiert sind, geschehen sind.

Mehr über den Einsatz von Abduktion in den Naturwissenschaften (insbesondere in den Bereichen Kosmologie und Biologie) erfahren Sie in den Büchern von John Lennox, die am Ende dieses Anhangs aufgeführt sind. Hier müssen wir nun noch einige andere der allgemeinen Themen betrachten, die in Zusammenhang mit der wissenschaftlichen Arbeit stehen.

WIE ERKLÄRT DIE WISSENSCHAFT DINGE?

Erklärungsebenen

Die Wissenschaft erklärt. Das fasst für viele Menschen die Kraft und Faszination der Wissenschaft zusammen. Die Wissenschaft ermöglicht es uns, Dinge zu verstehen, die wir zuvor nicht verstanden haben, und indem sie uns Verständnis schenkt, schenkt sie uns auch Macht über die Natur. Aber was meinen wir, wenn wir sagen: „Die Wissenschaft erklärt"?

In der Umgangssprache sprechen wir von einer angemessenen Erklärung, wenn die Person, der etwas erklärt wird, danach etwas gut versteht, was sie zuvor nicht verstanden hat. Wir müssen jedoch versuchen präzise zu sein, denn beim Prozess der „Erklärung" gibt es verschiedene Aspekte, die oft verwechselt werden. Eine Veranschaulichung kann uns hier helfen. Wir haben bereits einen ähnlichen Gedankengang im Zusammenhang mit Rosen entwickelt. Lassen Sie uns nun einen Blick auf weitere Beispiele werfen.

Stellen Sie sich vor, Tante Olga hat einen leckeren Kuchen gebacken. Sie präsentiert ihn einer Versammlung von weltweit führenden Wissenschaftlern, und wir bitten diese, uns den Kuchen zu erklären. Der Ernährungswissenschaftler wird uns etwas über die Kalorienanzahl im Kuchen und seinen Nährwert erzählen. Der Biochemiker wird uns über die Struktur der Proteine, Fette usw. informieren und uns erzählen, durch was sie zusammengehalten werden. Der Chemiker wird die einzelnen Elemente aufzählen und ihre Verbindungen beschreiben. Der Physiker wird den Kuchen im Hinblick auf Elementarteilchen analysieren können. Und der Mathematiker wird uns eine Reihe von schönen Gleichungen anbieten, um das Verhalten dieser Teilchen zu beschreiben. Stellen Sie sich also vor, dass uns diese

Experten eine umfassende Beschreibung des Kuchens geliefert haben, jeder aus Sicht seiner wissenschaftlichen Disziplin. Können wir sagen, dass der Kuchen nun vollständig erklärt wurde? Wir haben sicherlich eine Beschreibung erhalten, wie der Kuchen gemacht wurde und in welchem Verhältnis die verschiedenen Elemente zueinander stehen. Aber stellen Sie sich nun vor, wir würden die versammelte Expertengruppe fragen, *warum* der Kuchen gemacht wurde. Wir bemerken das Grinsen in Tante Olgas Gesicht. Sie kennt die Antwort, denn schließlich hat sie den Kuchen gemacht! Aber klar ist: Wenn sie uns die Antwort nicht verrät, wird keine noch so ausgiebige wissenschaftliche Analyse uns je die Antwort liefern.

Also kann die Wissenschaft zwar „Wie"-Fragen hinsichtlich Ursachen und Mechanismen beantworten, aber keine „Warum"-Fragen, Fragen nach Sinn und Absicht – teleologische Fragen, wie sie manchmal genannt werden (griechisch *telos* = Endzweck oder Ziel).

Es wäre jedoch absurd, wenn man zum Beispiel behaupten würde, dass Tante Olgas Antwort auf die teleologische Frage, nämlich dass sie den Kuchen für Sams Geburtstag gebacken habe, der wissenschaftlichen Analyse des Kuchens widerspräche! Nein. Beide Arten von Antworten sind eindeutig logisch vereinbar.

Und doch zeigt sich genau diese Vermischung verschiedener Kategorien, wenn Atheisten argumentieren, man brauche nicht länger Gott und das Übernatürliche, um die Abläufe in der Natur zu erklären, da wir nun eine wissenschaftliche Erklärung dafür hätten. Dadurch hat sich in der allgemeinen Öffentlichkeit die Ansicht verbreitet, dass der Glaube an einen Schöpfer einem primitiven und einfachen Stadium des menschlichen Denkens zuzuordnen sei und die Wissenschaft gezeigt habe, dass dieser sowohl unnötig als auch unmöglich sei.

> ✠ Die Wissenschaft kann zwar „Wie"-Fragen hinsichtlich Ursachen und Mechanismen beantworten, aber keine „Warum"-Fragen, Fragen nach Sinn und Absicht.

Aber hier gibt es einen offensichtlichen Fehler. Denken Sie an einen Ford-Automotor. Es ist vorstellbar, dass ein primitiver Mensch, der einen solchen Motor zum ersten Mal sieht und die Prinzipien eines Verbrennungsmotors nicht versteht, sich vielleicht vorstellt, in dem Motor sei ein Gott (Herr Ford), der ihn zum Laufen bringe. Zudem könnte dieser Mensch sich vorstellen, dass der Grund für die gute Funktion des Motors sei, dass Herr Ford im Inneren des Motors ihn als Fahrer mag, und wenn der Motor nicht funktioniert, dass Herr Ford ihm nicht wohlgesonnen sei. Wenn dieser primitive Mensch dann zivilisiert werden würde, etwas über

Maschinenbau lernen und den Motor auseinanderbauen würde, würde er natürlich entdecken, dass es in dem Motor keinen Herrn Ford gibt und dass er Herrn Ford nicht als Erklärung für die Funktion des Motors braucht. Was er über die unpersönlichen Prinzipien der Verbrennung gelernt hat, würde allgemein ausreichen, um die Funktion des Motors zu erklären. So weit, so gut. Doch wenn er dann am Ende zu dem Schluss käme, dass ihm nun sein Verständnis der Prinzipien der Verbrennung es unmöglich macht, an die Existenz eines Herrn Ford zu glauben, der den Motor entwickelt hat, wäre dies schlicht und einfach falsch!

BILD Anh. 2. *Ford-Automobil, Model A aus dem Jahr 1929*
Die Ford Motor Company, die 1913 die erste Fließbandfertigung einführte, baute von 1908 bis 1927 mehr als 15 Millionen T-Modelle. Unser Foto zeigt das Nachfolgemodell Ford A, das zwischen 1928 und 1931 produziert wurde.

© unsplash.com/Philip Schroeder

Ebenso ist es eine Vermischung von Kategorien, wenn man behauptet, unser Verständnis der unpersönlichen Funktionsprinzipien des Universums machten den Glauben an die Existenz eines persönlichen Gottes unnötig oder überflüssig, der den großen Motor namens Universum entworfen und geschaffen hat und auch aufrechterhält. Mit anderen Worten: Wir sollten die Funktionsmechanismen des Universums nicht mit seiner Ursache verwechseln. Jeder von uns kennt den Unterschied zwischen dem bewussten Bewegen eines Armes mit einer bestimmten Absicht und der unwillkürlichen spasmischen Bewegung eines Armes, die durch den zufälligen Kontakt mit elektrischem Strom ausgelöst wird.

> ⚏ *Wir sollten die Funktionsmechanismen des Universums nicht mit seiner Ursache verwechseln.*

Michael Poole, wissenschaftlicher Gastmitarbeiter am King's College in London im Bereich Wissenschaft und Religion, drückt es in seiner veröffentlichten Debatte mit Richard Dawkins so aus:

> Es gibt keinen logischen Konflikt zwischen vernünftigen Erklärungen, die sich auf Mechanismen beziehen, und vernünftigen Erklärungen, die sich auf die Pläne und Zwecke eines menschlichen oder göttlichen Akteurs beziehen. Dies ist ein Aspekt der Logik, unabhängig davon, ob man nun selbst an Gott glaubt oder nicht.[274]

Einer der Autoren stellte in einer Debatte mit Richard Dawkins fest, dass sein Gegenüber die Kategorien von Mechanismus und handelnder Instanz durcheinanderbrachte:

> Als Isaac Newton beispielsweise sein Gesetz der Schwerkraft entdeckte und die Bewegungsgleichungen niederschrieb, sagte er nicht: „Fabelhaft, jetzt verstehe ich es. Ich habe einen Mechanismus, daher brauche ich Gott nicht." Tatsächlich war genau das Gegenteil der Fall. Weil er die Komplexität der Raffinesse der mathematischen Beschreibung des Universums verstand, lobte er Gott umso mehr. Und ich möchte gerne anmerken, Richard, dass du hier einen Kategoriefehler begehst, weil du Mechanismus und handelnde Instanz verwechselst: Wir hätten einen Mechanismus, der XYZ tut, daher bräuchten wir keine handelnde Instanz. Ich würde behaupten, dass die Raffinesse des Mechanismus – und die Wissenschaft freut sich, wenn sie auf solche Mechanismen stößt – ein Beweis für das reine Wunder der kreativen Genialität Gottes ist.[275]

---

274 Poole, *Critique of Aspects of the Philosophy and Theology of Richard Dawkins*, 49
275 Lennox' Antwort auf Dawkins' erste These „Glaube ist blind, Wissenschaft basiert auf Beweisen", in *The God Delusion Debate*, moderiert von der Fixed Point Foundation, University of Alabama in Birmingham, gefilmt und live ausgestrahlt am 3. Oktober 2007,

Trotz der Klarheit der Logik, die bei den Kontrapunkten ausgedrückt wird, wird eine berühmte Aussage des französischen Mathematikers Laplace ständig missbraucht, um den Atheismus zu unterstützen. Als er von Napoleon gefragt wurde, wie Gott in seine mathematische Arbeit passe, antwortete Laplace: „Sir, diese Hypothese brauche ich nicht." Natürlich tauchte Gott nicht in Laplaces mathematischer Beschreibung der Funktionsweise von Dingen auf, wie auch Herr Ford in keiner wissenschaftlichen Beschreibung der Gesetze des Verbrennungsmotors auftauchen würde. Aber was beweist das? Ein solches Argument kann man genauso wenig verwenden, um zu beweisen, dass Gott nicht existiert, wie man es verwenden kann, um die Nichtexistenz von Herrn Ford zu beweisen.

Zusammenfassend lässt sich sagen: Man muss sich der Gefahr bewusst sein, dass man verschiedene Erklärungsebenen vertauschen kann und denkt, eine Erklärungsebene erzähle die ganze Geschichte.

Dies bringt uns unmittelbar zu dem damit verbundenen Thema des Reduktionismus.

Reduktionismus

Um eine Sache zu erforschen – insbesondere, wenn sie sehr komplex ist –, teilen Wissenschaftler sie häufig in verschiedene Teile oder Aspekte auf und „reduzieren" sie damit auf einfachere Bestandteile, die einzeln leichter zu untersuchen sind. Diese Art von Reduktionismus, der oft als methodologischer oder struktureller Reduktionismus bezeichnet wird, ist Teil des normalen wissenschaftlichen Prozesses und hat sich als sehr nützlich erwiesen. Es ist jedoch sehr wichtig, dass man dabei im Hinterkopf behält, dass es möglicherweise (meistens ist dem so) mehr über ein gegebenes Ganzes zu sagen gibt als das, was wir erhalten, wenn wir all das zusammennehmen, was wir aus den einzelnen Teilen erkannt haben. Studiert man alle Teile einer Armbanduhr für sich, wird man nie begreifen können, wie die vollständige Armbanduhr als integriertes Ganzes funktioniert.

Neben dem methodologischen Reduktionismus gibt es zwei weitere Arten von Reduktionismus: den epistemologischen und den ontologischen Reduktionismus. Der *epistemologische Reduktionismus* ist die Sicht, dass höhere Ebenen von Wissenschaft vollständig durch die Wissenschaft auf

http://fixed-point.org/index.php/video/35-full-length/164-the-dawkins-lennox-debate. Die Niederschrift stammt im Original von ProTorah, http://www.protorah.com/god-delusion-debate-dawkins-lennox-transcript/.

einer niedrigeren Ebene erklärt werden können. Das heißt, Chemie wird durch Physik erklärt, Biochemie durch Chemie, Biologie durch Biochemie, Psychologie durch Biologie, Soziologie durch die Hirnforschung und Theologie durch Soziologie. Wie Francis Crick sagt: „Tatsächlich ist ja auch das Endziel der modernen biologischen Forschung, die *gesamte* Biologie in der Ausdrucksweise von Physik und Chemie verständlich zu machen."[276] Richard Dawkins, ein ehemaliger *Charles Simonyi Professor of the Public Understanding of Science* an der Universität Oxford, hat dieselbe Sicht: „Meine Aufgabe ist es, Elefanten und die Welt komplexer Dinge anhand der einfachen Dinge zu erklären, die die Physiker entweder verstehen oder an deren

> ✠ *Das letzte Ziel des Reduktionismus ist, das gesamte menschliche Verhalten, all unsere Vorlieben und Abneigungen, die ganze mentale Landschaft unseres Lebens auf die Physik zu reduzieren.*

Verständnis sie arbeiten."[277] Das letzte Ziel des Reduktionismus ist, das gesamte menschliche Verhalten, all unsere Vorlieben und Abneigungen, die ganze mentale Landschaft unseres Lebens auf die Physik zu reduzieren.

Jedoch sind sowohl die Durchführbarkeit als auch die Plausibilität dieses Programmes äußerst fraglich. Der hervorragende russische Psychologe Lew Wygotski (1896–1934) sah gewisse Aspekte dieser reduktionistischen Philosophie, so wie sie auf die Psychologie angewendet wurden, kritisch. Er zeigte auf, dass ein solcher Reduktionismus oft mit dem Ziel in Konflikt steht, alle grundlegenden Merkmale eines zu erklärenden Phänomens oder Ereignisses zu erfassen. Zum Beispiel kann man Wasser (H_2O) auf H und O reduzieren. Wasserstoff ist brennbar und Sauerstoff ist notwendig zum Brennen; Wasser jedoch besitzt keine dieser Eigenschaften, sondern hat viele andere, die wiederum Wasserstoff und Sauerstoff nicht haben. Daher war Wygotski der Ansicht, dass Reduktionismus nur bis zu einer gewissen Grenze möglich sei. Karl Popper sagt: „Es gibt fast immer einen ungelösten Rest, der auch bei den erfolgreichsten Reduktionsversuchen übrig bleibt."[278]

Des Weiteren argumentiert Michael Polanyi, die Erwartung, epistemologischer Reduktionismus funktioniere unter allen Umständen, sei an sich unplausibel.[279] Denken Sie an die unterschiedlichen Prozessebenen beim Bau eines Bürogebäudes mit Mauersteinen. Als Erstes gibt es den Prozess

---

276 Crick, *Von Molekülen und Menschen*, 20 (Hervorhebung im Original)
277 Dawkins, *Der blinde Uhrmacher*, 29
278 Popper, *Scientific Reduction*
279 Polanyi, *Implizites Wissen*

der Beschaffung der Rohmaterialien, aus denen die Mauersteine hergestellt werden. Darüber gibt es die Ebene der Mauersteinproduktion (sie produzieren sich nicht selbst), Maurerarbeiten (die Steine setzen sich nicht selbst aufeinander), der Entwurf des Gebäudes (es entwirft sich nicht selbst) und die Planung der Stadt, in der das Gebäude errichtet werden soll (auch diese organisiert sich nicht selbst). Jede Ebene hat ihre eigenen Regeln. Die Gesetze der Physik und der Chemie bestimmen das Rohmaterial der Mauersteine, die Technik bestimmt die Kunst der Mauersteinherstellung, die Architektur belehrt den Bauherren, und die Architekten werden von den Stadtplanern kontrolliert. Jede Ebene wird von der Ebene darüber kontrolliert, aber das Gegenteil trifft nicht zu. Die Gesetze einer höheren Ebene können nicht von den Gesetzen einer niedrigeren Ebene abgeleitet werden (obwohl natürlich das, was auf einer höhere Ebene getan werden kann, von den niedrigeren Ebenen abhängig ist: Wenn beispielsweise die Mauersteine nicht stabil genug sind, wird dies der Größe des Gebäudes, das sicher damit gebaut werden kann, Grenzen setzen).

Betrachten Sie die Buchseite, die Sie gerade lesen. Sie besteht aus mit Druckfarbe bedrucktem Papier (oder, im Falle einer elektronischen Version, aus digital wiedergegebenem Text). Es ist offensichtlich, dass die Physik und Chemie von Farbe und Papier niemals, nicht einmal prinzipiell, uns irgendetwas über die Bedeutung der Formen der Buchstaben auf der Seite sagen können. Und das hat nichts mit der Tatsache zu tun, dass die Fortschritte in der Physik und Chemie noch nicht weit genug sind, um diese Frage zu beantworten. Auch wenn wir diesen Wissenschaften weitere 1000 Jahre Entwicklung zugestehen, werden wir sehen können, dass es keinen Unterschied machen wird, weil die Formen dieser Buchstaben eine absolut andersartige und höhere Erklärungsebene erfordern, als uns Physik und Chemie liefern können. Tatsache ist, dass eine Erklärung nur in Zusammenhang mit den Konzepten von Sprache und Autorenschaft gegeben werden kann – die Kommunikation einer Botschaft durch eine Person. Die Druckfarbe und das Papier sind Träger der Botschaft, aber die Botschaft entsteht nicht automatisch aus ihnen. Was zudem das Thema Sprache selbst angeht, gibt es hier wieder eine Folge von Ebenen – man kann ein Vokabular nicht aus der Phonetik ableiten oder die Grammatik einer Sprache aus ihrem Vokabular usw.

Wie bekannt ist, trägt das genetische Material, die DNA, Information in sich. Wir werden darauf gleich noch genauer eingehen, aber die Grundidee ist folgende: Die DNA – eine Substanz, die in jeder lebenden Zelle zu finden ist – kann man sich als ein langes Band vorstellen, auf dem eine Folge von Buchstaben in einer chemischen Sprache bestehend aus jeweils vier Buchstabengruppen geschrieben ist. Die Buchstabenfolge beinhaltet kodierte Anweisungen (Information), mit der die Zelle Proteine herstellt. Der Biochemiker und Theologe Arthur Peacocke schreibt: „Es ist unmöglich, dass das Konzept der ‚Information‘, das Konzept der Übermittlung einer Botschaft, anhand der Konzepte von Physik und Chemie artikuliert werden kann, auch wenn Letztere nachweislich erklären kann, wie die molekulare Maschinerie (DNA, RNA und Protein) funktioniert, um Information zu tragen."[280]

In allen diesen zuvor beschriebenen Situationen haben wir eine Reihe von Ebenen, von denen jede höher ist als die vorherige. Was auf einer höheren Ebene passiert, ist nicht vollständig davon ableitbar, was auf der Ebene darunter passiert, sondern erfordert eine andere Erklärungsebene.

In so einer Situation sagt man manchmal, dass sich die Phänomene auf einer höheren Ebene aus der niedrigeren Ebene „ergeben". Leider wird das Wort „ergeben" leicht so missverstanden, dass die Eigenschaften einer höheren Stufe automatisch aus den Eigenschaften der niedrigeren Ebene entstehen. Das ist generell falsch, wie wir anhand der Beispiele der Mauersteinproduktion und der Schrift auf Papier gezeigt haben. Doch ungeachtet der Tatsache, dass sowohl die Schrift auf Papier als auch die DNA gemeinsam haben, dass beide eine kodierte „Botschaft" tragen, beharren die Wissenschaftler, die eine materialistische Philosophie vertreten, darauf, dass die informationstragenden Eigenschaften der DNA automatisch aus geistloser Materie entstanden sein müssen. Denn wenn es, wie der Materialismus behauptet, nichts außer Materie und Energie gibt, folgt logisch daraus, dass sie das inhärente Potenzial besitzen müssen, sich selbst so zu organisieren, dass schließlich all die für das Leben notwendigen komplexen Moleküle entstehen, einschließlich der DNA.[281]

Es gibt noch eine dritte Art von Reduktionismus, genannt *ontologischer Reduktionismus,* auf den man häufig in Aussagen wie der folgenden stößt: Das Universum ist nichts als eine Ansammlung von Atomen in Bewegung, Menschen sind „Maschinen für die Verbreitung von DNA, und die Verbreitung von DNA ist ein sich selbst erhaltender Prozess. Das ist der ausschließliche Zweck des Lebens jedes lebenden Objekts."[282]

---

280 Peacocke, *Experiment of Life*, 54
281 Ob Materie und Energie diese Fähigkeit besitzen, ist eine andere Frage, die in den Büchern diskutiert wird, welche in der Fußnote am Ende dieses Anhangs genannt werden.
282 Dawkins, *Growing Up in the Universe* (Studienband), 21

Wörter wie „nichts als" oder „ausschließlich" sind verräterische Kennzeichen einer (ontologischen) reduktionistischen Denkweise. Wenn wir diese Wörter streichen, bleibt normalerweise etwas übrig, an dem nichts auszusetzen ist. Das Universum ist sicherlich eine Ansammlung von Atomen, und in der Tat verbreiten Menschen DNA. Die Frage ist jedoch: Ist das wirklich alles? Stimmen wir Francis Crick zu, der zusammen mit James D. Watson den Nobelpreis für seine Entdeckung der Doppelhelixstruktur der DNA gewann: „‚Sie', Ihre Freuden und Leiden, Ihre Erinnerungen, Ihre Ziele, Ihr Sinn für Ihre eigene Identität und Willensfreiheit – bei alledem handelt es sich in Wirklichkeit nur um das Verhalten einer riesigen Ansammlung von Nervenzellen und dazugehörigen Molekülen"[283]?

Was sollen wir über menschliche Liebe und Angst, über Konzepte wie Schönheit und Wahrheit sagen? Sind sie bedeutungslos?

Der ontologische Reduktionismus würde uns in letzter Konsequenz dazu auffordern zu glauben, ein Rembrandt-Gemälde sei nichts als auf einer Leinwand verteilte Farbmoleküle. Die Reaktion des Physikers und Theologen John Polkinghorne ist deutlich:

Es gibt mehr über die Welt zu sagen, als die Physik je ausdrücken kann. Eine der grundlegenden Erfahrungen des wissenschaftlichen Lebens ist die des Staunens über die schöne Struktur der Welt. Es ist die Belohnung für die mühsamen Stunden der Arbeit, die man in die Forschung investiert. Doch würde dieses Staunen in der von der Wissenschaft beschriebenen Welt einen Platz finden? Oder unsere Erfahrungen von Schönheit? Oder moralische Verpflichtungen? Oder die Gegenwart Gottes? Diese Dinge scheinen mir genauso fundamental zu sein wie all das, was wir im Labor messen können. Eine Weltanschauung, die diese Dinge nicht angemessen berücksichtigt, ist bedauerlicherweise unvollständig.[284]

Die vernichtendste Kritik am ontologischen Reduktionismus lautet, er sei selbstzerstörerisch. Polkinghorne beschreibt sein Programm als letztendlich selbstmörderisch:

Denn es verbannt nicht nur unsere Erfahrungen von Schönheit, moralischer Verpflichtung und religiöser Erfahrungen auf den

283 Crick, *Was die Seele wirklich ist*, 17
284 Polkinghorne, *One World*, 72–73

epiphänomenalen Müllhaufen. Er zerstört auch die Rationalität. Denken wird ausgetauscht durch elektrochemische, neuronale Prozesse. Zwei solcher Prozesse können nicht in einen rationalen Diskurs miteinander treten. Sie sind weder richtig noch falsch. Sie passieren einfach. ... Sogar die Behauptungen des Reduktionisten selbst sind dann bloß Signale im neuronalen Netz seines Gehirns. Die Welt des rationalen Diskurses reduziert sich auf das absurde Geschwätz feuernder Synapsen. Offen gesagt kann das nicht richtig sein, und das glaubt auch niemand von uns.[285]

GRUNDLEGENDE VORANNAHMEN
BEI DER WISSENSCHAFTLICHEN ARBEIT

Bis jetzt haben wir uns auf die wissenschaftliche Methode konzentriert und gesehen, dass dies ein viel komplexeres (und aus diesem Grund auch viel interessanteres) Thema ist, als es zuerst vielleicht den Anschein hatte. Wie angekündigt, müssen wir nun die Auswirkungen der Tatsache bedenken, dass auch Wissenschaftler, wie alle Menschen, nie völlig frei von vorgefassten Meinungen sind. Die weitverbreitete Vorstellung, dass jeder Wissenschaftler ein völlig leidenschaftsloser Beobachter ist – zumindest wenn er sich bemüht unparteiisch zu sein –, ist falsch. Darauf wurde wiederholt von Wissenschaftsphilosophen und Wissenschaftlern selbst hingewiesen. Zumindest müssen Wissenschaftler sich bereits irgendeine Vorstellung oder eine Theorie über die Natur dessen, was sie studieren werden, gebildet haben.

> ⚌ Die weitverbreitete Vorstellung, dass jeder Wissenschaftler ein völlig leidenschaftsloser Beobachter ist – zumindest wenn er sich bemüht unparteiisch zu sein –, ist falsch.

Beobachtungen sind abhängig von einer Theorie

Es ist einfach nicht möglich, Beobachtungen zu machen und Experimente durchzuführen ohne jegliche Vorannahmen. Bedenken Sie nur zum Beispiel die Tatsache, dass die Wissenschaft ihrer Natur nach selektiv sein muss. Es wäre absolut unmöglich, jeden Aspekt jedes Forschungsobjekts in Betracht zu ziehen. Daher müssen Wissenschaftler sich entscheiden, welche Faktoren wahrscheinlich wichtig sein werden und welche nicht. Zum

---

285 Polkinghorne, *One World*, 92–93

Beispiel berücksichtigen Wissenschaftler nicht die Farbe der Billardkugeln, wenn sie eine Laboruntersuchung über die Anwendung der Newtonschen Gesetze auf die Bewegung durchführen, aber die Form der Kugeln ist sehr wichtig – „würfelförmige Kugeln" würden nicht viel nützen! Wenn sie solche Entscheidungen treffen, werden Wissenschaftler unvermeidlich von bereits vorher gebildeten Vorstellungen und Theorien geleitet, welche Faktoren wahrscheinlich wichtig sein werden. Das Problem ist, dass solche Vorannahmen manchmal falsch sein können, was zur Folge haben kann, dass ihnen entscheidende Aspekte eines Problems entgehen, sodass sie falsche Schlüsse ziehen. Dies lässt sich gut mit einer berühmten Geschichte über den Physiker Heinrich Hertz veranschaulichen.

Maxwells elektromagnetische Theorie besagte, dass sich Radio- und Lichtwellen mit gleicher Geschwindigkeit verbreiten. Hertz entwickelte ein Experiment, um dies zu überprüfen, und fand heraus, dass die Geschwindigkeiten nicht gleich waren. Sein Fehler, der erst nach seinem Tod entdeckt wurde, war, dass ihm nicht bewusst war, dass die Beschaffenheit seines Labors irgendeinen Einfluss auf die Versuchsergebnisse haben könnte. Leider war dies aber doch der Fall. Die Radiowellen wurden von den Wänden reflektiert und verfälschten seine Ergebnisse.

Die Gültigkeit seiner Beobachtungen hingen von der (vorgefassten) Theorie ab, dass die Beschaffenheit des Labors für sein Experiment irrelevant sei. Die Tatsache, dass diese vorgefasste Meinung falsch war, machte seine Ergebnisse ungültig.

Diese Geschichte zeigt eine weitere Schwierigkeit auf: Wie kann man in einer solchen Situation entscheiden, ob der Fehler in der Theorie oder im Experiment selbst liegt? Wann kann man den Versuchsergebnissen trauen, und wann muss man eine Theorie verwerfen und nach einer besseren Theorie suchen? Oder sollte man weiter an der Theorie festhalten und versuchen, den Fehler im Experimentaufbau zu finden? Auf diese Fragen gibt es keine einfache Antwort. Viel wird dabei von der Erfahrung und dem Urteilsvermögen des beteiligen Wissenschaftlers abhängen. Aber dass auch mal Fehler gemacht werden, ist unvermeidbar.

Es gibt kein Wissen ohne Vorannahmen

Wissenschaftler haben nicht nur unvermeidlich vorgefasste Vorstellungen über bestimmte Situationen (wie uns die Geschichte von Hertz gezeigt hat), auch ihre Wissenschaft geschieht in einem Rahmen von allgemeinen Annahmen über die Wissenschaft an sich. Der weltberühmte Genetiker Richard Lewontin von der Universität Harvard schreibt: „Wissenschaftler, wie andere Intellektuelle auch, gehen mit einer Weltanschauung an ihre Arbeit heran, einer Reihe von Vorannahmen, die den Rahmen für ihre Analyse der Welt bilden.“[286]

Und diese Vorannahmen können sowohl die Forschungsmethoden der Wissenschaftler bedeutend beeinflussen als auch ihre Ergebnisse und ihre Interpretationen dieser Ergebnisse, wie wir noch sehen werden.

Wir möchten jedoch betonen, dass die Tatsache, dass Wissenschaftler Vorannahmen mitbringen, keine Kritik darstellt. Das wäre wirklich eine unsinnige Einstellung. Denn die Stimme der Logik erinnert uns daran, dass wir nichts erkennen können, wenn wir nicht bereit sind, irgendetwas vorauszusetzen. Lassen Sie uns diese Vorstellung genauer untersuchen, indem wir über eine verbreitete Einstellung nachdenken. „Ich bin nicht bereit, irgendetwas als gegeben anzunehmen“, sagt jemand. „Ich werde nur das akzeptieren, was du mir beweisen kannst.“ Hört sich vernünftig an – ist es aber nicht. Denn wenn Sie diese Sichtweise vertreten, werden Sie nie irgendetwas akzeptieren oder wissen! Denn stellen Sie sich einmal vor, ich wollte, dass Sie irgendeine Aussage A akzeptieren. Sie würden sie nur akzeptieren, wenn ich sie Ihnen bewiese. Aber ich müsste sie Ihnen auf Grundlage irgendeiner anderen Aussage B beweisen. Sie würden B nur akzeptieren, wenn ich Ihnen B bewiese. Ich müsste Ihnen B aber auf der Basis von C beweisen. Und so würde es immer weiter gehen in einer logischen Endlosschleife, in einem sogenannten unendlichen Regress. Das ist die Folge, wenn Sie darauf bestehen würden, nichts von vornherein als gegeben anzunehmen!

Wir alle müssen irgendwo mit etwas anfangen, was wir als gegeben ansehen – Grundannahmen, die man nicht auf Basis von irgendwelchen anderen Dingen beweisen muss. Solche Annahmen werden oft als *Axiome* bezeichnet.[287] Welche Axiome wir auch immer für uns annehmen, wir werden dann anschließend versuchen, die Welt richtig zu deuten, indem wir unsere Überlegungen auf diesen Axiomen aufbauen. Und das gilt nicht nur hinsichtlich unserer Weltanschauung, sondern bei allem, was wir tun. Wir behalten die Axiome, die sich als nützlich erwiesen haben (weil sie uns zu Theorien führen, die besser zur Natur und unserer Erfahrung zu passen scheinen), und wir verwerfen oder modifizieren jene, die nicht so gut

---

286 Lewontin, *Dialectical Biologist*, 267
287 Man sollte jedoch im Hinterkopf behalten, dass die Axiome, die in verschiedenen Bereichen der reinen Mathematik (zum Beispiel bei der Zahlen- oder der Gruppentheorie) auftauchen, auch nicht aus dem Nichts auftauchen. Sie entstehen für gewöhnlich aus dem Versuch, Jahre (manchmal Jahrhunderte) von mathematischer Forschung in einem sogenannten Axiomensystem zusammenzufassen.

passen. Eines jedenfalls ist absolut klar: Niemand von uns ist völlig frei von anfänglichen Grundannahmen.

Wenn wir Wissen gewinnen wollen, müssen wir unseren Sinnen und anderen Menschen vertrauen

Es gibt im Wesentlichen zwei Quellen, aus denen wir Wissen gewinnen können:

1. direkt durch unsere ganz persönliche Erfahrung (wenn wir zum Beispiel versehentlich unseren Finger in kochendes Wasser tauchen, lernen wir, dass kochendes Wasser uns verbrüht);
2. wir lernen alles Mögliche durch externe Quellen, zum Beispiel durch Lehrer, Bücher, Eltern, die Medien usw.

Dabei brauchen wir immer ein gewisses Vertrauen. Wir vertrauen intuitiv unseren Sinnen, auch wenn wir wissen, dass sie uns manchmal täuschen. So kann sich beispielsweise bei extrem kaltem Wetter ein Metallgeländer heiß anfühlen, wenn wir es berühren.

Wir vertrauen auch unserem Denken, dass es unsere Sinne richtig interpretiert, obwohl wir auch hier wissen, dass unser Denken sich täuschen kann.

Normalerweise glauben wir auch das, was andere Leute uns erzählen – Lehrer, Eltern, Freunde usw. Manchmal überprüfen wir etwas, was wir von ihnen gehört haben, denn – ohne sie beleidigen zu wollen – ist uns klar, dass sogar Freunde sich irren können und andere Leute uns vielleicht sogar täuschen. Viel häufiger jedoch akzeptieren wir Aussagen von Fachleuten – wenn auch nur, weil niemand die Zeit hat, alles zu überprüfen! Bei technischen Themen vertrauen wir unseren Lehrbüchern. Wir vertrauen auf das, was (andere) Wissenschaftler getan haben. Und das ist natürlich auch vernünftig, obwohl diese Experten uns selbst nahelegen würden, kritisch zu sein und nicht alles einfach so zu akzeptieren, was sie sagen. Sie würden uns auch daran erinnern, dass eine Aussage nicht automatisch wahr sein muss, nur weil sie in einem Buch gedruckt wurde!

Der Erwerb wissenschaftlicher Kenntnisse setzt den Glauben an die rationale Verständlichkeit des Universums voraus

Wir alle nehmen die Tatsache so sehr als selbstverständlich hin, dass wir den menschlichen Verstand als Ausgangspunkt zur Erforschung des Universums benutzen können, dass wir dabei übersehen, dass das Universum selbst wirklich etwas ist, über das man sich nur wundern kann. Denn sobald wir versuchen, das Universum zu verstehen, fordert unser Geist eine Erklärung. Doch wo können wir eine finden? Die Wissenschaft kann sie uns nicht liefern aus dem ganz einfachen Grund, weil Wissenschaft die rationale Verständlichkeit des Universums voraussetzen muss, um überhaupt arbeiten zu können. Einstein selbst macht dies sehr deutlich in demselben Artikel, den wir bereits zitiert haben. Denn er sagt dort, dass der Glaube des Wissenschaftlers an die rationale Verständlichkeit des Universums über die Wissenschaft selbst hinausgeht und dass dieser Glaube von Natur aus im Wesentlichen religiös sei:

> Wissenschaft aber kann nur geschaffen werden von Menschen, die ganz erfüllt sind von dem Streben nach Wahrheit und Begreifen. Diese Gefühlsbasis aber entstammt der religiösen Sphäre. Hierher gehört auch das Vertrauen in die Möglichkeit, die in der Welt des Seienden geltenden Gesetzmäßigkeiten seien vernünftig, d. h. durch die Vernunft begreifbar. Ohne solchen tiefen Glauben kann ich mir einen wirklichen Forscher nicht vorstellen. [288]

Einstein sah keinen Grund, sich der Tatsache zu schämen, dass die Wissenschaft in ihrer Wurzel den Glauben an etwas benötigt, was sie selbst nicht rechtfertigen kann.

Mit dem Glauben an die rationale Verständlichkeit des Universums ist der Glaube an eine geordnete Natur verbunden, dass dort Strukturen und gesetzmäßiges Verhalten zu erwarten sind. Die Griechen drückten genau dies mit dem Wort Kosmos aus, was auch „Ordnung" bedeutet. Es ist diese grundlegende Erwartung von Ordnung, die hinter dem Vertrauen steht, mit dem Wissenschaftler die induktive Methode anwenden. Wissenschaftler sprechen davon, dass sie an die Gleichförmigkeit der Natur glauben – an die Vorstellung, dass die Ordnung in der Natur und die sie beschreibenden Gesetze zu allen Zeiten und in allen Teilen des Universums gültig sind.

Viele Theisten aus der jüdischen, islamischen oder christlichen Tradition würden dieses Konzept der Gleichförmigkeit der Natur modifizieren, indem sie ihre Überzeugung hinzufügen, dass Gott der Schöpfer diese Regelmäßigkeit selbst in die Funktionen des Universums eingebaut hat, damit wir von einer allgemeinen Gleichförmigkeit sprechen können – Regeln, nach denen die Natur normalerweise funktioniert. Aber weil Gott der Schöpfer ist, ist er kein Sklave dieser Regeln, sondern kann sie variieren, indem er Dinge passieren lässt, die nicht in das reguläre Muster passen.

---

288 Einstein, *Aus meinen späteren Jahren*, 43

Auch hier ist das Festhalten an der Gleichförmigkeit der Natur eine Glaubensfrage. Die Wissenschaft kann uns nicht beweisen, dass die Natur gleichförmig ist, da wir die Gleichförmigkeit der Natur voraussetzen müssen, um überhaupt Wissenschaft zu betreiben. Anderenfalls könnten wir nicht darauf vertrauen, dass wir bei der Wiederholung eines Experiments unter denselben Bedingungen auch dieselben Resultate erhalten werden. Unsere Lehrbücher wären dann nutzlos. Doch gewiss könnten wir sagen, dass die Gleichförmigkeit der Natur höchst wahrscheinlich ist, da ihre Annahme zu solch erstaunlichem wissenschaftlichem Fortschritt geführt hat. C. S. Lewis hat jedoch Folgendes beobachtet:

> ⚛ Es ist diese grundlegende Erwartung von Ordnung, die hinter dem Vertrauen steht, mit dem Wissenschaftler die induktive Methode anwenden.

BILD Anh. 3.

Die Galaxie der Milchstraße

Die Galaxie der Milchstraße kann man in klaren Nächten von der Erde aus sehen (außerhalb von Stadtgebieten). Die Spiralbänder von Staub und leuchtendem Nebel erscheinen wie eine Wolke am Nachthimmel, bestehen aber innen aus Milliarden von einzelnen Sternen.

© unsplash.com/Sam Goodgame

„Die Erfahrung kann also die Gleichförmigkeit nicht beweisen, denn die Gleichförmigkeit muss vorausgesetzt werden, bevor die Erfahrung irgendetwas bewiesen hat. ... Können wir sagen, die Gleichförmigkeit sei in jedem Fall höchstwahrscheinlich? Leider nicht. Wir haben ja gerade gesehen, dass jede Wahrscheinlichkeit von *ihr* abhängt. Nichts ist wahrscheinlich oder unwahrscheinlich, es sei denn, die Natur *ist* gleichförmig."[289]

Innerhalb der herrschenden Paradigmen forschen

Thomas Kuhn beschrieb in seinem berühmten Buch *Die Struktur wissenschaftlicher Revolutionen* (1962 in den USA, 1967 in Deutschland erschienen), wie die Wissenschaft die folgenden Stufen durchläuft: Vorwissenschaft,

---

289 Lewis, *Wunder*, 121

normale Wissenschaft, Krise und Revolution, neue Normalwissenschaft, neue Krise usw. Die Vorwissenschaft ist die vielfältige und unorganisierte Tätigkeit, die durch viel Uneinigkeit gekennzeichnet ist und der Entstehung einer neuen Wissenschaft vorausgeht, die schrittweise Struktur erhält, wenn eine Wissenschaftsgemeinschaft sich einem neuen Paradigma anschließt. Dieses Paradigma ist ein Netz von Annahmen und Theorien, auf die man sich mehr oder weniger geeinigt hat und welches das innere Gerüst bildet, um das herum das wissenschaftliche Gebäude errichtet wird. Berühmte Beispiele sind die Paradigmen der kopernikanischen Astronomie, der Newtonschen Mechanik und der Evolutionsbiologie.

Innerhalb eines solchen Paradigmas wird dann Normalwissenschaft praktiziert. Das Paradigma setzt die Standards für die legitime Forschung. Der Normalwissenschaftler verwendet diesen Rahmen, um die Natur zu erforschen. Dabei blickt er häufig nicht kritisch auf das Paradigma selbst, weil so viele damit einverstanden sind. So wie wir am Feuer einer Fackel vorbeischauen und das Objekt anschauen, das sie erleuchtet, statt kritisch auf das Feuer der Fackel selbst zu blicken. Daher ist das Paradigma selbst sehr widerstandsfähig gegen kritische Anfragen. Wenn Anomalien, Schwierigkeiten und offensichtliche Fehler auftreten, werden Normalwissenschaftler versuchen, diese möglichst mit dem Paradigma zu harmonisieren oder durch feine Änderungen des Paradigmas zu erklären. Wenn die Schwierigkeiten jedoch nicht gelöst werden können und zunehmen, entwickelt sich eine Krisensituation, die zu einer wissenschaftlichen Revolution führt, einschließlich der Entstehung eines neuen Paradigmas, das dann immer mehr an Boden gewinnt, sodass das ältere Paradigma schließlich verworfen wird. Das Wesen eines solchen Paradigmenwechsels ist der Austausch eines alten Paradigmas durch ein neues Paradigma, nicht eine Verfeinerung des alten durch das neue. Das bekannteste Beispiel für einen großen Paradigmenwechsel ist der Übergang von der aristotelischen geozentrischen Astronomie (mit der Erde im Mittelpunkt) zur kopernikanischen heliozentrischen Astronomie (mit der Sonne im Mittelpunkt) im 16. Jahrhundert.

Auch wenn Kuhns Arbeit an manchen Stellen durchaus kritisch gesehen werden kann, hat er sicherlich Wissenschaftlern eine Reihe von Themen vor Augen geführt, die wichtig für unser Verständnis davon ist, wie Wissenschaft funktioniert:

1. die zentrale Rolle, die metaphysische Vorstellungen in der Entwicklung von wissenschaftlichen Theorien spielen;

2. die Widerstandskraft von Paradigmen gegen Versuche, sie zu widerlegen;
3. die Tatsache, dass Wissenschaft menschlichen Schwächen unterworfen ist.

Der zweite dieser Punkte hat sowohl eine positive als auch eine negative Auswirkung. Er bedeutet, dass ein gutes Paradigma nicht sofort verworfen wird, wenn erste Versuchsergebnisse oder Beobachtungen scheinbar dagegen sprechen. Andererseits heißt es auch, dass ein Paradigma, das schließlich als unangemessen oder falsch bewiesen wird, vielleicht erst nach sehr langer Zeit verschwinden wird. Es wird lange den wissenschaftlichen Fortschritt behindern, indem es Wissenschaftler in seinem Netz gefangen hält und ihnen nicht die notwendige Freiheit für die Erforschung radikal neuer Ideen gibt, die wirklichen wissenschaftlichen Fortschritt bringen würden.

Wichtig ist, dass wir erkennen, dass Paradigmen selbst oft auf tiefster Ebene von weltanschaulichen Überlegungen beeinflusst werden. Wir haben zuvor gesehen, dass es im Wesentlichen zwei grundlegende Weltanschauungen gibt, die materialistische und die theistische. Es scheint allerdings der Fall zu sein, dass in der Wissenschaft manchmal stillschweigend angenommen wird, dass nur Paradigmen, die auf dem Materialismus basieren, als wissenschaftlich zulässig betrachtet werden können. Richard Dawkins sagt zum Beispiel: „Die Erklärung, die wir geben, darf den Gesetzen der Physik nicht widersprechen. Sie wird sich sogar der Gesetze der Physik bedienen und nur der Gesetze der Physik."[290] Es ist das Wort „nur", das zeigt, dass Dawkins lediglich bereit ist, reduktionistisch-materialistische Erklärungen zu akzeptieren.[291]

---

290 Dawkins, *Der blinde Uhrmacher*, 30
291 Hier noch Literaturhinweise auf weitere Bücher von John Lennox zum Thema des Anhangs:
   Stephen Hawking, das Universum und Gott (SCM R. Brockhaus, 2011)
   Hat die Wissenschaft Gott begraben? Eine kritische Analyse moderner Denkvoraussetzungen (SCM Brockhaus, 2009)
   Gott im Fadenkreuz: Warum der Neue Atheismus nicht trifft (SCM R. Brockhaus, 2013)
   Sieben Tage, das Universum und Gott: Was Wissenschaft und Bibel über den Ursprung der Welt sagen (SCM R. Brockhaus, 2014)
   Auf DVD-ROM erschienen:
   Wunder: Ist der Glaube an Übernatürliches irrational? Vortrag mit Oxford-Professor Dr. John Lennox (Christliche Buchhandlung Wolfgang Bühne, 2013)

BIBLIOGRAFIE DER SERIE

Bitte beachten Sie auch die Literaturlisten auf S. 277 (Fußnote 268) und auf S. 319 (Fußnote 291).

BÜCHER

A

Abbott, Edwin: *Flächenland: ein mehrdimensionaler Roman (1884)*, Laxenburg: Götz, 1999.

Ambrose, E. J.: *The Nature and Origin of the Biological World*, New York: Halsted Press, 1982.

Ammon, Otto: *Die Gesellschaftsordnung und ihre natürlichen Grundlagen*, Jena: Gustav Fischer, 1895.

Anderson, J. N. D. (Norman): *Christianity: The Witness of History*, London: Tyndale Press, 1969.

Anderson, J. N. D. (Norman): *The Evidence for the Resurrection* (1950), Leicester: InterVarsity Press, 1990.

Anderson, J. N. D. (Norman): *Islam in the Modern World*, Leicester: Apollos, 1990.

Andreyev, G. L.: *What Kind of Morality Does Religion Teach?*, Moskau: Znaniye, 1959.

Aristoteles: *Metaphysik*.

Aristoteles: *Nikomachische Ethik*.

Arnold, Thomas: *Christian Life, Its Hopes, Its Fears, and Its Close: Sermons preached mostly in the chapel of Rugby School, 1841–1842* (1842), Neuausg., London: Longmans, 1878.

Ashman, Keith M. und Philip S. Baringer (Hg.): *After the Science Wars*, London: Routledge, 2001.

Atkins, Peter: *Creation Revisited*, Harmondsworth: Penguin, 1994.

Augustinus, Aurelius: *Bekenntnisse*.

Avise, John C.: *The Genetic Gods, Evolution and Belief in Human Affairs*, Cambridge, Mass.: Harvard University Press, 1998.

Ayer, A. J. (Hg.): *The Humanist Outlook*, London: Pemberton, 1968.

B

Bacon, Francis: *Advancement of Learning* (1605), hg. von G. W. Kitchin (1915). Repr.: London: Dent, 1930. http://archive.org/details/advancementlearn00bacouoft (Reprod. der Ausgabe von 1915).

Bādarāyana, Śankarācārya und George Thibaut: *The Vedānta Sūtras of Bādarāyana*, Bd. 34 von: *Sacred books of the East*, Oxford: Clarendon Press, 1890.

Baier, Kurt: *Der Standpunkt der Moral: eine rationale Grundlegung d. Ethik* (1958), Düsseldorf: Patmos-Verlag, 1974.

Behe, Michael J.: *Darwins Black Box: biochemische Einwände gegen die Evolutionstheorie* (1996), Gräfelfing: Resch, 2007.

Bentham, Jeremy: *Eine Einführung in die Prinzipien der Moral und Gesetzgebung (1780, 1789)*, Saldenburg: Verl. Senging, 2013.

Berdyaev, N. A.: *The Beginning and The End*, übers. von R. M. French, London: Geoffrey Bles, 1952.

Berlinski, David: *The Deniable Darwin and Other Essays*, Seattle, Wash.: Discovery Institute, 2009.

Bickerton, Derek: *Language and Species* (1990). Repr.: Chicago: University of Chicago Press, 1992.

Biddiss, M. D.: *Father of Racist Ideology: The Social and Political Thought of Count Gobineau*, New York: Weybright & Talley, 1970.

Bouquet, A. C.: *Comparative Religion*, Harmondsworth: Penguin (Pelican), 1962.

Breck, John: *The Sacred Gift of Life: Orthodox Christianity and Bioethics*, Crestwood, N.Y.: St. Vladimir's Seminary Press, 1998.

Bronowski, Jacob: *The Identity of Man*, Harmondsworth: Penguin, 1967.

Brow, Robert: *Religion, Origins and Ideas*, London: Tyndale Press, 1966.

Bruce, F. F.: *1 and 2 Corinthians*, New Century Bible Commentary, London: Oliphants, 1971.

Bruce, F. F.: *Die Glaubwürdigkeit der Schriften des Neuen Testaments: Eine Überprüfung des historischen Befundes, Bad Liebenzell, 1976*

Butterfield, Herbert: *Christentum und Geschichte*, Stuttgart: Engelhornverl. Ad. Spemann, 1952.

C

Cairns-Smith, A. G.: *The Life Puzzle*, Edinburgh: Oliver & Boyd, 1971.

Caputo, John D. (Hg.): *Deconstruction in a Nutshell: A Conversation with Jacques Derrida, Perspectives in Continental Philosophy Nr. 1.*, 1997. Repr.: New York: Fordham University Press, 2004.

Cary, M. und T. J. Haarhoff: *Life and Thought in the Greek and Roman World*, 5. Aufl., London: Methuen, 1951.

Chalmers, David J.: *The Conscious Mind: In Search of a Fundamental Theory*, Oxford: Oxford University Press, 1996.

Chamberlain, Paul: *Can We Be Good Without God?: A Conversation about Truth, Morality, Culture and a Few Other Things That Matter*, Downers Grove, Ill.: InterVarsity Press, 1996.

Chomsky, Noam: *Knowledge of Language: Its Nature, Origin and Use*, New York: Praeger, 1986.

Chomsky, Noam: *Sprache und Geist*, Frankfurt a. M.: Suhrkamp, 1996.

Chomsky, Noam: *Syntactic Structures*, The Hague: Mouton, 1957.

Cicero, Marcus Tullius: *Cicero, Werke*.

Cicero, Marcus Tullius: *Vom Wesen der Götter*.

Cicero, Marcus Tullius: *Pro Rabirio*.

Clemens von Alexandria, *Stromata*.

Cornford, F. M.: *Before and After Socrates* (1932). Repr.: Cambridge: Cambridge University Press, 1999. DOI: 10.1017/CBO9780511570308 (aufg. am 29.09.2015).

Craig, Edward (allg. Hg.): *Concise Routledge Encyclopaedia of Philosophy*, London: Routledge, 2000.

Craig, William Lane: *Reasonable Faith: Christian Truth and Apologetics* (1994), 3. Aufl., Wheaton, Ill.: Crossway, 2008.

Crane, Stephen: *War Is Kind*, New York: Frederick A. Stokes, 1899. http://www.gutenberg.org/ebooks/9870 (aufg. am 11.09.2015).

Cranfield, C. E. B.: *A Critical and Exegetical Commentary on the Epistle to the Romans*, Bd. 1, The International Critical Commentary, Edinburgh: T&T Clark, 1975.

Crick, Francis: *Das Leben selbst: sein Ursprung, seine Natur* (1981), München, Zürich: Piper, 1983.

Crick, Francis: *Was die Seele wirklich ist: die naturwissenschaftliche Erforschung des Bewusstseins*, München, Zürich: Artemis und Winkler, 1994.

Crick, Francis: *Von Molekülen und Menschen*, München: Goldmann, 1970.

Cudakov, A.: *Komsomol'skaja Pravda* (11.10.1988).

Culler, Jonathan: *Dekonstruktion: Derrida und die poststrukturalistische Literaturtheorie* (1982), Dt. Erstausg., Neuausg., Reinbek: Rowohlt, 1999.

D

Darwin, Charles: *Die Abstammung des Menschen* (1871), 5. Aufl.: Stuttgart: Kröner, 2002.

Darwin, Charles: *Die Entstehung der Arten* (1859), Neumann, Köln: Anaconda, 2018.

Darwin, Francis, *The Life and Letters of Charles Darwin*, London: John Murray, 1887. DOI: http://dx.doi.org/10.5962/bhl.title.1416 (abgerufen am 29.06.2015).

Davies, Paul und John Gribbin: *Auf dem Weg zur Weltformel* (1991), Berlin: Byblos-Verl., 1993.

Davies, Paul: *Das fünfte Wunder: Auf der Suche nach dem Ursprung des Lebens* (1999), Frankfurt a. M.: Fischer, 2015.

Davies, Paul: *Der Plan Gottes: die Rätsel unserer Existenz und die Wissenschaft* (1992), Frankfurt a. M., Leipzig: Insel, 1996.

Davies, Paul: *Gott und die moderne Physik* (1983), München: Goldmann, 1989.

Davies, Paul: *Prinzip Chaos: die neue Ordnung des Kosmos* (1988), München: Goldmann, 1990.

Davis, Percival und Dean H. Kenyon: *Of Pandas and People: The Central Question of Biological Origins* (1989), 2. Aufl., Dallas, Tex.: Haughton Publishing, 1993.

Dawkins, Richard: *Das egoistische Gen* (1976), Berlin, Heidelberg, New York: Springer, 1978.

Dawkins, Richard: *Der blinde Uhrmacher: ein neues Plädoyer für den Darwinismus* (1986), München: Kindler, 1987.

Dawkins, Richard: *Der entzauberte Regenbogen: Wissenschaft, Aberglaube und die Kraft der Phantasie* (1998), Reinbek: Rowohlt, 2008.

Dawkins, Richard: *Gipfel des Unwahrscheinlichen: Wunder der Evolution* (1996), Reinbek: Rowohlt, 2008.

Dawkins, Richard: *Growing Up in the Universe.* The Royal Institution Christmas Lectures for Children, 1991. Fünf einstündige Episoden (Regie: Stuart McDonald) für die BBC. Doppel-DVD veröffentlicht am 20.04.2007 durch die Richard Dawkins Foundation, abrufbar auf dem *Ri Channel:* http://www.richannel.org/ christmas-lectures/1991/richard-dawkins. Studienführer mit demselben Titel: London: BBC Education, 1991.

Dawkins, Richard und John Lennox: ‚*The God Delusion Debate*', veranstaltet von der Fixed Point Foundation, University of Alabama in Birmingham, aufgenommen und live ausgestrahlt am 03.10.2007, http://fixed-point. org/index.php/video/ 35-full-length/164-the-dawkins-lennox-debate. Abschrift mit freundlicher Genehmigung von ProTorah.com, http://www.protorah.com/god-delusion-debate-dawkins-lennox-transcript/.

Dawkins, Richard: *Und es entsprang ein Fluss in Eden: das Uhrwerk der Evolution* (1995), München: Goldmann, 1998.

Deacon, Terrence: *The Symbolic Species: The Co-Evolution of Language and the Human Brain*, London: Allen Lane, 1997.

Dembski, William A.: *Being as Communion: A Metaphysics of Information*, Ashgate Science and Religion, Farnham, Surrey: Ashgate, 2014.

Dembski, William A.: *The Design Inference: Eliminating Chance through Small Probabilities*, Cambridge Studies in Probability, Induction and Decision Theory, Cambridge: Cambridge University Press, 1998.

Dembski, William A. (Hg.): *Uncommon Dissent: Intellectuals Who Find Darwinism Unconvincing*, Wilmington, Del.: Intercollegiate Studies Institute, 2004.

Dennett, Daniel: *Darwins gefährliches Erbe* (1995), Hamburg: Hoffmann und Campe, 1997.

Denton, Michael: *Evolution: A Theory in Crisis* (1986), 3. rev. Ausg., Bethesda, Md.: Adler & Adler, 1986.

Derrida, Jacques: *Grammatologie* (1967), Frankfurt a. M.: Suhrkamp, 2003.

Derrida, Jacques: *Positionen: Gespräche mit Henri Ronse, Julia Kristeva, Jean-Louis Houdebine, Guy Scarpetta* (1972), hg. von Peter Engelmann, 2., überarb. Aufl., Wien: Passagen-Verl., 2009.

Derrida, Jacques: *Die Schrift und die Differenz* (1967), Frankfurt a. M.: Suhrkamp, 1994.

Descartes, René: Meditationen über die erste Philosophie, Paris, 1641.

Descartes, René: *Von der Methode des richtigen Vernunftgebrauchs und der wissenschaftlichen Forschung* (1637), Hamburg: Meiner, 1997.

Deutsch, David: *The Fabric of Reality*, London: Penguin, 1997.

Dewey, John, *Ein gemeinsamer Glaube* (1934), in: *Pädagogische Aufsätze und Abhandlungen (1900–1944)*, Zürich: Pestalozzianum, 2002.

Dostojewski, F.: *Ausgewählte Werke.*

Dostojewski, F.: *Die Brüder Karamasoff* (1880), München, Zürich: Piper, 2008.

E

Eastwood, C. Cyril: *Life and Thought in the Ancient World*, Derby: Peter Smith, 1964.

Easwaran, Eknath: *Die Bhagavad-Gita: die Quelle der indischen Spiritualität* (1985), München: Goldmann, 2012.

Easwaran, Eknath: *Die Upanischaden* (1987), München: Goldmann Verlag, 2018.

Eccles, John C.: *Die Evolution des Gehirns – die Erschaffung des Selbst*, München, Zürich: Piper, 1989.

Einstein, A.: *Briefe an Maurice Solovine* (1956), Berlin: Deutscher Verl. d. Wissenschaften, 1960.

Einstein, A.: *Aus meinen späten Jahren, Stuttgart: DVA, 1984.*

Eldredge, Niles: *Reinventing Darwin: The Great Debate at the High Table of Evolutionary Theory*, New York: Wiley, 1995.

Eldredge, Niles: *Time Frames: The Evolution of Punctuated Equilibria* (1985), Princeton, N.J.: Princeton University Press, 1989.

Ellis, John M.: *Against Deconstruction*, Princeton, N.J.: Princeton University Press, 1989.

The Encyclopedia Britannica, 15. Aufl. (Britannica 3), hg. von Warren E. Preece und Philip W. Goetz, Chicago: Encyclopaedia Britannica, 1974–2012.

Engels, Friedrich: *Ludwig Feuerbach und der Ausgang der klassischen deutschen Philosophie* (1886 in *Die Neue Zeit*), Zittau: BMV, 2009.

Erbrich, Paul: *Zufall: Eine Naturwissenschaftlich-Philosophische Untersuchung*, Stuttgart: Kohlhammer, 1988.

Euripides, *Die Bakchen.*

Evans-Pritchard, E. E.: *Nuer Religion* (1956), 2. Aufl., London: Oxford University Press, 1971.

F

Feuerbach, Ludwig, *Das Wesen des Christentums* (1841), Stuttgart: Reclam, 1984.

Feynman, Richard: *Sechs physikalische Fingerübungen* (1963), München: Piper, 2003.

Fischer, Ernst: *Was Marx wirklich sagte*, Wien: Molden, 1968.

Fish, Stanley: *Is There a Text in This Class? The Authority of Interpretive Communities*, Cambridge, Mass.: Harvard University Press, 1980.

Fish, Stanley: *There's No Such Thing as Free Speech, and It's a Good Thing Too*, New York: Oxford University Press, 1994.

Flew, Antony mit Roy Abraham Varghese: *There Is a God: How the World's Most Notorious Atheist Changed His Mind*, London: HarperCollins, 2007.

Fox, S. W. (Hg.): *The Origins of Prebiological Systems and of Their Molecular Matrices*, New York: Academic Press, 1965.

Frazer, J. G.: *Der goldene Zweig: das Geheimnis von Glauben und Sitten der Völker* (ab 1890), Reinbek: Rowohlt, 2000.

Fromm, Erich: *Die Herausforderung Gottes und des Menschen* (1966), Konstanz: Diana, 1970.

G

Gates, Bill: *Der Weg nach vorn: die Zukunft der Informationsgesellschaft* (1995), München: Heyne, 1997.

Geisler, Norman L. und William E. Nix: *A General Introduction to the Bible* (Chicago: Moody Press, 1986).

Gerson, Lloyd P.: *Plotinus*, London: Routledge, 1994.

Gilligan, Carol: *Die andere Stimme: Lebenskonflikte und Moral der Frau* (1982), München: Piper, 1999.

Goldschmidt, Richard: *The Material Basis of Evolution*. The Silliman Memorial Lectures Series (1940). Repr.: Yale University Press, 1982.

Gooding, David W. und John C. Lennox: *The Human Quest for Significance: Forming a Worldview* (auf Russisch). Minsk: Myrtlefield Trust, 1999. (Das vorliegende Buch ist der erste Band der Reihe in deutscher Sprache.)

Gould, Stephen Jay: *Die Lügensteine von Marrakesch: vorletzte Erkundungen der Naturgeschichte*; Essays (2000), Frankfurt a. M.: Fischer, 2006.

Gould, Stephen Jay: *Zufall Mensch* (1989), Frankfurt a. M.: Fischer, 2003.

Grant, Michael: *Jesus: Leben und Welt des Jesus von Nazareth* (1977), Bergisch Gladbach: Lübbe, 1981.

Grene, Marjorie: *A Portrait of Aristotle*, London: Faber & Faber, 1963.

Groothuis, Douglas: *Truth Decay: Defending Christianity against the Challenges of Postmodernism*, Leicester: Inter-Varsity Press, 2000.

Guthrie, W. K. C: *Die griechischen Philosophen von Thales bis Aristoteles* (1950), Göttingen: Vandenhoeck & Ruprecht, 1963.

Guthrie, W. K. C.: *Plato: the man and his dialogues, earlier period*, Bd. 4 von: *A History of Greek Philosophy* (1875). Repr.: Cambridge: Cambridge University Press, 2000.

H

Haldane, J. B. S.: *Possible Worlds* (1927), London: Chatto & Windus, 1945.

Harrison, E.: *Masks of the Universe* (1985), 2. Aufl., New York: Macmillan, 2003. Die Zitate beziehen sich auf die erste Macmillan-Auflage.

Harvey, William: *On the Motion of the Heart and the Blood of Animals* (1628). http:// legacy.fordham.edu/halsall/mod/1628harvey-blood.asp (aufg. am 11.09.2015).

Hawking, Stephen und Leonard Mlodinow: *Der große Entwurf: eine neue Erklärung des Universums* (2010), Reinbek: Rowohlt, 2011.

Hawking, Stephen: *Eine kurze Geschichte der Zeit* (1988), Reinbek: Rowohlt, 2018.

Hegel, G. W. F.: *Gesammelte Werke*, Hamburg: Felix Meiner, 1968–2019.

Hegel, G. W. F.: *Phänomenologie des Geistes* (1807), Ditzingen: Reclam, 2020.

Hegel, G. W. F.: *The Philosophy of History* (1861), übers. von. J. Sibree (1857). Repr.: New York: Dover Publications (1956). Repr.: Kitchener, Ont.: Batoche Books, 2001. http://www.efm.bris.ac.uk/het/hegel/history.pdf (Reproduktion) (abgerufen am 11.09.2015.)

Hegel, G. W. F.: *Wissenschaft der Logik* (1812–16), Berlin: Akad.-Verl., 2002.

Hemer, Colin: *The Book of Acts in the Setting of Hellenistic History*, Tübingen: J. C. B. Mohr, Paul Siebeck, 1989.

Hengel, Martin: *Judentum und Hellenismus: Studien zu ihrer Begegnung unter bes. Berücks. Palästinas bis zur Mitte d. 2. Jh.s v. Chr.* (1969), Tübingen: Mohr, 1988.

Hengel, Martin: *Studien zur Christologie, Kleine Schriften, Teil 4*, Tübingen: Mohr Siebeck, 2006.

Herodot: *Historien.*

Herzen, Alexander Ivanovich: *Byloe i dumy,* (London 1853), übers. von C. Garnett, *My Past and Thoughts, The Memoirs of Alexander Herzen* (1968), rev. von H. Higgens, eingel. von I. Berlin, 1968. Repr.: London: Chatto and Windus, 2008.

Hesiod: *Theogonie.*

Hippolytus: *Widerlegung aller Häresien.*

Holmes, Arthur F.: *Wege zum ethischen Urteil: Grundlagen u. Modelle* (1984), Wuppertal: Brockhaus, 1987.

Honderich, Ted (Hg.): *The Oxford Companion to Philosophy*, Oxford, 1995, 2. Aufl., Oxford: Oxford University Press, 2005.

Hooper, Judith: *Of Moths and Men*, New York: Norton, 2002.

Hooykaas, R.: *Religion and the Rise of Modern Science* (1972). Repr.: Edinburgh: Scottish Academic Press, 2000.

Hospers, John: *An Introduction to Philosophical Analysis* (1953), 4. Aufl., Abingdon: Routledge, 1997.

Houghton, John: *The Search for God—Can Science Help?*, Oxford: Lion Publishing, 1995.

Hoyle, Fred und Chandra Wickramasinghe: *Cosmic Life-Force, the Power of Life Across the Universe*, London: Dent, 1988.

Hoyle, Fred: *Das intelligente Universum: eine neue Sicht von Entstehung und Evolution* (1983), Frankfurt a. M.: Umschau, 1984.

Hoyle, Fred und Chandra Wickramasinghe: *Evolution aus dem Weltraum* (1981), Berlin: Ullstein, 1983.

Hume, David: *Dialoge über natürliche Religion* (1779), Hamburg: Meiner, 2016.

Hume, David: *Eine Untersuchung über den menschlichen Verstand* (1748), Hamburg: Meiner, 2015.

Hume, David: *Ein Traktat über die menschliche Natur, Buch 1: Über den Verstand* (1739–40), Hamburg: Meiner, 1989.

Hume, David: *Ein Traktat über die menschliche Natur, Buch 2: Über die Affekte / Buch 3: Über die Moral* (1739), Hamburg: Meiner, 1978.

Hunt, R. N. Carew: *The Theory and Practice of Communism*, Baltimore: Penguin Books, 1966.

Hurley, Thomas: *Method and Results: Collected Essays*, Bd. 1, London: Macmillan, 1898.

Husserl, Edmund: *Ideen zu einer reinen Phänomenologie und phänomenologischen Philosophie, Buch 1: Allgemeine Einführung in die reine Phänomenologie* (1913), Hamburg: Meiner, 2009.

Huxley, Julian: *Ich sehe den künftigen Menschen: Natur und neuer Humanismus* (1964), München: List, 1965.

Huxley, Julian: *Religion Without Revelation*, New York: Mentor, 1957.

I

Isherwood, Christopher (Hg.): *Vedanta for Modern Man* (1951). Repr.: New York: New American Library, 1972.

J

Jacob, François: *Chance and Necessity: An Essay on the Natural Philosophy of Modern Biology*, New York: Alfred A. Knopf, 1971.

Jacob, François: *The Logic of Life: A History of Heredity*, New York: Pantheon Books, 1973.

Jaeger, Werner: *Die Theologie der frühen griechischen Denker* (1936), Stuttgart: Kohlhammer, 2009.

James, E. O.: *Christianity and Other Religions*, London: Hodder & Stoughton, 1968.

Jaroszwski, T. M. und P. A. Ignatovsky (Hg.): *Socialism as a Social System*, Moskau: Progress Publishers, 1981.

Jeremias, J.: *Neutestamentliche Theologie, Teil 1: Die Verkündigung Jesu* (1971), Gütersloh: Gütersloher Verl.-Haus Mohn, 1987.

Joad, C. E. M.: *The Book of Joad: A Belligerent Autobiography (= Under the Fifth Rib)*, London: Faber & Faber, 1944.

Johnson, Phillip E.: *Objections Sustained: Subversive Essays on Evolution, Law and Culture*, Downers Grove, Ill.: InterVarsity Press, 1998.

Jones, Steve: *Gott und die Gene: die Berichte der Bibel und die Erkenntnisse der Genetik* (1996), Hamburg: Hoffmann und Campe, 1998.

Josephus, Flavius: *Jüdische Altertümer.*

K

Kant, Immanuel: *Die Metaphysik der Sitten* (1797), Stuttgart: Reclam, 1990.

Kant, Immanuel: *Kritik der reinen Vernunft. Kritik der praktischen Vernunft* (1781, 1788), Hamburg: Nikol, 2014.

Kant, Immanuel: *Metaphysische Anfangsgründe der Tugendlehre* (1785), Berlin: De Gruyter, 2019.

Kant, Immanuel: *Prolegomena zu einer jeden künftigen Metaphysik* (1783), Frankfurt a. M.: Fischer, 2016.

Kantikar, V. P. (Hemant) und W. Owen: *Hinduism – An Introduction: Teach Yourself* (1995). Repr.: London: Hodder Headline, 2010.

Kaye, Howard L.: *The Social Meaning of Modern Biology, From Social Darwinism to Sociobiology* (1986), Repr. mit neuem Epilog: New Brunswick, N.J.: Transaction Publishers, 1997.

Kenny, Anthony: *An Illustrated Brief History of Western Philosophy*, Oxford: Blackwell, 2006. Zunächst veröffentlicht unter dem Titel *A Brief History of Western Philosophy*, 1998.

Kenyon, D. H. und G. Steinman: *Biochemical Predestination*, New York: McGrawHill, 1969.

Kenyon, Frederic: *Our Bible and the Ancient Manuscripts* (1895), 4. Aufl. (1938), Repr.: Eugene, Oreg.: Wipf & Stock, 2011.

Kilner, J. F., C. C. Hook und D. B. Uustal (Hg.): *Cutting-Edge Bioethics: A Christian Exploration of Technologies and Trends*, Grand Rapids: Eerdmans, 2002.

Kirk, G. S., J. E. Raven and M. Schofield: *Die vorsokratischen Philosophen: Einführung, Texte und Kommentare* (1957), Stuttgart: Metzler, 2001.

Kirk, M. und H. Madsen: *After the Ball*, New York: Plume Books, 1989.

Knott, Kim: *Der Hinduismus: eine kleine Einführung* (1998), Stuttgart: Reclam, 2017.

Koertge, Noretta (Hg.): *A House Built on Sand: Exposing Postmodernist Myths About Science,* Oxford: Oxford University Press, 1998.

Kolbanovskiy, V. N.: *Communist Morality,* Moskau, 1951.

Krikorian, Yervant H. (Hg.): *Naturalism and the Human Spirit* (1944). Repr.: New York: Columbia University Press, 1969.

Kuhn, Thomas: *Die Struktur wissenschaftlicher Revolutionen* (1962), Frankfurt a. M.: Suhrkamp, 1996.

Kurtz, Paul: *The Fullness of Life,* New York: Horizon Press, 1974.

Kurtz, Paul: *The Humanist Alternative,* Buffalo, N.Y.: Prometheus, 1973.

Kurtz, Paul (Hg.): *Humanist Manifestos I & II,* Buffalo, N.Y.: Prometheus, 1980.

Kurtz, Paul (Hg.): *Humanist Manifesto II,* Buffalo, N.Y.: Prometheus Books, 1980. http://americanhumanist.org/Humanism/Humanist_Manifesto_II (abgerufen am 11.09.2015).

L

Lamont, Corliss: *A Lifetime of Dissent,* Buffalo, N.Y.: Prometheus Books, 1988.

Lamont, Corliss: *The Philosophy of Humanism* (1947), 8. Aufl., Emherst, N.Y.: Humanist Press, 1997.

Labica, Georges: *Karl Marx – Thesen über Feuerbach,* Berlin: Argument-Verl., 1998.

Lapouge, G. Vacher de: *Les Sélections Sociales,* Paris: Fontemoing, 1899.

Leakey, Richard: *Die ersten Spuren: über den Ursprung des Menschen* (1994), München: Goldmann, 1999.

Leitch, Vincent B.: *Deconstructive Criticism: An Advanced Introduction,* New York: Columbia University Press, 1982.

Lenin, Wladimir: *Materialismus und Empiriokritizismus: kritische Bemerkungen über eine reaktionäre Philosophie* (1927), Berlin: Dietz, 1989.

Lenin, Wladimir: *Werke* (erschienen im Dietz Verlag). Siehe: www.mlwerke.de.

Lennox, John C.: *Stephen Hawking, das Universum und Gott,* Witten: SCM Brockhaus, 2011.

Lennox, John C.: Hat die Wissenschaft Gott begraben?: eine kritische Analyse moderner Denkvoraussetzungen, Witten: SCM Brockhaus, 2009.

Lennox, John C.: *Vorher bestimmt? Die Souveränität Gottes, Freiheit, Glaube und menschliche Verantwortung* (2017), Dillenburg: Christliche Verlagsgesellschaft, 2019.

Leslie, John: *Universes, London*, Routledge, 1989.

Levinskaya, Irina: *The Book of Acts in its First Century Setting*, Bd. 5, Diaspora Setting, Grand Rapids: Eerdmans, 1996.

Lewis, C. S.: *Christentum schlechthin / Pardon, ich bin Christ* (1952), Freiburg: Herder, 1961.

Lewis, C. S.: *Die Abschaffung des Menschen* (1943), Einsiedeln: Johannes, 2015.

Lewis, C. S.: *Gedankengänge: Essays zu Christentum* (1967), Basel: Brunnen, 1986.

Lewis, C. S.: *Gott auf der Anklagebank* (1970), Basel: Fontis, 2018.

Lewis, C. S.: Transposition and other Addresses (1949), London: Geoffrey Bles, 1949.

Lewis, C. S.: Über den Schmerz (1940), Basel: Brunnen, 2005

Lewis, C. S.: *Wunder: möglich, wahrscheinlich, undenkbar?* (1947), Basel: Brunnen, 2012.

Lewontin, Richard: *The Dialectical Biologist*, Cambridge, Mass.: Harvard University Press, 1987.

Locke, John: *Versuch über den menschlichen Verstand* (1689), Hamburg: Meiner, 2017.

Long, A. A.: *Hellenistic Philosophy* (1974), 2. Aufl., Berkeley, Calif.: University of California Press, 1986.

Lossky, N. O.: *History of Russian Philosophy*, London: Allen & Unwin, 1952.

Lukrez (Titus Lucretius Carus): *Über die Natur der Dinge.*

Lumsden, Charles J. und Edward O. Wilson: *Das Feuer des Prometheus: wie das menschliche Denken entstand* (1983), München: Piper, 1984.

M

Mabbott, J. D.: *An Introduction to Ethics*, Hutchinson University Library. London: Hutchinson, 1966.

McKay, Donald: *The Clockwork Image: A Christian Perspective on Science*, London: Inter-Varsity Press, 1974.

Majerus, Michael: *Melanism: Evolution in Action*, Oxford: Oxford University Press, 1998.

Margenau, Henry und Roy Abraham Varghese (Hg.): *Cosmos, Bios, and Theos: Scientists Reflect on Science, God, and the Origins of the Universe, Life, and Homo Sapiens*, La Salle, Ill.: Open Court, 1992.

Marx, Karl und Friedrich Engels: *Werke* (erschienen im Dietz Verlag, Berlin). Siehe: www.mlwerke.de.

Mascall, E. L.: *Words and Images, a study in the Possibility of Religious Discourse*, London: Longmans, 1957.

Mascarō, Juan (Übers.): *The Upanishads*, Harmondsworth: Penguin, 1965.

Maslow, Abraham: *Psychologie des Seins: ein Entwurf* (1968), München: Kindler, 1973.

Masterson, Patrick: *Atheism and Alienation*, Harmondsworth: Pelican, 1972.

May, Rollo: *Antwort auf die Angst: Leben mit einer verdrängten Dimension* (1967), Stuttgart: DVA, 1982.

Medawar, Peter: *Ratschläge für einen jungen Wissenschaftler* (1979), München: Piper, 1984.

Medawar, Peter und Jean Medawar: *The Life Science*, London: Wildwood House, 1977.

Medawar, Peter: *The Limits of Science*, Oxford: Oxford University Press, 1985.

Metzger, Bruce: *Der Text des Neuen Testaments: Eine Einführung in die neutestamentliche Textkritik* (1964), Stuttgart: Kohlhammer, 1966.

Mill, John Stuart: *Der Utilitarismus* (1861, 1863), Stuttgart: Reclam, 2014.

Millard, Alan: *Pergament und Papyrus, Tafeln und Ton: lesen und schreiben zur Zeit Jesu* (2000), Basel: Brunnen, 2000.

Miller, David, Janet Coleman, William Connolly und Alan Ryan (Hg.): *The Blackwell Encyclopaedia of Political Thought* (1987). Repr.: Oxford: Blackwell, 1991.

Monod, Jacques: *From Biology to Ethics*, San Diego: Salk Institute for Biological Studies, 1969.

Monod, Jacques: *Zufall und Notwendigkeit: philosophische Fragen der modernen Biologie* (1970), München: Piper, 1971.

Morris, Simon Conway: *The Crucible of Creation: The Burgess Shale and the Rise of Animals* (1998), Oxford: Oxford University Press, 1999.

Mossner, Ernest C. (Hg.): *David Hume, A Treatise of Human Nature*, London: Penguin, 1985.

Moule, C. F. D.: *The Phenomenon of the New Testament: An Inquiry into the Implications of Certain Features of the New Testament*, London: SCM, 1967.

Murphy, John P.: *Pragmatism: From Peirce to Davidson*, Boulder, Colo.: Westview Press, 1990.

N

Nagel, Thomas: *Das letzte Wort* (1997), Stuttgart: Reclam, 2015.

Nagel, Thomas: *Letzte Fragen* (1979), Darmstadt: Wiss. Buchges., 1996.

Nahem, Joseph: *Psychology and Psychiatry Today: A Marxist View*, New York: International Publishers, 1981.

Nasr, Seyyed Hossein und Oliver Leaman (Hg.): *History of Islamic Philosophy*. Teil 1, Bd. 1 von: *Routledge History of World Philosophies* (1996). Repr.: London: Routledge, 2001.

Nettleship, R. L.: *Lectures on the Republic of Plato*, London: Macmillan, 1922.

Newton, Isaac: *Principia Mathematica*. London, 1687.

Nietzsche, Friedrich: *Jenseits von Gut und Böse* (1886), Hamburg: Nikol, 2017.

Noddings, Nel: *Caring: A Feminine Approach to Ethics and Moral Education* (1984). Repr.: Berkeley, Calif.: University of California Press, 2013.

Norris, Christopher: *Deconstruction: Theory and Practice* (1982), London: Methuen, 2002.

O

Olivelle, Patrick: *The Early Upanishads: Annotated Text and Translation* (1996). Repr.: Oxford: Oxford University Press, 1998.

O'Meara, Dominic J.: *Plotinus: An Introduction to the Enneads*, Oxford: Clarendon Press, 1993.

P

Paley, William: *Natural Theology on Evidence and Attributes of Deity* (1802). Repr.: Oxford: Oxford University Press, 2006.

Patterson, Colin: *Evolution* (1978), Ithaca, N.Y.: Cornstock Publishing Associates, 1999.

Peacocke, Arthur: *The Experiment of Life*, Toronto: University of Toronto Press, 1983.

Pearsall, Judy und Bill Trumble (Hg.): *The Oxford English Reference Dictionary*, Oxford: Oxford University Press, 1996.

Pearse, E. K. Victor: *Evidence for Truth: Science*, Guildford: Eagle, 1998.

Penfield, Wilder: *The Mystery of the Mind*, Princeton, N.J.: Princeton University Press, 1975.

Penrose, Roger: *Computerdenken: die Debatte um künstliche Intelligenz, Bewußtsein und die Gesetze der Physik* (1986), Heidelberg, Berlin: Spektrum, Akad. Verl., 2002.

Penrose, Roger: *Der Weg zur Wirklichkeit: die Teilübersetzung für Seiteneinsteiger* (2004), Heidelberg: Spektrum, Akad. Verl., 2010.

Peterson, Houston (Hg.): *Essays in Philosophy*, New York: Pocket Library, 1959

Pinker, Steven: *Der Sprachinstinkt: wie der Geist die Sprache bildet* (1994), München: Droemer Knaur, 1998.

Plantinga, Alvin: *Gewährleisteter christlicher Glaube* (2000), Berlin: De Gruyter, 2015.

Platon: *Des Sokrates Verteidigung.*

Platon: *Euthyphron.*

Platon: *Phaidon.*

Platon: *Der Staat.*

Platon: *Timaios.*

Plinius der Jünger: *Briefe.*

Plotin: *Enneaden.*

Polanyi, Michael: *Implizites Wissen* (1966), Frankfurt a. M.: Suhrkamp, 1985.

Polkinghorne, John: *One World: The Interaction of Science and Theology*, London: SPCK, 1986.

Polkinghorne, John: *Reason and Reality: The Relationship between Science and Theology* (1991). Repr.: London: SPCK, 2011.

Polkinghorne, John: *Science and Creation: The Search for Understanding* (1988), rev. Ausg., West Conshohocken, Pa.: Templeton Foundation Press, 2009.

Polkinghorne, John: *Science and Providence: God's Interaction with the World* (1989). Repr.: West Conshohocken, Pa.: Templeton Foundation Press, 2011.

Popper, Karl R. und John C. Eccles: *Das Ich und sein Gehirn* (1977), München: Piper, 1991.

Popper, Karl R.: *Die Welt des Parmenides: der Ursprung des europäischen Denkens* (1998), München, Zürich: Piper, 2005.

Pospisil, Leopold J.: *Kapauku Papuans and their Law*, Yale University Publications in Anthropology 54, New Haven, 1958.

Pospisil, Leopold J.: *The Kapauku Papuans of West New Guinea, Case Studies in Cultural Anthropology* (1963), 2. Aufl., New York: Holt, Rinehart and Winston, 1978.

Powers, B. Ward: *The Progressive Publication of Matthew*, Nashville: B&H Academic, 2010.

Poythress, Vern S.: *Inerrancy and the Gospels: A God-Centered Approach to the Challenges of Harmonization*, Wheaton, Ill.: Crossway, 2012.

Pritchard, J. B. (Hg.): *Ancient Near Eastern Texts Relating to the Old Testament*, Princeton, 1950, 3. Aufl., Princeton, N.J.: Princeton University Press, 1969.

Putnam, Hilary: *Vernunft, Wahrheit und Geschichte* (1981), Frankfurt a. M.: Suhrkamp, 1995.

R

Rachels, James: *Elements of Moral Philosophy*, New York: McGraw-Hill, 1986.

Ragg, Lonsdale and Laura Ragg (Hg.): *The Gospel of Barnabas*, Oxford: Clarendon Press, 1907.

Ramsay, William: *St. Paul the Traveller and the Roman Citizen*, London: Hodder & Stoughton, 1895.

Randall, John H.: *Cosmos*, New York: Random House, 1980.

Raphael, D. D.: *Moral Philosophy* (1981), 2. Aufl., Oxford: Oxford University Press, 1994.

Rawls, John: *Eine Theorie der Gerechtigkeit* (1971), Berlin: Akad.-Verl., 2013.

Redford, Donald B. (Hg.): *The Oxford Encyclopaedia of Ancient Egypt*, Oxford: Oxford University Press (2001); DOI: 10.1093/acref/9780195102345.001.0001.

Reid, Thomas: *An Enquiry Concerning Human Understanding*, Oxford: Clarendon Press, 1777.

Reid, Thomas: *An Inquiry into the Human Mind on the Principles of Common Sense* (1764). Repr.: Cambridge: Cambridge University Press, 2011.

Renfrew, Colin: *Archaeology and Language: The Puzzle of Indo-European Origins* (1987). Repr.: Cambridge: Cambridge University Press, 1999.

Ricoeur, Paul: *Hermeneutics and the Human Sciences* (1981), Repr.: Cambridge: Cambridge University Press, 1998.

Ricoeur, Paul: *Interpretation Theory: Discourse and the Surplus of Meaning*, Fort Worth, Tex.: Texas Christian University Press, 1976.

Ridley, Mark: *Evolution: Probleme – Themen – Fragen* (1985), Berlin: Birkhäuser, 1992.

Rodwell, J. M. (Übers.,): *The Koran*, hg. von Alan Jones, London: Phoenix, 2011.

Rorty, Richard: *Consequences of Pragmatism: Essays, 1972–1980*, Minneapolis, Minn.: University of Minnesota Press, 1982.

Rose, Steven: *Darwins gefährliche Erben: Biologie jenseits der egoistischen Gene* (1998), München: Beck, 2000.

Ross, Hugh: *The Creator and the Cosmos*, Colorado Springs: NavPress, 1995.

Ross, W. D.: *The Right and the Good*, Oxford: Clarendon Press, 1930. Repr.: 2002.

Rousseau, Jean Jacques: *Der Gesellschaftsvertrag* (1762).

Russell, Bertrand: *Moral und Politik* (1962), München: Nymphenburger Verl.-Hdlg., 1973.

Russell, Bertrand: *Philosophie des Abendlandes* (1946), Zürich: Europa Verlag, 2012.

Russell, Bertrand: *Probleme der Philosophie* (1912), Frankfurt a. M.: Suhrkamp, 1995.

Russell, Bertrand: *Religion and Science*, Oxford: Oxford University Press, 1970.

Russell, Bertrand: *The Autobiography of Bertrand Russell. 1967–69.* Repr.: London: Routledge, 1998.

Russell, Bertrand: *Understanding History* (1943), New York: Philosophical Library, 1957.

Russell, Bertrand: *Warum ich kein Christ bin* (1957), Berlin: Matthes & Seitz, 2017.

Russell, L. O. und G. A. Adebiyi: *Classical Thermodynamics*, Oxford: Oxford University Press, 1993.

Ryle, Gilbert: *Der Begriff des Geistes* (1949), Stuttgart: Reclam, 1973.

S

Sagan, Carl: *Cosmos: The Story of Cosmic Evolution, Science and Civilisation* (1980). Repr.: London: Abacus, 2003.

Sagan, Carl: *Der Drache in meiner Garage oder die Kunst der Wissenschaft, Unsinn zu entlarven* (1996), München: Droemer Knaur, 2000.

Sagan, Carl: *Nachbarn im Kosmos: Leben u. Lebensmöglichkeiten im Universum* (1973), München: DTV, 1978.

Sandbach, F. H.: *The Stoics* (1975), rev. Ausg., London: Bloomsbury, 2013.

Sartre, Jean-Paul: *Das Sein und das Nichts* (1943), Berlin: De Gruyter, 2015.

Sartre, Jean-Paul: *Existentialism and Human Emotions*, New York: Philosophical Library, 1957.

Sartre, Jean-Paul: *Existentialism and Humanism*, London: Methuen, 1948.

Sartre, Jean-Paul: *Die Fliegen/Die schmutzigen Hände. Zwei Dramen* (darin enthalten: Die Fliegen (1943), Reinbek: Rowohlt 1984.

Sartre, Jean-Paul: *Drei Essays* (darin enthalten: „Ist der Existentialismus ein Humanismus?" (1946), Frankfurt: Ullstein, 1964

Schaff, Adam: *Marx oder Sartre?: Versuch einer Philosophie des Menschen* (1963), Berlin: VEB Dt. Verl. d. Wissenschaften, 1965.

Scherer, Siegfried: *Evolution. Ein kritisches Lehrbuch*, Weyel Biologie, Gießen: Weyel Lehrmittelverlag, 1998.

Schmidt, W.: *The Origin and Growth of Religion*, übers. von J. Rose, London: Methuen, 1931.

Scruton, Roger: *Modern Philosophy* (1994), London: Arrow Books, 1996.

Searle, John R.: *Die Konstruktion der gesellschaftlichen Wirklichkeit: zur Ontologie sozialer Tatsachen* (1995), Berlin: Suhrkamp, 2001.

Searle, John R.: *Geist, Hirn und Wissenschaft* (1984), Frankfurt a. M.: Suhrkamp, 1989.

Selsam, Howard: *Sozialismus und Ethik* (1943), Berlin: Dietz, 1955.

Shakespeare, William: *Was ihr wollt.*

Sherrington, Charles S.: *The Integrative Action of the Nervous System* (1906). Repr. mit neuem Vorwort: Cambridge: Cambridge University Press, 1947.

Sherwin-White, A. N.: *Roman Society and Roman Law in the New Testament. The Sarum Lectures 1960–61.* Oxford: Clarendon Press, 1963. Repr.: Eugene, Oreg.: Wipf & Stock, 2004.

Simplicius: *Commentary on Aristotle's Physics* (or, Miscellanies). In: Kirk, G. S., J. E. Raven, und M. Schofield: *The Presocratic Philosophers: A Critical History with a Selection of Texts* (1957), rev. Ausg., Cambridge: Cambridge University Press, 1983.

Simpson, George Gaylord: *The Meaning of Evolution: A Study of the History of Life and of Its Significance for Man,* The Terry Lectures Series (1949), rev. Ausg., New Haven, Conn.: Yale University Press, 1967.

Singer, Peter: *Leben und Tod: der Zusammenbruch der traditionellen Ethik* (1994), Erlangen: Fischer, 1998.

Singer, Peter: *Praktische Ethik* (1979), 3. erw. und rev. Ausg., Stuttgart: Reclam, 2013.

Sire, James: *Die Welt aus der Sicht der anderen: Informationen über Weltanschauungen,* Neuhausen: Hänssler, 1980.

Skinner, B. F.: *Jenseits von Würde und Freiheit* (1971), Reinbek: Rowohlt, 1973.

Skinner, B. F.: *Lectures on Conditioned Reflexes.* New York: International Publishers, 1963.

Skinner, B. F.: *Wissenschaft und menschliches Verhalten* (1953), München: Kindler, 1973.

Sleeper, Raymond S: *A Lexicon of Marxist-Leninist Semantics,* Alexandria, Va.: Western Goals, 1983.

Smart, J. J. C. und Bernard Williams: *Utilitarianism For and Against* (1973). Repr.: Cambridge: Cambridge University Press, 1998.

Smith, Adam: *Eine Untersuchung über Natur und Wesen des Volkswohlstandes*, Leipzig, Frankfurt a. M.: Deutsche Nationalbibliothek, 2016.

Smith, John Maynard und Eörs Szathmary: *Evolution: Prozesse, Mechanismen, Modelle* (1995), Heidelberg, Berlin, Oxford: Spektrum, Akad. Verl., 1996.

Smith, Wilbur: *Therefore Stand*, Grand Rapids: Baker, 1965.

Sober, E.: *Philosophy of Biology* (1993), rev. 2. Aufl., Boulder, Colo.: Westview Press, 2000.

Social Exclusion Unit: *Teenage Pregnancy*, Cmnd 4342, London: The Stationery Office, 1999.

Sophokles, *Antigone*.

Spencer, Herbert: *Social Statics*, New York: D. Appleton, 1851.

Stalin, Josef: *Werke* (erschienen im Dietz Verlag). siehe: https://kommunistische-geschichte.de/stalin-werke/.

Stam, James H.: *Inquiries into the Origin of Language: The Fate of a Question*, New York: Harper & Row, 1976.

Starkey, Mike: *God, Sex, and the Search for Lost Wonder: For Those Looking for Something to Believe In* (1997), 2. Aufl., Downers Grove, Ill.: InterVarsity Press, 1998.

Stauffer, Ethelbert: *Jesus – Gestalt und Geschichte*, Bern: Francke Verlag, 1957.

Storer, Morris B. (Hg.): *Humanist Ethics: Dialogue on Basics*, Buffalo, N.Y.: Prometheus Books, 1980.

Stott, John R. W.: *The Message of Romans*, Leicester: Inter-Varsity Press, 1994.

Strabo: *Geography*, übers. und eingel. von Duane W. Roller als *The Geography of Strabo*, Cambridge: Cambridge University Press, 2014. Übers. von H. C. Hamilton und W. Falconer, London, 1903, Perseus, Tufts University, http://www.perseus.tufts.edu/hopper/text?doc=Perseus%3Atext%3A1999.01.0239 (accessed 11 Sept. 2015).

Strabon: *Geographika*.

Strickberger, Monroe: *Evolution* (1990), 3. Aufl., London: Jones and Bartlett, 2000.

Strobel, Lee: *Der Fall Jesus: Ein Journalist auf der Suche nach der Wahrheit* (1998), Aßlar: Gerth, 2014.

Suetoni: *Kaiserbiographien.*

Sunderland, Luther D.: *Darwin's Enigma*, Green Forest, Ark.: Master Books, 1998.

Swinburne, Richard: *Die Existenz Gottes* (1979), Stuttgart: Reclam, 1987.

Swinburne, Richard: *Glaube und Vernunft* (1981), Würzburg: Echter, 2009.

Swinburne, Richard: *Gibt es einen Gott?* (1996), Frankfurt a. M.: Ontos, 2006.

Swinburne, Richard: *Providence and the Problem of Evil.*, Oxford: Oxford University Press, 1998.

T

Tacitus, Cornelius P.: *Annalen.*

Tada, Joni Eareckson und Steven Estes: *Wie das Licht nach der Nacht: Hoffnung, die im Leiden trägt* (1997), Bielefeld: CLV, 2005.

Tax, Sol und Charles Callender (Hg.): *Issues in Evolution*, Chicago: University of Chicago Press, 1960.

Thaxton, Charles B., Walter L. Bradley und Roger L. Olsen: *The Mystery of Life's Origin*, Dallas: Lewis & Stanley, 1992.

Thibaut, George (Übers.): *The Vedānta Sūtras of Bādarāyana* mit Kommentar von Śankara, 2 Teile, New York: Dover, 1962.

Torrance, T. F.: *The Ground and Grammar of Theology*, Belfast: Christian Journals Limited, 1980; und Charlottesville: The University Press of Virginia, 1980. Repr. mit neuem Vorwort: Edinburgh: T&T Clark, 2001.

Torrance, T. F.: *Theological Science*, Oxford: Oxford University Press, 1978.

U

Unamuno, Don Miguel de.: *The Tragic Sense of Life*, übers von. J. E. Crawford, 1921. Repr.: Charleston, SC: BiblioBazaar, 2007.

V

Von Neumann, John: *Theory of Self-Reproducing Automata*, hg. und erg. von Arthur W. Burks, Urbana: University of Illinois Press, 1966.

W

Waddington, C. H. (Hg.): *Science and Ethics: An Essay*, London: Allen & Unwin, 1942.

Wallis, R. T.: *Neoplatonism* (1972). Repr.: London: Duckworth, 1985.

Ward, Keith: *God, Chance and Necessity* (1996). Repr.: Oxford: Oneworld Publications, 2001.

Warner, Richard, und Tadeusz Szubka: *The Mind-Body Problem*, Oxford: Blackwell, 1994.

Weiner, Jonathan: *Der Schnabel des Finken oder der kurze Atem der Evolution* (1994), München: Droemer Knaur, 1996.

Welch, I. David, George A. Tate und Fred Richards (Hg.): *Humanistic Psychology*, Buffalo, N.Y.: Prometheus Books, 1978.

Wenham, John: *Easter Enigma – Do the Resurrection Stories Contradict One Another?*, Exeter: Paternoster Press, 1984. Repr. als *Easter Enigma: Are the Resurrection Accounts in Conflict?*, Eugene, Oreg.: Wipf & Stock, 2005.

Wesson, Paul: *Beyond Natural Selection* (1991). Repr.: Cambridge, Mass.: Massachusetts Institute of Technology Press, 1997.

Westminster Shorter Catechism (Der kürzere Westminster Katechismus) (1647). Siehe z. B.: https://www.bucer.org/fileadmin/_migrated/tx_org/mbstexte061.pdf (aufg. am 15.01.2020)

Wetter, Gustav: *Der dialektische Materialismus*, Wien: Herder, 1956.

Whitehead, Alfred North: *Prozess und Realität: Entwurf einer Kosmologie* (1929), Frankfurt a. M.: Suhrkamp, 1995.

Wilson, Edward O.: *Die Einheit des Wissens* (1998), München: Goldmann, 2000.

Wilson, Edward O.: *Genes, Mind and Culture*, Cambridge, Mass.: Harvard University Press, 1981.

Wilson, Edward O.: *Biologie als Schicksal: Die soziobiologischen Grundlagen menschlichen Verhaltens* (1978), Frankfurt a. M.: Ullstein, 1980.

Wilson, Edward O.: *Sociobiology: The New Synthesis*. Cambridge, Mass.: Harvard University Press, 1975.

Wimsatt, William K. und Monroe Beardsley: *The Verbal Icon: Studies in the Meaning of Poetry* (1954). Repr.: Lexington, Ky.: University of Kentucky Press, 1982.

Wippel, John F. (Hg.): *Studies in Medieval Philosophy*, Bd. 17 von: Studies in Philosophy and the History of Philosophy, Washington D.C.: Catholic University of America Press, 1987.

Wittgenstein, L.: *On Certainty*, hg. von G. E. M. Anscombe und G. H. von Wright, übers. von Denis Paul und G. E. M. Anscombe, Oxford, 1969. Repr.: New York: Harper & Row, 1972.

Wolpert, Lewis: *Unglaubliche Wissenschaft* (1992), Frankfurt a. M.: Eichborn, 2004.

Wolters, Clifton (Übers.): *The Cloud of Unknowing* (1961). Repr.: London: Penguin, 1978.

Wolstenholme, Gordon/Jungk, Robert (Hg.): *Das umstrittene Experiment der Mensch: 27 Wissenschaftler diskutieren d. Elemente e. biolog. Revolution* (1963), München: Desch, 1966.

Wolterstorff, Nicholas: *Divine Discourse: Philosophical Reflections on the Claim that God Speaks* (1995), repr. Cambridge: Cambridge University Press, 2000.

X

Xenophon: *Memorabilien.*

Y

Yancey, Philip: *Warum ich heute noch glaube: Menschen, die mir halfen, die Gemeinde zu überleben* (2001), Wuppertal: R. Brockhaus, 2002.

Yockey, Hubert: *Information Theory and Biology*, Cambridge: Cambridge University Press, 1992.

Z

Zacharias, Ravi: *Jesus – der einzig wahre Gott? Christlicher Glaube und andere Religionen* (2000), Basel: Brunnen-Verl., 2002.

Zacharias, Ravi: *The Real Face of Atheism*, Grand Rapids: Baker, 2004.

Zaehner, Z. C. (Hg.): *The Concise Encyclopedia of Living Faiths* (1959), 2. Aufl., 1971. Repr.: London: Hutchinson, 1982.

ARTIKEL, AUFSÄTZE, KAPITEL UND VORTRÄGE

A

Adams, R. M: *Religious Ethics in a Pluralistic Society*, in: G. Outka und J. P. Reeder, Jr. (Hg.): *Prospects for a Common Morality*, Princeton, N.J.: Princeton University Press, 1993.

Alberts, Bruce: *The Cell as a Collection of Protein Machines: Preparing the Next Generation of Molecular Biologists*, Cell 92/3 (06.02.1998), 291–4. DOI: 10.1016/ S0092-8674(00)80922-8.

Almond, Brenda: *Liberty or Community? Defining the Post-Marxist Agenda*, in: Brenda Almond (Hg.): *Introducing Applied Ethics*, Oxford: Wiley Blackwell, 1995.

Alpher, R. A., H. Bethe und G. Gamow: *The Origin of Chemical Elements*, Physical Review 73/7 (Apr. 1948), 803–4. DOI: 10.1103/PhysRev.73.803.

Anscombe, G. E. M: *Modern Moral Philosophy*, Philosophy 33 (1958), 1–19.

Asimov, Isaac (Interview mit Paul Kurtz): *An Interview with Isaac Asimov on Science and the Bible*, Free Enquiry 2/2 (Frühj. 1982), 6–10.

Auer, J. A. C. F: *Religion as the Integration of Human Life*, The Humanist (Frühj. 1947).

Austin, J. L., P. F. Strawson und D. R. Cousin: *Truth, Proceedings of the Aristotelian Society, Supplementary Volumes, Vol. 24, Physical Research, Ethics and Logic* (1950), 111–72. http://www.jstor.org/stable/4106745. Repr. in: Paul Horwich (Hg.): *Theories of Truth*, Aldershot: Dartmouth Publishing, 1994.

B

Bada, Jeffrey L: *Stanley Miller's 70th Birthday*. Origins of Life and Evolution of Biospheres 30/2 (2000), 107–12. DOI: 10.1023/A:1006746205180.

Baier, Kurt E. M: *Egoism*. In: P. Singer (Hg.): *A Companion to Ethics*, Oxford: Blackwell, 1991. Repr.: 2000, 197–204.

Baier, Kurt E. M: *Freedom, Obligation, and Responsibility*, in: Morris B. Storer (Hg.): *Humanist Ethics: Dialogue on Basics*, Buffalo, N.Y.: Prometheus Books, 1980, 75–92.

Baier, Kurt E. M: *The Meaning of Life*, 1947, in: Peter Angeles (Hg.): *Critiques of God*, Buffalo, N.Y.: Prometheus Books, 1976. Repr. in: E. D. Klemke (Hg.): *The Meaning of Life*, New York: Oxford University Press, 1981, 81–117.

Baker, S. W: *Albert Nyanza, Account of the Discovery of the Second Great Lake of the Nile, Journal of the Royal Geographical Society* 36 (1866). Auch in: *Proceedings of the Royal Geographical Society of London 10* (1856), 6–27.

Bates, Elizabeth, Donna Thal und Virginia Marchman: *Symbols and Syntax: A Darwinian Approach to Language Development*, in: Norman A. Krasnegor, Duane M. Rumbaugh, Richard L. Schiefelbusch und Michael Studdert-Kennedy (Hg.): *Biological and Behavioural Determinants of Language Development* (1991). Repr.: New York: Psychology Press, 2014, 29–65.

Behe, Michael J: *Reply to My Critics: A Response to Reviews of Darwin's Black Box: The Biochemical Challenge to Evolution, Biology and Philosophy* 16 (2001), 685–709.

Berenbaum, Michael: *T4 Program*, in: *Encyclopaedia Britannica.* https://www.britannica.com/event/T4-Program (aufg. am 02.11.2017).

Berlinski, David: *The Deniable Darwin, Commentary* (Juni 1996), 19–29.

Bernal, J. D: *The Unity of Ethics*, in: C. H. Waddington (Hg.): *Science and Ethics: An Essay*, London: Allen & Unwin, 1942.

Black, Deborah L: *Al-Kindi*, in: Seyyed Hossein Nasr und Oliver Leaman (Hg.): *History of Islamic Philosophy*, Teil 1, Bd. 1 von: *Routledge History of World Philosophies* (1996). Repr.: London: Routledge, 2001, 178–197.

Boghossian, Paul A: *What the Sokal hoax ought to teach us: The pernicious consequences and internal contradictions of ‚postmodernist' relativism, Times Literary Supplement*, Kommentar (13.12.1996), 14–15. Reprinted in: Noretta Koertge (Hg.): *A House Built on Sand: Exposing Postmodernist Myths about Science*, Oxford: Oxford University Press, 1998, 23–31.

Briggs, Arthur E: *The Third Annual Humanist Convention, The Humanist* (Frühj. 1945).

Bristol, Evelyn: *Turn of a Century: Modernism, 1895–1925*, Kap. 8 in: C. A. Moser (Hg.): *The Cambridge History of Russian Literature* (1989). Rev. Ausg., 1992. Repr.: 1996, Cambridge: Cambridge University Press, 387–457.

C

Caputo, John D: *The End of Ethics*, in: Hugh LaFollette (Hg.): *The Blackwell Guide to Ethical Theory*, Oxford: Blackwell, 1999, 111–128.

Cartmill, Matt: *Oppressed by Evolution*, Discover Magazine 19/3 (März 1998), 78–83. Repr. in: L. Polnac (Hg.): *Purpose, Pattern, and Process*, 6. Aufl., Dubuque: Kendall-Hunt, 2002, 389–397.

Cavalier-Smith, T: *The Blind Biochemist, Trends in Ecology and Evolution* 12 (1997), 162–163.

Chaitin, Gregory J: *Randomness in Arithmetic and the Decline and Fall of Reductionism in Pure Mathematics*, Kap. 3, in: John Cornwell (Hg.): *Nature's Imagination: The Frontiers of Scientific Vision*, Oxford: Oxford University Press, 1995, 27–44.

Chomsky, Noam: *Review of B. F. Skinner, Verbal Behavior. Language* 35/1 (1959), 26–58.

Chomsky, Noam: *Science, Mind, and Limits of Understanding*, Abschrift des Vortrags vor der Science and Faith Foundation (STOQ), Vatikan (Jan. 2014). Keine Seiten. http://www.chomsky.info/talks/201401--.htm (aufg. am 03.08.2017).

Chruschtschow, Nikita: *Ukrainian Bulletin* (1.–15.08.1960), 12.

Coghlan, Andy: *Selling the family secrets*, New Scientist 160/2163 (05.12.1998), 20–21.

Collins, Harry: *Introduction: Stages in the Empirical Programme of Relativism, Social Studies of Science* 11/1 (Feb. 1981), 3–10. http://www.jstor.org/stable/284733 (aufg. am 11.09.2015).

Collins, R: *A Physician's View of College Sex, Journal of the American Medical Association* 232 (1975), 392.

Cook, Sidney: *Solzhenitsyn and Secular Humanism: A Response, The Humanist* (Nov./Dez. 1978), 6.

Cookson, Clive: *Scientist Who Glimpsed God, Financial Times* (29.04.1995), 20.

Cottingham, John: *Descartes, René*, in: Ted Honderich (Hg.): *The Oxford Companion to Philosophy*, Oxford, 1995, 2. Aufl., Oxford: Oxford University Press, 2005.

Crick, Francis: *Lessons from Biology, Natural History* 97 (Nov. 1988), 32–39.

Crosman, Robert: *Do Readers Make Meaning?*, in: Susan R. Suleiman und Inge Crosman (Hg.): *The Reader in the Text: Essays on Audience and Interpretation*, Princeton, N.J.: Princeton University Press, 1980.

D

Davies, Paul: *Bit before It?*, *New Scientist* 2171 (30.01.1999), 3.

Dawkins, Richard: *Put Your Money on Evolution*, Rezension von Maitland A. Edey und Donald C. Johanson: *Blueprint: Solving the Mystery of Evolution*, Penguin, 1989. *The New York Times Review of Books* (09.04.1989), Abs. 7, 34–35.

Dembski, William: *Intelligent Design as a Theory of Information*, *Perspectives on Science and Christian Faith* 49/3 (Sept. 1997), 180–190.

Derrida, Jacques: *Force of Law: The ,Mystical Foundation of Authority'*, in: Drucilla Cornell, Michel Rosenfeld und David Gray Carlson (Hg.): *Deconstruction and the Possibility of Justice* (1992). Repr.: Abingdon: Routledge, 2008.

Dirac, P. A. M: *The Evolution of the Physicist's Picture of Nature*, *Scientific American* 208/5 (1963), 45–53. DOI: 10.1038/scientificamerican0563-45.

Dobzhansky, Theodosius: *Chance and Creativity in Evolution*, Kap. 18 in: Francisco J. Ayala und

Theodosius Dobzhansky (Hg.): *Studies in the Philosophy of Biology: Reduction and Related Problems*, Berkeley, Calif.: University of California Press, 1974, 307–336.

Dobzhansky, Theodosius: Diskussion einer Arbeit durch Gerhard Schramm, *Synthesis of Nucleosides and Polynucleotide with Metaphosphate Esters*, in: Sidney W. Fox (Hg.): *The Origins of Prebiological Systems and of Their Molecular Matrices*, 299–315. Protokoll einer Konferenz in Wakulla Springs, Florida, 20.–30.10.1963, unter der Schirmherrschaft des Institute for Space Biosciences, der Florida State University und der National Aeronautics and Space Administration, New York: Academic Press, 1965.

Dobzhansky, Theodosius: *Evolutionary Roots of Family Ethics and Group Ethics*, in: *The Centrality of Science and Absolute Values*, Bd. 1 von: *Proceedings of the Fourth International Conference on the Unity of the Sciences*, New York: International Cultural Foundation, 1975.

Documents of the 22nd Congress of the Communist Party of the Soviet Union, 2 Bände, Documents of Current History, Nr. 18–19, New York: Crosscurrents Press, 1961.

Dose, Klaus: *The Origin of Life: More Questions Than Answers*, *Interdisciplinary Science Reviews* 13 (Dez. 1988), 348–356.

Druart, Th.-A: *Al-Fārābī and Emanationism*, in: J. F. Wippel (Hg.): *Studies in Medieval Philosophy*, Bd. 17 von: *Studies in Philosophy and the History of Philosophy*, Washington D.C.: Catholic University of America Press, 1987, 23–43.

Dyson, Freeman: *Energy in the Universe, Scientific American* 225/3 (1971), 50–59.

E

Eddington, Arthur: *The End of the World: From the Standpoint of Mathematical Physics, Nature* 127 (21.03.1931), 447–53. DOI: 10.1038/127447a0.

Edwards, William: *On the Physical Death of Jesus Christ, Journal of the American Medical Association* 255/11 (21.03.1986), 1455–1463.

Eigen, Manfred, Christof K. Biebricher, Michael Gebinoga und William C. Gardiner: *The Hypercycle: Coupling of RNA and Protein Biosynthesis in the Infection Cycle of an RNA Bacteriophage, Biochemistry* 30/46 (1991), 11005–18. DOI: 10.1021/ bi00110a001.

Einstein, Albert: *Physics and Reality* (1936), in: Sonja Bargmann (Übers.): *Ideas and Opinions,* New York: Bonanza, 1954.

Einstein, Albert: *Science and Religion* (1941), veröffentlicht in: *Science, Philosophy and Religion, A Symposium.* New York: The Conference on Science, Philosophy and Religion in Their Relation to the Democratic Way of Life (1941). Repr. in: *Out of My Later Years* (1950, 1956) (auf Deutsch erschienen als: *Aus meinen späten Jahren,* Stuttgart: DVA, 1984). Repr.: New York: Open Road Media, 2011.

Eysenck, H. J: *A Reason with Compassion*, in: Paul Kurtz (Hg.): *The Humanist Alternative,* Buffalo, N.Y.: Prometheus Books, 1973.

F

Feynman, Richard P: *Cargo Cult Science.* Repr. in: *Engineering and Science* 37/7 (1974), 10–13. http://calteches.library.caltech.edu/51/2/CargoCult. pdf (Faksimile), aufg. am 11.09.2015 (urspr. gehalten als Eröffnungsrede am Caltech 1974 in Pasadena, Calif.)

Fletcher, J: *Comment by Joseph Fletcher on Nielsen Article*, in: Morris B. Storer (Hg.): *Humanist Ethics: Dialogue on Basics,* Buffalo, N.Y.: Prometheus Books, 1980, 70.

Flew, Anthony: *Miracles*, in: Paul Edwards (Hg.): *The Encyclopedia of Philosophy*, New York: Macmillan, 1967, 5:346–353.

Flew, Anthony: *Neo-Humean Arguments about the Miraculous*, in: R. D. Geivett und G. R. Habermas (Hg.): *In Defence of Miracles*, Leicester: Apollos, 1997, 45–57.

Flieger, Jerry Aline: *The Art of Being Taken by Surprise*, Destructive Criticism: Directions. SCE Reports 8 (Herbst 1980), 54–67.

Fodor, J. A: *Fixation of Belief and Concept Acquisition*, in: M. Piattelli-Palmarini (Hg.): *Language and Learning: The Debate Between Jean Piaget and Noam Chomsky*, Cambridge, Mass.: Harvard University Press, 1980, 143–149.

Fotion, Nicholas G: *Logical Positivism*, in: Ted Honderich (Hg.): *The Oxford Companion to Philosophy*, 2. Aufl., Oxford: Oxford University Press, 2005.

Frank, Lawrence K: *Potentialities of Human Nature*, *The Humanist* (Apr. 1951).

Frankena, William K: *Is morality logically dependent on religion?*, in: G. Outka und J. P. Reeder, Jr. (Hg.): *Religion and Morality*, Garden City, N.Y.: Anchor, 1973.

G

Genequand, Charles: *Metaphysics*, Kap. 47 in: Seyyed Nossein Nasr und Oliver Leaman (Hg.): *History of Islamic Philosophy*, Bd. 1 von: *Routledge History of World Philosophies*, London: Routledge, 1996, 783–801.

Genné, William H: *Our Moral Responsibility*, *Journal of the American College Health Association* 15/Suppl. (Mai 1967), 55–60.

Gilbert, Scott F., John Opitz und Rudolf A. Raff: *Resynthesizing Evolutionary and Developmental Biology*, *Developmental Biology* 173/2 (1996), 357–372.

Ginsburg, V. L.: *Poisk* 29–30 (1998).

Gould, Stephen Jay: *Evolution as Fact and Theory*, in: Ashley Montagu (Hg.): *Science and Creationism*, Oxford: Oxford University Press, 1984.

Gould, Stephen Jay: *Evolution's Erratic Pace*, *Natural History* 86/5 (Mai 1977), 12–16.

Gould, Stephen Jay: *Evolutionary Considerations*, vorgetragen auf der McDonnell Foundation Conference, *Selection vs. Instruction*, Venedig, Mai 1989.

Gould, Stephen Jay: *In Praise of Charles Darwin*, vorgetragen auf der Nobel Conference XVIII, Gustavus Adolphus College, St. Peter, Minn. Repr.
in: Charles L. Hamrum (Hg.): *Darwin's Legacy*, San Francisco: Harper &
Row, 1983.

Gould, Stephen Jay: *The Paradox of the Visibly Irrelevant, Annals of the New
York Academy of Sciences* 879 (Juni 1999), 87–97. DOI: 10.1111/j.1749-
6632.1999 .tb10407.x. Repr. in: *The Lying Stones of Marrakech: Penultima-
te Reflections in Natural History*, 2000. Repr.: Cambridge, Mass.: Harvard
University Press, 2011 (auf Deutsch erschienen als: Gould, Stephen Jay:
*Die Lügensteine von Marrakesch: vorletzte Erkundungen der Naturge-
schichte; Essays*, Frankfurt a. M.: Fischer, 2006.)

Gribbin, John: *Oscillating Universe Bounces Back, Nature* 259 (01.01.1976),
15–16. DOI: 10.1038/259015c0.

Grigg, Russell: *Could Monkeys Type the 23rd Psalm?, Interchange* 50 (1993),
25–31.

Guth, A. H: *Inflationary Universe: A Possible Solution to the Horizon and
Flatness Problems, Physical Review* D 23/2 (1981), 347–356.

Guttmacher Institute: *Induced Abortion in the United States*, Informations-
blatt, New York: Guttmacher Institute, Jan. 2018. https://www.guttmacher.
org/fact-sheet/ induced-abortion-united-states (aufg. am 01.02.2018).

H

Haldane, J. B. S: *When I am Dead*, in: *Possible Worlds* (1927), London:
Chatto & Windus, 1945, 204–211.

Hansen, Michèle, J. Kurinczuk, Carol Bower und Sandra Webb: *The
Risk of Major Birth Defects after Intracytoplasmic Sperm Injection and in
Vitro Fertilization, New England Journal of Medicine* 346 (2002), 725–730.
DOI: 10.1056/NEJMoa010035.

Hardwig, John: *Dying at the Right Time: Reflections on (Un)Assisted Sui-
cide*, in: Hugh LaFollette (Hg.): *Ethics In Practice*, Blackwell Philosophy An-
thologies, 2. Aufl., Oxford: Blackwell, 1997, 101–111.

Hawking, S. W: *The Edge of Spacetime: Does the universe have an edge
and time a beginning, as Einstein's general relativity predicts, or is spacetime
finite without boundary, as quantum mechanics suggests?, American Scientist* 72/4 (1984), 355–359. http://www.jstor.org/stable/27852759 (aufg. am
15.09.2015).

Hawking, S. W.: *Briefe an den Herausgeber*, Antwort auf den Brief von J. J. Tanner bezüglich des Artikels *The Edge of Spacetime, American Scientist* 73/1 (1985), 12. http://www.jstor.org/stable/27853056 (aufg. am 15.09.2015).

Hawking, S. W. und R. Penrose: *The Singularities of Gravitational Collapse and Cosmology*, Proceedings of the Royal Society London A 314/1519 (1970), 529–48. DOI: 10.1098/rspa.1970.0021.

Hocutt, Max: *Does Humanism Have an Ethic of Responsibility?*, in: Morris B. Storer (Hg.): *Humanist Ethic: Dialogue on Basics*, Buffalo, N.Y.: Prometheus Books, 1980, 11–24.

Hocutt, Max: *Toward an Ethic of Mutual Accommodation*, in: Morris B. Storer (Hg.): *Humanist Ethics: Dialogue on Basics*, Buffalo, N.Y.: Prometheus Books, 1980, 137–146.

Hookway, C. J: *Scepticism*, in: Ted Honderich (Hg.): *The Oxford Companion to Philosophy*, Oxford, 1995, 2. Aufl., Oxford: Oxford University Press, 2005.

Hoyle, Fred: *The Universe: Past and Present Reflections, Annual Reviews of Astronomy and Astrophysics* 20 (1982), 1–35. DOI: 10.1146/annurev.aa.20.090182 .000245.

Hursthouse, Rosalind: *Virtue theory and abortion, Philosophy and Public Affairs* 20, 1991, 223–246.

Huxley, Julian: *The Emergence of Darwinism*, in: Sol Tax (Hg.): *The Evolution of Life: Its Origins, History, and Future*, Bd. 1 von: *Evolution after Darwin*, Chicago: University of Chicago Press, 1960, 1–21.

Huxley, Julian: *The Evolutionary Vision: The Convocation Address*, in: Sol Tax und Charles Callender (Hg.): *Issues in Evolution*, Bd. 3 von: *Evolution after Darwin*, Chicago: University of Chicago Press, 1960, 249–261.

I

Inwood, M. J: *Feuerbach, Ludwig Andreas*, in: Ted Honderich (Hg.): *The Oxford Companion to Philosophy*, Oxford, 1995, 2. Aufl., Oxford: Oxford University Press, 2005.

J

Jeeves, Malcolm: *Brain, Mind, and Behaviour*, in: Warren S. Brown, Nancey Murphy und H. Newton Malony (Hg.): *Whatever Happened to the Soul: Scientific and Theological Portraits of Human Nature*, Minneapolis: Fortress Press, 1998.

Johnson, Barbara: *Nothing Fails Like Success, Deconstructive Criticism: Directions.* SCE Reports 8 (Herbst 1980), 7–16.

Josephson, Brian: *Briefe an den Herausgeber, The Independent* (12.01.1997), London.

K

Kant, Immanuel: *Beantwortung der Frage: Was ist Aufklärung?,* Berlinische Monatsschrift 4 (Dez. 1784), 481–494. Repr. in: *Kant's Gesammelte Schriften,* Berlin: Akademie Ausgabe, 1923, 8:33–42.

Klein-Franke, Felix: *Al-Kindī,* in: Seyyed Hossein Nasr und Oliver Leaman (Hg.): *History of Islamic Philosophy,* Bd. 1, Teil 1 von: *Routledge History of World Philosophies* (1996). Repr.: London: Routledge, 2001, 165–177.

Kurtz, Paul: *A Declaration of Interdependence: A New Global Ethics, Free Inquiry* 8/4 (Herbst 1988), 4–7. Auch veröffentlicht in: Vern L. Ballough und Timothy J. Madigan (Hg.): *Toward a New Enlightenment: The Philosophy of Paul Kurtz,* New Brunswick, N.J.: Transaction Publishers, 1994 (Kap. 3, *The Twenty-First Century and Beyond: The Need for a New Global Ethic and a Declaration of Interdependence*).

Kurtz, Paul: *Does Humanism Have an Ethic of Responsibility?,* in: Morris B. Storer (Hg.): *Humanist Ethics: Dialogue on Basics,* Buffalo, N.Y.: Prometheus Books, 1980, 11–24.

Kurtz, Paul: *Is Everyone a Humanist?,* in: Paul Kurtz (Hg.): *The Humanist Alternative,* Buffalo, N.Y.: Prometheus Books, 1973.

L

Lamont, Corliss: *The Ethics of Humanism,* in: Frederick C. Dommeyer (Hg.): *In Quest of Value: Readings in Philosophy and Personal Values,* San Francisco: Chandler, 1963, 46–59. Repr. aus Kap. 6 von: Corliss Lamont: *Humanism as a Philosophy,* Philosophical Library, 273–297.

Larson, Erik: *Looking for the Mind,* (Rezension von David J. Chalmers: *The Conscious Mind: In Search of a Fundamental Theory.*) Origins & Design 18/1(34) (Winter 1997), Colorado Springs: Access Research Network, 28–29.

Leitch, Vincent B: *The Book of Deconstructive Criticism, Studies in the Literary Imagination* 12/1 (Frühj. 1979), 19–39.

Lewis, C. S: *The Funeral of a Great Myth*, in: Walter Hooper (Hg.): *Christian Reflections*, Grand Rapids: Eerdmans, 1967, 102–116.

Lewis, C. S: *The Weight of Glory*, in: *Transposition and other Addresses*, London: Geoffrey Bles, 1949. Repr. in: *The Weight of Glory and Other Addresses*, HarperOne, 2001 (auf Deutsch erschienen als *Das Gewicht der Herrlichkeit und andere Essays*, Basel: Brunnen, 2005)

Lewontin, Richard C: *Billions and Billions of Demons*, *The New York Review of Books* 44/1 (09.01.1997).

Lewontin, Richard C: *Evolution/Creation Debate: A Time for Truth*, *BioScience* 31/8 (Sept. 1981), 559. Repr. in: J. Peter Zetterberg (Hg.): *Evolution versus Creationism*, Phoenix, Ariz.: Oryx Press, 1983. http://bioscience.oxford-journals .org/content/31/8/local/ed-board.pdf (aufg. am 15.09.2015).

Lieberman, Philip und E. S. Crelin: *On the Speech of Neanderthal Man*, *Linguistic Inquiry* 2/2 (März 1971), 203–222.

Louden, Robert: *On Some Vices of Virtue Ethics*, Kap. 10 in: R. Crisp und M. Slote (Hg.): *Virtue Ethics*, Oxford: Oxford University Press, 1997.

M

Mackie, J. L: *Evil and Omnipotence*, *Mind* 64/254 (Apr. 1955), 200–212.

McNaughton, David und Piers Rawling: *Intuitionism*, Kap. 13 in: Hugh LaFollette (Hg.): *The Blackwell Guide to Ethical Theory*, Oxford: Blackwell, 2000, 268–287, Kap. 14 der 2. Aufl., Wiley Blackwell, 2013, 287–310.

Maddox, John: *Down with the Big Bang*, *Nature* 340 (1989), 425. DOI: 10.1038/ 340425a0.

Marx, Karl, *Differenz der demokritischen und epikureischen Naturphilosophie*, in: Marx, Karl und

Friedrich Engels, *Werke*, Bd. 40, Berlin: Dietz, 1985.

Marx, Karl: *Thesen über Feuerbach* (1845), in: Labica, Georges, *Karl Marx – Thesen über Feuerbach*, Berlin: Argument-Verl., 1998.

May, Rollo: *The Problem of Evil: An Open Letter to Carl Rogers*, *Journal of Humanistic Psychology* (Sommer 1982).

Merezhkovsky, Dmitry: *On the Reasons for the Decline and on the New Currents in Contemporary Russian Literature*, Vortrag im Jahr 1892, in: Dmitry Merezhkovsky: *On the reasons for the decline and on the new currents in contemporary Russian literature*, Petersburg, 1893.

Meyer, Stephen C.: *The Explanatory Power of Design: DNA and the Origin of Information*, in: William A. Dembski (Hg.): *Mere Creation: Science, Faith and Intelligent Design*, Downers Grove, Ill.: InterVarsity Press, 1998, 114–147.

Meyer, Stephen C.: *The Methodological Equivalence of Design and Descent*, in: J. P. Moreland (Hg.): *The Creation Hypothesis*, Downers Grove, Ill.: InterVarsity Press, 1994, 67–112.

Meyer, Stephen C.: *Qualified Agreement: Modern Science and the Return of the 'God Hypothesis'*, in: Richard F. Carlson (Hg.): *Science and Christianity: Four Views*, Downers Grove, Ill.: InterVarsity Press, 2000, 129–175.

Meyer, Stephen C.: *The Return of the God Hypothesis, Journal of Interdisciplinary Studies* 11/1&2 (Jan. 1999), 1–38. http://www.discovery.org/a/642 (aufg. am 03.08.2017. Die Zitate stammen aus der archivierten, repag. Version. http://www.discovery.org/scripts/viewDB/filesDB-download. php?command= download&id=12006 (aufg. am 03.08.2017).

Miller, J. Hillis: *Deconstructing the Deconstructors*, Rezension von Joseph N. Riddel: *The Inverted Bell: Modernism and the Counterpoetics of William Carlos Williams, Diacritics* 5/2 (Sommer 1975), 24–31. http://www.jstor. org/ stable/464639 (aufg. am 03.08.2017). DOI: 10.2307/464639.

Monod, Jacques: *On the Logical Relationship between Knowledge and Values*, in: Watson Fuller (Hg.): *The Biological Revolution*, Garden City, N.Y.: Doubleday, 1972.

N

Nagel, Ernest: *Naturalism Reconsidered* (1954), in: Houston Peterson (Hg.): *Essays in Philosophy*, New York: Pocket Books, 1959. Repr.: New York: Pocket Books, 1974.

Nagel, Thomas: *Rawls, John*, in: Ted Honderich (Hg.): *The Oxford Companion to Philosophy* (1995), 2. Aufl., Oxford: Oxford University Press, 2005.

Nagler, Michael N: *Reading the Upanishads*, in: Eknath Easwaran: *The Upanishads* (1987). Repr.: Berkeley, Calif.: Nilgiri Press, 2007 (auf Deutsch erschienen als: Easwaran, Eknath: *Die Upanischaden*, eingel. und übers. von Eknath Easwaran, München: Goldmann, 2018).

Neill, Stephen: *The Wrath of God and the Peace of God*, in: Max Warren: *Interpreting the Cross*, London: SCM Press, 1966.

Newing, Edward G: *Religions of pre-literary societies*, in: Sir Norman Anderson (Hg.): *The World's Religions*, 4. Aufl., London: Inter-Varsity Press, 1975.

Nielsen, Kai: *Religiosity and Powerlessness: Part III of 'The Resurgence of Fundamentalism'*, The Humanist 37/3 (Mai/Juni 1977), 46–48.

O

The Oxford Reference Encyclopaedia, Oxford: Oxford University Press, 1998.

P

Palmer, Alasdair: *Must Knowledge Gained Mean Paradise Lost?*, Sunday Telegraph, London (06.04.1997).

Penzias, Arno: *Creation is Supported by all the Data So Far*, in: Henry Margenau und Roy Abraham Varghese (Hg.): *Cosmos, Bios, Theos: Scientists Reflect on Science, God, and the Origins of the Universe, Life, and Homo Sapiens*, La Salle, Ill.: Open Court, 1992.

Pinker, Steven und Paul Bloom: *Natural Language and Natural Selection*, Behavioral and Brain Sciences 13/4 (Dez. 1990), 707–27. DOI: 10.1017/S0140525X00081061.

Polanyi, Michael: *Life's Irreducible Structure. Live mechanisms and information in DNA are boundary conditions with a sequence of boundaries above them*, Science 160/3834 (1968), 1308–12. http://www.jstor.org/stable/1724152 (aufg. am 03.08.2017).

Poole, Michael: *A Critique of Aspects of the Philosophy and Theology of Richard Dawkins*, Christians and Science 6/1 (1994), 41–59. http://www   .scienceandchristianbelief.org/serve_pdf_free.php?filename=SCB+6-1+Poole .pdf (aufg. am 03.08. 2017).

Popper, Karl: *Scientific Reduction and the Essential Incompleteness of All Science*, in: F. J. Ayala und T. Dobzhansky (Hg.): *Studies in the Philosophy of Biology, Reduction and Related Problems*, London: MacMillan, 1974.

Premack, David: *,Gavagai!' or The Future History of the Animal Controversy*, Cognition 19/3 (1985), 207–96. DOI: 10.1016/0010-0277(85)90036-8.

Provine, William B: *Evolution and the Foundation of Ethics*, Marine Biological Laboratory Science 3 (1988), 27–28.

Provine, William B: *Scientists, Face it! Science and Religion are Incompatible*, The Scientist (05.09.1988), 10–11.

R

Rachels, James: *Naturalism*, in: Hugh LaFollette (Hg.): *The Blackwell Guide to Ethical Theory*, Oxford: Blackwell, 2000, 74–91.

Randall, John H: *The Nature of Naturalism*, in: Yervant H. Krikorian (Hg.): *Naturalism*, 354–382.

Raup, David: *Conflicts between Darwin and Palaeontology*, Field Museum of Natural History Bulletin 50/1 (Jan. 1979), 22–29.

Reidhaar-Olson, John F. und Robert T. Sauer: *Functionally Acceptable Substitutions in: Two α-helical Regions of λ Repressor*, Proteins: Structure, Function, and Genetics 7/4 (1990), 306–316. DOI: 10.1002/prot.340070403.

Rescher, Nicholas: *Idealism*, in: Jonathan Dancy und Ernest Sosa (Hg.): *A Companion to Epistemology* (1992). Repr.: Oxford: Blackwell, 2000.

Ridley, Mark: *Who Doubts Evolution?*, New Scientist 90 (25.06.1981), 830–832.

Rogers, Carl: *Notes on Rollo May*, Journal of Humanistic Psychology 22/3 (Sommer 1982), 8–9. DOI: 10.1177/0022167882223002.

Rorty, Richard: *Untruth and Consequences*, The New Republic (31.07.1995), 32–36.

Ruse, Michael: *Is Rape Wrong on Andromeda?*, in: E. Regis Jr. (Hg.): *Extraterrestrials*, Cambridge: Cambridge University Press, 1985.

Ruse, Michael: *Transcript: Speech by Professor Michael Ruse*, Symposium, *The New Antievolutionism*, 1993 Annual Meeting of the American Association for the Advancement of Science, 13.02.1993. http://www.arn.org/docs/orpages/or151/mr93tran.htm (aufg. am 03.08.2017).

Ruse, Michael und Edward O. Wilson: *The Evolution of Ethics*, New Scientist 108/1478 (17.10.1985), 50–52.

Russell, Bertrand: *A Free Man's Worship*, 1903, in: *Why I Am Not a Christian*, New York: Simon & Schuster, 1957 (auf Deutsch erschienen als: Russell, Bertrand: *Warum ich kein Christ bin*, Berlin: Matthes & Seitz, 2017). Auch in: *Mysticism and Logic Including A Free Man's Worship*, London: Unwin, 1986.

Russell, Colin: *The Conflict Metaphor and its Social Origins*, Science and Christian Belief 1/1 (1989), 3–26.

S

Sanders, Blanche: *The Humanist* 5 (1945).

Sanders, Peter: *Eutychus*, Triple Helix (Sommer 2002), 17.

Sayre-McCord, Geoffrey: *Contractarianism*, in: Hugh LaFollette (Hg.): *The Blackwell Guide to Ethical Theory*, Oxford: Blackwell, 2000, 247–267, 2. Aufl., Wiley Blackwell, 2013, 332–353.

Scruton, Roger: *The Times* (Dez. 1997), London.

Searle, John: *Minds, Brains and Programs*, in: John Haugeland (Hg.): *Mind Design*, Cambridge, Mass.: Cambridge University Press, 1981.

Sedgh, Gilda, et al.: *Abortion incidence between 1990 and 2014: global, regional, and subregional levels and trends*, The Lancet 388/10041 (16.07.2016), 258–267. DOI: http://dx.doi.org/10.1016/S0140-6736(16)30380-4.

Shapiro, James A: *In the Details ... What?*, National Review (16.09.1996), 62–65.

Simpson, George Gaylord: *The Biological Nature of Man*, Science 152/3721 (22.04.1966), 472–478.

Singer, Peter: *Hegel, Georg Wilhelm Friedrich*, in: Ted Honderich (Hg.): *The Oxford Companion to Philosophy*, Oxford, 1995, 2. Aufl., Oxford: Oxford University Press, 2005.

Skorupski, John: *Mill, John Stuart*, in: Ted Honderich (Hg.): *The Oxford Companion to Philosophy*, Oxford, 1995, 2. Aufl., Oxford: Oxford University Press, 2005.

Slote, Michael: *Utilitarianism*, in: Ted Honderich (Hg.): *The Oxford Companion to Philosophy*, Oxford, 1995, 2. Aufl., Oxford: Oxford University Press, 2005.

Slote, Michael: *Virtue Ethics*, in: Hugh LaFollette (Hg.): *The Blackwell Guide to Ethical Theory*, Oxford: Blackwell, 2000, 325–347.

Sokal, Alan D: *Transgressing the boundaries: towards a transformative hermeneutic of Quantum Gravity*, Social Text (Frühj./Sommer 1996), 217–252.

Sokal, Alan D: *What the Social Text Affair Does and Does Not Prove*, in: Noretta Koertge (Hg.): *A House Built on Sand: Exposing Postmodernist Myths About Science*, Oxford: Oxford University Press, 1998, 9–22.

Solzhenitsyn, Alexander: *Alexandr Solzhenitsyn – Nobel Lecture*, Nobelprize.org., Nobel Media AB 2014. http://www.nobelprize.org/nobel_prizes/literature/ laureates/1970/solzhenitsyn-lecture.html (aufg. am 15.08.2017).

Spetner, L. M: *Natural selection: An information-transmission mechanism for evolution*, Journal of Theoretical Biology 7/3 (Nov. 1964), 412–29.

Stalin, Josef: *Rede vom 24.04.1924*, New York, International Publishers, 1934.

Stolzenberg, Gabriel: *Reading and relativism: an introduction to the science wars*, in: Keith M. Ashman und Philip S. Baringer (Hg.): *After the Science Wars*, London: Routledge, 2001, 33–63.

T

Tarkunde, V. M: *Comment by V. M. Tarkunde on Hocutt Article*, in: Morris B. Storer (Hg.): *Humanist Ethics: Dialogue on Basics*, Buffalo, N.Y.: Prometheus Books, 1980, 147–148.

Taylor, Robert: *Evolution is Dead*, New Scientist 160/2154 (03.10.1998), 25–29.

W

Walicki, Andrzej: *Hegelianism, Russian*, in: Edward Craig (allg. Hg.): *Concise Routledge Encyclopedia of Philosophy*, London: Routledge, 2000.

Wallace, Daniel: *The Majority Text and the Original Text: Are They Identical?*, Bibliotheca Sacra, April–Juni, 1991, 157-8.

Walton, J. C: *Organization and the Origin of Life*, Origins 4 (1977), 16–35.

Warren, Mary Ann: *On the Moral and Legal Status of Abortion*, Kap. 11 in: Hugh LaFollette (Hg.): *Ethics in Practice: An Anthology*, 1997, 72–82, 4. Aufl., Oxford: Blackwell, 2014, 132–140.

Watters, Wendell W: *Christianity and Mental Health*, The Humanist 37 (Nov./Dez. 1987).

Weatherford, Roy C: *Freedom and Determinism*, in: Ted Honderich (Hg.): *The Oxford Companion to Philosophy*, Oxford, 1995, 2. Aufl., Oxford: Oxford University Press, 2005.

Wheeler, John A: *Information, Physics, Quantum: The Search for Links*, in: Wojciech Hubert Zurek: *Complexity, Entropy, and the Physics of Information*, Protokoll des *1988 Workshop on Complexity, Entropy, and the Physics of Information*, Mai–Juni 1989, in Santa Fe, N. Mex. Redwood City, Calif.: Addison-Wesley, 1990.

Wigner, Eugene: *The Unreasonable Effectiveness of Mathematics in the Natural Sciences*, Richard Courant Lecture in Mathematical Sciences, vorgetragen an der New York University, 11.05.1959. *Communications in Pure and Applied Mathematics*, 13/1 (Feb. 1960), 1–14. Repr. in: E. Wiger: *Symmetries and Reflections*, Bloomingon, Ind., 1967. Repr.: Woodbridge, Conn.: Ox Bow Press, 1979, 222–237.

Wilford, John Noble: *Sizing Up the Cosmos: An Astronomer's Quest*, New York Times (12.03.1991), B9.

Wilkinson, David: *Found in space?*, Interview mit Paul Davies, *Third Way* 22:6 (Juli 1999), 17–21.

Wilson, Edward O. *The Ethical Implications of Human Sociobiology*, Hastings Center Report 10:6 (Dez. 1980), 27–9. DOI: 10.2307/3560296.

Y

Yockey, Hubert: *A Calculation of the Probability of Spontaneous Biogenesis by Information Theory*, Journal of Theoretical Biology 67 (1977), 377–398.

Yockey, Hubert: *Self-Organisation Origin of Life Scenarios and Information Theory*, Journal of Theoretical Biology 91 (1981), 13–31.

FRAGEN FÜR LEHRER UND SCHÜLER/STUDENTEN

KAPITEL 1: DER GRUNDWERT EINES MENSCHEN

Der Wert des Lebens

1.1 Welchen Wert messen Sie menschlichem Leben an sich bei? Ist ein menschliches Leben so wertvoll, dass es falsch wäre, es zu schädigen oder es auf irgendeine Weise zu beeinträchtigen oder gar zu vernichten? Oder gibt es Umstände, unter denen Sie akzeptieren würden, dass ein menschliches Leben vernichtet wird, entweder durch die Person selbst oder durch eine andere Person?

1.2 Ist das Leben von neugeborenen Babys so absolut wertvoll, dass es falsch wäre, sie zu töten, selbst wenn es sich ihre Eltern nicht leisten können, sie zu versorgen, oder sie aus irgendeinem Grund nicht wollten oder der Staat einem übermäßigen Bevölkerungswachstum entgegenwirken wollte?

1.3 Trifft dasselbe auch auf ungeborene Babys zu? Warum oder warum nicht?

1.4 Nicht jeder misst jedem Leben den gleichen Wert zu. Was könnte helfen, dass nicht persönliche Präferenzen, die sehr gegensätzlich sein können, bestimmen, welches Leben wertvoller ist als ein anderes?

1.5 Diskutieren Sie neben den genannten historischen Beispielen weitere aktuelle Ereignisse, bei denen menschliches Leben nicht wertgeschätzt wird oder bei denen das Leben unterschiedlicher Menschen nicht gleichermaßen wertgeschätzt wird.

1.6 Können Sie Ursachen und Motive erkennen, die vermutlich hinter den historischen und aktuellen Beispielen stehen, bei denen menschliches Leben entwertet wurde?

1.7 Was macht den Unterschied aus, ob eine Person oder eine Sache einen „subjektiven" oder einen „objektiven" Wert besitzt? Können Sie Beispiele für beides nennen, die nicht diesem Buch entnommen sind?

Reduktionistische Erklärungen und unsere direkte Erfahrung des menschlichen Lebens

1.8 Wenn das menschliche Leben nichts weiter als belebte Materie ist, die ohne jeden Sinn und Zweck entstanden ist, hat es dann noch einen echten Eigenwert? Begründen Sie Ihre Antwort!

1.9 Stimmen Sie der folgenden Aussage zu: „Wenn unser Gehirn durch blinde, ziellose Kräfte entstanden ist, dann sind die Wertgefühle, die es produziert, selbst wertlos"?

1.10 Denken Sie, dass Intuition ein guter Weg zur Gewinnung von Erkenntnissen ist? Wenn ja, wo liegen hier Gefahren? Wenn nein, wo liegen ihre Grenzen?

1.11 Akzeptieren Sie, dass es bestimmte Dinge gibt, die Menschen einzigartig menschlich machen? Wenn ja, was für Dinge sind dies?

1.12 Empfinden Sie die Vorstellung einer menschlichen Seele bzw. eines menschlichen Geistes als altmodisch oder gefällt Ihnen der Gedanke? Ist diese Vorstellung für Sie eine vernünftige Erklärung für einen Teil Ihres eigenen Wissens und Ihrer eigenen Erfahrungen? Welche Vorstellung Sie auch immer über die menschliche Seele bzw. den menschlichen Geist haben, wie begründen Sie diese?

Die Transzendenz des menschlichen Lebens

1.13 Was bedeutet es, dass Transzendenz ein Merkmal menschlichen Lebens ist?

1.14 Peter und Jean Medawar sagen: „So finden nur menschliche Wesen ihren Weg mithilfe eines Lichtes, das mehr erhellt als den kleinen Platz, auf dem sie stehen." Was ist die Quelle des „Lichtes", mit dem man über sich selbst hinaussehen kann?

1.15   Wie verstehen Sie die hier diskutierte Vorstellung, dass Menschen „als Ebenbild Gottes geschaffen" sind? Wenn dies zutrifft, wie könnte dies den Eigenwert des menschlichen Lebens garantieren? Wenn es nicht zutrifft, was (wenn es überhaupt etwas gibt) könnte dann diesen Wert garantieren?

KAPITEL 2: MENSCHLICHE FREIHEIT UND DIE GEFAHR IHRER ABWERTUNG

Freiheit: das Geburtsrecht jedes Menschen

2.1   Stimmen Sie der folgenden Aussage zu: „Allein der Versuch, jemandem die Freiheit zu nehmen, ist ein Verbrechen gegen die fundamentale Würde der Menschlichkeit"? Wie würden Sie Ihre Antwort gegenüber jemandem verteidigen, der eine gegensätzliche Meinung vertritt?

2.2   Geben Sie mit Ihren eigenen Worten die unterschiedlichen Positionen von Theisten und Atheisten wieder hinsichtlich der Frage, was die Voraussetzung für die Verwirklichung voller menschlicher Freiheit ist.

Verschiedene Arten des Atheismus

2.3   Wie würden Sie die unterschiedlichen atheistischen Positionen beschreiben (in Worten oder anhand einer Grafik oder Skizze), denen Sie bisher begegnet sind (durch persönliche Erfahrung oder durch Lektüre)?

2.4   Wie viele der Menschen, die Sie kennen, die nicht an Gott glauben, sind durch Argumente zu dieser Ansicht gelangt? Wie viele werden durch den Wunsch nach absoluter Freiheit motiviert, den Glauben an Gott abzulehnen (oder die Regeln abzulehnen, die jene befolgen, die an seine Existenz glauben)?

2.5   Wenn Sie sich selbst als Atheisten oder Agnostiker bezeichnen würden: Ist ihre Überzeugung mehr durch Argumente oder durch den Wunsch nach persönlicher Freiheit motiviert oder durch eine Kombination von beidem?

2.6   Wenn Sie selbst Theist sind: Sehen Sie einen Konflikt zwischen Ihrem Wunsch, Gottes rechtmäßige Autorität über Ihr Leben anzuerkennen, und Ihrem eigenen Wunsch nach Freiheit? Wenn ja, wie gehen Sie mit diesem Konflikt um?

Freiheit und die Gefahr ihrer Abwertung

2.7   Was waren die grundlegenden Ansichten der stoischen und der epikureischen Philosophen, und können Sie Parallelen zu diesen Ansichten in unserer heutigen Zeit sehen?

2.8   Beschreiben Sie Ihre eigene Reaktion auf Paulus' Analyse des Zustands des Menschen, die er im Römerbrief im zitierten Abschnitt darlegt.

2.9   Würden Sie sagen, dass Paulus' Analyse zu düster ist? Wenn nein: Erkennen Sie Parallelen zu den aktuellen Entwicklungen in unserer Zeit? Wenn ja: An welchen Punkten würden Sie Paulus widersprechen?

2.10   Fassen Sie (in einer Grafik, Skizze oder mit Worten) die Theorie der Evolution der Religion zusammen.

2.11   Fassen Sie ebenso aus der Bibel zusammen, wie der Glaube Israels an Gott immer wieder geschwankt hat.

2.12   In welcher Weise könnte Dankbarkeit Ihr eigenes Leben verbessern? Sehen Sie Parallelen zum Zustand des Menschen insgesamt?

2.13   Inwieweit ist für Sie diese fehlende Dankbarkeit gegenüber Gott, die die Bibel beschreibt, ein wichtiger Grund für die Entfremdung des Menschen von seinem Schöpfer? Begründen Sie Ihre Antwort.

2.14   Was ist der Unterschied zwischen Wissenschaft und Szientismus, also jener Auffassung, nach der sich alle wichtigen Fragen allein durch die Wissenschaft beantworten lassen?

KAPITEL 3: DAS WESEN UND
DIE GRUNDLAGEN DER MORAL

Allgemeine Überlegungen

3.1   Stimmen Sie zu, dass Moral Menschen von den Tieren unterscheidet? Wenn ja: Ist dies das Einzige, was Menschen wahrhaft menschlich macht? Wenn nein: Glauben Sie, dass es überhaupt irgendetwas gibt, das uns wirklich von den Tieren unterscheidet?

3.2   Was ist der Unterschied zwischen Ethik als Sachgebiet und Ethik als Verhaltensregeln? Bitte nennen Sie jeweils ein Beispiel.

3.3   Ist es richtig, den Buchstaben eines moralischen Gesetzes zu brechen, um die Absicht dieses Gesetzes zu bewahren? Nennen Sie Beispiele, um Ihre Antwort zu stützen.

3.4   Können Sie historische Beispiele nennen, die nicht im Text erwähnt werden, oder auch persönliche Beispiele zitieren, bei denen es richtig war, dem höheren von konkurrierenden moralischen Gesetzen Vorrang zu geben? Auf welcher Grundlage würden Sie entscheiden, welches wirklich das höhere der beiden moralischen Gesetze ist?

3.5   Welche Auswirkungen kann es haben, wenn man nur eine gute Ethiktheorie besitzt, aber diese nicht durch richtiges ethisches Verhalten in der Praxis umsetzt? Welche Auswirkungen könnte es haben, wenn wir zwar versuchen würden, uns richtig zu verhalten, aber dafür keine fundierte Begründung haben? Nennen Sie jeweils Beispiele dafür.

3.6   Warum ist ein richtig justiertes emotionales Gespür notwendig, wenn wir uns richtig verhalten wollen?

Die Quelle und das Wesen des Moralgesetzes

3.7   Was ist für Sie persönlich die Quelle und was das Wesen des Moralgesetzes (angenommen, Sie glauben, dass es so etwas gibt)?

3.8   Denken Sie an eine Zeit in Ihrem Leben, in der Sie unfair behandelt wurden. Weist für Sie die Tatsache, dass wir einen Sinn für Fairness/

Unfairness haben, darauf hin, dass es etwas Tieferes gibt als persönliche Vorlieben oder selbstsüchtige Wünsche?

3.9 Welche anderen Sinne sind uns neben unserem Sinn für Fairness angeboren? Wie zeigen uns diese anderen Sinne, dass unser Sinn für Fairness real ist?

3.10 Welche anderen moralischen Tugenden und Schwächen besitzen wir von Geburt an, die uns nicht beigebracht wurden?

3.11 Wie passt dieses universelle Bewusstsein eines Naturgesetzes zu der Tatsache, dass nicht alle Menschen dieses einhalten beziehungsweise nicht einmal den Wunsch verspüren, es einzuhalten (und manchmal sogar Freude dabei empfinden, es zu brechen)?

3.12 Machen Sie eine Umfrage in Ihrer Klasse oder Studiengruppe zu der Frage, was Ihrer Ansicht nach weder Ihnen noch den Menschen, die Sie lieben, angetan werden sollte. Gibt es in Ihrer Gruppe unterschiedliche Ansichten über diese grundlegenden Prinzipien?

3.13 Wie nah kommt ihre persönliche Liste (oder die Ihrer Gruppe) der Aufzählung im ägyptischen Totenbuch über grundsätzlich richtige oder falsche Dinge?

3.14 Was ist der Unterschied zwischen Gewissen und Scham? Wie zeugen beide von einem universalen Moralgesetz?

3.15 Wenn Gott sein Gesetz in das menschliche Herz eingeschrieben hat, wie unterscheidet sich dies von der Programmierung eines Computers?

Moral: objektiv oder subjektiv?

3.16 Welche grundlegenden Fragen würde ein Theist einem Atheisten über sein Moralsystem stellen wollen?

3.17 Glauben Sie, dass es Dinge gibt, die immer richtig oder immer falsch sind, unabhängig von persönlichen Vorlieben oder den Umständen?

3.18 Welches Problem entsteht bei einem Moralsystem, das nur eine rein subjektive Basis besitzt?

3.19 Wäre es sinnvoll, wenn wir moralische Regeln wie Regeln in einem Spiel betrachten würden?

3.20 Wäre es Ihrer Meinung nach sinnvoll, ein weltweites Gremium zu haben (wie die UN oder irgendeine andere Institution), die die Moralgesetze für die ganze Welt festlegt? Wenn nein, warum nicht?

KAPITEL 4: MORALVORSTELLUNGEN IM VERGLEICH

Moralvorstellungen, die auf einem evolutionären Verständnis über den Ursprung des Menschen beruhen

4.1 Was ist das grundlegende Argument für die Vorstellung, die Wissenschaft habe die traditionelle Grundlage der Moral zerstört?

4.2 Ist es möglich, an der Ansicht festzuhalten, die Wissenschaft untergrabe die traditionelle Moral, und dennoch ein moralisch vorbildliches Leben zu führen? Was sagt die biblische Geschichte der zwei Männer, die zwei Häuser bauten, zu dieser Frage (siehe Mt 7,24-27)?

4.3 In welcher Hinsicht ist der Sozialdarwinismus diskreditiert worden?

4.4 Wie unterscheidet sich die Soziobiologie vom Sozialdarwinismus?

Gene sind die Grundlage für moralische Autorität

4.5 Stimmen Sie Francis Cricks Aussage zu, dass die Naturwissenschaften im Allgemeinen und die natürliche Auslese im Besonderen die Basis zur Errichtung einer neuen Kultur abzugeben hätten oder stimmen Sie ihr nicht zu? Bitte begründen Sie Ihre Antwort.

4.6 Wenn es stimmt, dass das, was irgendjemand zu irgendeinem Zeitpunkt über Moral denkt, genau das ist, was ihn seine Gene denken lassen, kann dieses Denken dann irgendeine Autorität haben (entweder für den Einzelnen oder die Welt)?

4.7 Stimmen Sie Richard Dawkins zu, dass es dem Menschen möglich ist, gegen seine eigenen selbstsüchtigen Gene zu rebellieren und sich für etwas anderes zu entscheiden als das, wozu seine Gene ihn drängen? Wenn ja, welcher Teil des Menschen ist es dann, der rebelliert?

Marxistische Moral

4.8 Was ist laut den Gründern und Vertretern des Marxismus die Grundlage der marxistischen Moral?

4.9 Wenn die Menschheit keinen Schöpfer hat und die materialistischen Kräfte der Evolution die Grundlage des innewohnenden Wertes des Menschen sind, anhand welcher Kriterien sollte man sich dann zwischen Marx' und Hitlers Evolutionstheorien entscheiden?

4.10 Gibt es irgendetwas innerhalb des Marxismus, das den Menschen die moralische Pflicht auferlegt, für zukünftige Generationen, die sie niemals kennenlernen werden, zu kämpfen, zu leiden und zu sterben? Was könnte dies sein? Halten Sie selbst eine solche Forderung für vernünftig? Warum oder warum nicht?

Die Menschheit legt ihr Moralgesetz selbst fest

4.11 Worin sind sich alle säkularen Humanisten einig?

4.12 Welche Schwierigkeiten bringt die Vorstellung mit sich, dass Menschen selbst die letzten Regeln aufstellen, wenn es Meinungsverschiedenheiten gibt?

4.13 Ist die Befriedigung unserer Bedürfnisse ein adäquater Maßstab, anhand dessen man bestimmen kann, was richtig und was falsch ist? Wenn ja, wer oder was sollte darüber entscheiden, wenn die Bedürfnisse von zwei oder mehr Menschen in Konflikt miteinander stehen?

4.14 Welches der unterschiedlichen Ziele, die die Moral laut verschiedener Humanisten haben sollte, finden Sie am überzeugendsten? Welche

Probleme könnten bei dem Ziel entstehen, für das Sie sich entschieden haben?

4.15 Trotz Bertrand Russells Aussage, „was der Welt nottäte, ist christliche Liebe oder Mitleid", erachtete er offenbar die Grundlage davon für nicht gültig. Wenn diese Tugenden des Christentums so wertvoll sind, welche Gründe gäbe es, ihre Grundlage selbst in der Bibel zu untersuchen? Dies könnten Ihre eigenen Gründe sein oder solche, die Sie von anderen gehört haben.

Gott ist die Autorität hinter dem Moralgesetz

4.16 Bitte fassen Sie mit eigenen Worten die fünf Moralsysteme zusammen, die in diesem Kapitel untersucht werden.

4.17 Ist es für Sie wichtiger, ein Leben zu leben, das völlig frei von Einschränkungen durch eine äußere Autorität ist, oder die Wahrheit über das Universum zu entdecken, wie auch immer sich diese auf Ihre eigene persönliche Freiheit auswirken würde?

4.18 Halten Sie (aufgrund Ihres eigenen Wissens oder Ihrer Erfahrung) das, was viele als sexuelle Freiheit bezeichnen würden, immer für gut? Wenn nein, welchen Schaden kann diese anrichten? Wenn Sie diese im Allgemeinen für eine gute Sache halten, denken Sie, dass aufgrund der Tatsache, dass die sexuelle Freiheit einer Person die Freiheit und Rechte einer anderen Person verletzen kann, irgendwelche Einschränkungen notwendig sind? Worauf würden Sie solche Einschränkungen gründen?

4.19 Erstreckt sich die Vorstellung „So lange es keinem schadet" nicht nur auf die körperliche, sondern auch auf die emotionale und psychologische Ebene? Wenn ja, sollten diese Kategorien möglichen Schadens die Art und Weise verändern, wie wir Handlungen definieren, die einer anderen Person schaden?

4.20 Auf welche Weise können Regeln den Genuss des Lebens erhöhen, statt ihn zu mindern?

4.21 Geben Sie mit möglichst wenigen Worten wieder, worum es bei dem „Euthyphron-Dilemma" geht. Welche Antwort gibt die Bibel darauf?

4.22 Ist es falsch, etwas zu tun, um dafür belohnt zu werden? Ist es besser, etwas ohne Hoffnung auf eine Belohnung zu tun? Warum?

4.23 Was ist der Unterschied zwischen richtigen und falschen Belohnungsmotiven?

4.24 Wenn Sie an den Gott der Bibel glauben, denken Sie, dass er einem Menschen jemals den freien Willen nehmen würde, auch wenn dies zu seinem eigenen Wohl wäre? Worauf gründen Sie Ihre Antwort?

KAPITEL 5: DIE AUFGABE DES MENSCHEN UND SEINE MACHT ÜBER DIE NATUR

Was für ein Wunder die Menschheit ist!

5.1 Was ist für Sie das beeindruckendste Merkmal des Menschen?

5.2 Wie sehr hebt der menschliche Forstschritt in den Bereichen Wissenschaft, Kunst und Geisteswissenschaft die Menschheit von anderen Spezies ab?

5.3 Welcher moderne Liedtext fällt Ihnen ein, in dem es um ähnliche Gefühle geht (Unruhe, Angst oder Befürchtungen) wie die, von denen Sophokles im 4. Jahrhundert v. Chr. schrieb?

Die Frage nach dem menschlichen Körper, Gehirn, Geist und Selbst

5.4 Sind Menschen letztendlich nur ein Teil der Natur oder sind wir in irgendeiner Weise von der Natur unabhängig?

5.5 Denken Sie, dass Menschen zusätzlich zu ihrem Gehirn einen Geist besitzen, der sich von diesem unterscheidet?

5.6 Können Sie sich eine Zeit in der Zukunft vorstellen, in der es möglich sein wird, künstliche Intelligenz zu entwickeln, die von einem Menschen nicht mehr zu unterscheiden sein wird? Wenn ja, halten Sie dies für eine gute oder eine gefährliche Sache?

5.7 Was sind die Hauptpositionen der gegensätzlichen Ansichten in der Monismus-Dualismus-Debatte?

5.8 Warum ist unsere direkte Erfahrung so wichtig, wenn wir verstehen möchten, was jeder von uns ist?

Einige monistische Erklärungen

5.9 Wie zeigt das Beispiel des Eherings, dass allein die Beschreibung des Materials, aus dem eine Sache gefertigt wurde, keine ausreichende Erklärung dafür ist, *was* diese Sache ist?

5.10 Woher hat der Behaviorismus seinen Namen?

5.11 Fallen Ihnen neben Poppers Beispiel von den Zahnschmerzen noch weitere Beispiele dafür ein, was radikaler Behaviorismus in der Praxis bedeutet?

5.12 Was ist Epiphänomenalismus?

5.13 Wie würden Vertreter der Identitätstheorie folgende Frage beantworten: Wie könnte eine nicht materielle Absicht in meinem Geist mein materielles Gehirn dazu bringen, mich meinen Arm heben zu lassen?

5.14 Was sind die Hauptkritikpunkte an der Identitätstheorie?

5.15 Welche der vorgestellten monistischen Erklärungen finden Sie (wenn überhaupt) überzeugend? Wie müsste man sie Ihrer Meinung nach modifizieren, damit sie für Sie überzeugender wären?

5.16 Wie unterscheidet sich der modifizierte Monismus von den traditionelleren monistischen Positionen?

Die Monismus-Dualismus-Debatte

5.17 Was ist der zentrale Unterschied zwischen allen monistischen Erklärungen und dem dualistischen Interaktionismus?

5.18 Was ist der Haupteinwand vieler Wissenschaftler und Philosophen gegen dualistische Erklärungen?

5.19 Wie verdeutlicht das Beispiel der Mutter, die erschütternde Nachrichten in einem Brief erhält, die Auswirkung von Informationen nicht nur auf unser Gehirn, sondern auch auf unsere Emotionen und unseren Körper?

5.20 Welche Beispiele können Sie für eine nicht materielle Einheit oder Kraft nennen, die Auswirkungen auf eine materielle Substanz haben kann?

5.21 Was genau ist laut der Bibel die Quelle der Information, die wir in Materie kodiert vorfinden?

5.22 Was sind die wesentlichen Punkte der christlichen Lehre, die mit der Vorstellung einer Unterscheidung zwischen Körper und Geist übereinstimmen?

5.23 Glauben Sie, dass der menschliche Geist unabhängig vom Körper existieren kann?

5.24 Woran sieht man, dass die biblische Lehre über den menschlichen Geist letztendlich keine negative Lehre über den menschlichen Körper ist?

KAPITEL 6: DIE GRENZEN DER MENSCHLICHEN MACHT

Der Schutz der Rechte und der Freiheiten des Menschen

6.1 Sind Menschen bestimmten moralischen oder geistlichen Gesetzen unterworfen, die über ihnen stehen und sie in ihrem Tun einschränken?

6.2 Was ist der Unterschied zwischen dem, was Menschen tun können, und dem, was sie tun sollten?

6.3 Verleiht Macht jenen, die sie besitzen, das Recht, diese Macht über die Natur und ihre Mitmenschen so auszuüben, wie sie es für richtig halten, oder müssen sie sich vor irgendeiner höheren Autorität dafür verantworten, wie sie diese Macht eingesetzt haben?

6.4 Denken Sie, dass die positiven Aspekte von genetischer Programmierung und der damit verbundenen Forschung die potenziellen Gefahren überwiegen? Teilen Sie Ihre Klasse oder Studiengruppe in zwei Gruppen ein (je nachdem, ob Sie mehr Vorteile oder eher Gefahren sehen), erstellen Sie Listen mit Ihren Argumenten und diskutieren Sie ihre jeweiligen Vorzüge.

6.5 Anhand welchen Maßstabs sollten wir bestimmen, was einen „normalen" Fötus ausmacht? Sollten wir überhaupt versuchen, so etwas zu bestimmen?

6.6 Wenn Sie der Meinung sind, dass jeder Einzelne gewisse unantastbare Menschenrechte besitzt, was betrachten Sie als angemessene Grundlage für solche Rechte?

6.7 Warum sind Regierungen nicht immer die besten Garanten für individuelle Menschenrechte gewesen? Bitte nennen Sie Beispiele aus der Geschichte sowie aus Literatur und Filmen.

6.8 Beschreiben Sie die christliche Sicht, dass der Wunsch des Menschen, wie Gott zu sein, die Wurzel der Probleme der Menschheit ist.

6.9 In welcher Weise ähnelt die biblische Vorstellung einer erlösten

Menschheit einigen zeitgenössischen Vorstellungen einer idealen zukünftigen Menschheit? In welcher Hinsicht unterscheiden sie sich maßgeblich?

Die Frage nach der verhängnisvollen Schwäche des Menschen und dem entsprechenden Heilmittel

6.10 Wie passt die Vorstellung, menschliches Verhalten sei determiniert, zu dem, was wir in der Welt um uns herum sehen können? Auf welche Weise werden menschliche Verantwortung und Würde von dieser Vorstellung untergraben?

6.11 Was sind laut denen, die sagen, mit der Menschheit sei grundsätzlich nichts verkehrt, die Gründe für die Probleme in unserer Welt? Finden Sie irgendeines der vorgestellten Beispiele überzeugend? Wenn ja, *wie* überzeugend?

6.12 Wie untergräbt die evolutionäre Sichtweise das Argument, ein schlechtes Verhalten sei nur das Produkt einer destruktiven Gesellschaft?

6.13 Wie wird manchmal die Behauptung begründet, dass der Glaube an Gott einer der Hauptgründe sei, weshalb die menschliche Persönlichkeit Schaden nimmt? Können Sie noch weitere Gründe nennen? Würden Sie versuchen, diese zu widerlegen, oder stimmen Sie ihnen zu?

6.14 Was sagt die Bibel selbst zu einigen der Einwände über die Verzerrung der menschlichen Persönlichkeit als Folge des Glaubens an Gott?

6.15 Welches der Bibelzitate spricht Sie (wenn überhaupt) im Hinblick auf die Frage nach Schuld und Sündenvergebung besonders an?

6.16 Wie würden Sie die christliche Diagnose über die verhängnisvolle Schwäche der Menschheit und das entsprechende Heilmittel zusammenfassen?

6.17 Erscheint Ihnen diese Antwort mehr oder weniger plausibel als andere der vorgestellten Alternativen? Warum?

6.18   Auch wenn das neutestamentliche Heilmittel von manchen vielleicht als töricht empfunden wird – wenn es wahr wäre, wäre es dann Ihrer Meinung nach wert, gefunden zu werden?

6.19   Was zeigt uns das Kreuz Jesu Christi nach der Lehre des Neuen Testaments über Gottes Charakter und seine Wünsche für die Menschheit?

KAPITEL 7: DIE BESTIMMUNG DES MENSCHEN

Hoffnung für die Zukunft und die Gegenwart aufgrund der Auferstehung

7.1   Ist das Motto, das die Vereinten Nationen aus der Bibel übernommen haben, heute ein realistisches Motto?

7.2   Warum ist der Pantheismus keine echte Alternative zum Theismus?

7.3   Auf welche Weise haben verschiedene Kulturen und berühmte Personen im Laufe der Geschichte den Wunsch nach Unsterblichkeit zum Ausdruck gebracht?

7.4   Atheisten sagen manchmal, der Glaube des Theisten an ein Leben nach dem Tod sei nur Wunschdenken. Warum könnte es wiederum ein Wunschdenken des Atheisten sein, dass es *kein* Leben nach dem Tod gibt?

7.5   Worauf gründet Christus die Gewissheit der Auferstehung, wenn er Gott wie folgt zitiert: „Ich bin der Gott Abrahams und der Gott Isaaks und der Gott Jakobs" (Mt 22,31–32)?

7.6   Warum verlangt die Forderung nach Gerechtigkeit eine Auferstehung aller Menschen?

7.7   Warum ist die Auferstehung notwendig, damit Gott das Ziel erfüllen kann, das er für die Menschheit beabsichtigt hatte?

7.8 Inwiefern gibt laut dem Neuen Testament die Auferstehung Jesu Christi das Modell für die Auferstehung all jener vor, die geistlich mit ihm vereinigt sind?

7.9 Was bedeutet die Auferstehung neben dem, was sie für die Menschen bedeutet, für den Rest der Natur?

7.10 Wenn es sie wirklich gibt, wie verändert die Auferstehung schon jetzt das Leben jener, die daran glauben? Wie könnte sie sogar die Bedeutung des jetzigen Lebens hervorheben?

ANHANG: WAS IST WISSENSCHAFT?

Die wissenschaftliche Methode
A.1 Welche unterschiedlichen Verwendungen des Wortes „Wissenschaft" haben Sie schon gehört? Wie würden Sie sie definieren?

A.2 Auf welche Weise ist Induktion sowohl Teil unserer alltäglichen Erfahrung als auch der wissenschaftlichen Arbeit?

A.3 Wie unterscheidet sich Deduktion von Induktion, und welche Rolle spielen beide bei wissenschaftlichen Experimenten?

A.4 Sagt Ihnen die Idee der „Falsifizierbarkeit" zu oder finden Sie sie eher unbefriedigend? Warum?

A.5 Wie unterscheidet sich Abduktion sowohl von Induktion als auch von Deduktion, und in welchem Verhältnis stehen die drei zueinander?

Wie erklärt die Wissenschaft Dinge?
A.6 Wie viele Erklärungsebenen fallen Ihnen ein, um einen Kuchen zu erklären (wie, woraus und warum wurde er gemacht?)? Was können Wissenschaftler uns hierzu sagen? Was kann „Tante Olga" uns sagen?

A.7   Auf welche Weise ist Reduktionismus in der wissenschaftlichen Forschung hilfreich, und auf welche Weise kann er die wissenschaftliche Forschung einschränken oder ihr sogar schaden?

A.8   Wie reagieren Sie auf die Aussage des Physikers und Theologen John Polkinghorne, Reduktionismus verbanne „unsere Erfahrungen von Schönheit, moralischer Verpflichtung und religiöser Erfahrungen auf den epiphänomenalen Müllhaufen. Er zerstört auch die Rationalität"?

Grundlegende Vorannahmen bei der wissenschaftlichen Arbeit

A.9   Was bedeutet die Aussage: „Beobachtungen sind abhängig von einer Theorie"?

A.10   Nennen Sie ein paar der Axiome, auf denen Ihr Denken über wissenschaftliches Wissen beruht.

A.11   Welche Rolle spielt Vertrauen bei der Gewinnung von Wissen?

A.12   Welche Rolle spielt Glaube bei der Gewinnung von Wissen?

A.13   Wie entstehen laut dem Physiker und Wissenschaftsphilosophen Thomas Kuhn neue wissenschaftliche Paradigmen?

BIBELSTELLENVERZEICHNIS

WEITERE ANTIKE LITERATUR

ÜBER DIE AUTOREN

David W. Gooding (1925–2019) war emeritierter Professor für alttestamentliches Griechisch an der *Queen's University Belfast* und Mitglied der *Royal Irish Academy*. Er war als internationaler Bibellehrer tätig und hielt Vorträge über die Authentizität der Bibel und ihre Relevanz für Philosophie, die Weltreligionen und das alltägliche Leben. Er veröffentlichte wissenschaftliche Artikel über die Septuaginta und alttestamentliche Überlieferungen sowie Auslegungen zum Lukas- und Johannesevangelium, der Apostelgeschichte, dem Hebräerbrief, dem Gebrauch des Alten Testaments im Neuen Testament und mehrere Bücher, die sich mit kritischen Argumenten gegen die Bibel und den christlichen Glauben auseinandersetzen. Seine Analyse der Bibel und unserer Zeit hat das Denken von Wissenschaftlern, Lehrern und Studenten gleichermaßen geprägt.

John C. Lennox (geb. 1943) ist emeritierter Professor für Mathematik an der *University of Oxford* und *Emeritus Fellow* in Mathematik und Philosophie der Wissenschaften am *Green Templeton College*. Er ist auch *Associate Fellow* der *Saïd Business School*. Zudem ist er Lehrbeauftragter am *Oxford Centre for Christian Apologetics* (Zentrum für christliche Apologetik in Oxford) und ein *Senior Fellow* des *Trinity Forum*. Neben seinen akademischen Publikationen hat er Bücher über das Verhältnis von Wissenschaft und Christentum, zum 1. Buch Mose, zum Buch Daniel sowie zur Lehre von der Souveränität Gottes und dem freien Willen des Menschen veröffentlicht. Er hält international Vorträge und hat an einer Reihe von TV-Debatten mit weltweit führenden atheistischen Denkern teilgenommen.

David W. Gooding (rechts)
und John C. Lennox (links)

© *Barbara Hamilton*

BAND 2 DER REIHE AB
OKTOBER 2020

David Gooding / John Lennox
Was können wir wissen?
Können wir wissen, was wir unbedingt wissen müssen?

Gibt es eine allgemein gültige Wahrheit? Die Autoren Gooding und Lennox gehen dieser zentralen Weltanschauungsfrage nach. Dahinter stehen wichtige Themen für Wissenschaft, Philosophie, Ethik, Literatur, aber auch für unser tägliches Leben: Was können wir überhaupt wissen? Oder ist am Ende alles relativ?

Gb., ca. 480 S., 15,1 x 22,8 cm
Best.-Nr. 271 698
ISBN 978-3-86353-698-5

John Lennox
Vorher bestimmt?
Die Souveränität Gottes, Freiheit, Glaube und menschliche Verantwortung

Sind wir frei – oder bestimmt Gott alles im Voraus? Eine kontroverse Frage unter Christen. Doch häufig ersetzen Schlagworte wie *Prädestination* und *Determinismus* eine gründliche Bibelexegese. Der Autor setzt sich respektvoll-kritisch mit aktuellen Positionen auseinander, um dann wesentliche Bibeltexte zu diskutieren. Er hält bewusst an der völligen Souveränität Gottes fest, betont aber auch die gottgegebene menschliche Verantwortung. Das Ergebnis ist ermutigend: Ein Christ kann sich seines Heils gewiss sein, aus einem ganz bestimmten Grund ...

Gb., 400 S., 13,5 x 20,5 cm
Best.-Nr. 271 616
ISBN 978-3-86353-616-9

Norman L. Geisler / Thomas Howe
Antworten auf schwierige Fragen zur Bibel
Von 1. Mose bis Offenbarung

Dieses umfangreiche Nachschlagewerk bietet treffsichere Antworten zu zahlreichen Fragestellungen rund um die Bibel, die Schwierigkeiten bereiten. Zu jedem einzelnen der rund 770 betroffenen Bibelverse wird eine klare Frage formuliert, das Problem entfaltet und eine Lösung angeboten.

Unter anderem folgende für den Nutzer relevante Aspekte werden geboten: Kommentierung wichtiger Bibeltexte; überzeugende apologetische Argumente; Behandlung theologischer Kernfragen; Klarstellung zu Texten, die von Sekten und Religionen missbraucht werden; Darlegung von Konflikten zwischen Bibel und Wissenschaft.

Das gesamte Werk stützt sich auf den Grundsatz der Zuverlässigkeit und göttlichen Inspiration der Bibel. Der Komplex der Fragen und Antworten wird durch verschiedene Aufsätze rund um die Zuverlässigkeit der Bibel aus dem Buch „Wenn Skeptiker fragen" ergänzt.

Gb., 752 S., 15 x 22,6 cm
Best.-Nr. 271 402
ISBN 978-3-86353-402-8

Nabeel Qureshi
Allah gesucht – Jesus gefunden
Eine außergewöhnliche Biografie - erweiterte Neuauflage

Nabeel Qureshi wächst in einem liebevollen muslimischen Zuhause auf. Schon in jungen Jahren entwickelt er eine Leidenschaft für den Islam. Dann entdeckt er – fast schon gegen seinen Willen – unwiderlegbare Beweise für die göttliche Natur und die Auferstehung Jesu Christi. Die Wahrheit über die Gottessohnschaft Jesu kann er nicht länger leugnen. Doch eine Konvertierung würde automatisch die Trennung von seiner geliebten Familie bedeuten. Qureshis Kampf und die innerliche Zerreißprobe werden Christen ebenso herausfordern wie Muslime und jeden, der sich für die großen Weltreligionen interessiert.

Eine Geschichte über den inneren Konflikt eines jungen Mannes, der sich zwischen Islam und Christentum entscheiden muss und schließlich seinen Frieden in Jesus Christus findet.

Gb., 512 S., 13,5 x 20,5 cm
Best.-Nr. 271 658
ISBN 978-3-86353-658-9